Peter W. Schatt

Einführung in die Musikpädagogik

Peter W. Schatt

Einführung in die Musikpädagogik

2. Auflage

wbg Academic

Die Deutsche Nationalbibliothek verzeichnet diese Publikation in der Deutschen Nationalbibliografie; detaillierte bibliografische Daten sind im Internet über http://dnb.de abrufbar.

wbg Academic ist ein Imprint der Verlag Herder GmbH
2., überarbeitete und erweiterte Auflage 2021

1. Auflage 2007

Umschlagabbildung: Gerhard Ausborn: Farbholzschnitt Rondo (1987)
Satz: Lichtsatz Michael Glaese GmbH, Hemsbach
Umschlaggestaltung: SchreiberVIS, Seeheim-Jugenheim
Gedruckt auf säurefreiem und alterungsbeständigem Papier
Printed in Germany

Besuchen Sie uns im Internet: www.wbg-wissenverbindet.de

ISBN 978-3-534-27362-1

Elektronisch sind folgende Ausgaben erhältlich:
eBook (PDF): 978-3-534-27399-7
eBook (epub): 978-3-534-27400-0

Inhaltsverzeichnis

Vorwort zur ersten Auflage

Musikpädagogik ist kein Ort, in den man hineinführen könnte, sondern das Ergebnis unterschiedlicher Weisen des Nachdenkens vieler Menschen über bestimmte Probleme. Insofern gibt es auch nicht ‚die' Musikpädagogik, und eine Arbeit wie diese hat den Zusammenhang der Denkweisen und -ergebnisse ebenso darzustellen wie ihre Differenzen. Diesem Anliegen gilt das vorliegende Buch. Es geht also nicht um eine Einführung in das Studium oder um eine Sammlung und Aufzählung musikpädagogischer Einsichten, sondern um einen Zugang zu Gedanken, die zu eigenem musikpädagogischem Denken anregen sollen. Dazu sind zentrale Fragestellungen und Orientierungspunkte zu erarbeiten – u. a. um bestimmen zu können, was in unterrichtlicher Praxis als gelingend oder sinnvoll bezeichnet werden kann. Das Augenmerk wird dabei auf zwei Kategorien zu richten sein: darauf nämlich, welcher Musikbegriff und welches Menschenbild zur Geltung gebracht werden – Letzteres insbesondere auch hinsichtlich der Weisen und Möglichkeiten des Menschen, mit Musik umzugehen und der Perspektiven Anderer dafür, diese Weisen und Möglichkeiten bei Anderen zu fördern.

Meinem geschätzten Kollegen Prof. Dr. Stefan Orgass bin ich für viele Anregungen sehr dankbar. Wolfram Schwieder von der Wissenschaftlichen Buchgesellschaft Darmstadt danke ich für seine umsichtige und engagierte Betreuung der Veröffentlichung, Katharina Gerwens für ihr kritisches und konstruktives Lektorat. Zu danken habe ich auch Malte Sachsse für sein gewissenhaftes Korrekturlesen. Mein ganz besonderer Dank aber gilt meinem langjährigen Mitarbeiter Andreas Horster: Ohne seinen entscheidenden Impuls und seinen unermüdlichen Einsatz bei allen Stadien der Arbeit wäre das Buch nicht entstanden.

Vorwort zur zweiten Auflage

Die Feststellung, die wie von Geisterstimme gesprochen am Anfang des Films *Der Herr der Ringe. Die Gefährten* (2001) aus dem Off ertönt: „Die Welt ist im Wandel", ist weder neu noch zeitlich begrenzt: Schon das auf Ovid zurückgehende Sprichwort aus dem 16. Jahrhundert konstatierte in vergleichbarer Weise: „Tempora mutantur", und fügte hinzu „nos et mutamur in illis". Ob „wir" uns wandeln, mag dahingestellt sein; in jedem Fall aber änderte und ändert sich im Laufe der Zeit das musikpädagogische Denken, dessen Darstellung dieses Buch gewidmet ist. Es ändert sich, weil sich nicht nur die Verhältnisse der Welt ändern, auf die es sich bezieht - und zwar insbesondere diejenigen Verhältnisse, die mit Kultur und insofern mit Musik zusammenhängen -, sondern auch die Wege, die zu deren Erschließung beschritten werden, sowie die Einsichten, auf denen diese beruhen, und die Positionen, die auf deren Basis vertreten werden.

Das gilt auch für meine eigenen Einsichten und Standpunkte, und so stehe ich heute nicht mehr uneingeschränkt schon zu dem ersten Satz, mit dem das Vorwort zur ersten Auflage begann: Die Behauptung, Musikpädagogik sei kein Ort, würde ich aus heutiger Sicht nur insofern aufrecht halten, als sie natürlich kein topographisch fasslicher Ort ist. Sie kann aber als eine spezifische Verknüpfung von Einsichten und von Strukturen aufgefasst werden, durch die ein Bereich des Denkens als imaginärer Raum des Zusammenhangs vorstellbar wird. Freilich ist dieser Zusammenhang schwer fasslich - darüber täuschen nach wie vor der bestimmte Artikel und der Singular hinweg -, sodass die undifferenzierte Rede von ‚der Musikpädagogik' geeignet ist, einen Mythos zu konstituieren (Schatt, 2008a). Nach wie vor gibt es ‚die eine' Musikpädagogik im substanziellen Sinne ebenso wenig wie ‚die eine' Musik - zu unterschiedlich sind die erkenntnis- bzw. wissenstheoretischen Grundlagen von der Hermeneutik über die Phänomenologie bis zur konstruktivistischen Kommunikations- und Bedeutungstheorie, zu unterschiedlich die Forschungsprinzipien von der qualitativen und quantitativen empirischen Forschung über die Diskursanalyse bis hin zur ‚Philosophy of musical education', zu unterschiedlich die zugrunde gelegten Legitimationsparadigmen von der Anthropologie über die Kulturtheorie bis hin zur Theorie ästhetischer Erfahrung, zu unterschiedlich die Intentionen wie Musikerziehung, Musik-Verstehen, musikalische Bildung und die Ermöglichung des Erwerbs musikalischer Kompetenzen.

All dies bildet allerdings ein Gewebe aus Denkbewegungen, das man mit dem Philosophen Gilles Deleuze und dem Psychoanalytiker Félix Guattari als „Rhizom" beschreiben könnte (Deleuze & Guattari, 1992); darin bilden sich „in sich selbst vibrierende Intensitätszonen" (ebd., S. 37), aus denen - wie „Plateaus" - erkennbare Einsichten und Positionen an die Oberfläche des Wissens hervortreten. Das musikpädagogisch relevante „Rhizom“ selbst weist eine lediglich topologisch beschreibbare – nämlich in sich konsistente, aber in den Umrissen veränderliche – Einheit auf: es bildet einen Raum, in dem – bezogen auf Musikpädagogisches – Gedanken zusammentreten, die der Idee der Förderung des Menschen hinsichtlich seiner Befassung mit Musik gewidmet sind.

Dass diese Einheit in der pluralen Geltung der Vielfalt von einschlägigen Überzeugungen besteht, gehört zu den Einsichten, mit denen bereits die erste Auflage schloss. Seither haben sich zum nicht geringen Teil nicht nur die Einsichten geändert, sondern auch die theoretischen Grundlagen, auf denen sie beruhen. Neue Forschungswege sind erschlossen worden, neue Konzeptionen sind entstanden, es gibt neue Ansätze zur Wissenschaftstheorie, zum Selbstverständnis der Disziplin, neue Positionen bzw. Modifikationen oder Erweiterungen hinsichtlich bestehender Überlegungen, sodass eine gründliche Überarbeitung der *Einführung* in qualitativer wie in quantitativer Hinsicht erforderlich schien.

Eigentlich war diese Überarbeitung längst überfällig. Die ersten Überlegungen zur ersten Auflage stammen immerhin von 2003, die Arbeit war Ende 2005 abgeschlossen und konnte gerade noch die neuesten und innovativen Überlegungen meines geschätzten Kollegen Stefan Orgass berücksichtigen. Zugleich erschien mir aber eine Neuauflage als überflüssig: Werner Jank hat die von ihm herausgegebene *Musik-Didaktik* immer wieder überarbeitet, Michael Dartsch hat *Eine Einführung in die Musikpädagogik* mit den Schwerpunkten *Musik lernen – Musik unterrichten* verfasst, Rudolf-Dieter Kraemers *Musikpädagogik*, die sich als *eine Einführung in das Studium* versteht, wurde mehrmals neu aufgelegt, Andreas Lehmann-Wermser hat ein *Studienbuch* über *Musikdidaktische Konzeptionen* herausgegeben, in dem auch deren theoretische Grundlagen erörtert werden, und unlängst haben sich zahlreiche Mitglieder der musikpädagogischen ‚community‘ zusammengetan, um in einem *Handbuch Musikpädagogik* deren wesentliche Züge herauszustellen.

Allerdings unterscheiden sich mehrere dieser Arbeiten von der hier vorliegenden, weil Letztere aus einem Guss und kein Sammelband ist; außerdem geht die Schrift einerseits über das weit hinaus, was in ihrem Titel – der allerdings dem Titel der Reihe, in der die erste Auflage erschien, geschuldet ist – verheißen wird, andererseits bleibt sie dahinter zurück: Sie ist nicht bloß eine „Einführung“, sondern darüber hinaus ein Aufriss theoriegeleiteten musikpädagogischen Denkens; sie befasst sich aber nur mit wissenschaftlich ausgerichteter Musikpädagogik – wobei ich ausdrücklich die Musikdidaktik einschließe –, nicht aber – allenfalls bisweilen am Rande – mit der praktisch auszuübenden oder ausgeübten, also mit Musikunterricht. Gleichwohl hat dieser Aufriss einführenden Charakter: Er soll angehenden Musikpädagog*innen Orientierung im Geflecht unterschiedlichster Formen, Arten und Wege musikpädagogischen Denkens, soll ihnen das einschlägige Mit- und Nachdenken ermöglichen.

Die Gliederung der ersten Auflage wurde beibehalten. Im ersten Kapitel wird gezeigt, mit welchen grundsätzlichen Anliegen und disziplinären Verflechtungen ein wissenschaftliches Nachdenken über Musikpädagogik sich zu befassen hat und welcher Strategien es sich dabei bedient. Im zweiten Kapitel werden - mit Lernen, Verstehen, Erziehung und Bildung in musikbezogener Perspektive - fünf zentrale Ideen zu der Frage, was durch eine pädagogisch geleitete Befassung mit Musik erreicht werden soll, entfaltet. Im dritten Kapitel werden in sieben Abschnitten musikpädagogische Leitbegriffe, die als Orientierung für die Konkretisierung dieser Grundideen fungierten, dargestellt; der Entfaltung dieser leitenden Vorstellungen in musikpädagogischen Konzepten und Konzeptionen ist das vierte Kapitel gewidmet. Im fünften, abschließenden Kapitel wird versucht, Anregungen für die Gegenwart und Perspektiven für die Zukunft zu geben.

Die erste Auflage war noch im generischen Maskulinum formuliert. Nun wurde die Sprache weitestgehend gendergerecht modifiziert. Freilich hätte dies an manchen Stellen zu einer unschönen Aufblähung des Satzbaus geführt, in wenigen anderen Fällen habe ich tatsächlich nur an Männer gedacht - zum Beispiel beim „Automechaniker“ und bei den „Lehrern“ A und B. Daher wurde dort aus Gründen der Praktikabilität bzw. der Authentizität die ursprüngliche Sprache beibehalten; es sei jedoch versichert, dass bei allen Aussagen prinzipiell immer alle denkbaren Genderkategorien gemeint sind.

Die Vorgänge, um die es insgesamt geht, sind komplex; um dem gerecht zu werden, bedarf es einer differenzierten Sprache. So entgegnete ich dem Vorwurf, den ein „Rezensent“ auf amazon dem Buch machte (ein Nutzer namens „Northern Warrior“), es sei „selbst ‚Anwaltsdeutsch‘ teilweise noch verständlicher“, dass Anwälte sich um der genauen und differenzierten Sachklärung willen einer Sprache bedienen, „die sich um Sorgfalt, Präzision und Gerechtigkeit der Sache gegenüber bemüht“. Nichts anderes habe ich auch hier versucht. Ich gebe zu, dass die Bemühung um die Sache in der Sprache Spuren hinterlässt Spuren, die aufzunehmen allerdings auch den Leser*innen bisweilen ein wenig Mühe abverlangt.

Allerdings war ich glücklicherweise mit meinen Anstrengungen nicht allein. Eine aufmerksame kritische redaktionelle Sichtung, zudem zahlreiche wertvolle Anregungen und wichtige, weiterführende Hinweise habe ich Dr. Malte Sachsse zu verdanken, der insbesondere mit den jüngeren einschlägigen Veröffentlichungen in maßstabsetzender Weise vertraut ist. Annemarie Michel hat es auf sich genommen, Korrektur zu lesen; auch sie hat zusätzliche Anregungen beigesteuert - ich bin dafür sehr dankbar. Nicht zuletzt gilt mein Dank Herrn Dr. Jens Seeling von der Wissenschaftlichen Buchgesellschaft für die freundliche und umsichtige redaktionelle Betreuung der Neuauflage.

Es bleibt, der Hoffnung Ausdruck zu verleihen, dass all diese Mühe sich gelohnt hat bzw. lohnen wird: dadurch, dass die Wege des musikpädagogischen Diskurses geklärt und für neue Impulse geöffnet wurden und werden, sodass Leser*innen daraus Anregungen und Gewinn für die eigene Positionierung ziehen können.

1. Wissenschaftstheoretische Orientierung

1.1 Musikpädagogisches Denken als Praxis und ‚Gegenstand'

Drei Beispiele aus drei verschiedenen Lebensbereichen mögen in unser Vorhaben einführen, indem sie aufzeigen, dass, wo und wie über das Verhältnis von Mensch und Musik sowie dessen Veränderung im Sinne einer Optimierung nachgedacht werden kann:

Meine Zahnärztin fragte mich, ob ich ihr empfehlen würde, ihre Tochter zur Musikalischen Früherziehung zu schicken. Sie sei drei Jahre alt, singe ganz allerliebst verschiedene Lieder mit recht reiner Intonation und spiele mit Begeisterung auf ihrem kleinen Glockenspiel, erfinde dabei sogar selbst die eine oder andere Melodie. Die Mutter wollte diese offenbar vorhandene Neigung oder Begabung fördern.

Wenig später dachte ich über ein Konzertprogramm nach. Ich wollte die Komposition *Hypotosis* von Karl Gottfried Brunotte in der Essener Musikhochschule aufführen in der Absicht, den Studierenden ein Werk zu Gehör zu bringen, in dem sich exemplarisch aktuelles musikalisches Denken zeigt. Um ein Konzertprogramm zusammenzustellen, galt es, andere Werke hinzuzufügen. Meine Wahl fiel auf Karlheinz Stockhausens *Spiral* und Alban Bergs *Vier Stücke für Klarinette und Klavier*, da diese Werke – wie das von Brunotte – Ergebnisse eines Denkens sind, das Grenzen zu überwinden sucht. Diese Grenzüberschreitungen hörend wahrzunehmen schien mir interessant und wichtig, da sie zum musikalischen Fortschritt beitrugen, dadurch wichtige Momente der Musikgeschichte markieren und insofern ihre Kenntnis zur musikalisch-kulturellen Bildung gehört.

Ein halbes Jahrhundert zuvor dachte meine Mutter, es wäre schön, ein musikalisches Kind zu haben, und so sang sie während ihrer Schwangerschaft ein Lied nach dem anderen in der Hoffnung, dies würde Auswirkungen auf die Eigenschaften ihres Nachwuchses haben.

In allen drei Fällen wurde zweifellos darüber nachgedacht, ob, wie und in welchen Hinsichten Menschen mit Blick auf Musik gefördert werden können oder sollen. Aber dürfen wir das Denken in allen drei Fällen als musikpädagogisch bezeichnen?

Musikpädagogisches Denken

Statt schnell eine mehr oder weniger begründbare Antwort zu geben, wenden wir uns den Problemen zu, die mit der Begriffskombination „musikpädagogisches Denken" aufgeworfen werden. Zumindest zwei Fragen ergeben sich daraus: 1. Begründet oder ermöglicht der Zusammenhang mit Musikpädagogik besondere Weisen des Denkens oder legt er diese nahe? 2. Wenn dies nicht der Fall ist, worin besteht dann das Spezifische des Musikpädagogischen, auf das ein Denken sich richtet?

Die Antwort auf die erste Frage erschließt sich durch einen Blick auf neurobiologische, kognitions- und erkenntnistheoretische Einsichten zur Funktionsweise des Gehirns sowie zu den Vorgängen der Wahrnehmung und des verarbeitenden Bewusstseins: Diese Wissenschaften machen deutlich, dass prinzipiell alle Gehirne gleich funktionieren - in allen Gehirnen ereignen sich bei den genannten Vorgängen dieselben Prozesse, das Denken selbst ist immer dasselbe. Es wäre ein Irrtum, zu glauben, dass Denken anders als in anderen Zusammenhängen funktioniere, wenn es auf Musikpädagogisches gerichtet sei, dass also die Besonderheit, die das Adjektiv rechtfertigt, in den Strukturen subjektiven Denkens liege. Vereinfacht gesagt, bestehen diese in einem Abgleich von Wahrnehmung und gespeicherten Schemata sowie in deren Veränderung mit dem Ziel, Sinn hervorzubringen durch Unterscheidung und Zuordnung in Form u.a. von Urteilen, Positionierung und Handlungsbereitschaft. Allerdings beschreiben die oben genannten Wissenschaften nur die Funktionen, nicht die Inhalte. Und unter Berücksichtigung der inhaltlichen Dimension kommen wir denn doch zu Differenzen: Die Sicht auf die Gegebenheiten des Lebens ist je nach Maßgabe von Interessen, Intentionen, Erfahrungen, Fähigkeiten und Fertigkeiten eine jeweils andere - wenn nicht in den Strukturen des Denkens, so doch in der Weise, wie die Erscheinungen als Wirklichkeit wahrgenommen und zu Aussagen, Erkenntnissen, Einsichten und Urteilen verarbeitet werden.

Einige Beispiele mögen dies verdeutlichen: Ein Autofahrer denkt anders, wenn er einen Wagen mit Schaltgetriebe fährt als wenn ihm eine Automatik zur Verfügung steht, er reagiert wahrscheinlich auf der Fahrt zur Arbeit in seiner Limousine anders als bei einer Spazierfahrt im offenen Cabriolet - obwohl die fundamentalen Vorgänge, mit denen er der Umwelt Beachtung widmet, gleich sein dürften. Ein Verkehrspolizist, der die Einhaltung von Regeln beachtet, wird ganz anders über diese Autofahrten denken; noch anders ein Mediziner, den der Einfluss des Verkehrs auf die Herzfrequenz interessiert, ein Chemiker, der die Zusammensetzung der Abgase unter dem Einfluss des Verkehrsverhaltens untersucht, ein Politiker, der sich mit deren Auswirkungen auf die Umwelt befasst, oder ein Psychologe, der nach Wechselwirkungen zwischen Autotyp und Wohlbefinden fragt. Das jeweils Andere bei den genannten Personen liegt in den Weisen des Denkens - aber nicht in struktureller, sondern in formaler und inhaltlicher Hinsicht: Alle nehmen Wirklichkeit wahr und stellen das Wahrgenommene in bereits vorhandene Zusammenhänge; dasjenige aber, was sie an der Wirklichkeit wahrnehmen, ist unterschiedlich, und zwar deshalb, weil die Wirklichkeit unter verschiedenen Voraussetzungen erschlossen und in unterschiedlichen Kontexten mit unterschiedlichen Interessen und Arbeitsweisen verarbeitet wird. Juristisches Denken beispielsweise bezieht im Streben nach Gerechtigkeit seine Besonderheit - im Unterschied zum Alltagsdenken - aus dem Bemühen um größtmögliche Logik und Strenge in Bezug zu gegebenen Gesetzen und der größtmöglichen Abstraktion von Gefühlen und subjektiven Einschätzungen. Besonderheiten musikpädagogischen Denkens zu entfalten wird indes ein zentrales Anliegen der folgenden Ausführungen sein.

Schon jetzt aber kann festgehalten werden, dass ein Interesse, welches auf eine positive Beeinflussung des Bezugs zwischen Menschen und Musik gerichtet ist, dem Denken eine bestimmte Perspektive verleiht, indem es gerade diesem Bezug eine besondere Aufmerksamkeit widmet: Betrachte ich den Menschen unter dem Aspekt der tatsächlichen und möglichen Weisen seiner Zuwendung zur Musik, erscheint er mir in besonderer Form, und umgekehrt erscheint mir Musik als etwas Spezifisches, wenn ich sie unter dem Aspekt ihrer Zugänglichkeit für den Menschen betrachte.

Dasjenige, was an allen denkenden Gehirnen und bei allen Denkvorgängen gleich ist, hat in sehr einfacher und einleuchtender Weise der Schweizer Psychologe Hans Aebli herausgestellt. Es lässt sich bereits dem Titel seiner Hauptschrift entnehmen: *Denken - das Ordnen des Tuns* (1994). Einer der zentralen Gedanken dieser Schrift besagt, dass Denken sich auf ein Tun beziehe, welches vorausgegangen sei, und zwar im Modus des Ordnens - so dass umgekehrt Denken sich dadurch artikuliere, dass eine mentale Ordnung hergestellt werde. Eine solche Auffassung korrespondiert mit neueren musikpädagogischen Positionen, die - gestützt auf Arbeiten insbesondere aus der Kultursoziologie - die Praktiken des Menschen akzentuieren und von hier aus den Blick auf Möglichkeiten der Förderung richten. Allerdings geht es bei diesen Theorien weniger - wie bei Aebli - um das Individuelle des Denkens als um Handlungsperspektiven, die aus sozial geteilten Praktiken und deren Routinen erwachsen.

Um Ordnung herzustellen, benötigt man Kriterien - wie z.B. Gelungenheit oder Wohlgefallen -, mit deren Hilfe man die wahrgenommenen Phänomene unterscheiden kann, und man benötigt Kategorien - z.B. Musik, Kultur oder Bildung, soweit es um Musikpädagogik geht -, um die Bereiche des Wahrgenommenen zu beschreiben. Solche Kriterien und Kategorien sind nicht ein für alle Mal gegeben und sie stehen nicht für alle Menschen fest, sondern sie sind abhängig von den Intentionen, die Menschen in bestimmten Situationen verfolgen. Wenn ich also hier von musikpädagogischem Denken schreibe, richtet sich mein Denken auf ein bestimmbares, nämlich das musikpädagogische Tun, und zwar in der Absicht es zu ordnen sowie zugleich auf den Vollzug dieses Ordnens.

Zwischen eigener und fremder Wirklichkeit unterscheiden

Dabei ereignet sich etwas, das nur dem Menschen gegeben ist: Es gehört zu den Eigenarten menschlichen Denkens, dass es sich selbst beobachten und reflektieren kann - Helmuth Plessner nannte dies „exzentrische Positionalität" ([1928]1981). Eine solche exzentrische Position können wir durchaus im Alltag einnehmen – die Tatsache, dass meine Zahnärztin mich um Rat hinsichtlich des Musikunterrichts ihrer Tochter fragte, macht deutlich, dass sie ihrem eigenen Nachdenken skeptisch gegenüberstand. Im wissenschaftlichen Denken nehmen solche Selbstbeobachtungen in Form des Vergleichs des Eigenen mit dem Anderen sowie die abwägende Differenzierung als Grundlage für den Anschluss an andere Forschungsergebnisse und andere Positionen eine zentrale Rolle ein.

Im Rahmen ordnenden Denkens gilt es dabei zu unterscheiden: zwischen eigenen und fremden Absichten, eigenen und fremden Mitteln und damit generell zwischen eigener und fremder Wirklichkeit. Nicht nur, wenn ich über mögliche Förderung oder Unterrichtung in Musik nachdenke, sondern auch, wenn ich das diesbezügliche Nachdenken Anderer in den Blick nehme, denke ich über Musikpädagogik nach – und damit denke ich selbst bereits musikpädagogisch. Das in diesem Buch verfolgte Anliegen, Aussagen über musikpädagogisches Denken zu machen, würde demnach implizieren, auch das eigene Denken in eine Distanz zu rücken, als sei es ein anderes.

Damit leistet mein musikpädagogisches Denken einen Beitrag zu dem, was als musikpädagogisch-wissenschaftlicher Diskurs bezeichnet wird. Da die Darstellung und Erörterung u.a. von Positionen, Einsichten, Erkenntnissen, Erfahrungen und Urteilen, aus denen solche Diskurse bestehen, durch ihre Bezugsfelder – in unserem Falle der Mensch hinsichtlich seiner Kommunikation und Interaktion in Bezug auf Musik in bestimmten Situationen – gesellschaftlich verankert sind, werden in ihnen unweigerlich Sozialität, Kultur und Politik reproduziert, kritisiert oder auch revolutioniert. Die Analyse solcher Diskurse gehört zu den Aufgaben wissenschaftlicher Musikpädagogik – insbesondere, wenn diese sich als „kritische Kulturwissenschaft" versteht (Vogt, 2014): Ein solches Selbstverständnis spiegelt sich im Namen einer wichtigen musikpädagogischen Online-Veröffentlichungsreihe, der *Zeitschrift für Kritische Musikpädagogik* (ZfKM).

Eigenarten wissenschaftlichen Denkens

Mein Denken, das ich an dieser Stelle entfalte, ist einer bestimmten Ordnung im Modus eines bestimmten Systems unterworfen: eines Systems, das wir Wissenschaft nennen. Wie auch das Alltagsdenken richtet es sich auf bestimmte Inhalte und Probleme mit dem Ziel, Orientierung zu gewinnen und eine Positionierung zu ermöglichen – dies wird aus den eingangs angeführten Beispielen deutlich. Ein wesentlicher Unterschied aber zu anderen (alltäglichen) Systemen des Denkens – solchen, die beispielsweise auf die Durchführung von Unterricht oder die überzeugende Darbietung eines Werks gerichtet sind – besteht darin, dass seine Vollzüge jederzeit nachvollziehbar und überprüfbar sein müssen. Dazu müssen die Kriterien, Aspekte, Kategorien und sachlichen Inhalte nachvollziehbar benannt und vor allem begründet werden. Dies gilt sowohl für die Auseinandersetzung mit dem Denken Anderer als auch – quasi in eins damit – für den Vollzug des eigenen Denkens. Insofern habe ich an die Praxis meines eigenen Denkens dieselben Kriterien anzulegen wie an das Denken Anderer – eingedenk des unlösbaren Problems, dadurch keine absolute Objektivität gewinnen zu können, da ich auch meine eigenen Aspekte, Kriterien, Kategorien in der Auseinandersetzung mit Anderen gewonnen habe: Sie stellen quasi die Kehrseite des Anderen im Eigenen (oder des Eigenen im Anderen) dar. Ziel indessen nicht nur der Forschung, sondern wissenschaftlichen Denkens im Allgemeinen ist es u. a., Meinungen, Erfahrungen und Gewohnheiten durch Wissen zu ersetzen (Gruhn, 2006, S. 34–35).

Dass dies mit erheblichen Schwierigkeiten verbunden ist, leuchtet spontan ein, wenn man zum einen die einschlägigen Veröffentlichungen der Vergangenheit und der Gegenwart in den Blick nimmt: Sie zeichnen sich nicht nur durch Fülle, sondern auch durch Verschiedenheit aus. Und zum anderen dürfte Musikunterricht – in dem sich immerhin auch musikpädagogisches Denken artikuliert –, zumindest durch Vielgestaltigkeit, wenn nicht durch komplette Heterogenität gekennzeichnet sein.

Gleichwohl widmen sich all diese Facetten musikpädagogischen Denkens dem gleichen Lebenszusammenhang. Ihn herauszustellen wird die nächste Aufgabe sein. Ferner ist darüber nachzudenken, warum es überhaupt eine bearbeitenswerte Aufgabe ist, den Inhalten musikpädagogischen Denkens und seinen Eigenarten nachzugehen. Dazu befassen wir uns zunächst mit dem Gehalt des Begriffs ‚musikpädagogisch'.

Wer pädagogisch denkt, widmet seine Aufmerksamkeit dem Menschen unter einem bestimmten Aspekt: dem Aspekt der Förderung im Sinne von Lernen, Bildung oder Erziehung. Die Hinsichten dieser Förderung aber sind nicht gegeben und stehen ein für allemal fest, sondern müssen immer wieder neu hervorgebracht werden, da sie in engem Zusammenhang mit der bestehenden und sich stets wandelnden Kultur stehen. Die Grundlagen jeder Förderung nämlich sind einerseits die Diagnose eines Ist-Zustands, der als so beschaffen erkannt wird, dass Lernen, Bildung oder Erziehung notwendig oder zumindest sinnvoll erscheinen, und andererseits die Vorstellung davon, welcher Zustand durch Lernen, Bildung oder Erziehung erreicht werden soll. Insofern sind „Lernen oder Erziehung ohne Vorstellungen vom Menschen" ebenso wenig plan- und realisierbar, wie sich der Mensch „ohne Lernen und Erziehung" nicht verstehen lässt. Pädagogisches Handeln ist insofern an den Menschen sowie seine Vorstellungen davon gebunden, wie bzw. was der Mensch sein solle, und daher wiederum konstitutiv für den Menschen. Da indessen „Menschen [...] immer *mehr* als nur pädagogische Wesen" sind, kann man grundsätzlich festhalten: „Der Mensch ist *auch* ein genuin pädagogisches Wesen" (Wulf & Zirfas, 2014, S. 9).

Zur Annäherung an die für die genannten Bereiche pädagogischer Aufmerksamkeit relevanten Handlungsformen lohnt es sich, der ursprünglichen

Wesen des Pädagogischen

Bedeutung des Begriffs ‚pädagogisch' nachzugehen. Der Begriff ist zusammengesetzt aus den griechischen Wörtern παῖς oder παιδός, was ‚Kind' oder ‚Knabe' bedeutet, sowie ἄγειν: ‚führen'. Der Pädagoge ist also ursprünglich ein Leiter oder Führer von jüngeren Menschen gewesen, Leitung – auch Anleitung –, Führung oder zumindest Begleitung erscheinen als das Wesen des Pädagogischen. Interessant und weiterführend ist die Räumlichkeit dieser Begriffe: sie handeln von einer Bewegung, durch deren Vollzug sich Veränderung ereignet, und zwar unter dem Einfluss eines Menschen auf einen anderen. Nimmt man den Vorgang einmal beim Wort, so könnte man fragen: Wohin geht die Führung? Von wo beginnt sie? Mit welchem Recht nimmt einer die Rolle des Führers, einer die des Geführten ein? Anders gesagt: Woher nimmt jemand die Gewissheit, dass seine Diagnose des Ist-Zustands ein pädagogisches Handeln berechtigt, sinnvoll oder notwendig erscheinen lässt und woher weiß dieser Jemand, dass dasjenige, was sein soll, besser ist als das, was ist?

Menschenbild und Musikbegriff

In der jüngeren Forschung (Sachsse, 2014) wurde herausgestellt, dass die einschlägigen pädagogischen Entscheidungen darüber, was zur Förderung vorgeschlagen wird, auf Urteilen beruhen, die sich der Differenz zwischen Beobachtungen und bestimmten Ideen verdanken. Diese Ideen beziehen sich auf den Menschen im Allgemeinen und verdichten sich zu bildhaften Vorstellungen: zu Menschenbildern. Bezogen auf Musik verdichten sich in ihnen Vorstellungen davon, wie einerseits der Mensch Musik konkret in sein Leben einbezieht und wie er es andererseits tun sollte, um glücklicher, erfüllter, gerechter oder vielseitiger zu werden. Im Rahmen dieser ‚Bilder' kann der Mensch z. B. als Musik-Denker, als Musik Empfindender, als Erfahrungen Machender, als Schöpfer oder als Handwerker erscheinen. Eine solches ‚Bild' kann aber nicht gewonnen werden, ohne dass man eine Vorstellung davon entwickelt, was Musik leisten und was durch sie bewirkt werden kann – und dies wiederum hängt von der Vorstellung davon ab, wie sie beschaffen ist und worin ihre Eigenschaften und Eigenarten bestehen – vom Musikbegriff also. Musikbegriffe und Menschenbilder entstehen, wie oben bereits angedeutet, in einem bestimmten historisch-sozialen Rahmen und sie bestehen in Übereinkünften, deren Geltung im Gebrauch Anerkennung findet (Niegot, 2016), aber jederzeit wieder verworfen werden kann.

Musik: sein und sollen

Auf der Basis geltender Vorstellungen der optimalen Wechselwirkung zwischen Musik und Mensch erst wird es möglich, das Pädagogische hinsichtlich des Musikalischen mit konkretem Inhalt zu füllen. Damit wäre zumindest die Richtung der oben umrissenen ‚Führung' bestimmt: Sie soll zur Musik führen. Wo aber ist die Musik? Im Erklingen während eines Konzerts? Im Kopf des Komponisten? In der Partitur? Im eigenen Kopf? In den Analysen der Musiktheorie oder in den Beschreibungen der Musikwissenschaft? Ferner: Wodurch zeichnet sie sich aus? Aufgrund welcher Eigenarten lohnt es sich, sich mit ihr zu befassen? Und: Zu welcher Musik soll geführt werden? Zur Kunstmusik? Zur Musik fremder Kulturen? Zur Musik der Gegenwart? Warum soll überhaupt ‚zur Musik geführt' werden, gehört doch, folgt man den einschlägigen Befragungen wie beispielsweise den Shell-Studien, Beschäftigung mit Musik zu den absoluten Lieblingstätigkeiten junger Menschen.

Musikpädagogisches Denken und Handeln fasst ein Sollen in den Blick, das sich vom Sein unterscheidet. Freilich sind dabei die Zustände bzw. die Eigenarten des ‚Seins' zu klären, und die Sollens-Forderungen sind zu begründen; ferner sind Aussagen über die Möglichkeiten zu treffen, das Seiende zu verändern. Musikpädagogik gerät damit in ein ambivalentes Verhältnis zum öffentlichen Musikleben: Einerseits können die Intentionen auf Vertiefung, Intensivierung und Erweiterung gerichtet sein, andererseits auf Alternativen und Veränderungen. Wie soll der junge Mensch an Jugendkulturen teilhaben? Intensiver - engagierter - weniger - gar nicht? Soll Musikunterricht eine Zulieferfunktion für den Konzertbetrieb und die Opernhäuser haben? Soll und kann Musikunterricht zum Partner oder zum Widerpart des bestehenden Musiklebens werden? Und ist er im schulischen Bereich vielleicht überflüssig? Zur Musik geführt wird doch bereits in vielfachen Lebenszusammenhängen: Die Mutter tut es, wenn sie ihrem Kind ein Lied vorsingt, der Influencer tut es, wenn er seine neueste Playlist vorstellt, der Konzertpianist tut es, wenn er ein Werk darbietet - und diejenigen tun es, die bereits Unterricht in Musik erteilen. Es scheint demnach so, als sei eine pädagogische Bemühung um den Menschen hinsichtlich seiner auf Musik bezogenen Praktiken in mehrfacher Hinsicht begründungsbedürftig: zum einen in Bezug auf Defizite bei vorhandenen und geübten Praktiken, zum anderen mit Blick auf die Ermöglichung anderer, alternativer oder ganz neuer Praktiken und vor allem hinsichtlich der Frage, warum er sich überhaupt mit Musik befassen soll.

Musik als Praxis

Worauf richtet sich das Denken und Handeln des Menschen, wenn er sich hörend, musizierend, komponierend, improvisierend, nachdenkend oder interpretierend mit Musik befasst? Bei allen Unterschieden zwischen den maßgeblichen phänomenologischen und konstruktivistischen Erklärungen kann festgehalten werden, dass er kein gegenständliches Objekt vor sich hat oder ein solches produziert, sondern etwas, das sich in der Zeit klingend entfaltet - auch wenn es durch Pausen unterbrochen wird oder überhaupt aus Stille besteht.

Notwendige Bedingung dafür, dass sich etwas klingend entfalten kann - sei es real, sei es auch nur mental, z.B. in der Vorstellung oder Erinnerung -, ist eine einschlägige Praxis des Menschen. Daher hat Hermann J. Kaiser die These vertreten, Musik(en) existierten „einzig und allein als Formen […] gesellschaftlicher Praxen, [und zwar] nur dadurch, dass Musiken gemacht, gespielt, gehört oder nachvollzogen, rezipiert, angeeignet werden […]" (Kaiser, 1998, S. 107). Spitzt man diese praxeologische Position konstruktivistisch dahingehend zu, dass man behauptet, alles dem Menschen als existierend Erscheinende sei ein Produkt seines Denkens, so kann man zu der Einsicht kommen, Umgang *mit* Musik sei gar nicht möglich, vielmehr gelte: „*Musik ist Umgang*" (Blanchard, 2019, S. 86).

Bedeutung und Bedeutsamkeit

Freilich lassen diese Bestimmungen offen, worauf die verschiedenen Praktiken sich richten bzw. worin der „Umgang" besteht. Einig ist man sich darüber, dass dabei ein tönendes Etwas durch die Weise, *wie* es erklingt, dem Menschen ermöglicht, es als Träger von Bedeutungen wahrzunehmen, die zum einen das Tönende als sinnhaft erscheinen lassen, zum anderen zugleich über sich hinaus die Aufmerksamkeit auf Anderes, Nicht-Musikalisches lenken kann – ein Anderes, das man als musikbezogene Bedeutsamkeit bezeichnet. Zugleich konstituiert der wahrnehmende Mensch einen Bezug zu dem als bedeutungsvoll und bedeutsam Wahrgenommenen. Es kann dem Einzelnen sinnvoll erscheinen, diesen Vorgang zu vollziehen – Musik kann für ihn Relevanz besitzen oder überflüssig sein. Freilich werden die Begriffe Bedeutung, Bedeutsamkeit und Relevanz nicht einheitlich gebraucht. Darauf wird zurückzukommen sein, wenn es darum gehen wird, ‚Bedeutung' als musikpädagogische Orientierung auszuweisen (Näheres dazu im Kapitel 3.7). Beides ist anschließbar an eine kommunikations- und bedeutungstheoretische Bestimmung von Musik, die ich vorgeschlagen habe: Demnach kann „Musik als unterschiedlichste Inszenierungen eines Prozesses gelten, bei dem im Medium des Klanges – oder dessen Auslassung – Geltungsansprüche hinsichtlich möglicher Bedeutungen und Bedeutsamkeit in Kraft gesetzt und im Felde musikalisch-ästhetischer Wahrnehmung sowie des entsprechenden Verstehens erwogen werden" (Schatt, 2017, S. 191).

Legitimationsparadigmen für Musikpädagogik

Pädagogisch ist diese Bestimmung relevant, weil mit ihr zugleich mit ‚Musik' der Mensch in den Blick gerät. Dieser Beziehung gelten auch alle Bemühungen um eine Begründung dafür, dass der Mensch hinsichtlich seiner Befassung mit Musik gefördert werden solle. Hermann J. Kaiser hat vier derartige Legitimationsparadigmen ausgewiesen (Kaiser, 1998, S. 101–102):

1. das Erziehungs- und Therapieparadigma: Es beruht auf der Vorstellung, dass musikalische Praxis den Menschen von sich aus im positiven Sinne verändert, indem sie ihm zu einem harmonischen Verhältnis zu anderen Menschen wie auch zu sich selbst verhilft;
2. das anthropologische Paradigma: Es basiert auf der Beobachtung, dass musikalische Praxis überall auf der Welt gepflegt wird und der Überzeugung, dass sie prinzipiell jedem Menschen möglich und für seine individuelle Entwicklung unabdingbar sei;
3. das kulturtheoretische Paradigma: Ausgehend von der Tatsache, dass Musik ein wesentlicher Teilbereich unserer und auch fast aller anderer Kulturen ist, auf den schwer verzichtet werden kann, ferner Kultur von Men-

schen gestaltet und umgekehrt der Mensch von Kultur beeinflusst wird, soll jedem Menschen die Teilhabe an Musikkultur ermöglicht werden – dafür sorgen u.a. auch, so hat Kaiser später ausgeführt, Institutionen oder institutionelle Instanzen (Kaiser, 2018, S. 40–42);

4. das ästhetische Paradigma: Es wird durch die Einsicht begründet, dass „durch Musik Erfahrungen für uns Menschen ermöglicht werden, die formal und inhaltlich in keinem anderen und durch kein anderes Medium sonst zu gewinnen sind". Solche Erfahrungen aber seien notwendig für eine möglichst umfassende Welterfahrung und „ein differenziertes Weltverhältnis" (Kaiser, 1998, S. 102).

In systematischer Absicht hat Kaiser dazu als Bezugsfeld eine „jeweils […] letzte Instanz" herausgestellt, welche seiner Auffassung nach „die Rechtmäßigkeit des musikpädagogischen Handelns bzw. Sprechens sichert". Dies sei der Rekurs

„(a) auf einen leitenden Begriff, einen fraglos anerkannten Sachverhalt, eine Theorie oder
(b) auf ein Subjekt bzw. eine Gruppe von Subjekten oder
(c) auf eine institutionelle Verknüpfung von Person(en) und Sachverhalten" (Kaiser, 2018, S. 40).

Dabei ist allerdings im Blick zu behalten, dass zwischen diesen „Instanzen" eine wechselseitig konstitutive Dialektik besteht (Sachsse, 2014): So verdankt sich im musikpädagogischen Denken nachweislich z.B. einer der „leitenden Begriffe", der Musikbegriff, einem jeweils bestimmten Menschenbild, und umgekehrt orientiert sich z.B. institutionelles Handeln, welches sich auf die Verwirklichung eines bestimmten Menschenbildes richtet, an einer bestimmten Vorstellung von Musik.

Ziele und Aufgaben musikpädagogischen Denkens

Musikpädagogisches Denken hat diese Paradigmen nicht nur hervorgebracht; es orientiert sich auch daran und setzt sich kritisch mit ihnen auseinander. Immer aber richtet es sich auf die Frage nach der Aneignung von Musik und die Ermöglichung sowie Förderung dieser Aneignung im Kontext von Erziehungs-, Bildungs-, Lern-, Lehr- und Unterrichtsperspektiven. Zwar weist Bernhard Weber mit Recht darauf hin, dass Aneignungsprozesse bildungstheoretisch einem Lernen zugeordnet werden, das „in aller Regel im alltäglichen Kontext außerhalb von Bildungs- und Ausbildungsstätten stattfindet und weder didaktisch strukturiert noch zertifiziert wird" (Weber, 2017, S. 14): dem informellen Lernen. Dieses sei, so Weber, vom formalen Lernen ebenso zu unterscheiden wie vom ‚non formalen' Lernen, das sich durch die zielgerichtete Sicht der Lernenden vom ‚informellen Lernen' abgrenze (ebd.). Damit erscheint ‚Aneignung' aber als eine Form der Weltzuwendung, die mit Lernen zwar zusammenhängt, jedoch nicht damit identisch ist, sondern weiter zu fas-

Aneignung: Formale, informelle und non-formale Prozesse

sen ist und darüber hinausgeht. Fraglich bleibt dabei, ob nicht alle Prozesse der Verarbeitung von Welt zu etwas, was das Subjekt auf sich beziehen und mit dem es künftig handeln kann – Prozesse, unter die auch die drei genannten Lernbegriffe fallen –, als Vorgänge der ‚Aneignung' aufzufassen und ohne „die Intentionalität des einzelnen Akteurs" (Orgass, 2017, S. 265) kaum zu denken sind.

Unter diesen Perspektiven werden im Rahmen musikpädagogischen Denkens Voraussetzungen, Bedingungen, Intentionen, Inhalte, Vollzugsweisen, Ergebnisse und Legitimationen von ‚Aneignung' im Rahmen jedweden Lernens mit unterschiedlicher Akzentuierung in den Blick genommen, und zwar in dem Bemühen „um Unterstützung und Verbesserung" (ebd.).

Offensichtlich gibt es zwei Weisen, dies zu tun: eine, die auf konkretes musikalisches Handeln von Menschen gerichtet ist und eine, die die Legitimationen, Strukturen, Ursachen, Bedingungen, Voraussetzungen und Ergebnisse dieses Handelns untersucht, um Wissen zu erwerben und dieses Wissen mit anderen zu teilen.

Theorie und Praxis

Wir haben es uns angewöhnt, die eine Weise als ‚Praxis' zu bezeichnen, die andere als ‚Theorie'. Die bisherigen Ausführungen dürften bereits auf eine Schieflage in dieser Unterscheidung, zumindest aber auf eine Interdependenz zwischen den beiden Bereichen aufmerksam gemacht haben: Auch die Hervorbringung von ‚Theorie' ist eine Praxis, und es ist umgekehrt keine ‚Praxis' vorstellbar, in der nicht ein wie auch immer geartetes ‚theoretisches' Denken verwirklicht würde. Festzuhalten bleibt immerhin, dass die Modi sich unterscheiden: Der eine ist konkret auf Realisierung musikalischer Praktiken gerichtet, wie es z.B. im schulischen Musikunterricht oder im Instrumentalunterricht der Fall ist, der andere verbleibt im Status des Wissens.

Auch die Alltagspraxen entbehren nicht einer Grundlegung durch ‚Theorie' – allerdings keiner wissenschaftlichen, sondern einer alltäglichen. Dies zeigen die drei Fälle, die eingangs geschildert wurden. Ihnen ist gemeinsam, dass in ihnen – mit unterschiedlichen Akzenten – nach Bedingungen der Möglichkeit von Förderung Anderer gefragt oder deren Klärung unterstellt wird. Dabei geht es um physische Bedingungen wie Alter und Kraft, um psychische Bedingungen wie Motivation, Interesse und Begabung sowie um musikkulturelle Bedingungen. Meine Zahnärztin bringt anthropologische und psychologische Beobachtungen – Alter und Begabung – in einen sozial-kulturellen Zusammenhang, aus dem sie eine Sollensaussage ableitet: Weil ihre Tochter jung und begabt ist und Musikausübung ihr kulturell und für das Kind selbst als wünschenswert erscheint, erkundigt sie sich nach optimalen institutionellen Bedingungen für musikalisches Lernen. Freilich denkt sie nicht in diesen Begriffen und den dazugehörigen Kategorien – sie denkt nur darüber nach, wie sie etwas Gutes für ihr Kind tun könne. Offen bleibt, worin für sie das Gute besteht: in der Förderung der Anlagen ihres Kindes und deren Vervollkommnung willen, in der Harmonisierung der seelischen Befindlichkeit, in der Ermöglichung einer spezifischen Teilhabe an Musikkultur oder an der Vermittlung spezifischer Erfahrungen. Insofern ist dies zwar ein Denken, das auf Lernen und Lehren von Musik zum Zwecke der Förderung des Kindes gerichtet ist – also ein musikpädagogisches Denken –, aber es verbleibt als Praxis im Status alltäglichen Handelns.

Auch im Fall der Konzertplanung werden Voraussetzungen Anderer reflektiert, ins Verhältnis zu wünschenswert erscheinenden Kompetenzen gesetzt und entsprechende Maßnahmen eingeleitet, die jedoch auf spezifische Inhalte und nicht auf allgemeine Fähigkeiten bezogen sind. Indem Aktualität, Exemplarizität und kulturelle Relevanz bedacht werden, geht es primär darum, Anderen einen speziellen Bereich der Musikkultur zugänglich zu machen und dadurch zu ihrer musikalisch-kulturellen Bildung beizutragen.

Und das einstige Tun meiner Mutter erscheint fast wie eine Umsetzung neuerer neurobiologischer Erkenntnisse: Da wird Er‚ziehung' – quasi im Sinne von ‚Aufzucht' – bereits in einem Stadium realisiert, in dem es noch um die Voraussetzungen von Wachstum geht: keineswegs unreflektiert, sondern im Horizont eines empirischen Wissens und mit Blick auf ein für erwünscht gehaltenes Menschenbild, damit unbewusst das anthropologische Paradigma verwirklichend.

Es zeigt sich, dass auch hier ein musikpädagogisches „Denken als Ordnen des Tuns" stattfand; die handlungsbestimmenden ‚Theorien' bestehen jedoch weitgehend in umgangsmäßig gewonnenen Erfahrungen, Meinungen und Überzeugungen. Eine auf wissenschaftliche Weise gewonnene Theorie unterscheidet sich dadurch von ihnen, dass sie nach Maßgabe bestimmter Modalitäten, nämlich zumindest Nachvollziehbarkeit, Überprüfbarkeit, Komplexität – und damit im Streben nach Wahrheit – reflektiert, was in der alltäglichen Weise vollzogen wird.

Die Ziele und die Aufgaben wissenschaftlichen musikpädagogischen Denkens werden keineswegs einheitlich umschrieben. Hermann J. Kaiser umriss beides folgendermaßen:

> „Überblickt man die gegenwärtige Diskussion, so will wissenschaftliche Musikpädagogik Wissen schaffen um das, was im musikalischen Aneignungsvorgang vor sich geht, besser, d.h. vollständiger und gesicherter verstehen zu können; um sagen zu können, wie zukünftige musikalische Aneignungsprozesse vor sich gehen können; um diese Aneignungsprozesse besser fördern, kurz: sie pädagogisch verantwortungsvoller und sachlich adäquater realisieren zu können" (Kaiser, 1983, S. 218).

Beim Wort genommen, geraten damit Musik und Mensch nicht nur in ihren Eigenschaften und in ihrer Wechselbeziehung, sondern auch in ihren jeweiligen Kontexten in den Blick. Sigrid Abel-Struth betonte dagegen, wissenschaftliche Musikpädagogik diene ausschließlich dem Erkenntnisgewinn im Felde pädagogischen Umgangs mit Musik (Abel-Struth, 1983, S. 204). Sie abstrahiert damit von einer auf künftige Unterrichtspraxis gerichteten Perspektive und befürwortet eine Wissenschaft, deren Funktion darin besteht, der Wissenschaft zu dienen. Genau entgegengesetzt postulierte Christoph Richter, Musikpädagogik habe „Menschen die Teilhabe an Musik zu ermöglichen", sie zur Musik als einem Medium für Lebensvollzug, Erziehung und Lebensgestaltung anzuregen (Richter, 1997, Sp. 1442).

Vergegenwärtigen wir uns hier die Eigenart von Musikpädagogik im Status von Wissenschaft, ohne über deren Funktion für außerwissenschaftliche Praxis zu urteilen.

Empirie – Interpretation – Kritik

Das musikpädagogisch relevante Wissen bezieht sich auf die Theorie und Praxis der Aneignung und Vermittlung zwischen Musik(en) und Menschen. Es kann durch unterschiedliche Tätigkeiten bzw. Zuwendungsweisen erworben werben. Die zentralen Weisen, sich mit den genannten Bereichen zu befassen, sind Empirie, Interpretation und Kritik. Während eine empirisch-analytische Zuwendungsweise, wie sie für die Natur- und Sozialwissenschaften charakteristisch ist, primär beschreibend der Gegenwart gilt, richtet sich die Interpretation - das zentrale Verfahren der Geisteswissenschaften - im Modus des Auslegens, Verstehens und Deutens auf sie. Derartig geisteswissenschaftlich ausgerichtete Modi widmen sich nicht nur dem Präsenten, sondern dem fundamental Aktuellen wie auch dem Historischen. Ohne dies freilich kann auch eine kritische Zuwendung, die zudem auf eine mögliche Wirklichkeit gerichtet und primär dem Ziel der Veränderung gewidmet ist, nicht auskommen. Und keineswegs kann oder soll mit diesen ganz groben Unterscheidungen gesagt sein, dass etwa empirisch gewonnene Befunde nicht der Interpretation bedürften bzw. dass die Fragestellungen, zu deren Klärung sie angewendet werden, nicht das Ergebnis von Positionen sein können, die durch Deutung oder Interpretation gewonnen wären.

Die interne Verwobenheit verschiedener fundamentaltheoretischer Einsichten und die daraus resultierenden Methoden, Ergebnisse und Konsequenzen sind insbesondere für die Fragestellungen und Aufgaben der wissenschaftlichen Musikpädagogik von Bedeutung. Als gemeinsames Ziel lässt sich der Gewinn von Theorien musikbezogener Aneignungs- und Vermittlungsprozesse benennen. Und dies alles dient dem Zweck, Erkenntnis, Orientierung, Erklärung und Entscheidungshilfe hinsichtlich des Problems hervorzubringen und zu begründen, wie die Beziehungen zwischen Menschen und Musik erklärt, optimiert, angeregt und gefördert werden können.

Rudolf Dieter Kraemer hat die Aufgaben der Musikpädagogik und die erkenntnistheoretischen Positionen zusammenfassend dargestellt (Kraemer, 2004, S. 45). Demnach sind Vorgänge musikbezogener Aneignung und Vermittlung in einer geschichtlich gewachsenen, kulturell-gesellschaftlichen Gesamtsituation von Individuen im Rahmen deren jeweiligen Lebensumfeldes möglichst unvoreingenommen zu beschreiben und hinsichtlich ihrer Ursachen und Zusammenhänge zu erklären. Sie müssen bewusst gemacht und gedeutet werden, um sie ggf. verändern zu können.

Bei diesen Bemühungen geraten nicht nur der Musikbegriff und die Verfasstheit der beteiligten Menschen, sondern auch die Prozesse ihrer Beteiligung wie Produzieren und Reproduzieren, Reflektieren und Interpretieren sowie Distribuieren, ferner das gesellschaftlich-kulturelle, wirtschaftliche und politische Umfeld mit seinen Kommunikations- und Interaktionsprozessen, zudem natürlich auch die Ergebnisse dieser Beteiligung, z.B. Kompositionen, Musikproduktionen sowie Musikbücher und -schriften in den Blick.

Sein und Sollen

Bei all diesen wissenschaftlichen Zuwendungsweisen spielt die Annahme einer Differenz zwischen Sein und Sollen eine entscheidende Rolle. Im wissenschaftlichen Schrifttum und in der unterrichtlichen Praxis kommt dies in Form von unterschiedlichen Diagnosen hinsichtlich der Differenz zwischen Wirklichkeit und Möglichkeit, Sein und Sollen, hinsichtlich unterschiedlicher Verfahren, diese Diagnose zu stellen, und hinsichtlich unterschiedlicher Vorstellungen darüber, welche Konsequenzen daraus gezogen werden sollen – ob also z.B. musikalisch-ästhetische Erfahrung, kulturelle Bildung oder musikpraktische Fertigkeiten, ob Instruktion oder Selbsttätigkeit für das Lehren und Lernen maßgeblich seien –, zum Tragen.

Allen genannten Fällen, Prozessen, Denkstrategien, Inhalten, Wissenschaftsbereichen usw. liegt eine Frage zugrunde. Sie lautet:

> „Welche Fähigkeiten und Fertigkeiten (auch: Kompetenzen), Einstellungen und Haltungen braucht der Mensch heutzutage und künftig, um mit Musik sein Leben sinnvoll zu gestalten, und was kann und soll man tun, um ihm den Erwerb dieser Fähigkeiten, Fertigkeiten, Einstellungen und Haltungen im Rahmen von Schule und Gesellschaft zu ermöglichen?"

Wir haben gesehen, dass diese Frage im Alltag und in der Forschung gestellt wird. Eine entsprechende Forschung gibt es, weil die Frage im Alltag von verschiedenen Menschen unterschiedlich beantwortet wird: Lehrer werden sie anders beantworten als Diskjockeys, Zahnärztinnen anders als Bardamen, Wissenschaftler anders als Politiker. Deutlich wird die Differenz zwischen Sein und Sollen, deutlich wird auch der Zusammenhang zwischen Empirie und Deutung: Erst wenn ich den konkreten Fall kenne, kann ich Aussagen über notwendige und wünschenswerte Förderung machen. Erst wenn ich weiß, worin musikbezogene Fähigkeiten bestehen, wodurch sie entstehen und wie sie sich zeigen, kann ich die Frage beantworten. Deutlich wird auch die Notwendigkeit historischer Forschung: Was ist im Schrifttum über Handlungsvorschläge nachzulesen? Und letztlich wird bereits hier die Differenz zwischen einer wissenschaftlichen und einer nichtwissenschaftlichen musikpädagogischen Fragehaltung deutlich – ein*e Musiklehrer*in nämlich würde die Frage ganz anders formulieren:

> „Was kann ich in meinem Unterricht tun, damit meine Schüler*innen im Unterricht so handeln, dass sie daraus einen Gewinn ziehen, der ihnen hilft, ihr künftiges Leben sinnvoller: genussreicher, erkenntnisreicher, aufgeschlossener, vielfältiger, den Möglichkeiten der Welt angemessener, menschenwürdiger gestalten zu können?"

1.2 Musikpädagogik – Musikerziehung – Musikdidaktik – Musikunterricht

Wir bemühen uns um die Begriffe, mit denen die Bereiche der pädagogisch orientierten Auseinandersetzung mit der Aneignung von Musik durch Menschen bezeichnet werden – sei sie auf den Gewinn von Wissen im Sinne von Wissenschaft, sei sie auf den Vollzug von Lehrhandlungen gerichtet –, weil sie auf die Unterschiedlichkeit und auf die Gemeinsamkeiten hinsichtlich der einschlägigen Aufgaben, Zielsetzungen und Fragestellungen verweisen.

Bereits bei deren näherer Bestimmung werden unterschiedliche Vorstellungen von der Bedeutung des Begriffs ‚Musik' sowie unterschiedliche Vorstellungen von der Eigenart der Aktivitäten des Menschen, der diese praktiziert, deutlich – und damit auch unterschiedliche Vorstellungen von der Art und Weise, wie das Moment des Pädagogischen zu vollziehen sei.

Musikpädagogik als Fach, Studiengang und Bereich

Diese Begriffe spielen auch in der unmittelbaren Arbeits- bzw. Studienwelt derer, die einen musikbezogenen Lehrberuf ergreifen wollen, eine Rolle. Wer Musikpädagogik mit dem Ziel studiert, Diplom-Musikpädagoge*in zu werden, hat ein *Fach* zu belegen, das „Musikpädagogik" heißt – und andere Fächer, die nicht damit identisch sind, wohl aber zum *Studiengang* Musikpädagogik gehören: Musikdidaktik, Allgemeine Didaktik, Unterrichtsplanung und -durchführung. Studierende im Lehramtsstudiengang indessen hatten beispielsweise in Nordrhein-Westfalen[1] seit den 1980er-Jahren bis ins 21. Jahrhundert hinein Musikpädagogik als einen *Bereich* zu studieren, der sich in „Geschichte der Musikpädagogik", „Didaktik und Methodik einzelner Lernfelder", „Musikdidaktische Konzeptionen der Gegenwart" sowie „Musikpädagogik unter soziologischen und psychologischen Aspekten" gliederte.

1 Auf dieses Bundesland wird an dieser und an weiteren Stellen dieses Buches Bezug genommen, weil der Verfasser dort seine Tätigkeit als Hochschullehrer ausübte.

Musikerziehung – Schulmusik

Der Begriff Musikpädagogik kann demnach einerseits einen umfassenden Bereich von Ausbildung, Lehren und Lernen bezeichnen, zugleich aber innerhalb dieses Bereiches ein ‚Fach'. Allerdings ist das im Vergleich zu dem Fach Umfassendere, Allgemeinere des Bereichs nicht identisch mit ‚Allgemeiner Musikerziehung', ist mit dieser Begriffskombination doch ein eigener Studiengang gemeint. Der Begriff der Musikerziehung wiederum war bis vor nicht allzu langer Zeit als Berufs- und Studiengangsbezeichnung üblich - Musikerzieher*in bzw. Musikerziehung - und begegnet uns in Titeln wie *Handbuch der Musikerziehung* (Bücken, 1931; Fischer, 1954), *Geschichte der Musikerziehung* (Gruhn, 1993) oder *Anfänge institutioneller Musikerziehung* (Sowa, 1973). Diese Titel sind Ergebnisse einer eingehenden Reflexion über das musikpädagogische Selbstverständnis, und so ist der Differenz zwischen ihnen und Titeln wie *Handbuch der Musikpädagogik* (Schmidt & Richter, 1986) bzw. *Handbuch Musikpädagogik. Grundlagen - Forschung - Diskurse* (Dartsch, J. Knigge, A. Niessen, F. Platz & C. Stöger, 2018) und *Geschichte der deutschen Schulmusik* (Schünemann, 1928) durchaus Bedeutung beizumessen. Den letztgenannten Begriff führten die beiden zentralen Berufsverbände VDS (Verband deutscher Schulmusiker) und AfS (Arbeitskreis für Schulmusik) in ihren Namen. 2015 schlossen sich diese Verbände zum Bundesverband Musikunterricht (BMU) zusammen, und es ist zu fragen, ob bzw. welche Traditionen des Selbstverständnisses unter dem neuen Namen erhalten blieben.

Widmen wir uns im Folgenden also den Begriffen Musikpädagogik, Musikdidaktik, Musikunterricht, Musikerziehung und Schulmusik mit der Frage nach Unterschieden und Gemeinsamkeiten.

Bezugsebenen und Methoden der Musikpädagogik

Der Begriff Musikpädagogik begegnet uns in vier verschiedenen Zusammenhängen, die sich als vier Ebenen musikpädagogischen Denkens und Handelns umreißen lassen (vgl. Kaiser & Nolte, 1989, S. 18). In ihnen kommen sehr unterschiedliche Methoden zur Anwendung. Diese orientieren sich weitgehend am jeweiligen Erkenntnisinteresse. Folgende Ebenen bzw. Felder von „Musikpädagogik" lassen sich unterscheiden:

1. steht der Begriff für ein Nachdenken und Forschen, das sich primär analytisch - dabei auch komparativ - auf zwei Bereiche der Wirklichkeit richtet: zum einen auf tatsächlich vorfindliche musikpädagogische Praxis, zum anderen auf die historisch und systematisch beschreibbaren Bedingungen für die Möglichkeit musikpädagogischen Handelns und für das Nachdenken über dessen Grundlagen, nämlich musikpädagogische Theoriebildung. Insoweit es um die Analyse musikpädagogischer Praxis geht - vorzugsweise also um Musikunterricht in seinen verschiedenen Ausprägungen (z.B. schulischer Musikunterricht, Instrumentalunterricht im privaten oder im Bereich der Musikschule, Unterweisung im Internet) - werden primär Me-

thoden der empirischen Forschung angewandt. Vor allem, wenn neue Ideen auftreten, möchte man wissen, mit welchem Erfolg sie verwirklicht wurden, um sie bestätigen, optimieren oder verwerfen zu können. Auf diese Weise gerieten in der jüngeren Vergangenheit u.a. Ideen zur Inklusion, das Programm „Jedem Kind ein Instrument" („JeKi"), Klassenmusizieren, Musikklassen und Komponieren bzw. Musik-Erfinden mit Schüler*innen in den Blick der Forschung. Wenn es dabei primär um individuell relevante Unterrichtsergebnisse wie Einschätzungen oder Befindlichkeiten der am Unterricht Beteiligten geht, kommen primär Methoden der qualitativen Forschung wie z.B. narrative oder leitfragengestützte Interviews zum Tragen. Sie können mit quantitativen, z.B. für Statistiken relevanten Methoden verknüpft werden, die u.a. angewendet werden, wenn es um Fragen der Teilhabe an Musik infolge von Unterrichtserfahrungen geht – z.B. wer ohne und mit Unterricht wann wie oft musiziert, hört oder tanzt – oder um die Auswirkungen sozialer Bedingungen auf die Einstellungen der Lernenden – z.B. die Frage, wie sich ein Migrationshintergrund auf die musikalischen Präferenzen oder die musikbezogene Lernbereitschaft auswirkt.

Wer aus historischer Sicht Musikunterricht beschreiben will, hat u.a. schriftliche Dokumente auszulegen: alte Erlasse, Lehrpläne, konzeptionelle Schriften zur Musikpädagogik, Unterrichtsmaterialien usw. Zur Interpretation, Einschätzung, Ein- bzw. Zuordnung solcher Quellen finden Methoden der Hermeneutik Anwendung.

Wo es um das Anliegen geht, Musikpädagogik systematisch zu erfassen, wo also über ein System bzw. eine systematische Fundierung des Denkens über den Zusammenhang der musikpädagogisch relevanten Teilbereiche nachgedacht wird, wird eine Methodik in Anschlag gebracht, die man als philosophisch insoweit bezeichnen kann, als sie sich der Verfasstheit von Erkenntnis im weitesten und grundlegenden Sinne widmet. Im angelsächsischen Sprachgebrauch wird dieser Teilbereich auch als ‚philosophy of musical education' bezeichnet.

Zu ihr gehört wesentlich jener Bereich der Musikpädagogik, der als ‚Systematische Musikpädagogik' oder ‚Allgemeine Musikpädagogik' bezeichnet werden kann. Er befasst sich mit grundsätzlichen Fragen: mit Voraussetzungen, Bedingungen und Folgen musikpädagogischen Denkens und Handelns und mit den bereits gewonnenen Antworten auf diese Fragen. Durch Systematische Musikpädagogik wird versucht, auf der Grundlage u.a. erkenntnistheoretischer, ästhetischer und soziologischer Einsichten musikpädagogischem Denken eine geordnete Orientierung zu verleihen. Zu ihren Intentionen gehört auch die Ausarbeitung einer einschlägigen Wissenschaftstheorie.

Da in verschiedenen Ländern unterschiedliche Vorstellungen von musikalischer Erziehung und Bildung bestehen, gibt es auch einen als ‚vergleichende Musikpädagogik' bezeichneten Bereich, der sich der Aufarbeitung dieser nationalen Positionen widmet. Dabei geraten unterschiedliche Musiken, differierende Musikbegriffe, unterschiedliche Einschätzungen musikalischer ‚Sachverhalte' und unterschiedliche musikpädagogische Positionen in den Blick, weil Menschen in unterschiedlichen Kontexten unterschiedlich denken. Diese Kontexte können unter bestimmten Umständen ‚Kultur' genannt werden, und unterschiedliche Kulturen sind es denn letztlich auch, auf die Differenzen zwischen musikpädagogischen Vorstellungen in verschiedenen Ländern zurückzuführen sind.

2. steht der Begriff für ein Nachdenken und Forschen, das sich primär konstruktiv auf eine künftige musikpädagogische Praxis richtet, und zwar primär im Modus des Nachdenkens - weniger des empirischen Forschens - über diese Praxis. Oft ist ein solches Nachdenken auf die Struktur und den Gehalt von Konzepten für Unterricht oder musikpädagogische Konzeptionen gerichtet und kann in neue konzeptionelle Vorschläge einmünden. Dabei geht es fundamental darum, wie den verschiedensten Ansprüchen, die an Lehren, Lernen und Bildung im Zusammenhang mit Musik vor allem im institutionellen Zusammenhang gestellt werden, möglichst ausgewogen gerecht werden kann. Erwartungen, Wünsche und Forderungen der Lernenden, der Lehrenden, der Elternschaft, der kulturellen Institutionen, der Politik und der Wissenschaften - insbesondere der Musik- und Kulturwissenschaften, aber auch der aktuellen Musikpädagogik - sind dabei zu berücksichtigen. Insoweit dabei bereits vorliegende Positionen ausgewertet werden, um sie zu kritisieren, zu optimieren oder um Alternativen zu gewinnen, können z. B. Prinzipien des Verfahrens der Diskursanalyse angewendet werden, um herauszustellen, was Andere aus welchen Gründen gedacht haben (zusammenfassend Wirmer, 2020). Bei einer solchen Analyse wird nicht nur nach Interdependenzen zwischen einzelnen Positionen und den Strukturen dieser Beziehungen gefragt, sondern auch nach deren Abhängigkeit z. B. von Machtverhältnissen oder hegemonialem Denken.
3. wird der Begriff für jenen Bereich praktischer Tätigkeiten gebraucht, mit denen es anderen ermöglicht wird, im Umgang mit Musik ihre Fähigkeiten und Fertigkeiten zu verbessern, also Musik zu lernen und sich musikalisch bzw. musikbezogen zu bilden: Dazu gehört primär der schulische und außerschulische Musikunterricht.
4. findet der Begriff auch Anwendung im Zusammenhang mit Tätigkeiten, die zwar mit Musik und Pädagogik verbunden werden können, jedoch nicht spezifisch auf Bildung oder Ausbildung ausgerichtet sind (z. B. Prozesse informeller musikalischer und musikbezogener Bildung durch den einschlägigen Gebrauch digitaler Medien, Bemühungen um gemeinsames Musizieren im Rahmen von ‚Community music', Komponist*innen als

Pädagog*innen bzw. Werke als klingende Musikpädagogik; vgl. dazu z. B. Schatt, 1991; Kloppenburg, 2002; Mertens, 2013).

Überlegungen zur Unterscheidung zwischen den genannten Bereichen haben insbesondere in den 1970er-Jahren im musikpädagogischen Denken eine große Rolle gespielt. Sie dienten der Selbstfindung einer noch jungen Disziplin und entsprangen dem Ringen um die Fundierung von Musikpädagogik als einer selbständigen Wissenschaft. Insbesondere die Unterscheidung zwischen Musikpädagogik und Musikdidaktik war dabei von erheblichem Belang, gab es doch Stimmen, die beides als Unterabteilungen anderer Wissenschaften sahen, insbesondere der (historischen und systematischen) Musikwissenschaft.[2]

Unterscheidung Musikpädagogik – Musikdidaktik

Bei der Unterscheidung zwischen Musikpädagogik und Musikdidaktik geht es um die Zuweisung von Aufgaben und die Bestimmung bzw. Abgrenzung von Inhalten. Eine etymologische Bestimmung des Wortes ‚Didaktik' hilft nur wenig weiter. Der Begriff stammt vom gr. διδάσκειν, was so viel wie unterrichten, lehren, aber auch belehrt, unterrichtet werden, sich aneignen heißt. Das dazu gehörige Nomen δίδαξις bedeutet dementsprechend Lehre, Unterweisung, Unterricht. Im Vergleich zu den Bestimmungen, die von dem Wort Pädagogik ausgingen, können wir an dieser Stelle festhalten, dass es in beiden Fällen um eine absichtliche Veränderung von Menschen geht, und zwar dahingehend, dass sie sich Erscheinungen der Welt in neuer Weise oder neuen Erscheinungen der Welt zuwenden. Im Unterschied zum Pädagogischen richtet sich aber das Didaktische mehr auf bestimmte Formen und bestimmte Modi dieser Zuwendung: und zwar auf solche, die mit mehr oder weniger institutionalisierten Weisen der Interaktion und Kommunikation, also Lehren im Sinne von Unterricht, verbunden sind.

Zurückzuweisen ist insofern z. B. die Auffassung Wolfgang Rüdigers,

> „die Vorstellungen, die wir uns von einem Stücke machen und die in dem Maße wachsen, in dem wir uns möglichst eindringlich um das Stück bemühen, es vielfältig erschließen, mit ihm ‚sprechen', seine Wesensart ergründen, wie es gemacht ist und warum"

seien didaktisch (Rüdiger, o. J., S. 2). Wir haben es hier mit einem Vorgang zu tun, bei dem Aspekte von ‚Lehre' und ‚Unterricht' keine Rolle spielen und den wir im Allgemeinen als Interpretation bezeichnen. Interpretation findet zwar in didaktischen Zusammenhängen statt: Etwa dann, wenn man einen In-

2 Auf deren Verhältnis zur Musikpädagogik – insbesondere zum Verhältnis zwischen Musikpädagogik und Musiksoziologie, Musikpsychologie, Musikästhetik und Ethnomusikologie – wird im nächsten Kapitel näher eingegangen.

halt daraufhin untersucht, welche seiner Aspekte für Lehren und Lernen geeignet und sinnvoll sind; Interpretation aber mit Didaktik gleichzusetzen, führt zu einer Erweiterung des Begriffs, der ihn für musikpädagogische Zusammenhänge unbrauchbar macht.

Die Schwierigkeiten der Abgrenzung zwischen Musikpädagogik und Musikdidaktik zeigen sich in zwei Äußerungen des Musikpädagogen Karl Heinrich Ehrenforth. Er beschrieb 1977 die Aufgabe der Musikpädagogik - um sie von derjenigen der Musikdidaktik zu unterscheiden - folgendermaßen:

> „So ist eine kooperative Arbeitsteilung zwischen Musikpädagogik und Musikdidaktik anzustreben, die dem gemeinsamen Ziel einer ‚Theorie der Musikerziehung' gewidmet ist. Der Musikpädagogik wären dann folgende Aufgaben zuzuordnen: a) die empirisch-sozialwissenschaftlich-psychologische Ermittlung der musikkulturellen Bedingungen und Voraussetzungen des Musiklernens (dies in enger Zusammenarbeit mit Musikpsychologie und Musiksoziologie) und b) die Aufarbeitung und Verarbeitung der von den anthropologischen und soziologischen Nachbarwissenschaften erzielten Erkenntnisse und Theorien, soweit sie für eine ‚Theorie der Musikerziehung' förderlich und von Nutzen sind. Der Musikdidaktik wäre aufgetragen a) alle Aspekte der unterrichtlichen Vermittlung von Musik zu bedenken und aufeinander zu beziehen und b) Zielvorstellungen musikalischer Bildung zu entwickeln, die ihre entscheidenden Maßstäbe aus der Antwort auf die Frage gewinnen muss, was die Musik als geschichtliches und gegenwärtiges Phänomen unaustauschbar und über die Offenheit allgemeiner Lernzielvorstellungen hinaus zur Personwerdung des Menschen beitragen kann" (Ehrenforth, 1977, S. 98).

Unklar bleibt hier, wovon eine „Theorie der Musikerziehung" handeln soll, sind doch die Aufarbeitung des kulturellen Kontextes und der anthropogenen und sozialen Bedingungen der Musikpädagogik, die Entwicklung der entsprechenden Ziele aber der Musikdidaktik aufgetragen. Musikpädagogik und Musikdidaktik wären damit zwei zwar unterscheidbare, aber voneinander abhängige Disziplinen: Die Musikdidaktik hinge von den Ergebnissen der Musikpädagogik ab, da diese die Notwendigkeiten und Möglichkeiten musikalischer Bildung zu eruieren hätte; umgekehrt hätte sich aber die Musikpädagogik auf die Musikdidaktik zu beziehen, da diese aus den Aspekten unterrichtlicher Vermittlung die Fragestellungen - u.a. die nach Begründungen für Zielvorstellungen des Musikunterrichts - zu entwickeln habe. Der Musikpädagogik ginge es nach Ehrenforth nicht um den Vollzug des Lehr/Lernprozesses, sondern um dessen Bedingungen und Voraussetzungen. Der Vollzug gehörte in den Bereich der Musikdidaktik, und zwar im Akt des Bedenkens und aufeinander Beziehens sowie in der Entwicklung einer auf die Lernenden bezogenen Intentionalität. Wie dies geschehen soll, ohne an der Aufarbeitung von Erkenntnissen von Kulturwissenschaft, Soziologie und Anthropologie beteiligt zu sein (dies sei ja Aufgaben- bzw. Arbeitsfeld der Musikpädagogik) bleibt unklar. Und da mit dem Erziehungsgedanken - die Rede ist von Musik*erziehung* - das ethische Moment von Unterricht als ein durch musikpädagogisches und musikdidaktisches Nachdenken zu fundierender theoretischer Bereich der Reflexion angesprochen wird, wird das Gestrüpp noch undurchdringlicher: Offenbar soll die Musikpädagogik Aussagen über einen Beitrag der Musik zur „Personwerdung" machen, deren inhaltliche Verwirklichung die Musikdidaktik vornimmt, ohne am musikpädagogischen Denken u.a. über deren Legitimität und Angemessenheit teilzuhaben.

Das Unstimmige dieser Konstruktion schien Ehrenforth erkannt zu haben, denn ein Jahr später hieß es:

> „Es wäre wünschenswert, die Begriffe ‚Musikerziehung', ‚Musikdidaktik' und ‚Musikpädagogik' trennschärfer zu verwenden, wenn auch erhebliche Schwierigkeiten dem noch entgegenzustehen scheinen. Es wäre denkbar, den Begriff ‚Musikerziehung' grundsätzlich dem Gesamt der musikerzieherischen Praxis zuzuweisen, während vorläufig die Begriffe ‚Musikdidaktik' und ‚Musikpädagogik' beide als Bezeichnungen von Wissenschaft gelten, deren Abgrenzungen weder möglich noch sinnvoll erscheinen. Darüber hinaus hat sich eingebürgert, den Begriff ‚Musikpädagogik' im bildungs- und kulturpolitischen Raum als Sammelbegriff für Theorie und Praxis der Musikerziehung zu gebrauchen, während im Gegenüber zur Musikwissenschaft der gleiche Begriff als Bezeichnung eines Wissenschaftszweiges Verwendung findet, der mit dem Begriff ‚Musikdidaktik' offensichtlich nicht hinreichend umschrieben zu sein scheint" (Ehrenforth, 1978, S. 197).

Fragestellungen: Musikpädagogik – Musikdidaktik

Demnach soll der Begriff ‚Musikpädagogik' einen Unterschied zur Musikwissenschaft markieren - einen Unterschied, der durch ‚Musikdidaktik' nicht genau beschrieben werde - offenbar, weil die Didaktik sich ebenfalls um musikalische Inhalte des Unterrichts bemüht. Ihre Aufgabe ist es aber, die Frage, warum sich musikbezogenes Lehren und Lernen worauf richten solle, zu beantworten. So treten didaktische Bemühungen um Inhalte in einen deutlichen Unterschied zu Musikgeschichte, Musikwissenschaft und Musiktheorie. Diese Unterscheidung macht klar, dass die Fragestellung der Musikdidaktik eine von Prozessen des Lernens, Lehrens, musikalischer Bildung und ästhetischer Erfahrung sowie Bedeutungskonstituierung her bestimmte ist, sich aber auf die Realisierung von Unterricht richtet. Die Musikpädagogik dagegen kümmert sich um fundamentale Prozesse der Aneignung von Musik und um die entsprechenden Praktiken zu deren Ermöglichung bzw. Förderung, um Prozesse menschlichen Handelns in musikbezogener Hinsicht also. Sie beantwortet demnach Fragen wie: In welcher Weise vollzieht sich musikalisches Lernen? Welchen Einfluss hat eine bestimmte Form des Lehrens auf den Vollzug musikalischen Lernens? Warum und in welcher Hinsicht ist musikalische Bildung möglich, sinnvoll, wünschenswert, notwendig? In welchem Verhältnis steht sie zu Musikwissen und musikalischer Praxis wie Instrumentalspiel? Ist es möglich, adäquate Erfahrungen mit Musik anderer Kulturen zu machen oder erscheint diese uns immer nur als ein Zerrbild im Spiegel unseres eigenen Musikdenkens?

Die Musikdidaktik bezieht die Antworten auf diese Fragen in theoretisch-reflexiver Weise auf die Situation von Musikunterricht, bindet sie also auch an konkrete musikalische Gegebenheiten an, indem sie beispielsweise fragt: Welche Unterrichtssituation ist geeignet, um z.B. das Erlernen des Klavierspiels mit einem Klang, der bei Zuhörern Beifall findet, zu ermöglichen? Welche Unterrichtsform ist geeignet, um Tonvorstellungen so herauszubilden, dass Kinder selbständig nach einem Notentext ein Lied singen können? Wie kann Klassenmusizieren einen Beitrag zu musikalischer Bildung erbringen? Ist die Auseinandersetzung mit der Musik Puccinis geeignet, die Rezeption chinesischer Musik in Europa deutlich werden zu lassen? Und würde eine derartige Verdeutlichung die eigene Rezeption der Musik Chinas verändern? Wenn ja: Welche Unterrichtsformen sind sinnvoll, um eine derartige Veränderung wahrscheinlich zu machen?

Letztlich geht es bei diesen Fragen um die Bedeutungen, die im musikbezogenen unterrichtlichen Vermittlungsprozess hervorgebracht und verhandelt werden. In diesem Sinne schlossen auch Hermann J. Kaiser und Eckhard Nolte ihre Ausführungen zur Ortsbestimmung der Musikdidaktik mit den Worten:

> „Gegenseitige Mißverständnisse gründen letztlich in der Perspektivenverschiedenheit von Musikpädagogik/Musikdidaktik einerseits und Musikwissenschaft andererseits bei gleichzeitiger Bindung an den identischen (zumindest als identisch angenommenen) Sachverhalt ‚Musik'. Musikwissenschaftlicher Forschung geht es um eine möglichst umfassende Analyse und Deutung musikalischer Erscheinungen. Ausgangs- und Endpunkt bildet also der musikalische Sachverhalt.
> Der Musikdidaktik geht es um die Frage ‚Welche Bedeutung gewinnen musikalische Erscheinungen in einem unterrichtlich ausgelegten Erziehungsprozess, in dem - neben der Musik - viele andere Sachverhalte gleichzeitig ihr Recht beanspruchen?' Musikdidaktische Reflexion findet ihr Prinzip und ihren Zielpunkt im sich entwickelnden und lernenden jungen Subjekt. Dieses ist - musikpädagogisch und musikdidaktisch gesehen - *regulatives* Prinzip, die musikdidaktisches Denken und Handeln leitende Vorstellung" (Kaiser & Nolte, 1989, S. 28).

‚Sachverhalte' als Ergebnisse von Bedeutungszuweisung

Aus heutiger, bedeutungstheoretischer Sicht ist dabei zu Bedenken zu geben, dass hier sprachlich Unterschiedliches in eins gesetzt wurde: Nicht der musikwissenschaftlichen Forschung und der Musikdidaktik geht es um etwas, sondern den Menschen, die Forschung unter bestimmten Aspekten betreiben.

Erst die Reflexion dieser Aspekte ermöglicht es, die Ergebnisse zu Forschungsdisziplinen zusammenzufassen. Zu unterscheiden ist aber zwischen Handlungen und Absichten von Menschen und inhaltlich konturierten und zu Wissenschaften zusammenfassbaren Ergebnissen. Dasselbe gilt für Musik. Musik kann nicht „ihr Recht beanspruchen"; wohl aber können Menschen, die mit Musik umgehen, unter gewissen Bedingungen ein Recht auf Beachtung, Respekt und Akzeptanz erwarten. Ähnlich verhält es sich mit der Rede vom „musikalischen Sachverhalt". Nicht die Sache verhält sich; vielmehr wird einem Phänomen, einer Wahrnehmung, eine Eigenschaft zugeschrieben, die erst aus dem menschlichen Akt der Deutung und Interpretation hervorgegangen ist (vgl. dazu Schatt, 2008a).

In die Nähe der Position Kaisers und Noltes zum Verhältnis zwischen Musikpädagogik und Musikdidaktik kommen Ausführungen von Sigrid Abel-Struth. Bereits 1975 schrieb sie:

> „In der Gegenwart ist umgangssprachlich Musikpädagogik als Oberbegriff üblich (auch die ganze Praxis einbeziehend); im fachsprachlichen Gebrauch wird Musikpädagogik i. w. S. als Oberbegriff von Musikdidaktik und Musikpädagogik i. e. S. verwendet. Die Musikdidaktik oder Fachdidaktik Musik lehrt das Musik-Lehren und -Lernen unter dem Aspekt von Unterricht; ihre Forschungsbereiche sind mit Schwerpunkt Unterricht und Curriculum. [...] [Daneben gibt es] ein Lehr- und Forschungsgebiet Musikpädagogik. Dieses erforscht und sichert die Grundlagen, die der Musikdidaktik begründbare und kontrollierbare Entscheidungen möglich machen und entwickelt eine historisch weiter reichende Theorie des Musik-Lernens, [...] die - in Korrespondenz mit musikpädagogischer Grundlagenforschung - die Voraussetzungen, Bedingungen und Möglichkeiten des Musik-Lernens klärt und ordnet [...]" (Abel-Struth, 1975, S. 18f.).

Ergebnisse des letztgenannten Nachdenkens schlagen sich im Gebrauch einschlägiger Begriffe z. B. in den Bezeichnungen musikpädagogischer Prinzipien oder musikpädagogischer Konzeptionen nieder. Eine wichtige Aufgabe der Musikpädagogik - und nicht der Musikdidaktik (Lehmann-Wermser, 2016, S. 9) ist es, Differenzen diesen Sprachgebrauchs nachzugehen und ihre Ursachen aufzudecken, um für Andere Klarheit zu schaffen.

Werner Jank hat Musikdidaktik treffend als „Handlungswissenschaft" bezeichnet (Jank, 2005, S. 11). Analyse von Unterricht gehört insoweit zu ihren Aufgaben, als diese sich auf konkrete unterrichtliche Handlungen bezieht. Insoweit sich die Analyse allerdings auf tiefer- bzw. weitergehende Fragestellungen wie z. B. unterrichtsbezogene Einstellungen, Befindlichkeiten, Haltungen, Ergebnisse oder Relevanz richtet, ist sie Sache empirischer Forschung und damit der Musikpädagogik.

Vergegenwärtigen wir uns die Tragweite dieser Bestimmung an einem Beispiel. Musiklehrer A hat die Komposition *Ondine* von Maurice Ravel kennengelernt. Er hat sich über die Entstehungsgeschichte und den Kontext informiert: Er weiß, dass das Stück zu einer größeren Gruppe von Werken gehört, die *Gaspard de la nuit* heißt, kennt das Märchen von Undine. Er ist sich über die Form des Stückes und dessen ‚Geformtheit' im Klaren und kann die Art und Weise beschreiben, wie Letztere sich auf einige Gegebenheiten des Märcheninhalts und der Märchenintention bezieht: Er kann die Weise, wie Ravel auf die Rezeptionsfähigkeit durch Nutzung des Verwischungseffekts und auf die Rezeptionsgewohnheiten durch Gebrauch ungewöhnlicher Tonkonstellationen rekurriert, als Ergebnis der Absicht beschreiben, einerseits Bewegung im Wasser, in dem alles im Wortsinne ‚verschwimmt', zu vergegenwärtigen, andererseits eine träumerische Haltung zu ermöglichen, die dem Märchenhaften des Inhalts gerecht wird. Er findet, dass die Darstellung dieser Zusammenhänge in seiner 12. Klasse durchaus am Platze ist, da dort Werke des 20. Jahrhunderts behandelt werden. Und vielleicht hat er sogar das Stück geübt und sich in die Lage versetzt, es seiner Klasse angemessen - d.h. fehlerfrei, ausdrucksvoll und stilgerecht - vorzuspielen.

Musiklehrer A hat weder musikpädagogisch noch musikdidaktisch gedacht. Er hat zwar über einen Sachverhalt nachgedacht, der didaktisch genannt werden könnte, nämlich, dass es 1. der Sinn der Komposition sei, auf etwas außer ihr Liegendes zu verweisen und 2. eine bestimmte Rezeptionshaltung nahezulegen. Dieser Aspekt wird aber nicht aus didaktischer Sicht thematisch, sondern als Implikation der Musik. Musiklehrer A hat musikwissenschaftlich unter Heranziehung musiktheoretisch und musikpsychologisch erfasster Sachverhalte gedacht.

Musiklehrer B hat dasselbe Werk gehört. Er fragt sich, ob und in welcher Weise er es in seinem Unterricht in der 12. Klasse, in dem das Thema „Musik und Rationalität" verhandelt wird, einbringen soll. Da an dem Stück deutlich wird, wie ein Komponist in musikalisch sehr genau durchkalkulierter Weise einen irrationalen Stoff zum Tragen kommen lässt, bejaht er die Frage. Er fragt weiter, welche der Phänomene der Komposition deutlich gemacht werden müssen, um dies zur Geltung zu bringen. Muss man das Stück hören? Muss man die Noten einsehen? Was ist an den Noten zu erarbeiten, in welches Verhältnis ist dies zum Höreindruck zu setzen? Auch die ersten beiden Fragen bejaht er, da die Schüler*innen erkennen sollen, dass und durch welche Maßnahmen der Höreindruck ein ganz anderer ist als das Notenbild: Während sich dort Unklarheit und Verschwommenheit einstellen, wird hier eine strenge Formung mit Repetitionsfiguren deutlich - Figuren freilich, die in ihrer Rhythmik nicht mit der tradierten Quadratmetrik konform sind. Musiklehrer B stellt also dasselbe fest wie Musiklehrer A. Sein Denken ist aber didaktisch zu nennen, weil es von vornherein auf die Inhalte und Wege und darüber hinaus auf die Weisen der Erkenntnis, der Einsicht, des Lernens Anderer - seiner Schüler*innen - gerichtet ist. Dies gilt auch, wenn die Antworten auf zentrale didaktische Fragen stillschweigend unterstellt werden - z. B. die Frage, ob es richtig und wichtig ist, gerade dieses Stück auszuwählen und ob und in welcher Hinsicht das an diesem Stück zu Gewinnende zur Förderung der Schüler*innen beiträgt. Ferner hätte musikdidaktisches Fragen sich darauf richten können, was denn gefördert wird: die Fähigkeit im Notenlesen, die Fähigkeit zur musikalischen Analyse, musikologisches Wissen, die Fähigkeit zur Selbsterfahrung, zur kontemplativen Versenkung in einen musikalischen Verlauf usw.

Das Denken des Lehrers B kann im umgangssprachlichen Sinne musikpädagogisch genannt werden, da es auf Unterricht im Fach Musik gerichtet ist. Es ist auch musikpädagogisch im fachsprachlichen Sinne, da es die Frage nach Inhalten und Weisen von Lehren und Lernen im unterrichtlichen Zusammenhang mit Blick auf musikalische Phänomene aufgreift. Es ist aber nicht musikpädagogisch im engeren Sinne. Vielmehr sind stillschweigend Komponenten bzw. Aspekte des Unterrichts, über die hätte nachgedacht werden können, vorausgesetzt worden, z. B.: Welche Vorgänge müssen vollzogen werden, damit Schüler*innen zu den genannten Einsichten kommen? Welche Alternativen sind denkbar und möglicherweise sinnvoll? Welche Funktion hat die bisherige Erfahrung der Schüler*innen mit Musik bei der Entstehung des „Höreindrucks"? In welchem Verhältnis steht das Verständnis der Kompositionstechnik und des „Programms" zu der gefühlsmäßigen Berührtheit der Schüler*innen?

Aufgaben der Musikdidaktik

Zusammenfassend können wir feststellen:

- Der Theorieaspekt der Didaktik konstituiert sich in der Reflexion der Sinnhaftigkeit intentional herstellbarer Bezüge zwischen Musik und den auf Musik gerichteten Handlungen der Lernenden. Sie stellt sich demnach dar als die Wissenschaft der Anwendung musikpädagogischen Wissens (z. B. über Kultur(en), musikalische Bildung, Lernprozesse ...) - auch mit Blick auf konkrete Musik und konkrete Schüler*innen in konkreten Situationen.
- Musikdidaktik reflektiert grundlegende Strukturmomente von Musikunterricht. Analyse und Planung von Musikunterricht sind zentrale Aufgaben (dessen Vollzug ist damit ein von Didaktik zu unterscheidendes Feld!), zu deren Bearbeitung insbesondere die Reflexion der Eigenart und Begründbarkeit von Zielen, Inhalten, Handlungsformen, Methoden und Medien des Unterrichts gehört.
- Ferner entwickelt und überprüft die Didaktik politische, kulturelle und institutionelle Vorgaben für Bildungsgänge, Lehrpläne und Curricula und stellt Hilfen zum Musikunterricht bereit (vgl. Kraemer, 2004, S. 50).

Durch Auswertung und Vorbereitung tritt Musikdidaktik in ein zirkelhaftes Verhältnis zum Musikunterricht. Zugleich erweist sie sich als Korrespondenzdisziplin zu Musikpädagogik, Musikwissenschaft und Allgemeiner Didaktik. Ferner steht sie in Wechselbeziehung zu Schule als Institution und Organisation, zu gesellschaftlichen Instanzen und zum öffentlichen und privaten Musikleben (Kaiser & Nolte, 1989, S. 29).

Zusammenhang von Musikpädagogik, Musikdidaktik und -erziehung

Im musikdidaktischen Denken verdichten sich damit die Einsichten der anderen Disziplinen unter einer auf den Vollzug von Lehren und Lernen im Unterricht gerichteten Perspektive. Die Anliegen der Musikdidaktik gehören damit zum Kernbereich der Musikpädagogik. Das Nachdenken über Erziehungsfragen gewinnt im musikpädagogischen Kontext mit der Frage, ob und inwiefern im Umgang mit Musik erziehungsrelevante Funktionen von Musik zum Tragen kommen oder ob Erziehung ein Geschäft ist, das auf einen sinnvollen Umgang mit Musik erst vorbereiten soll und kann, eine musikspezifische Dimension. Einen Bildungsbezug gewinnt Musikpädagogik durch die Frage, was dies alles zur persönlichen Entfaltung und zur gesellschaftlichen Weiterentwicklung beiträgt; und mit der Beachtung psychischer Vorgänge in persönlicher, sozialer, kommunikativer und interaktiver Hinsicht fließt Wissen über die Bedingungen der Aneignung von Musik mit ein.

Musikpädagogische bzw. musikdidaktische Konzeptionen

Insofern bilden musikpädagogische und musikdidaktische Einsichten gemeinsam die Grundlage konzeptioneller Entwürfe für unterrichtliches Handeln. Wenn in einem von Andreas Lehmann-Wermser herausgegebenen Sammelband solche Entwürfe als „musikdidaktische Konzeptionen" bezeichnet werden (2016) wie zuvor schon in dem gleichnamigen Buch von Brigitta Helmholz (1996), so liegt dort ein anderer Didaktik-Begriff zugrunde als derjenige, der im hier vorliegenden Buch vertreten wird. Jener Begriff von Didaktik ist weiter gefasst: Er umfasst alles, was mit Unterricht und dessen Begründung, Zielsetzung, Planung usw. zu tun hat. Nach der hier vertretenen Auffassung gehört es aber zu den Aufgaben der Musikpädagogik, Begründungen für Unterricht in Musik sowie dessen Ziele und Inhalte, zu finden, indem sie in theoretisch-analytischer und -konstruktiver Weise Sein und Sollen in den Blick nimmt. Eine solche Erörterung aber gehört zu den Merkmalen einer Konzeption, insofern diese mehr ist als eine bloße Sammlung von Unterrichtsvorschlägen.

Während in den vorausgegangenen Überlegungen die Unterscheidung zwischen Musikpädagogik und Musikdidaktik an den Bezugsfeldern, also inhaltlich festgemacht wurde, haben Stefan Hörmann und Eva Meidel die Differenz als Unterschied zwischen den Modi beschrieben, nach denen die jeweiligen Aussagen gemacht werden. Demnach haben die Aussagen einer Musikpädagogik, die sich als wissenschaftlich versteht, deskriptiven Charakter und sie sind aufgrund von Fakten bzw. Belegen überprüfbar. Die Aussagen der Musikdidaktik seien präskriptiv und lediglich hinsichtlich ihrer Plausibilität zu beurteilen (Hörmann & Meidel, 2016). Während jene „durch Forschung abgesichertes Wissen“ liefere, sei Musikdidaktik „mit der Planung musikbezogener Vermittlungs- und Aneignungsprozesse befasst.“ Da diese in „Vorschläge und Vorgaben“ münden, die „immer von bestimmten Erziehungs- bzw. Bildungsvorstellungen“ ausgehen, verbleiben sie „im normativen Raum. Wissenschaftlichen Status können sie insofern nicht beanspruchen“ (Hörmann & Meidel, 2020, S. 21). Da diese Aussage selbst normativ ist, wird sie sich fragen lassen müssen, ob damit der Wissenschaftscharakter systematischer Musikpädagogik, zu der sie sich zweifelsfrei rechnen möchte, nicht verfehlt wird. Ferner wird darüber nachzudenken sein, ob mit dieser Unterscheidung nicht der Theorie- und Wissenschaftsaspekt der Musikdidaktik, der aus ihrer Verpflichtung auf die Einsichten musikpädagogischer Empirie, Geschichtsschreibung und Systematik resultiert, zugunsten ihrer Ausrichtung auf praktische Realisation von Unterricht vernachlässigt wird.

Musikerziehung; historische Forschung

Vor dem Hintergrund dieser Überlegungen erscheint der Begriff Musikpädagogik als Oberbegriff brauchbarer als der Begriff Musikerziehung. Letzterer hat freilich die längere Tradition, da lange Zeit gerade der Erziehungsgedanke Lehren und Lernen in Hinsicht auf Musik bestimmte. Von Platon bis zur „Musischen Erziehung“ noch in den 1950er-Jahren war die Vorstellung, durch Musik oder wenigstens im Zusammenhang mit Musik den Menschen zu veredeln, ein leitender Gedanke. Insofern ist ein Buchtitel wie der Wilfried Gruhns: *Geschichte der Musikerziehung* (1993) durchaus berechtigt. Schon der Titel dokumentiert eine Einsicht und auch einen möglichen Schwerpunkt musikpädagogischen Denkens: Es ist historisch ausgerichtet und eine Bestandsaufnahme jener Aspekte und Strukturen, die in der Vergangenheit musikalische Erziehung, musikalische Bildung, Musiklernen und -lehren und Musikunterricht als Institution prägten. Durch den Akzent auf der Historie des Erziehungsgedankens im Zusammenhang mit Musik unterscheidet sich dieses Buch von der *Geschichte der musikalischen Bildung*, die Karl Heinrich Ehrenforth vorgelegt hat (2005). Dabei handelt es sich – wie bereits dem Titel zu entnehmen ist – um eine umfassende Darstellung musikbezogener *Kultur-, Sozial- und Ideengeschichte in 40 Stationen*. Nicht selten gehört es zu den Intentionen solcher Arbeiten, aus Einsichten in vergangene Denk- und Handlungsweisen Erkenntnisse zu gewinnen, die gegenwärtiges Denken und Handeln besser verstehen lassen und damit für die Zukunft richtungweisend werden können.

Schulmusik

Dabei werden im Blick auf die Historie „Geschichten“ durchaus unterschiedlicher Art erzählt: Während Gruhn Geschichte unter der Fragestellung entfaltet, wie die Relevanz des Zusammenführens von Mensch und Musik für Erziehung hervorgebracht werden sollte, entfaltete Georg Schünemann einen ganz anderen Aspekt: In seiner *Geschichte der Schulmusik* (1928) steht die Frage im Vordergrund, wie Musik in schulischen und vorschulischen Einrichtungen zur Geltung gebracht wurde. Dass sich dabei etwas konstituierte, was begrifflich mit ‚Schulmusik‘ fasslich wird, ist ein Phänomen, das Schünemann noch nicht sah, das aber durchaus Beachtung verdient: Hier macht die Sprache darauf aufmerksam, dass es im schulischen Umgang mit Musik - einem Umgang also, der auf Lernen und Erziehung ausgerichtet ist -, möglich sei, Musik anders zu erarbeiten als dies Menschen außerhalb von Unterricht und Schule tun.

1.3 Interdisziplinarität der Musikpädagogik – Musikpädagogik als wissenschaftliche Disziplin

Aussagen über Bedingungen und Voraussetzungen von Musik-Lernen, Musik-Lehren, musikalischer Bildung und Erziehung gewinnt man nicht ohne Befragung der Wissenschaften, die für die Klärung dieser Bedingungen und Voraussetzungen zuständig sind. Mit der Frage nach den mit Musikpädagogik verknüpften Disziplinen stellt sich zugleich auch die Frage nach der Eigenständigkeit von Musikpädagogik: Ist sie vielleicht doch nichts Anderes als ein Konglomerat aus anderen Disziplinen?

Bezugswissenschaften

Bereits eine solche Fragestellung, bei der es um das fundamentale Problem der Herkunft und Eigenart des Wissens, der Erkenntnis, der Erfahrung geht, die eine Wissenschaft konstituieren, berührt eine wissenschaftliche Disziplin, die für musikpädagogisches Denken in mehrfacher Hinsicht wegweisend ist: die *Philosophie*. Nicht nur öffnet sich mit der Frage nach dem disziplinären Selbstverständnis das philosophische Teilgebiet der Wissenschaftstheorie, sondern von philosophischem Denken ist auch jener Bereich der Musikpädagogik geprägt, der als ‚philosophy of musical education' bezeichnet wird. In dieser Formatierung fragt sie u.a. nicht nur nach ihrem Selbstverständnis, sondern entlehnt von der Philosophie auch Denkweisen, mit deren Hilfe Kultur schlechthin beschrieben sowie die Position, Haltung und Funktion des Menschen bei deren Genesis, Erhaltung und Entwicklung herausgestellt werden kann. Auf diesem Wege modifizierte sich die Selbsteinschätzung von Musikpädagogik zu der Idee, sie sei selbst eine „kritische Kulturwissenschaft" (Vogt, 2006; 2014).

In der Bezugnahme auf Philosophie kommt ferner deren Teilgebiet der *Ästhetik* zur Geltung, wenn die Frage nach der Eigenart von Musik beantwortet werden soll. Bei deren Auslegung sowie auch bei der Sachanalyse, die in musikdidaktischer Hinsicht ausschlaggebend ist, werden unterschiedliche philosophische Positionen wie Hermeneutik, Phänomenologie und Konstruktivismus in Anschlag gebracht. Insgesamt sind Einsichten der Philosophie für musikpädagogisches Denken maßgeblich, weil mit ihnen dessen theoretische Grundlegung reflektiert wird.

Um die anderen Referenzwissenschaften - und später die *Art und Weise* der Verknüpfung mit ihnen - in den Blick gelangen zu lassen, wenden wir uns den *Gegenständen* zu, durch die Musikpädagogik mit ihnen verbunden ist.

1985 erschien mit dem *Grundriß der Musikpädagogik* von Sigrid Abel-Struth gleichsam die Inkunabel moderner wissenschaftlicher Musikpädagogik. Das Werk ist zum einen ein groß angelegter Forschungsbericht, in dem die Ergebnisse musikpädagogisch motivierten Nachdenkens zusammengefasst sind; zum anderen entfaltet Abel-Struth in ihrer Zusammenfassung eine Systematik, die als Ergebnis ihres Nachdenkens über die Gegenstände musikpädagogischen Denkens erscheint: Musik-Lernen, Musik-Lehren und Musikunterricht.

Einsichten und Forschungsperspektiven zum Musik-Lernen werden unter drei Aspekten dargestellt: Bedingungen des Musik-Lernens, musikbezogene Lernvorgänge und Ergebnisse des Musik-Lernens.

Das Kapitel, das sich mit den Bedingungen des Musik-Lernens befasst, berührt mehrere Nachbarwissenschaften:

1. Unter „Bedingungen musikalischen Lernens aus Grundtendenzen menschlichen Umganges mit Musik" wird auf Einsichten aus der Musik-Ethnologie (heute sprechen wir von Ethnomusikologie) sowie der Musik-Anthropologie verwiesen. Im Kontext der Erkenntnisse dieser Wissenschaften erscheint die menschliche Existenz selbst - die Tatsache des In-der-Welt-Seins - schon als Grundlage dafür auszureichen, dass der Mensch sich mit Musik befasst. Diese bei jedem Menschen zu beobachtende - wenn auch unterschiedlich ausgeprägte - Grundtendenz korrespondiert offenbar dergestalt mit musikalischem Lernen, dass sie zu dessen Bedingungen gehört: Menschsein selbst erscheint als Bedingung dafür, dass der Mensch Musik lernen kann und lernen will. In der Tat wird dies von neueren Forschungen zum menschlichen Denken bestätigt (Konstruktivismus, Kognitionspsychologie), indem sie Gemeinsamkeiten von allen den Denkprozessen zugrunde liegenden Mechanismen aufzeigen. Die genannte Überzeugung der Anthropologie fungiert, wenn es um die Frage geht, warum der Mensch Musik lernen soll, als „anthroplogisches Paradigma" im Rahmen der Begründungsmuster für Musikpädagogik überhaupt (vgl. S. 40 in diesem Band), während die Ethnomusikologie insbesondere als Referenzwissenschaft erscheint, wenn es um Fragen kulturübergreifenden Unterrichts geht.
2. Die menschliche Fähigkeit, Musik zu lernen, ist unterschiedlich ausgeprägt. Die Unterschiede der Ausprägung werden mit dem Begriff *Begabung* erfasst. Die Erforschung dieses Phänomens ist Anliegen psychologischer Forschung, und in diesem Fall - da es um musikbezogene Begabung geht - der *Musik*psychologie. Nicht nur die Fähigkeit, sondern auch die Bereitschaft des Menschen, Musik zu lernen, ist unterschiedlich entwickelt. Dieser Frage widmet sich die Musikpsychologie, indem sie die *Motivation* untersucht. Desgleichen erforscht sie, wer aus welchen Gründen welche dauerhaften musikalischen Vorlieben - sogenannte *Präferenzen* -

herausbildet. Eines der musikpädagogischen Probleme besteht darin – ebenso wie in Hinsicht auf Begabung –, unter welchen Umständen, in welcher Weise und in welchem Maße darauf zu reagieren ist.
Ferner hat sich die Musikpsychologie durch empirische Forschung damit beschäftigt, inwiefern die Fähigkeit musikalischen Lernens vom Alter abhängt. Dazu gehört insbesondere die Frage, der sich auch die *Entwicklungspsychologie* zuwendet, welche musikalischen Inhalte in welchem Alter erschlossen werden können: Wann können Töne voneinander unterschieden werden, wann werden Zusammenklänge unterschieden und wiedererkannt und wann ist das Gedächtnis in der Lage, über längere Zeit musikalische Gestalten bzw. längere musikalische Gestalten zu erinnern, so dass größere Formverläufe überblickt werden können?

3. Mit der Überlegung nach dem Zusammenhang zwischen Sozialschicht und Intelligenz als Bedingung für musikalisches Lernen gerät nach Abel-Struth die Musikpädagogik außer mit der Psychologie auch mit der *Soziologie* in Kontakt. Ihr ist die Musikpädagogik indessen weit darüber hinaus in einem fundamentalen Sinne verpflichtet insofern, als es ihr um Eigenarten menschlichen Miteinanders – freilich im Zusammenhang mit Musik – geht. Dabei werden nicht nur Kommunikations- und Interaktionstheorie bemüht, sondern auch jene – neuere – Richtung, die sich weniger interpretativ auf die Wechselwirkungen zwischen sozialen und individuellen Momenten des Menschen richtet als vielmehr beobachtend und deutend dessen Praktiken in Anbindung an die materiale Welt in den Blick nimmt. Im Rahmen solcher Interessen der Praxeologie wurde seit einiger Zeit die Soziologie anstelle der Psychologie zur leitenden Referenzwissenschaft musikpädagogischen Forschens.
Grundsätzlich liegt es nahe, dass empirische Forschung in der Musikpädagogik auf das Methodenrepertoire der empirischen Sozialforschung rekurriert, da in beiden Bereichen u.a. nach der sozialen Interaktion sowie deren Bedingungen und Auswirkungen gefragt wird. Durch die unausweichliche Frage, welche Rolle dabei die Perspektive der forschenden Person spielt, ergeben sich weitere Berührungspunkte mit der Ethnologie.
4. In einem weiteren Kapitel wird im *Grundriß* nach „Lernbedingungen im musikalischen Material" gefragt (Abel-Struth, 1985, S. 184). Von hier aus ergeben sich Beziehungen zumindest zur Musiktheorie, der ja auferlegt ist, musikalisches Material zu bestimmen und zu ordnen. In dem Maße, wie die Beschreibung dieser Ordnungen – z.B. als Form, Struktur oder Gattung – Anliegen der Musikwissenschaft ist, hat das musikpädagogische Denken sich zumindest der Ergebnisse dieser Disziplinen zu vergewissern, um ein eigenes Forschungsanliegen, vor allem aber auch um eigene Ideen für Musikunterricht konzipieren, formulieren und strukturieren zu

können. Dies gilt insbesondere, wenn es darum gehen soll, Musik nicht nur zu rezipieren, sondern vor allem selbst zu produzieren.

Was hier am Beispiel der „Bedingungen des Musik-Lernens" nach Abel-Struth herausgestellt wurde, gilt auch für alle anderen Bereiche musikpädagogischen Nachdenkens. Teilweise sind es dieselben Disziplinen, auf die in anderen Feldern musikpädagogischer Reflexion zurückgegriffen wird, teilweise aber auch ganz andere. Zunächst sollen weitere Disziplinen, deren Methoden in musikpädagogischem Interesse anzuwenden sind, auf deren Ergebnisse musikpädagogisches Denken zurückgreifen kann oder die unter dem Einfluss musikpädagogischer Fragestellungen zu modifizieren sind, im Zusammenhang mit Abel-Struths Kapitel über musikbezogene Lernvorgänge benannt werden.

Weitere Bezugsdisziplinen

Bei der Thematisierung der Hörwahrnehmung konnte Abel-Struth seinerzeit lediglich auf die Psychologie zurückgreifen. Seit geraumer Zeit werden die einschlägigen Prozesse auch von der Neuro- bzw. Hirnphysiologie erforscht. Sie zeigten u.a., welche Hirnregionen in welcher Weise bei welchen musikalischen Handlungen aktiv sind und welche neuronalen Prozesse sich dabei mit welchen Konsequenzen ereignen (Altenmüller, 2018, S. 43–69). Sie gaben damit wichtige Hinweise darauf, wie man Musikunterricht entsprechend strukturieren kann, um Lernmöglichkeiten zu schaffen und Musik-Lernen zu optimieren. Diese Grundlagen wurden in Deutschland für die Musikpädagogik seit den 1990er-Jahren insbesondere von Wilfried Gruhn in zahlreichen Veröffentlichungen fruchtbar gemacht (u.a. Gruhn, 1998, 2003, zuletzt 2018).

Indem Lernvorgänge im praktischen Umgang mit Musik untersucht werden, wendet sich die Aufmerksamkeit den Handlungsvollzügen zu, deren Reflexion in Bezug auf Lehren und Lernen nicht genuin ein Anliegen der Musikpädagogik ist – Musikpädagogik kann und sollte aber, insbesondere im unterrichtlichen Vollzug, die Erkenntnisse dieser Disziplinen nutzen. Abel-Struth interessierte sich im Zusammenhang mit Fragen nach dem audiomotorischen Lernbeginn besonders für Bewegungserziehung mit Musik: Die Nähe zum Sport und zum Tanz – und damit auch zu Sport- und Tanzpädagogik, Rhythmik und Bewegungserziehung – ist unübersehbar.

Indem sie sich der „Aneignung musikalischer Einstellungen als Lernvorgang" (Abel-Struth, 1985, S. 16) zuwendet und im Zusammenhang damit musikalische Präferenzen und ihre Bedeutung für Musik-Lernen darstellt (ebd., S. 246–249), wird bei Abel-Struth noch einmal die Musiksoziologie berührt, und die Musikwissenschaft wird tangiert, wenn es unter dem Aspekt „Lernvorgang Musikrezeption" um die Erfassung musikalischer Ausdruckscharaktere, um höranalytische Fähigkeiten im Zusammenhang mit komplexer Musik und um die Möglichkeiten der Veränderung musikalischen Urteils geht. Wie nämlich musikalische Urteile entstehen und begründet werden, untersucht nicht nur die Musik-Soziologie, sondern auch die Musikästhetik.

Was bei Abel-Struth noch ein Nebenaspekt der musikalischen Intelligenz war, nämlich Funktionen der Sprache in musikalischen Lernvorgängen, hat inzwischen an Relevanz für das Nachdenken über nicht nur die Grundlagen des Musik-Denkens, sondern auch der Prinzipien für die Gestaltung von Musikunterricht gewonnen. Die Frage nämlich, ob und in wieweit bei musikalischen Praktiken sprachliche Faktoren beteiligt sind oder ob es so etwas wie einen rein musikalischen Mit- oder Nachvollzug des klingenden Phänomens gibt, wird seit geraumer Zeit intensiv diskutiert, dient doch die Antwort zur Begründung von bestimmten Unterrichtsweisen: Sie entscheidet, ob und in welchem Maße im Musikunterricht nur musiziert werden oder auch nachgedacht und über die Ergebnisse dieses Nachdenkens gesprochen werden und in welcher Weise dieses Sprechen erfolgen soll. Mit der Thematisierung dieser Frage werden neben Erkenntnis- bzw. Wissenstheorie auch Linguistik und Sprachphilosophie berührt. Die Dissertation Martina Krauses über *Bedeutung und Bedeutsamkeit* ist eine solche interdisziplinär verankerte, fachübergreifende, aber im Kern musikpädagogische Arbeit (Krause, 2008). Insbesondere über unterrichtliche Implikationen der Modalitäten sprachlicher Kommunikation hat Jürgen Oberschmidt in seiner Dissertation mit dem Titel *Mit Metaphern Wissen schaffen* nachgedacht (Oberschmidt, 2011).

Drei weitere vom musikpädagogischen Denken berührte Wissenschaften sind noch zu nennen: Wenn es – wie bei Abel-Struth im ersten Abschnitt des Kapitels über Musikunterricht – um den bildungspolitischen Rahmen des Schulwesens geht, stehen Fragen der Politologie im Raum. Mit dem Überblick über Lehren für die Erteilung von Musikunterricht wendet Abel-Struth sich weniger der Gegenwart als vielmehr der Vergangenheit zu, deren Kontexten sich die Geschichtswissenschaft widmet.

Mit all diesen Themen wird die – vielleicht nach der Philosophie – engste Verwandtschaft mit zwei Wissenschaften berührt, die sich verwandten Fragestellungen widmen, nur nicht mit musikspezifischem Schwerpunkt: die Bildungs- bzw. Erziehungswissenschaft sowie die Kulturwissenschaft. Während in diesen Wissenschaften das Allgemeine, was auch Musikpädagogik betrifft, als solches verhandelt wird, befassen sich drei andere Wissenschaften mit besonderen Inhalten, die auch Gegenstand musikpädagogischer Fragestellungen sein können: die Genderforschung, die Musiktherapie und die Musikermedizin. Unlängst wurden einige Fragen des Wissenstransfers zwischen den Disziplinen im *Handbuch Musikpädagogik* sachkundig und aufschlussreich erörtert (Dartsch, Knigge, Niessen, Platz & Stöger, 2018, Kapitel 2.4).

Auf die Vernetzung musikpädagogischen Denkens mit anderen Disziplinen hatte schon zehn Jahre vor Erscheinen des *Grundrisses* Hermann Rauhe hingewiesen. Seine Ausführungen *Zur Funktion der Analyse in der Musikpädagogik* (Rauhe, 1974) machen deutlich, dass musikpädagogisches Denken sich des Wissens und der Methoden anderer Disziplinen zu vergewissern hat und

Wechselbeziehungen zwischen Einzelmomenten nach Maßgabe eigener Interessen und Anliegen differenzieren muss. Als Grundlage musikpädagogischen Denkens stellte er die „interdisziplinäre Korrespondenzanalyse" heraus (ebd., S. 550). Allerdings gibt Rauhe keine Auskunft über eine Spezifik des musikpädagogischen Zugangs zu den Phänomenen oder Problemen des menschlichen Umgangs mit Musik. So bleibt beispielsweise offen, was der Musikpädagogik am Objekt-Subjekt-Bezug zu analysieren bleibe, wenn die Rezeptionsforschung ihre Arbeit getan hat. Vor allem beantwortet Rauhe nicht die zentrale Frage, wo der Ort des ‚Inter' zu suchen sei. Auch wenn es heißt, Musikpädagogik sei „als Wissenschaft aufzufassen, die sich mit den verschiedenen Existenzebenen, Codierungsbereichen und Metastufen ästhetischer und pädagogischer Kommunikation befaßt" (ebd., S. 563), bleibt der Verdacht, Musikpädagogik sei eine Disziplin zwischen den Stühlen der anderen, ‚richtigen' Wissenschaften - z.B. der Musik- und der Kommunikationswissenschaft -, ein eklektisches Sammelsurium zu einzelnen Aspekten musikbezogenen Handelns und seiner Ergebnisse. Die Frage, ob es neben der Interdisziplinarität eine eigene Disziplinarität gebe und worin sie bestehe, hat als erste Abel-Struth im positiven Sinne beantwortet: Das spezifisch Musikpädagogische artikuliert sich in ihren Ausführungen zufolge eben darin, dass immer von der pädagogischen Aufgabenstellung her nach den Faktoren der Bereiche Musik-Lernen, Musik-Lehren und Musikunterricht gefragt wird. Was bei Rauhe als Additivum in der Kopula „und" erscheint - er formulierte als Aufgabe der Musikpädagogik die „Analyse des Objekt-Subjekt Bezugs und seiner didaktischen Beeinflussungsbedingungen, -möglichkeiten, -ziele" (Rauhe, 1974, S. 565) - ist bei Abel-Struth eine integrierte Denk-Voraussetzung.

Diese Integration fehlt in einer anderen wichtigen musikpädagogischen Veröffentlichung, dem *Handbuch der Musikpädagogik* (Schmidt & Richter, 1986). Die Publikation war auf fünf Bände angelegt; nur der erste und der vierte erschienen in der ursprünglich vorgesehenen Form. Im ersten Band - *Geschichte der Musikpädagogik* - sollte „die ideelle und praktische Realität von Musikpädagogik gewissermaßen in konzentrischen Bewegungen eingekreist werden" (ebd., S. 7). Dies geschieht in Form von lebhaften und anschaulichen Erzählungen, die unterschiedliche Aspekte anderer Wissenschaften fruchtbar machen, jedoch unverbunden nebeneinander stehen: So treten z.B. historische und anthropologische Perspektiven der Musikerziehung im Rahmen des Versuchs einer Neugewichtung neben Fragen nach dem Zusammenhang zwischen politischer Struktur und Musikunterricht, und neben sozialpsychologischen Problemen des Musikunterrichts wird die Ausbildung der Unterrichtenden thematisiert. Der vierte Band berührt mit den Themen „Wahrnehmung und Gedächtnis", „Entwicklung musikalischer Fähigkeiten", „soziale Determinanten des Musikgeschmacks", „Urteile und Vorurteile", „Motivation und Bewertungsformen" Fragen der Musikpsychologie und -soziologie, macht diese aber nicht z.B. für Theorien musikalischer Bildung oder der Implikationen musikalischen Materials für Lernen und Lehren fruchtbar. Damit wird das Versprechen, mit diesem Band Ergebnisse *musikpädagogischer* Grundlagenforschung zu präsentieren (ebd., S. 8), quasi nur am Rande eingelöst. An die Stelle des zweiten und dritten Bandes, die Ergebnisse von Musikunterrichtsforschung („wie Musikunterricht nun stattfindet" (ebd.)) bzw. das „Selbst- und Fremdverständnis" (ebd.) Jugendlicher am Beispiel der Jugendkulturen und ihrer Musik hätten darstellen sollen, traten zwei Bände zur Instrumentalpädagogik, so zwar der Bandbreite des Faches Musikpädagogik, nicht aber deren interdisziplinären Verankerung gerecht werdend.

Inhalte und Ziele des Musikunterrichts als Bindeglieder zu anderen Disziplinen

In den Blick geraten andere Fächer oder Disziplinen vor allem beim Nachdenken über die Inhalte und Ziele des Musikunterrichts - einem Nachdenken also, das primär in den Bereich einer didaktisch ausgerichteten Musikpädagogik fällt. Dies gilt insbesondere im Zusammenhang mit einem Musikunterricht, der Musik nicht nur als ein klingendes Etwas auffasst, sondern - im weitesten Sinne - als etwas, das (wie Christoph Richter es nannte) als „Fenster zur Welt" (zuletzt Richter, 2006, S. 8) fungiert: als ein Phänomen, das in bestimmten Kontexten entsteht, in bestimmten Kontexten fungiert und im Akt der Rezeption mit bestimmten Kontexten verknüpft wird.

Blickt man auf die Themen einschlägiger Veröffentlichungen, so wird die Verknüpfbarkeit von Musik mit den verschiedensten Lebensbereichen deutlich. Damit geraten auch die Wissenschaften, die diese Bereiche erforschen, ins Spiel. Zugleich stellt sich dem musikpädagogischen Denken die Aufgabe, zwischen Musik und diesen Lebensbereichen genau die Ebene aufzufinden, die für Lernen und Lehren, musikalische Bildung und Erziehung fruchtbar werden kann: beispielsweise die Ebene der Denkstrukturen, die Ebene der Erschließung dieser Strukturen, die Ebene der Unterrichtsziele, die Inhaltsebene, die Methodenebene oder die Ebene der Unterrichtsmedien.

Die Themen der Aufsätze, die in den beiden wichtigsten Zeitschriften zum Musikunterricht - *Musik und Bildung* und *Musik und Unterricht* - erschienen sind, machen die Vielfalt weiterer möglicher Verknüpfungen deutlich. So wird mit „Musik und Natur" und „Stille - Natur" der Bereich der Naturwissenschaften, aber auch der Ökologie berührt. Mit „Filmmusik" und „Musik im Netz" wird der Blick auf Medienwissenschaft gerichtet. Die Theologie ist mit „Religiöse Musik im Musikunterricht" angesprochen, mit „Liebe und Sexualität" kommen die Biologie und die Ethik, vielleicht auch die Kulturwissenschaft ins Spiel.

Bezugsweisen

An dieser Stelle wird schon ersichtlich, in welcher Weise sich musikpädagogisches Denken auf die genannten Disziplinen beziehen kann, ohne mit ihnen identisch zu werden:

1. kann Musikpädagogik *Ergebnisse* anderer grundlegender Wissenschaften - Anthropologie, Ethnologie, Psychologie, Soziologie, Kulturwissenschaft und Musikwissenschaft - rezipieren und unter musikpädagogischen Fragestellungen aufbereiten. Dabei kommen nicht nur jene Teilbereiche der Bezugsdisziplin in Betracht, die bereits musikspezifisch ausgerichtet sind - sich selbst also im Rahmen der sogenannten Systematischen Musikwissenschaft als Musik-Anthropologie, Musik-Ethnologie, Musik-Psychologie und Musik-Soziologie verstehen -, sondern auch außermusikalische Inhalte.
3. können aus einer musikpädagogischen Fragestellung heraus *Methoden* anderer Wissenschaften angewendet werden. Wenn etwa im Fach Musik Unterrichtsforschung betrieben wird, so kommen insbesondere Methoden der Sozialforschung, der Musik-Soziologie, der Musik-Psychologie, der Ethnomusikologie, aber auch - z.B. bei der Diskursanalyse - der Sprach- bzw. der Geschichtswissenschaft und der Philosophie zur Anwendung.
3. kann sich unter dem Einfluss musikpädagogischer Fragestellungen die Herangehensweise einer Wissenschaft zu ihren Gegenständen modifizieren. Dies gilt beispielsweise für Fragen nach den Inhalten von Musikrezeption und deren Gültigkeit und Relevanz für Andere: Fragen, die von Musikwissenschaftler*innnen so lange gar nicht gestellt wurden, wie das Subjekt des Fragens für sie irrelevant war.

In jüngerer Zeit hat Stefan Orgass dem disziplinübergreifenden Charakter der Musikpädagogik eine eingehende Untersuchung gewidmet. Seine Überlegungen richten sich aus wissenschaftstheoretischer Perspektive auf Struktur, Sinn und Funktion interpraxiale Momente musikpädagogischen Denkens (Orgass, 2013).

Modi des Bezugs zu anderen Wissenschaften

Sigrid Abel-Struth hat im Rahmen ihrer Darstellung der *Entwicklung der Musikpädagogik als Wissenschaft* (1970) fünf Modi des „wissenschaftlichen Selbstverständnisses“ (ebd., S. 81) ausgewiesen, von denen die ersten vier als strukturell unterscheidbare Modi des Bezugs zwischen musikpädagogischem Denken und dem Denken anderer Wissenschaften gelten können (vgl. Abel-Struth, 1970, S. 81-114):

1. Addition: Für diese ist der Gedanke charakteristisch, dass musikpädagogisch relevante Einsichten zu gewinnen seien, wenn man die sachlich in Frage kommenden Erkenntnisse anderer Disziplinen zusammenfasse. Dabei werden Einsichten der Ästhetik, der Geschichte der Musik und der Musiktheorie, ferner der Psychologie und der Soziologie mit Vorstellungen davon verbunden, worin eine Höherbildung des Menschen bestehen könne und in welcher Weise diese zu bewerkstelligen sei.

2. Kooperation: Diese bestand primär im Kontakt zu erzieherischem Denken. Dabei wurde der Gedanke der Bildung dem Umgang des Menschen mit Musik zugeordnet und ein methodischer Zugriff entwickelt. Ein Beispiel dafür ist die *Pestalozzische Gesangbildungslehre, nach Pfeiffers Erfindung kunstwissenschaftlich dargestellt im Namen Pestalozzis, Pfeiffers und ihrer Freunde* von Hans Georg Nägeli (Nägeli, 1809). Sie zeigt konzeptionell eine starke Tendenz zur Elementarisierung und zur Reduktion musikalisch-ästhetischer Momente zugunsten erzieherisch relevante Phänomene und Vorgänge. Musikpädagogik erscheint hier und in ähnlichen Büchern als eine Unterabteilung pädagogischer Theorien; die Besonderheiten des Musikalischen und des Umgangs mit ihm bleiben ausgeblendet.
3. Adaption: Dabei liegt eine Anpassung an pädagogisches Denken vor, die so weit geht, dass außermusikalische Zielvorstellungen mit den Mitteln der Musik erreicht werden sollen. Diesem Ansatz wurden nicht selten Theoreme zugrunde gelegt, die sich später als Fiktionen oder Ideologien entpuppten, wie beispielsweise die ‚Selbsttätigkeit' oder das ‚Erleben', das gegen die Oberflächlichkeit wirken sollte, weil jeder Umgang mit Musik ein tiefgehender sei. Andere Zielvorstellungen, die aus pädagogischen Überlegungen abgeleitet und der musikalischen Praxis aufmoduliert wurden, sind die ‚Ganzheitlichkeit' und die Erziehung zur Kreativität. Der komplexe Klang solcher Begriffe, die auch heute noch gerne gebraucht werden, lenkt davon ab, wie nebelhaft sie gerade mit Blick auf pädagogisch relevante Prozesse sind und wie austauschbar Musik in diesem Kontext ist. Adaptionen gab es auch von anderer Seite: So sah Rudolf Stephan Musikpädagogik als angewandte Psychologie, und Theodor W. Adorno stellte fest, dass „gewiss Musikerziehung von musikalischer Ästhetik und schließlich vom gesellschaftlichen Gesamtzustand abhängt" (Adorno [1963]1998, S. 11-12). Damit wird deutlich, dass nicht nur die Musikpädagogik sich aus eigenem Interesse heraus der Theorie und der Betrachtungsweise anderer Disziplinen anpassen kann, sondern dass andere Disziplinen Einfluss auf musikpädagogisches Denken gewinnen können.
4. Partizipation: Lange Zeit wurde Musikpädagogik als eine Unterabteilung der Musikwissenschaft angesehen. Dabei hatte die Musikwissenschaft - in Verbindung mit der Musiktheorie - Lehrinhalte bereitzustellen, die an Kinder und Jugendliche vermittelt werden sollten. Diese Auffassung wurde u.a. von Hugo Riemann und Hermann Kretzschmar sowie von Karl Gustav Fellerer und Hans Joachim Moser vertreten. Letztere erkannten allerdings eine Doppelzugehörigkeit und hielten fest: Musikpädagogik sei Teil der allgemeinen Pädagogik, aufgrund ihres ‚Gegenstandes' Musik jedoch den Forschungsstrukturen der Musikwissenschaft unterworfen. Musikpädagogik erscheint damit als eine angewandte Musikwissenschaft - mit der Problematik, dass der eigentliche Gegenstand pädagogischen Fra-

gens von rein methodischen Überlegungen überdeckt bzw. völlig verdrängt wurde. Partizipation im besten Sinne erscheint im Zusammenwirken von Musikpädagogik und Musikdidaktik - sofern man diese überhaupt als unterschiedliche Disziplinen auffassen will.

Als fünften Modus weist Abel-Struth den Status der Autonomie aus. Natürlich ist ein solcher Modus vorstellbar, allerdings wäre immer der Bezug zu anderen Wissenschaften zu bedenken, die gleiche oder ähnliche Fragen stellen. Dieser Bezug wird durchaus als positiv eingeschätzt. So führt Norbert Schläbitz aus: „Interdisziplinarität ist für die Musikpädagogik ein unverkennbares Qualitätsmerkmal, wo komplexe Phänomene einer zunehmend komplexer werdenden Gesellschaft forschungsrelevant beleuchtet werden sollen und wo zuletzt Forschung in der Musikpädagogik denn doch eine mitlaufende, voraussetzungsvolle Orientierung kennt: den Lernenden, dem Forschung Genüge tun will. In dieser impliziten Engführung ist aber kein Mangel zu sehen" (Schläbitz, 2009, S. 12).

Voraussetzung für die Realisierung von Musikpädagogik in einem so formatierten Modus der Autonomie wäre in jedem Falle eine triftige Theorie von Musikpädagogik als Wissenschaft. Eine solche steht noch aus, ihre Möglichkeit wird von manchen bezweifelt (Kaiser, 2018), an ihrer Realisierung wird von anderen gearbeitet (Orgass, i. V. 2022). Sie müsste zeigen, wie z. B. eine Musikdidaktik zu denken hätte, die nicht zur Dienerin der Musikwissenschaft - z. B. der historischen oder der Ethnomusikologie - wird, wie eine Musikpädagogik zu forschen hätte, die z. B. ihre empirischen Studien nicht als eine auf Musikpraktiken angewandte Soziologie oder als eine Sonderform der Psychologie, angewandt auf menschliche Verfasstheit im Zusammenhang mit der Ausübung von Musikpraktiken, erscheinen lässt. Vermutlich wird es darauf ankommen, die spezifische Eigenart musikpädagogischen Fragens herauszustellen und darauf Forschung ebenso wie Unterrichtskonzeption zu beziehen.

Musikpädagogik als Disziplin

Musikpädagogik zeigt sich insgesamt als eine Disziplin, die Aspekte, Ergebnisse und Methoden anderer Wissenschaften in ihr Denken einbezieht. Dies liegt nahe, da diese anderen Wissenschaften sich - mit jeweils anderem fachlichen Akzent - mit dem Menschen, seinen Handlungen, Funktionen und Beweggründen, seinen Praktiken sowie deren Bedingungen und Ergebnissen befassen. Die Einbeziehung relevanter Elemente der anderen Disziplinen erfolgt zum einen hinsichtlich des Grundlagenwissens über Lern- und Lehrvorgänge, zum anderen in Bezug auf Musik und deren Kontexte. Insofern ist Musikpädagogik eine interdisziplinäre Wissenschaft, die sich als Disziplin in dem Maße konstituieren kann, wie sich das Interesse auf die Möglichkeiten und Notwendigkeiten der Aneignung von Musik durch Menschen und deren Förderung richtet.

Wie ist Musikpädagogik zur wissenschaftlichen Disziplin geworden? Der Gedanke, dass Menschen Musik lernen können, sollten, ja müssten, ist alt - vielleicht so alt wie die Menschheit, sofern man die Fähigkeit zur Selbstreflexion als eine essentielle Qualität des Menschseins und den ‚ästhetischen Überschuss'[3] nicht nur als eine anthropologische Gegebenheit, sondern als eine Folge dieser Selbstreflexion herausstellt. Überliefert sind Zeugnisse musikpädagogischen Denkens seit Jahrtausenden. Insbesondere das Gedankengut Platons erfreute sich mit seiner expliziten Ausrichtung auf Erziehungsintentionen einer intensiv gepflegten Tradition. Festzuhalten ist allerdings, dass Ausgangs- und Endpunkt des auf den Umgang des Menschen mit Musik gerichteten Denkens lange Zeit primär pragmatische Aspekte waren, die alle Ebenen der Unterweisung bestimmten: Zieldimensionen waren geprägt vom gegenwärtigen und künftigen Gebrauch der Musik in der Gesellschaft für bestimmte Zwecke, und Überlegungen zu Methoden gingen nicht von Kenntnissen über Lernprozesse aus, sondern von Erfahrungen in der täglichen Praxis. Erst mit der Loslösung von einer Denkweise, die sich nur auf den Zweck des Musikunterrichts richtete und nur die Ökonomie der Methoden im Blick hatte, konnte ein wissenschaftliches Denken Raum gewinnen. Es stellte sich durch eine neuartige Weise der Erörterung des Gegenstandsbereichs der Musikpädagogik dar. Als Gegenstandsbereich wurde das gesamte musikalische Verhalten und Empfinden, der gesamte Bezug von Mensch, Gesellschaft und Musik thematisiert. Eine der ersten Einsichten bestand darin, aus der komplexen Erfassung menschlichen Handelns mit Blick auf Musik Konsequenzen konzeptioneller Art zu ziehen, statt - wie zuvor - aus einem auf Musik bezogenen allgemeinen Lehr- und Bildungsdenken heraus die herzustellenden Relationen zwischen Mensch und Musik zu bestimmen.

Die Anfänge einer solchen Neu-Orientierung sind bereits in den 1930er-Jahren zu erkennen. Ihren Ursachen nachzugehen wäre ein dankbares Anliegen, das allgemeine Entwicklungen wissenschaftstheoretischer Art - also Entwicklungen im Selbstbewusstsein wissenschaftlichen Denkens - mit zu berücksichtigen hätte. An dieser Stelle würde es zu weit führen, eine Geschichte der Wissenschaft Musikpädagogik zu erzählen. Sie ist in groben Zügen und mit zeitlicher Begrenztheit in der von Sigrid Abel-Struth 1970 herausgegebenen Veröffentlichung *Materialien zur Entwicklung der Musikpädagogik als Wissenschaft* nachzulesen. Daraus wird u.a. deutlich, dass die Ergebnisse der Neu-Orientierung lange Zeit unter den gewohnten Theoremen verschüttet blieben. Einen wissenschaftlichen Zugriff auf Fragen der Musik im Kontext pädagogischer Bemühungen hat es zwar immer wieder gegeben - zu nennen wären Georg Schünemann, dem auch die erste geschichtliche Übersicht (*Geschichte*

3 Darunter versteht man dasjenige, was in menschlichen Hervorbringungen über die pragmatische Funktion hinausgeht.

der deutschen Schulmusik) zu verdanken ist, Richard Wicke, Walter Kühn und Fritz Reuter. Ihre Arbeiten standen in engem Zusammenhang mit den hier skizzierten Problemlagen einerseits und einem durch das Voranschreiten (musik)psychologischer und (musik)soziologischer Forschung beflügelten Wissen andererseits. Zu konzeptioneller Würde ist der wissenschaftliche musikpädagogische Diskurs jedoch erst seit der Mitte der 1950er-Jahre gelangt, nachdem Theodor W. Adorno in Darmstadt seine Thesen zur *Kritik des Musikanten* (1956, S. 62–101) geäußert hatte. Ein Selbstbewusstsein von der Notwendigkeit der Wissenschaftlichkeit dieser Bemühungen selbst – sowie die wissenschaftliche Reflexion dieser Wissenschaftlichkeit – existiert erst seit Beginn der 1970er-Jahre. Dabei zeigt sich, dass es nicht genügt, die Anstrengungen anderer Disziplinen immer wieder aufzugreifen und neu zu formulieren, auch wenn dabei das Spezifische von Musik ins Zentrum gerückt und die Förderung menschlichen Handelns mit Blick auf Musik thematisiert wird.

Allerdings steht eine musikpädagogische Wissenschaftstheorie, durch die alle Aspekte musikpädagogischen Denkens systematisch geordnet würden, noch aus. Auch jüngste Veröffentlichungen wie das *Handbuch der Musikpädagogik* (Dartsch et al., 2018) folgen lediglich dem Modus der Addition. Allerdings ist dieses Handbuch keine Sammlung der Einsichten anderer Disziplinen, sondern eine Zusammenstellung einzelner musikpädagogischer Teilaspekte, darin ähnlich dem älteren *Kompendium der Musikpädagogik* (Helms, Schneider & Weber, 1995). Im Unterschied zu diesem sind die Beiträge nach übergeordneten Gesichtspunkten geordnet. So gibt es z. B. ein Kapitel zu musikpädagogischen „Begriffen, Begründungen und Diskursen“, eines zu „Perspektiven auf Lernen“ u. a. aus psychologischer und didaktischer Sicht, eines zu Lernräumen und eines zu „Musikpädagogik als Forschungsdisziplin“.

In letzterem Zusammenhang weist Hermann J. Kaiser darauf hin, dass der Versuch, eine Theorie von Musikpädagogik als Wissenschaft zu finden, nur aussichtsreich sein könne, wenn er formal – und nicht inhaltlich – verfasst sei, weil inhaltliche Bestimmungen zum „Sein“ von Musikpädagogik diese verdinglichten. Ein solcher rein formal verfasster Zugang zu einer Theorie aber realisiere sich quasi von selbst, und zwar „in Form einer nicht begrenzten Anzahl von Diskursen, in denen ‚im gemeinsamen Sprechen über …‘ der Sachverhalt Musikpädagogik als Wissenschaft“ sich bilde (Kaiser, 2018, S. 421).

Genau auf diese Diskursivität von Musikpädagogik zielen die Bemühungen des Essener Musikpädagogen Stefan Orgass ab. Er erfasst auf wissenschaftstheoretische Weise musikpädagogisches Denken mithilfe einer vierdimensionalen reflexionslogischen „disziplinären Matrix wissenschaftlicher Musikpädagogik“ (Orgass, 2012). In ihr werden Phänomene als nicht-repräsentationale Zeichen verortet. Solche Zeichen weisen nicht von selbst über sich hinaus auf Anderes. Sie werden vielmehr als Momente der „Objektkonstitution“ (bei der Eigenschaften des klingenden Etwas beobachtet werden), der Konstitution des „Individuums" (indem ihnen individuell relevante Bedeutsamkeit zugemessenen wird), als Momente der „Interaktion" (in der diskursiv Bedeutungen und Bedeutsamkeiten konstituiert werden) sowie als Dimensionen der „Sinnmodifikation" (hinsichtlich der leitenden Gesichtspunkte der Interpretation, wie sie u.a. in Interpretanten artikuliert werden) befragt (Orgass, 2019, S. 8). Aus musikpädagogischer Sicht können Phänomene unterschiedlichster Art ins Zentrum des Denkens treten - von einem einzelnen Musikstück über z.B. den Musikbegriff oder die Vorstellung von Schüler*innen bis hin zu ‚Lernen', ‚Bildung' oder ‚Musikpädagogik als Wissenschaft'.

Eine inhaltliche Definition der wissenschaftlichen Musikpädagogik, die sie von anderen Bereichen wissenschaftlichen Denkens abgrenzt, ohne sie zum ‚Gegenstand' oder zu einem Mythos zu machen (Schatt, 2008a), ist denkbar, wenn man sich das einschlägige Denken als einen imaginären, topologisch fasslichen - d.h. unterscheidbaren, in sich und in seinen Umrissen aber veränderlichen - Raum des Denkens vorstellt, in dem Fragen und Antworten hinsichtlich der Verhältnisse zwischen Mensch und Musik vor dem Hintergrund der Bedingungen, Vollzüge und Ergebnisse von Lernen, Bildung und Erziehung im Modus von Wissenschaft aufeinander bezogen werden.

2. Intentionale Grundideen musikpädagogischen Handelns

2.1 Musik-Lernen ermöglichen

Die These, musikpädagogisches Denken habe Voraussetzungen und Bedingungen der Möglichkeiten der Förderung menschlichen Handelns mit Blick auf Musik sowie dessen Vollzüge und Ergebnisse zu thematisieren, ist zunächst nur eine formale, keine inhaltliche Bestimmung. Da für unseren Zusammenhang aber das Handeln des Menschen hinsichtlich dessen, was wir Musik nennen, durchaus relevant ist, liegt es nahe, zwei Fragen zu beantworten: 1. Was am Handeln soll gefördert werden? und 2. Was bezeichnen wir mit dem Begriff ‚Musik'?

Musik-Lernen

Eine der zentralen Ideen zu Frage 1. lautet, dem Menschen solle ermöglicht werden, Musik zu lernen. Allerdings besteht keine Einigkeit darüber, was unter Musik-Lernen verstanden werden soll - nicht einmal die Schreibweise des Begriffs wird einheitlich gebraucht (Eibach, 2019, S. 234-235): Neben Musik-Lernen finden wir Musiklernen, Musik lernen, ferner musikalisches Lernen und musikbezogenes Lernen. Selbst in der Fassung „Musik-Lernen" wird Verschiedenes darunter verstanden, und zwar in Abhängigkeit vom jeweiligen „wissenschaftsgeschichtlichen Standort" (ebd., S. 238): Für Sigrid Abel-Struth war es eine beobachtbare Verhaltensänderung (s. S. 117 in diesem Band), für Hermann J. Kaiser eine subjektiv mit Sinn erfüllte Handlung, und in der jüngeren Vergangenheit haben Neurowissenschaft, Erkenntnistheorie und „Untersuchungen des Lernens in informellen Kontexten sowie die Debatte um den Kompetenzbegriff" (Eibach, 2019, S. 239) neue und zugleich divergente Vorstellungen hervorgebracht.

Es wird im Folgenden darum gehen, die grundsätzliche Frage nach dem Lernen speziell auf das Lernen von Musik zu beziehen. Daher soll die zweite der obigen Fragen zunächst geklärt werden.

Musik-Begriffe

Die Antworten auf die Frage „Was ist Musik?" sind Legion, und es macht wenig Sinn, sie jetzt umfassend darzulegen, weil sie zum einen in Kontexten stehen, die in ihrer Vielfalt und Hintergründigkeit hier nicht erörtert werden können, zum anderen jener Verdinglichung Vorschub leisten, die schon im Zusammenhang mit der Frage nach dem Wissenschaftscharakter von Musikpädagogik als problematisch ausgewiesen wurde. Genannt seien gleichwohl ein paar Beispiele: Musik wurde als verborgene Rechenkunst (Leibniz) aufgefasst, als eine Wissenschaft oder Kunst (Mattheson), als Geheimnis des Glaubens (Tieck), als

Ausdruck des Gefühls (Herder), als „tönend bewegte Form“ (Hanslick), als vorübergehender Reiz (Kant), als ein Weib (Wagner), als eine Klasse von Handlungen (Reinecke), als eine Sonderform von Schall (Frisius) - diese Liste ließe sich noch lange fortsetzen. Ihre Uneinheitlichkeit, ja fundamentale Divergenz brachte schon Robert Schumann zur Sprache, um seinen persönlichen Standpunkt herauszustellen: „Ich halte die Musik noch für die veredelte Sprache der Seele; andere finden in ihr einen Ohrenrausch, andere ein Rechenexempel [...]“ (Schumann in einem Brief von 1832; 2006, S. 40). Eine Zusammenfassung und Darstellung eigener Aspekte zur Frage ist in dem Buch *Was ist Musik?* von Carl Dahlhaus und Hans Heinrich Eggebrecht zu finden (1987). Bei all diesen Antworten wird Musik als ein substanzielles Etwas aufgefasst, das durch einen unveränderlichen Kern hinsichtlich seines ‚Seins‘ gekennzeichnet wird. Es ist bezeichnend, dass die beiden letztgenannten Autoren selbst eine Definition im Sinne einer Abgrenzung vermieden. Eggebrecht brachte ‚Musik‘ lediglich in unausweichliche Verbindung mit „Emotion“ und „Mathesis“ (1987, S. 32–42), also etwas, das einerseits etwas mit Ausdruck und Empfindung, andererseits mit der „Physis des Klingenden“ (ebd., S. 34) und den Praktiken seiner Bearbeitung zu tun habe. So viel nur wird an dieser Stelle klar: Es geht um etwas, das absichtsvoll erklingt und dem Menschen Bedeutung und Bedeutsamkeit zumessen.

Bereits in den einleitenden Überlegungen zum Musikbegriff wurde gezeigt, dass es neben solchen substanzorientierten Positionen Auffassungen von Musik gibt, die sie als Prozess begreifen - als etwas, was immer wieder neu im Werden ist. Geht man davon aus, dass Musik eine Existenz erst durch menschliche Praktiken erlangt und ihr Dasein in diesen Praktiken erfüllt, so ist im musikpädagogischen Zusammenhang die Frage nach der Gegenständlichkeit von Musik („*Was* ist ...“) weniger relevant als die Frage, *wie* es zu den Vorstellungen davon kommen könne, woraus und als was sie unter welchen Bedingungen für wen bestehe. Wir werden daher in einem ersten Schritt den grundlegenden Prozess musikalischen Denkens betrachten und klären, wie musikalische Gedanken entstehen. In einem zweiten Schritt werden wir die Konsequenzen unserer Einsichten hinsichtlich des musikalischen bzw. musikbezogenen Lernprozesses entfalten und daraus erste Überlegungen zum Lehren ableiten.

Denken in und über Musik

Die Rede vom ‚musikalischen Denken‘ bzw. von ‚musikalischen Gedanken‘ bedarf zunächst einer Differenzierung. Es ist nämlich etwas anderes, ob wir ein Lied singen, eine Melodie vor uns hinsummen, uns in den tönenden Strom einer Sinfonie hineinbegeben - oder ob wir über unsere Empfindungen sprechen, eine musikalische Analyse anfertigen, ein Bild zur Musik malen, eine entsprechende Choreographie entwickeln oder uns ihrer historischen Hintergründe vergewissern: Wir können einerseits *in* Musik denken, andererseits *über* Musik nachdenken. Und eigenartigerweise kommt keine Art des Denkens ganz ohne die andere aus. Dies gilt zumindest für die Lebenspraxis; in ihr werden die Denkweisen unbefragt vollzogen, wir aber systematisieren sie hier in wissenschaftlicher Weise, um ihren Vollzug beschreiben zu können. Die zu unterscheidenden Denkweisen sind nicht ohne Implikationen für die Didaktik geblieben. Eine Trennung der zwei Denkarten sei also hier aus systematischen Gründen zunächst durchgehalten und in ihrer Ursächlichkeit entfaltet.

Objekt – Subjekt

Die Unterscheidung zwischen einem denkenden Mitvollzug von etwas Erklingendem (dem Denken *in* Musik) und einem (Nach-)Denken *über* dieses Erklingende hängt eng mit einer anderen Unterscheidung zusammen, die zu tiefgreifenden musikpädagogischen Differenzen führen kann: der Unterscheidung zwischen Objekt und Subjekt. Werner Jank teilt musikdidaktische Modelle in zwei Gruppen ein: Solche, die sich am Objekt orientieren (was nach Jank zu einer „Kunstwerkorientierten Didaktik" führt) und solchen, die sich am Subjekt orientieren (dies führt nach Jank zu einer „Erfahrungserschließenden Musikerziehung" [vgl. Jank, 2005]). Auf die Problematik einer derartigen Kategorienbildung werden wir später eingehen; für den Augenblick sei festgehalten, dass einerseits der Gegenstandsbereich „Musik" - wobei diese im Sinne eines Objekts aufgefasst würde - und anderseits das Subjekt in Hinblick auf seine Befassung mit ‚Musik' Orientierungen für Musikdidaktik abgeben können: Wir können also davon ausgehen, dass die Entstehung musikalischer Gedanken von den Einen in der Verantwortung der ‚Objekte', von den Anderen in der Verantwortung der Subjekte gesehen wird. Dies belegt auch eine Aussage Rudolf Dieter Kraemers:

> „Wer nun als Pädagoge über die Beziehungen zwischen Schülern und Musik(en) nachdenkt, hat einerseits die Musik mit ihrer Wirkung, ihrer Herkunft, ihrer Struktur, andererseits die Menschen mit unterschiedlichen Interessen, Fähigkeiten und Kenntnissen im Blick, denen sie dargeboten wird" (Kraemer, 2004, S. 42).

Das Einerseits-Andererseits macht darauf aufmerksam, dass hier Wirkungen, Historie, Konstruktionsweise usw. als eine *Eigenschaft von Musik* aufgefasst werden, ja mehr noch: Wirkungen werden wie Handlungen der Musik beschrieben; Herkunft und Struktur gelten als ein Haben, das vom Menschen quasi aus der Musik herausgeholt werden könne. Wird Musik als ein dergestalt von sich aus wirkendes Objekt verstanden, erscheint der Mensch als jemand, der diesen Wirkungen ausgesetzt ist.

Auf der Basis einer solchen Vorstellungsweise ist kaum zu erklären, warum ein und dieselbe Musik verschiedene Wirkungen haben oder warum sich das geschichtliche Bild von Musik ändern könnte. Unerklärbar bleibt auch, ob Denken in und Denken über Musik dann als zwei Weisen des Wirkens des Objekts aufzufassen sind. Vor diesem Hintergrund ist zu fragen, welche Bedeutung eine Auffassung vom *Menschen* als *wirkendem* Subjekt für den Musikbegriff hätte, eine Auffassung, die *ihn* als jemanden sähe, der in Anwendung seiner Interessen, Fähigkeiten und Kenntnisse auf die Musik einwirkt.

Das Verständnis von Objekt und Subjekt als getrennten Erscheinungen der Welt erhält Nahrung von der Phänomenologie; sie bietet indessen auch eine Erklärung dafür an, warum und auf welche Weise wir in und über Musik denken.

Klang als Spezifikum des Musikalischen

Vereinfacht gesagt, beschäftigt sich diese philosophische Richtung mit dem Erscheinen der Dinge, sie fragt also nicht nach dem ‚Gegenstand' Musik als solchem, sondern nach der Weise, wie sie sich dem Menschen darstellt. Das Besondere am Musikalischen ist aus phänomenologischer Sicht nicht der Notentext, das komponierte Stück bzw. Werk als Gegenstand, nicht die Vorstellung, die alles fundiert, nicht die darauf verwendbare oder verwendete Sprache, sondern der Klang. Dabei ist das physikalisch Beschreibbare - z. B. der Frequenzverlauf, die Konstellation der Formanten, die Lautstärke - nicht identisch mit dem Musikalischen. Das Phänomen des Klanges, als der Musik dem Menschen erscheint, ist als solches weder messbar noch als Materie greifbar, sondern nur im Hören zu realisieren. Dasjenige wiederum, was dem Hören begegnet, findet seine Entfaltung in der Zeit. Wenn sich der Mensch dem Erklingenden zuwendet, während es erklingt, so folgt er der Entfaltung des Erklingenden im Hier und Jetzt - er vollzieht die Momente des Erklingenden im Moment des Erklingens mit. Musik stellt sich daher als eine besondere, doppelte Art des Verstreichens von Zeit dar - Zeit vergeht im Klang und Klang vergeht in der Zeit: dies im Unterschied etwa zu Gemälden, die zwar als Materie vergänglich sind, deren phänomenaler Modus aber nicht das Vergehen, sondern das Bestehen in der Zeit ist.

Polythetischer und monothetischer Aufbau der Erfahrung

Die Struktur dessen, was wir als Musik wahrnehmen, und zugleich die Struktur dieser Wahrnehmung selbst besteht in einem Nacheinander von vielen Einzelheiten. Alfred Schütz nannte diese Struktur „polythetisch" (Schütz & Luckmann, 1979). Die polythetische Wahrnehmung von Musik als Grundlage musikalischer Erfahrungen ist durchaus ein Denkvorgang, weil ein als Nacheinander von Klängen realisiertes Etwas Wirklichkeit wird. Offen bleibt allerdings, welche Bedingungen bzw. Gegebenheiten auf Seiten des Menschen dieses „Denken in Musik" ermöglichen.

Alfred Schütz stellte dem polythetischen Erfassen von Wirklichkeit ein anderes gegenüber, das er „monothetisch" nannte:

> „Im allgemeinen wird der polythetische Aufbau der Erfahrungen ‚gerafft' und nur ihr typischer relevanter Sinn, monothetisch erfaßt, geht ‚endgültig' als merkenswert in den Wissensvorrat ein" (Schütz & Luckmann, 1979, S. 155).

Der Vorgang monothetischen Erfassens ist also ein Zusammenfassen, er ermöglicht ein Zuordnen, auch ein Vergleichen. Er ist in der musikpädagogischen Literatur mit der sprachlichen Benennung musikalischer Phänomene gleichgesetzt und von daher als sekundär eingeschätzt worden (z. B. bei Rolle, 1999). Dies beruht auf einem gründlichen Missverständnis der Schütz'schen Ausführungen: Richtig ist, dass monothetisches Erfassen nicht zeitgleich mit der Wahrnehmung oder gar dem Sinnesreiz erfolgt, sondern im Nachhinein, und richtig ist auch, dass polythetisch etwas erfasst worden sein muss, um monothetisch zusammengefasst werden zu können. Beides muss jedoch nicht im Medium von Sprache, sondern kann durchaus im Medium des Musikalischen erfolgen: Wenn ich eine Tonfolge als sinnvollen Zusammenhang wahrnehme - auch ohne sie aufgrund meines musiktheoretischen Wissens als Thema, Motiv oder Sequenz bestimmen zu können - habe ich aus dem polythetisch Erfassten monothetisch eine Gestalt gebildet.[4] Hans Heinrich Eggebrecht nannte diesen Vorgang einer rein musikalischen, nichts benennenden Sinnbildung und die entsprechende Tätigkeit des Menschen das „ästhetische Verstehen“ - in Abgrenzung zum „erkennenden Verstehen“, bei dem das ästhetisch Verstandene sprachlich bezeichnet wird (Eggebrecht, 1995). Die notwendige Voraussetzung dafür ist ein Denken in Musik, das nach dem polythetischen Erwerb musikalischer Phänomene und deren monothetischer Sedimentierung diesem ästhetischen Musik-Wissen Begriffe zuordnet, um es zu systematisieren und kommunizierbar zu machen. Natürlich kann man auch im Modus des Musikalischen kommunizieren, indem man Anderen etwas vorsingt oder vorspielt. Aber diese Kommunikation ist begrenzt, denn man kann nicht jedes musikalische Phänomen zeigen: Eine Sinfonie von Gustav Mahler z.B. ist - zumal in ihrer Instrumentation - einfach schwer zu singen. Festzuhalten ist in diesem Zusammenhang die zeitliche Reihenfolge: Dem erkennenden Verstehen muss das ästhetische Verstehen vorausgehen, und diesem wiederum geht notwendigerweise und immer ein polythetischer Vorgang voraus. In beidem vollzieht der Mensch Denken in Musik.

Bei diesen Überlegungen der Phänomenologie wird der Prozess der Wahrnehmung zwar mit der phänomenalen Eigenart des Inhalts zusammengeschlossen, dennoch wird zwischen Objekt und Subjekt unterschieden - und die Eigenschaften des Objekts bleiben als solche noch unerschlossen: Was konkret das Subjekt monothetisch zusammenfasst, wird zwar durch die Phänomenalität des Objekts verursacht, findet aber seine Begründung und seine konkrete Ausformung im Akt des Zusammenfassens - und in diesem Akt werden ihm auch die Eigenschaften zuerkannt. Insofern kann bereits aus dieser Perspektive nicht von einer Wirkung des Objekts im Sinne einer Ein-Wirkung die Rede sein, sondern bestenfalls im Sinne einer Aus-Wirkung.

Wir wenden uns jetzt den Bedingungen eines Auf- und Zusammenfassens klingender Phänomene zu sowie den Möglichkeiten, sie mit Worten zu beschreiben (den Vorgängen des Zu-Erkennens also).

---

4 Fraglich ist indessen, inwieweit bei dieser Gestaltbildung Sprachliches beteiligt ist – Martina Krause leugnet die Möglichkeit der Abwesenheit von Sprache im Zusammenhang mit monothetischer Wahrnehmung (Krause, 2008).

Die plausibelste Erklärung haben neurobiologische Forschungen erbracht, deren Erkenntnisse uns im Zusammenhang mit kognitionspsychologischen Einsichten vergegenwärtigen, warum wir denken, wie wir denken und was wir denken.

Vergegenwärtigen wir uns diese Einsichten anhand eines Beispiels: Was geht in unserem Gehirn vor, wenn uns jemand ein viertöniges Motiv vorsingt, das wir als das Kopfmotiv aus Beethovens 5. Sinfonie, nur in einer anderen Tonart und als nicht gespielt, sondern als gesungen, wahrnehmen?

Schallwellen in bestimmter Form, von bestimmter Dauer und mit einer bestimmten Intensität treffen auf das Ohr, auf das Trommelfell. Was dies an konkreten Bewegungen empfängt, teilt sich dem Innenohr mit. Dort entstehen elektrische Impulse, die auf Nervenbahnen an bestimmte Gehirnzellen weitergeleitet werden. Dort regen sie synaptische Verschaltungen an und werden mit bereits vorhandenen und in den Neuronen abgespeicherten Informationen verglichen: Wir erkennen den Reiz als ein Gebilde aus Tönen (und nicht Geräuschen), und zwar bestimmten Tönen: zumindest drei gleichen und einem darunter- und nicht darüberliegenden; vielleicht drei gleichen Tönen und einer Terz, möglicherweise einer großen Terz; vielleicht als ein Gebilde aus vier bestimmten Tönen – z.B. ‚dddb'; wir erkennen das Gebilde als Zusammenhang; wir erkennen es als Motiv, vielleicht als Kopfmotiv der 5. Sinfonie Ludwig van Beethovens; wir erkennen eventuell, dass es eine Quarte unter den Originaltönen liegt; und natürlich erkennen wir, dass es gesungen und nicht instrumental hervorgebracht wird; und wir denken fast gleichzeitig etwas über die Eigenart der Stimme des Singenden und fragen uns möglicherweise sogar, warum er nicht sauber singe.

Wahrnehmung, Empfindung, Gefühl

Dieses Beispiel zeigt, dass wir uns vor allem von einer Vorstellung verabschieden müssen: von der Idee, dass unsere Wahrnehmungen Eindrücke sind. Nichts „drückt" sich „ein" – was wir wahrnehmen, ist das Ergebnis einer Tätigkeit unseres Gehirns, das auf Umweltreize reagiert. Wahrnehmen ist also eine sinnlich fundierte neuronale Aktivität – freilich keine, deren Ablauf völlig dem Bewusstsein unterliegt. Verabschieden müssen wir uns auch von der Vorstellung, dass wir nur *Musik* wahrnehmen, wenn wir Musik hören: Wir nehmen Töne und Klänge wahr und zeitgleich den ganzen Kontext, in dem wir hören, denn wir verknüpfen das Wahrgenommene mit Begriffen der verschiedensten Art: mit musikspezifischen (u.a. Tonnamen, Theoriebegriffen, Geschichtsbegriffen) und unspezifischen, jenen nämlich, die die kontextuellen Elemente bezeichnen. Hinzu treten Empfindungen und Gefühle. Sie entstammen z.T. unserer körperlichen Verfasstheit, dann sprechen wir von Gefühlen (soweit haptische Organe beteiligt sind) –, z.T. unserer durch das Wahrgenommene erregten Anmutung: Dann ist die Rede von Empfindungen. Ohne diese können wir nicht denken, weil eine bestimmte Zone des Gehirns, nämlich das Limbische System, an allem, was wir tun und denken, beteiligt ist – ob wir wollen oder nicht.

Wäre freilich der Vorgang genau so, wie jetzt skizziert, würden wir wahnsinnig. Das Gehirn verfügt aber über Fähigkeiten, neuronale Verschaltungen auszuwählen - Fähigkeiten, die einerseits wiederum auf vorhandenen Verschaltungen und andererseits auf neuronalen Inhalten beruhen. Wir nennen diese Fähigkeiten Konzentration und Aufmerksamkeit: Bewusst wird uns, was wir wahrnehmen wollen und wahrnehmen können. Wahrnehmung ist demnach das Ergebnis einer aktiven Leistung des Gehirns, in deren Verlauf es dasjenige, was die Sinne aufnehmen, nach Maßgabe vorhandener Verschaltungen und vorhandener Informationen konstruiert.

Assimilation

Für den Vorgang dieses Abgleichs zwischen Aktuellem und Vorhandenem hat der Biologe und Psychologe Jean Piaget den Begriff der Assimilation geprägt. Dabei werden eintreffende Informationen als übereinstimmend mit vorhandenen eingeschätzt und entsprechend eingeordnet. Diese Einordnungen sind durchaus nicht bei allen Menschen gleich, sondern individuell und kulturell unterschiedlich: Der Eine hört eine Tonart als Pentatonik, der Andere dieselbe als Slendro - der Erste hat sie als Pentatonik ‚zurechtgehört', also assimiliert, weil er das indonesische Tongeschlecht ‚Slendro' zuvor weder ästhetisch wahrgenommen hat noch einschlägige Kenntnisse besitzt. Oder der Eine hört eine Tonkonfiguration auf dem Klavier als Pentatonik, der Andere als ‚chinesische Musik': Er hat sie mit kategorial anderen Kontexten verknüpft.

Worauf beruht die Möglichkeit einer solchen Assimilation? Sie beruht darauf, dass etwas vorhanden ist, womit verglichen werden kann und darauf, dass der Prozess des Vergleichens mit diesem Vorhandenen erfolgt.

Mentale Repräsentation

Die Neurobiologie nennt dieses Vorhandene „mentale Repräsentation": ein Etwas, das als Ergebnis früherer Handlungen in den neuronalen Netzen eines Menschen abgespeichert ist. Folgt man den Überlegungen Wilfried Gruhns, so bringen solche Handlungen zunächst „figurale Repräsentationen" hervor (Gruhn, 1998, S. 91), die in ihrer zeitlichen und inhaltlichen Disposition weitgehend der vorausgegangenen Handlung entsprechen. Figural würde ich z.B. die vier Töne des Beethoven'schen „Schicksalsmotivs" hören, wenn ich sie nicht als zusammenhängende Gestalt eines Motivs, sondern als vier ähnliche, aufeinander folgende Phänomene wahrnehmen würde. Eine solche Wahrnehmung entspräche weitgehend der Erfassung der Welt, die Schütz polythetisch nannte.

Was Alfred Schütz monothetisch nannte, wird durch einen Sprung des Denkens bewirkt: durch die Fähigkeit, andere Bereiche des Gehirns zu aktivieren und heranzuziehen. Dieser Vorgang ermöglicht formale Repräsentationen, wobei Phänomene zusammengefasst und gestaltet werden. Solche formalen Repräsentationen artikulieren sich auch in sprachlichen Begriffen. Durch sie nehmen im Medium der Sprache Wahrnehmungen und Ergebnisse anderer Denkprozesse Gestalt an. Wir kennen dies u.a. in Form von „Als-wenn"-Formulierungen aus der Kinder-, aber auch aus der Erwachsenensprache, wenn

z. B. über das erwähnte Motiv gesagt wird: „Das ist so, als wenn das Schicksal an die Pforte klopft."

Solche Zusammenfassungen gibt es in musikbezogener, aber auch in musikalischer Hinsicht als Ergebnis von Konstruktionsleistungen des Gehirns; ob und in welcher Weise Letztere mit sprachlichen Leistungen zusammenhängen, ist noch nicht endgültig geklärt. Es ist aber zu vermuten, dass eine dialektische Wechselbeziehung zwischen der sprachlichen und der musikalischen Repräsentation besteht.

Zu warnen ist vor einem Missverständnis des Begriffs ‚Repräsentation': Repräsentationen sind keine Abbilder der Wirklichkeit; sie sind vielmehr das individuelle Ergebnis dessen, was das Gehirn aufgrund früherer Verarbeitungsprozesse hervorzubringen vermag.

Der Abgleich der Sinnesreize, von dem zuvor die Rede war, bedarf aber nicht nur vorhandener Repräsentationen, sondern auch der Wege, um diese zu erreichen. Die Verbindungen im Gehirn sind in einer kaum vorstellbaren Weise komplex vorhanden – nur werden sie nicht immer in der gleichen Weise genutzt. So kann ich mir bei der Tonfolge ‚dddb' die verschiedensten Dinge vorstellen – zunächst aber gilt die Vorstellung immer der musikalischen Gestalt, die ich aufgrund der Töne, die mit diesen Notennamen bezeichnet werden können, erwirken kann. Das musikalische Denken bedarf indes einer gewissen Übung: Dabei werden im Netzwerk der neuronalen Verschaltungen immer wieder bestimmte Bahnen genutzt – bedingt durch Absicht, Aufmerksamkeit und Konzentration. Darauf beruht u. a. die Tätigkeit musikalischen Übens. Durch die Nutzung dieser Bahnen entstehen im Gehirn Netze bestimmter Verschaltungen – so erklärt es zumindest der Konnektionismus –, auf die immer wieder zurückgegriffen wird. Der individuell bestimmte Rückgriff bestimmt die spezifische Weise des Denkens jedes Einzelnen.

Was aber geschieht, wenn mir ein tönendes Phänomen – um im Bereich des Musikalischen zu verbleiben – begegnet, das mit meinen eingeübten Repräsentationen bzw. kognitiven Schemata nicht kompatibel ist – z. B. eine Tonfolge, die einem ganz fremdem Stimmungssystem oder nicht den Maßgaben von Tonalität verpflichtet ist? Wie vollzieht sich – wenn ich mich überhaupt darauf einlasse – der Vorgang, dem eine Veränderung meiner Schemata zu danken wäre?

Akkommodation: Anpassung von Denkstrukturen

Aus kognitionspsychologischer Sicht erklärt Jean Piaget diesen Vorgang durch eine Anpassung der Denkstrukturen an das Wahrgenommene. Voraussetzung dafür ist, dass eine Wahrnehmung als nicht kompatibel mit bereits vorhandenen Denkstrukturen erscheint, also nicht assimilierbar ist. In diesem Falle vollzieht das Denken selbst eine Anpassung – Piaget spricht hier von „Akkommodation". Die Ursache dafür sieht er in dem Grundbedürfnis nach einem Gleichgewicht zwischen wahrgenommener Struktur und den Möglichkeiten des Gehirns, Strukturen zu denken. Akkommodation als Veränderung des Denkens scheint damit eine zentrale Voraussetzung für den Vorgang zu sein, den wir als Lernen bezeichnen.

Mentale Repräsentationen von Musik sind nicht nur für das musikalische Hören, sondern auch für die Hervorbringung von Musik im Rahmen von Produktion und Reproduktion von entscheidender Bedeutung. Sie sind die Grundlage des Musizierens: Nur wenn ich mir eine Melodie innerlich vorstelle, kann ich sie tatsächlich singen; Vomblattsingen oder -musizieren funktioniert nur, wenn ich mir die Tonhöhen und Rhythmen, beim Instrumentalspiel zumindest Letztere, vor der Realisation vorstellen kann. Dieses innere Hören kann so weit geübt werden, dass für manche Menschen – z. B. Komponisten oder Dirigenten – ein Notentext genügt, um die Musik in der Vorstellung gegenwärtig werden zu lassen. Und Komponieren sowie Improvisieren ist ohne ein solches inneres Voraushören kaum vorstellbar.

Audiation

Derartige Einsichten sind Grundlage musikpädagogischer Konzepte geworden. So hat der amerikanische Musikpsychologe und -pädagoge Edwin E. Gordon das innere Hören von Tonhöhen und Rhythmen als „Audiation“ bezeichnet und darauf eine „Music Learning Theory“ aufgebaut (Gordon, 1990). In Analogie zum Spracherwerb soll demnach ein aufbauendes praktisches Musizieren jeder analytischen Befassung mit Musik vorausgehen. „Audiation“ hat auch in Deutschland eine starke Resonanz und Eingang in konzeptionelles musikpädagogisches Denken gefunden (Gruhn, 2018b, S. 94–109).

Eine ähnliche Position vertrat der in Kanada geborene und in New York lehrende Musiker und Musikpädagoge David J. Elliott. Auch für ihn ist Musik wesentlich eine menschliche Praktik und nicht eine Summe von Objekten. Daraus resultiert sein Hauptgedanke, dass Musik eine Wissensform sei, die sich dem praktischen Musizieren verdanke. Dies drückt sich in seiner Wortschöpfung „musicing“ aus, durch die verdeutlicht werden soll, dass Musik-Denken und Musik-Machen bewusste und intentional aufeinander bezogene Tätigkeiten sind (Elliott, 1991, 1995; Bugiel, 2021, S. 82–89).

Musikalisches und musikbezogenes Denken

Vor dem Hintergrund dieser Modelle dürfte deutlich geworden sein, wodurch Denken in Musik von Denken über Musik zu unterscheiden ist: Das Eine vollzieht der Mensch im Rückgriff auf musikalische Repräsentationen, das Andere im Rekurs auf sprachliche Repräsentationen. Damit das Eine jedoch nicht leer und das Andere nicht taub ist, macht erst die Verknüpfung der Netze musikalischer und begrifflicher Repräsentationen die Welt aus, in der sich zu bewegen des Menschen würdig ist. Von daher erscheint es als notwendig, unsere Rede vom ‚musikalischen Denken‘ zu differenzieren: Sprechen wir also künftig von musikalischem Denken, wenn wir das Denken in Musik meinen, und von musikbezogenem, wenn wir das Denken über Musik meinen.

Die hier beschriebenen Prozesse der Assimilation, Akkommodation und der Herausbildung bzw. des Abrufs von mentalen Schemata erklären Vorgänge des Wahrnehmens und Erkennens (nicht nur, aber auch) von Musik. Natürlich begegnen dem Menschen in komplexerer Weise Strukturen, die mit dem Bekannten nichts oder wenig zu tun haben, mit ihm unvereinbar sind und ihm daher fremd erscheinen. Dies ist z.B. häufig bei der ersten Begegnung mit Neuer Musik der Fall, kann sich aber auch ereignen, wenn man Musik aus fremden Kulturen oder zum ersten Mal einen Song aus dem Bereich des Death Metal hört – aus phänomenologischer Sicht würde man von einem „Widerfahrnis" (Bugiel, 2021, S. 40–50), aus konstruktivistischer von einer „Perturbation" (s.u.) sprechen. In einem solchen Fall kann der Mensch zwar auf Repräsentationen zurückgreifen, nicht aber auf spezifisch musikalische – oder er kann bzw. will die Letzteren – etwas aufgrund fehlender Übung oder fehlender Aufmerksamkeit – nicht nutzen. Wilfried Gruhn erklärt diesen Vorgang – und damit eine häufig anzutreffende Weise musikalisch nicht gebildeter Menschen, über Musik zu sprechen – wie folgt:

> „Solange aber noch keine musikalischen Repräsentationen erworben wurden, kann Musik nicht musikalisch gehört werden. Dennoch wird durchaus etwas verstanden. Aber wo die entsprechende Begrifflichkeit noch nicht vorhanden ist, weicht der Hörer auf assoziative Umschreibungen aus, d.h. er sucht im Netz der Repräsentationen nach passenden Analogien, die durchaus etwas mit dem zu tun haben, was in der Musik oder durch sie wahrgenommen wurde. [...] Wo weder musikalische Erfahrungen aktiviert werden können noch assoziative Reaktionen sich einstellen, äußern die jugendlichen Hörer ausschließlich globale Geschmacksurteile [...]. Danach bilden sich reiche assoziative Umschreibungen aus, die sich zuerst in reiner Aktionssprache kundtun, die also beschreiben, was *nacheinander* geschieht. Erst allmählich mit dem Erreichen formaler Repräsentationen wird die Darstellungsform der Texte statisch, d.h. sie beschreiben Zustände und Entwicklungen, die sich erst einer Perspektive verdanken, die die Bindung an die Zeitstruktur des Nacheinander einzelner Ereignisse aufgegeben hat. Mit zunehmender musikalischer Erfahrung tauchen schließlich immer mehr musikalische Feststellungen auf" (Gruhn, 1995, S. 215–216).

Demnach kann der Mensch aufgrund einer Herausforderung, die er als solche annimmt, zwar Assimilationen vollziehen; aber erst durch Akkommodationen kann er Musik lernen und darüber auch lernen, das musikalische Denken sinnvoll auf das sprachliche zu beziehen – und umgekehrt. Offenbar hat also das musikalische Denken einen Einfluss auf das musikbezogene, und das musikbezogene Denken vermag das musikalische zu modifizieren.

Konstruktivismus

Wie aber vollziehen sich die Übergänge zwischen Wahrnehmungen und Erkenntnissen, die in allgemeinen Erfahrungen verankert sind, zu spezifisch musikalischen Einsichten? Eine plausible Erklärung liefert die wissenstheoretische Position, die als Konstruktivismus bezeichnet wird.

Das zentrale Moment dieser Überlegungen besteht in der Erkenntnis bzw. Idee, dass sich das Bewusstsein nicht auf die Seinsweise der Objekte richtet, sondern auf deren Darstellungsform in der Wahrnehmung. Deshalb haben wir auch nicht gefragt: „Was ist Musik?" und sollten auch nicht fragen: „Wodurch und worin stellt Musik *sich* uns dar?" sondern: „Wodurch und in welcher Form stellen *wir* uns Musik vor?"

Die grundlegende Vorstellung des Konstruktivismus besteht darin, dass das Denken sich in seinem Vollzug immer auf sich selbst bezieht - wenn auch dieser Vollzug durch Reize einer außerhalb der Subjekte liegenden Wirklichkeit ausgelöst wird. Damit stellt sich nicht die Frage nach einem ‚Was', sondern nach dem ‚als was'. Der Konstruktivismus richtet sich also nicht auf die Dingwelt, sondern auf deren Generierung im menschlichen Bewusstsein und erfasst dabei nicht nur die Wahrnehmungsprozesse, sondern auch das Walten des Bewusstseins. Er beschreibt Wissen als etwas, an dessen Generierung und Aktivierung potentiell alle Gehirnregionen beteiligt sind.

Wirkungen und Funktionen von Musik

Eine dieser Konstruktionsleistungen ist das, was wir als ‚Wirkungen der Musik' bezeichnen. Darauf beruhen nicht nur ihre gesellschaftlich-kommunikativen Funktionen (u.a. rituelle und sakrale, Repräsentations- und Festlichkeitsfunktionen, gemeinschaftsbildende, gruppenstabilisierende, gesellschaftskritische Funktionen, Verständigungsfunktionen und Kontaktfunktionen), sondern auch ihre individuell-psychischen Funktionen (u.a. emotionale Kompensation, Einsamkeitsüberbrückung, Konfliktbewältigung, Aktivierung und Unterhaltung (Rösing, 1992, S. 315 -316).

Tatsächlich ist aber davon auszugehen, dass nicht die Musik quasi selbsttätig aus sich heraus wirkt, sondern dass der Mensch kognitive Zusammenhänge konstruiert (Zusammenhänge, die immer mit Empfindung und/oder Gefühl verbunden sind), die er - da sie durch Musik veranlasst sind - der Musik als Eigenschaften zuweist.

Wahrheit – Wissen – Perturbation

Der konstruktivistische Ansatz löst ein Problem, das allen hermeneutisch fundierten Ansätzen musikpädagogischen Denkens innewohnt: Wie ist in Anbetracht unterschiedlicher Deutungsweisen Wahrheit zu finden? Die Hermeneutik geht davon aus, dass Verstehen durch ein zirkulares Gespräch zwischen Objekt und Subjekt im Sinne einer Horizontverschmelzung entstehe. Aus konstruktivistischer Sicht sprechen wir bei jeder Wahrnehmung und allen anderen Bewusstseinsakten mit uns selbst bzw. virtuell mit Anderen. Wir beziehen uns nicht auf das Ding an sich, sondern auf menschliches Wissen, auf Erfahrungen, Gefühle und Empfindungen. Deren Geltungsanspruch tritt an die Stelle des Wahrheitsanspruchs eines Objekts. Reicht das entsprechende Wissen nicht aus, ist das Subjekt einer mentalen Befindlichkeit ausgesetzt, die im Konstruktivismus als „Perturbation" bezeichnet wird (Krause, 2008): Es wendet sich vom Objekt ab oder ändert sich; diesen Änderungsprozess nennen wir Lernen.

Die Perturbation, von der im konstruktivistischen Denken die Rede ist, ist von dem zu unterscheiden, was aus phänomenologischer Sicht als Ursache von Bildungsprozessen gilt. Im musikalischen Zusammenhang geht es dort um insgesamt Fremdes, das sich der Gesamtheit von verfügbaren Fähigkeiten, Einstellungen, Haltungen usw., mit deren Hilfe eine Situation in gewohnter Weise gemeistert werden kann, entzieht (Näheres s. Kapitel 2.4). Damit gerät eine habituelle Beteiligung des gesamten Leibes in den Blick, während der Konstruktivismus nur die mentale Leistung des Bewusstseins ins Auge fasst. Aus phänomenologischer Sicht spricht man insofern von einem „Widerfahrnis“, aufgrund dessen der Mensch bildungswirksame Transformationsleistungen vollziehen kann (Bugiel, 2021, s. S. 61 in diesem Buch). Vor einem solchen phänomenologischen Hintergrund hat Adrian Niegot am Beispiel des virtuosen Musizierens und seiner Rezeption die fundamentale Bedeutsamkeit des Spektakulären für das Erleben insbesondere von Musik gezeigt und damit dessen Relevanz auch für den Musikunterricht herausstellt (Niegot, 2020).

Lernen

Die dauerhafte Veränderung musikalischer und musikbezogener Repräsentationen ist zwar das Ergebnis von Lernvorgängen im Zusammenhang mit Musik, aber nicht mit Lernen identisch. Im Akt des Lernens werden zwar Akkommodationen des Bewusstseins durch die Generierung neuer neuronaler Strukturen vollzogen; Lernen erschöpft sich jedoch nicht in diesem Vorgang. Um zu lernen bedarf es noch anderer mentaler Leistungen des Menschen.

Zunächst ist es erforderlich, dass die Perturbation auch als solche wahrgenommen wird. Erst dann kann der Prozess der Veränderung greifen. Ferner ist nötig, dass das Subjekt motiviert ist, sein Wissen, sein Können, seine Einstellungen zu verändern. Und zum Dritten bedarf es Fähigkeiten und Fertigkeiten, diese Änderungen durchzuführen. Lernen beginnt also weder mit der Herausbildung neuer Repräsentationen, noch ist es damit erledigt. Es ist auch nicht allein durch den Akt der Akkommodation beschreibbar, sondern ist ein komplexer geistiger Vollzug im Kontext von Wissen und Empfinden, von Motivation, Wollen und Können, von Präferenz und Kompetenz. Alle diese Bereiche entstehen durch komplexe mentale Konstruktionsleistungen und sind durch eben solche Konstruktionsleistungen veränderbar.

Formales – informelles Lernen

Anlass und Möglichkeit zu derartigen Veränderungen zu geben ist das Anliegen pädagogischer Praxis. Diese ist damit quasi ein Sonderfall von Lernsituationen, die sich aus den Gegebenheiten des Lebens heraus ergeben. Perturbiert wird der Mensch auch im Alltag, wenn er Wahrnehmungen ausgesetzt ist, die nicht mit seinen mentalen Repräsentationen vereinbar sind. Derartige Lernprozesse werden - zur Unterscheidung von absichtsvoll und institutionell-formell arrangierten Prozessen - als informelles Lernen bezeichnet. Sie vollziehen sich in steigendem Maße tagtäglich u.a. im Umgang mit audiovisuellen Medien und deren Angeboten.

Um Lernen zu ermöglichen - um also zu lehren - ist es notwendig, Situationen zu schaffen, in denen die Subjekte zwar nicht unbedingt eine Notwendigkeit, zumindest aber eine Sinnhaftigkeit erkennen, ihr Bewusstsein zu ändern. In formalen Situationen des Lehrens wie z.B. im Unterricht ist es unerlässlich, ihnen aufzuzeigen, auf welche Weise und mit welchen Mitteln sie ihr Bewusstsein, ihre Kenntnisse und ihr Können ändern können. Woher die Maßgaben solcher Veränderungen kommen und in welcher Weise über reines Lernen hinaus Bewusstsein, Haltungen und Einstellungen verändert werden sollen, wird im Folgenden zu erörtern sein. Insoweit aber Musik-Lernen die Voraussetzung dafür ist, in Musik denken zu können, erscheint seine Ermöglichung und Förderung als notwendige Intention musikpädagogischen Denkens. Dass musikpädagogische Intentionalität sich darin nicht erschöpfen kann, liegt auf der Hand, wenn man nur die Vielfalt musikbezogener Praktiken und deren Eigenarten sowie die Vielfalt der Musikkulturen bedenkt. Im Rahmen der Zuwendung des Menschen zum Musikalischen sind Prozesse der Konstituierung musikalischer und musikbezogener Erfahrung in den Blick zu nehmen, die im Sinne von ‚Aneignung' mehr und anderes sind als der Vorgang und die Ergebnisse von Musik-Lernen. Insofern gibt es Formen der pädagogischen Zuwendung zum Verhältnis zwischen Musik und Mensch, die vom Musik-Lernen in der skizzierten Form absehen. Zu ihnen gehört z.B. ‚Community music' (s. Kap. 4.15), die sich von „professionalisierten Formen musikpädagogischen Handelns" abwendet und „eine grundsätzliche Skepsis gegenüber musikalischem Lernen" hegt (Kertz-Welzel, 2018, S. 358). Dabei geht es stattdessen darum, durch Inanspruchnahme musikbezogener Praktiken sozialpädagogische bzw. -psychologische Intentionen zu verwirklichen. Ein plausibler Grund dafür, dass ohne Lehr- bzw. Lernintentionen Musik und nicht eine andere Handlungsform eingesetzt wird, besteht in der Tatsache, dass Musik spezifische Erfahrungen ermöglicht, die anders nicht zu erreichen sind (s. Kap. 3.4).

2.2 Musik-Verstehen anleiten und fördern: Modelle zur Erklärung der Aneignung von Musik

Die Tatsache, dass im Alltag eher in negativen denn in positiven Zusammenhängen über Musik-Verstehen gesprochen wird (man sagt zwar: „Ich verstehe dich", nicht aber „ich verstehe Musik" oder „ich verstehe dieses Werk" - wohl aber: „Diese Musik verstehe ich nicht" oder „ich verstehe nichts von Musik"), dürfte auf die Eigenart des Musikalischen zurückzuführen sein: Musik ist nicht ohne Weiteres mit Bedeutung besetzt; sie enthält weder Informationen noch Anweisungen in Bezug auf etwas anderes; sie erschöpft sich nicht in einer abstrakt-logischen Formulierung und sie geht weder darin auf, eine Funktion zu erfüllen, noch lässt sie sich ausschließlich als Ergebnis des Zusammenwirkens bestimmter funktionierender Elemente auffassen. Dies liegt vor allem daran, dass dasjenige, als was und wodurch sie sinnlich wahrnehmbar in Erscheinung tritt - der Klang -, das an ihr Spezifische, aber nicht alles ist, was der Mensch mit ihr verbindet. Als ästhetisches Phänomen löst Musik andere als musikalische und vielfältigere Prozesse im rezipierenden Denken aus, und deswegen scheuen wir uns, den Verstehens-Begriff so anzuwenden wie in anderen Zusammenhängen. (Außerdem ist es kein gesellschaftlicher Makel, Musik nicht zu verstehen, wohl aber ist es peinlich, Rechnen, Schreiben oder einen Text in der Muttersprache nicht zu verstehen.)

Ebenen von Nicht-Verstehen

Eine Antwort auf die Frage, was mit ‚Verstehen' gemeint sein könne, ist leichter zu gewinnen, wenn man sich zunächst mit Situationen des Nicht-Verstehens befasst. In intersubjektiv-kommunikativen Zusammenhängen kann der Satz „Ich verstehe dich nicht" drei Bedeutungen haben:

1. kann er besagen, dass das akustische Signal nicht so ankommt, wie es notwendig ist, um die Wörter als solche wahrzunehmen (wir kennen das vom Telefonieren);
2. kann er besagen, dass es unmöglich ist, zu erkennen, was der Partner meint: Wir können die Bedeutung einer Information oder Anweisung nicht entschlüsseln - vielleicht, weil wir die Begriffe nicht kennen, vielleicht, weil wir den Kontext nicht kennen, auf den das Gesagte Bezug nimmt;
3. kann er besagen, dass der Mensch, der da spricht, uns prinzipiell fremd erscheint: Die Hintergründe seines Sagens, seine Intentionen bleiben uns unzugänglich - sein Wesen und Wirken als Person ist uns zumindest im Augenblick unerklärlich.

Wahrnehmen, Erkennen, Verstehen

Der erste Fall lässt darauf aufmerksam werden, dass an dieser Stelle eine weitere Unterscheidung sinnvoll, ja notwendig ist: Wenn mich ein technisch gestörter Anruf erreicht, registriere ich nicht nur den Schall, sondern ich nehme etwas wahr: eine menschliche Stimme, etwas Gesprochenes, eine technische Störung. Ich kann das Wahrgenommene also etwas anderem zuordnen - vielleicht sogar der Person, die mich anruft. Ich nehme also nicht nur gestörten Schall wahr, sondern ich erkenne ihn als etwas Bestimmtes. Damit verstehe ich allerdings noch nicht, was die Person - die ich erkenne - durch ihre Botschaft - die ich ebenfalls als solche erkenne - mir sagen will. Wahrnehmen ist insofern von Erkennen zu unterscheiden, und dieses wiederum von Verstehen. Ob allerdings Erkennen als ein Modus des Verstehens gelten kann, ist an anderer Stelle zu erörtern. Hier sei zunächst nur die Annahme vertreten, dass Erkennen eine Voraussetzung des Verstehens, nicht aber mit diesem identisch ist.

Alle drei Fälle sind in einer Hinsicht kongruent mit dem Satz: „Ich verstehe diese Musik nicht“: Das mit einem konkret erscheinenden und als solches wahrgenommenen Phänomen zu verbindende Etwas bleibt verborgen. Der erste Fall dürfte für musikbezogene pädagogische Überlegungen irrelevant sein. Die zweite Möglichkeit hieße beispielsweise, der Betreffende könne die Klänge nicht einordnen (vielleicht, weil sie nicht von traditionellen Instrumenten, sondern von Geräuscherzeugern stammen) oder die Zusammenhänge nicht erkennen: Warum wandelt sich, was als Trauermarsch anfängt, unvermittelt in eine Art Karnevalsschlager wie in Mahlers 1. Sinfonie? Oder der Betreffende kann in den Tonkonfigurationen keine Gestalten wie Motiv, Thema, Sequenz oder Variation erkennen. Man muss, um sich derartige Musik vorzustellen, nicht an die entferntesten Winkel anderer Kulturen oder an die abenteuerlichsten Wagnisse Neuer Musik denken: Schon im Zusammenhang mit der Musik Debussys wären derartige Äußerungen durchaus denkbar.

Im Rahmen der dritten Möglichkeit wäre die Aussage mit der Bedeutung zu füllen, dass das Gehörte *als Musik* unzugänglich bleibt: Fremd bleibt, warum es sie gibt, warum sie so beschaffen ist, was Andere an ihr und durch sie finden, mit ihr verbinden. Sie dürfte im Zusammenhang mit der zweiten Möglichkeit stehen, generalisiert das Nicht-Verstehen aber dahingehend, dass prinzipiell keine Antwort auf die Sinnfrage gegeben wird.

Verstehen – Bedeutungszuweisung

Die beiden letzten Möglichkeiten der Bedeutung des Satzes „ich verstehe diese Musik nicht“ werden in der Aussage generalisiert: „Ich verstehe nichts von Musik“. Dies soll nicht heißen, dass der Betreffende nicht über musikbezogenes Wissen verfügt, sondern vielmehr, dass er sich generell nicht in der Lage sieht, die klingenden Phänomene, die sich ihm hörend darstellen, als sinnerfüllte Zusammenhänge zu erfassen - er sieht sich quasi außerstande, in Musik zu denken bzw. dem erklingenden Etwas eine Bedeutung zuzuweisen, die ihm angemessen und sinnvoll erscheint.

Worauf also richtet sich das Verstehen von Musik? Prinzipiell ist Verstehen eine Handlung bzw. ein von einem Subjekt betriebener Prozess, und das Ergebnis dieser Handlung oder dieses Prozesses wird als Verstehen bezeichnet. Worin aber sieht das Subjekt den Sinn dieser Handlung und wann ist der Prozess abgeschlossen?

Offenbar geht es beim Verstehen von Musik - wie beim Verstehen von Sprache oder physikalischer Vorgänge - darum, etwas Wahrgenommenes so zur Geltung zu bringen, dass es in einen Bezug zu anderen Inhalten tritt, der von Anderen und damit auch von einem selbst als sinnvoll anerkannt wird. Wir nennen dies die Hervorbringung von Bedeutung und Bedeutsamkeit. Woraus aber werden Bedeutung und Bedeutsamkeit hervorgebracht? Liegen sie in den Objekten verborgen, so dass wir sie gleichsam ausgraben und ans Licht des Bewusstseins befördern müssen? Liegt sie in einer Form von Gegebenheit des Objektes, die sich in seinem Verhältnis zu anderen Objekten darstellt? Oder ist sie Ergebnis einer intersubjektiven Verständigung?

In musikpädagogischen Zusammenhängen sind fünf Disziplinen bemüht worden, um diese Fragen zu beantworten: Semiotik, Hermeneutik, Phänomenologie, Rezeptionsästhetik, Psychologie und Kommunikations- bzw. Interaktionstheorie - die Letztere seit einiger Zeit insbesondere in konstruktivistischer Verfasstheit und in Verbindung mit einer einschlägigen Bedeutungstheorie. Die Beantwortung der Fragen ist für den Musikunterricht von entscheidender Bedeutung: Von ihr hängt nämlich ab, mit welchem Anspruch auf Geltung, Richtigkeit und Verbindlichkeit der Handlungen - von Äußerungen zu Musik (nicht nur in urteilender, sondern auch in beschreibender Hinsicht) über die Auswahl der Stücke bis hin zu den Unterrichtsthemen - eine lehrende Person den Lernenden gegenübertreten kann, darf und soll.

Im Folgenden sollen die oben genannten Auffassungen des Verstehens-Begriffs im Einzelnen dargestellt und erläutert werden. Die einschlägige Literatur ist sehr umfangreich; insofern kann es an dieser Stelle nur einführende Zusammenfassungen geben. Den Hintergrund kritischer Anmerkungen bildet die Position, die unter 5. dargestellt wird.

1. Semiotik

Musik als Zeichen

Der Gedanke, dass Musik eine Signifikation besitzt, bei der klangliche Zeichen auf etwas verweisen, das quasi außerhalb ihrer selbst liegt - dass Musik sich also nicht in einem lediglich syntaktischen Zusammenhang erschöpft -, ist ebenso vertreten wie bestritten worden. Fraglich ist in diesem Zusammenhang die Art des Verweischarakters und die Weise, wie verwiesen wird. Eine ältere Tradition seit Aristoteles vertritt die Auffassung, „Zeichen seien etwas, das anderes repräsentiert, Bewusstseinsinhalte mit Dingen oder Sachverhalten vermittelt, in der Sprache sein vorzügliches Medium besitzt oder ein System diskreter, miteinander kombinierbarer Elemente aufweist“ (Rustemeyer, 2012, S. 416). Die Konsequenz dieser Vorstellung wäre, dass die Zeichen sowie ihre Bedeutung zu lernen wären, um sie zu verstehen und - im Falle von Musik - den Sinn eines erklingenden Etwas ergründen zu können. Dieser Prozess könnte mit dem Verhalten im Straßenverkehr verglichen werden: Ich hätte die Zeichen zu entschlüsseln, um mich störungsfrei fortbewegen zu können. Musik-Verstehen hieße dann zum einen, die klanglichen Phänomene als syntaktischen Zusammenhang zu erkennen und zum anderen, den klanglichen Phänomenen in widerspruchsfreier Weise im Medium der Sprache oder im praktischen Handeln - z.B. beim Tanzen - Bedeutungen nichtmusikalischer Art zuweisen zu können. Im musikwissenschaftlichen Bereich ist derartiges im Rahmen der älteren Hermeneutik versucht worden (Hermann Kretzschmar, Arnold Schering), und die Deutungen der Mahler-Sinfonien durch Constantin Floros gehen von der Existenz und Relevanz klanglicher Zeichen aus, deren Bedeutung eindeutig zu entschlüsseln sei.

Freilich gibt es semantisch besetzte, Anderes repräsentierende musikalische Phänomene: Eine kleine Terz erinnert an den Kuckuck, eine melodische Auf- und Abbewegung kann an Wellen denken lassen. Weder die Terz noch die diastematische Bewegung verweisen immer, notwendigerweise und quasi von selbst auf das Andere, sondern nur oder zumindest besser, wenn einem z.B. durch den Titel einer Komposition gesagt oder durch den musikalischen Kontext angedeutet wird, was repräsentiert werden soll. Dies gilt etwa für die Leitmotivtechnik Wagners, bei der einer bestimmten musikalischen Gestalt durch den Handlungszusammenhang der Oper und den Text eine mehr oder weniger eindeutige Bedeutung beigeordnet wird. Allerdings lässt dieses Beispiel auch erkennen, dass der Akt musikalischen Verstehens nicht mit der Entschlüsselung dessen, was ein musikalisches Zeichen repräsentieren kann, erledigt ist. So, wie eine Terz auch mit ganz anderen Bedeutungen als mit dem Kuckucksruf verknüpft werden kann, stehen die Wagner'schen Leitmotive in viel komplexeren Bedeutungszusammenhängen als denen, die mit ihrem Namen bezeichnet werden können: Der Hornruf in Wagners Siegfried repräsentiert zwar die Person, lässt aber zugleich - nicht repräsentierend - u.a. an Siegfrieds Mut, Entschlusskraft und Tatendrang denken.

Will man Musik semiologisch als Konfiguration von Zeichen auffassen, greift vielmehr ein pragmatistisches Zeichenkonzept, wie es u.a. von Charles Sanders Peirce begründet und vertreten wurde. Demnach sind „Zeichen kein neutrales Medium, das Informationen überträgt", sondern „sinn- und welterzeugende Unterscheidungsfunktionen" (Rustemeyer, ebd.). Um diese Unterscheidungsfunktionen zu erklären, entwarf Peirce ein triadisches Modell. Demnach ist ein Zeichen eine dreifache Relation zwischen einem Zeichenmittel, einem bezeichneten Etwas und einem Interpretanten: einer Bedeutung, die durch denjenigen entsteht, der das Zeichen benutzt, indem er im Zusammenhang damit handelt.

Da dieser individuell erkannte Sinn niemals quasi aus dem Nichts entsteht, sondern immer kulturell vor- bzw. mitgeprägt ist, hat der Musikpädagoge Stefan Orgass dem triadischen Modell eine vierte Dimension hinzugefügt: die Ebene der Interaktion. Demnach korrespondieren beim Gebrauch von Zeichen - und damit auch bei Praktiken, die sich auf Musik beziehen - ein gestalthaftes Zeichen, ein Subjekt, das mit diesem Zeichen Bedeutung verbindet, ein Sinnvorrat, aus dem diese Bedeutung geschöpft oder auf den sie bezogen werden kann, und ein intersubjektiver Prozess wechselseitiger Verständigung, aus dem die Geltung der zugeordneten Bedeutung erwächst (Orgass, 2012).

Vor diesem Hintergrund kann Musik als etwas aufgefasst werden, was Ernst Cassirer als „symbolische Form" bezeichnete: „Unter einer ‚symbolischen Form' soll jene Energie des Geistes verstanden werden, durch welche ein geistiger Bedeutungsgehalt an ein konkretes sinnliches Zeichen geknüpft und diesem Zeichen innerlich zugeeignet wird" (Cassirer, [1921/22]1956, S. 175). Musik verstehen hieße demnach, das Erklingende als etwas zu erkennen, in dem eine „Energie des Geistes" sich konkretisiert, dieses von anderen Konkretisierungen zu unterscheiden und ihm dadurch jenen Bedeutungsgehalt abzugewinnen bzw. zuzuordnen, der durch einen sinnvollen Bezug zu anderen, bereits hervorgebrachten Bedeutungen Geltung erlangen kann.

In einem semiologischen Kontext erscheint als ein - auch für das Verstehen von Musik - vielversprechendes Projekt, was Dirk Rustemeyer vorgeschlagen hat: die „symbolischen Formen" einer Semiose zu unterziehen, die deren jeweilige Entstehung und Tradierung - die Praktiken ihres kulturellen Gebrauchs - und die damit verknüpften Bedeutungen sowie deren Wandel in den Blick nimmt (Rustemeyer, 2009, S. 46-56).

Zusammenfassend kann festgehalten werden, dass das semantisch zu Ermittelnde an Musik keine Substanz, aber auch kein Akzidenz, sondern vielmehr eine Funktion ist. Das Semantische ergibt sich aus Bezügen, die sich im gesellschaftlichen Gebrauch etabliert haben und immer wieder neu etablieren, sich aber auch verändern können. Das zu Verstehende kann also niemals endgültig aus einer Musik ‚herausgelesen' werden, sondern ist nur im Bezug zwischen Phänomen, praktizierenden Menschen und den von diesen hervorgebrachten Bedeutungen, die sich im kulturell vermittelten bzw. gepflegten Gebrauch bewähren müssen, zu gewinnen. Um Zeichen im semiologischen Sinne zu verstehen, geht es im seltensten Fall darum, sie zu ‚entschlüsseln'; vielmehr ist es notwendig, im Rahmen diverser musikbezogener Praktiken am kulturellen Kommunikations- und Interaktionsprozess teilzuhaben.

2. Hermeneutik

Zirkelhafte Erschließung des Sinngehalts

Hermeneutik ist keine Wissenschaft, keine Disziplin und auch keine Methode, sondern eine bestimmte Weise der Zuwendung zur Welt. Diese ist jedoch nicht so einheitlich ausgeprägt, dass man ohne Weiteres von ‚der' Hermeneutik sprechen könnte, sondern trat im Laufe der Geschichte in verschiedenen Varianten auf. So galten im Bereich der Musikwissenschaft die Versuche z. B. Hermann Kretschmars und Arnold Scherings, Musikwerke auszulegen, indem sie ihnen feste Bedeutungen zuwiesen, im Falle Scherings sogar explizit unterlegten, als hermeneutische Zugänge zur Musik, die freilich heute aufgrund neuerer Vorstellungen von Hermeneutik als obsolet einzuschätzen sind.

Insgesamt kann ‚Hermeneutik' indessen als Oberbegriff für bestimmte Versuche der Philosophie gelten, das Verstehen der Welt zu erklären. Gemeinsam ist diesen Versuchen die cartesianische Vorstellung eines Dualismus von

Mensch und Welt, wiewohl seit Martin Heidegger das Fundament hermeneutischen Denkens der Gedanke eines verbindenden „In-der-Welt-Seins“ ist (Krause, 2008, S. 92). Der Heidegger-Schüler Hans-Georg Gadamer fasste demnach Verstehen als „die ursprüngliche Vollzugsform des Daseins“ auf, die immer ein „Sichverstehen“ des Menschen einschließe (Gadamer, 1990, S. 264-265). Grundsätzlich hätten Subjekte und Phänomene wie Texte oder Musik ihre je eigenen Horizonte, die auf der Grundlage einer „Begegnung“ zwischen Mensch und Phänomen (Vogt, 2016, S. 33-34) beim Prozess des Verstehens miteinander in Kontakt geraten und durch eine zirkelhafte Bewegung des Denkens zwischen subjektiver Erfahrung und erkannten Eigenschaften des Objekts - durch den ‚hermeneutischen Zirkel‘ - verschmolzen werden können.

Der Kern des hermeneutischen Diskurses ist in der durchaus kontrovers diskutierten Frage zu erkennen, worauf sich das Verstehen zu richten habe: Ist die Absicht des Autors Kriterium für das Verstehen und gilt es, diese deutlich werden lassen? Umberto Eco nannte dies die „intentio auctoris“ (Eco, 1995, S. 35ff.). Gibt es eine Absicht des Werks (nach Eco die „intentio operis“, ebd.), die gleichsam abgelöst von ehemaligen realen Intentionen des biografisch beschreibbaren Urhebers aus dem Werk zu ermitteln ist und gilt es, diese zu erfassen? Oder stellt das Wahrnehmungs- und Deutungsinteresse des Rezipienten das Werk im Bewusstsein des Rezipienten, gegründet auf seine Erfahrungen, erst her (Eco: „intentio lectoris“, ebd.), so dass der Vorgang, etwas zu verstehen, als Akt dieses Bewusstseins und das Verstehen als dessen Inhalt zu beschreiben sei? Beim Verstehen von Werken im hermeneutischen Sinne geht es um keinen dieser Bereiche alleine. Vielmehr bringt das intentional gerichtete Bewusstsein des Rezipienten die Momente des Werks erst zur Geltung, diese freilich rückwirkend auf das eigene Bewusstsein beziehend und zur Klärung offener Fragen auch auf den Urheber, auf den historischen Kontext und auf die Geschichte der Auseinandersetzung mit dem Objekt rekurrierend. Subjektbezogene Erfahrung und objektbezogene Erkenntnis treten so in ein dialektisches, sich wechselseitig befruchtendes Verhältnis. Grundannahme ist jedoch - zumindest in den musikpädagogischen Fassungen hermeneutischen Denkens, die primär durch Karl Heinrich Ehrenforth und Christoph Richter geprägt wurden -, dass durch das Werk ein Sinngehalt vermittelt werde, der durch die zirkelhafte Bewegung des Denkens bei Reproduktion, Analyse und Interpretation von Musik erschlossen werden könne und solle. Dabei geht es um eine Aneignung von Sinnstrukturen, indem man sie in einem Prozess, der metaphorisch als ‚Dialog‘ beschrieben wird, nachvollzieht und nacherlebt. Kriterium für die Richtigkeit und Angemessenheit dieses Vollzugs bleibt ‚das Werk‘. Es entscheidet durch seine Strukturen, in denen Sinn quasi eingeschlossen ist, ob und wann es als verstanden gelten kann. Ausgangspunkt dieser Überlegungen ist insbesondere bei Richter, die Musik selbst mache „das Angebot eines direkten und gesteigerten Erlebens“ (Richter, 2012, S. 43), sodass es im Rahmen musikalischer Praktiken darum gehe, zu „entdecken, was die Musik mitteilt und wozu sie anregt“ (ebd., S. 65). Es liegt auf der Hand, dass diese Behauptungen nicht nur inkompatibel mit konstruktivistischen Vorstellungen sind; sie lassen auch Musik zu einem Mythos werden, der das menschliche Denken letztendlich seiner Verantwortung enthebt (Schatt, 2008a, S. 85–90).

Selbst wenn man die dargestellten Überlegungen zum hermeneutischen Prozess als Metaphorik gelten lässt, führen sie nicht nur in pädagogischen Zusammenhängen zu erheblichen Schwierigkeiten: Aufgrund welcher Kriterien des Werks ist zu entscheiden, ob Beethovens 9. Sinfonie richtig verstanden wurde, wenn eine ihrer Melodien anlässlich eines Fußballspiels vorgetragen wird? Wie soll ein Lehrer damit umgehen, wenn Schüler*innen George Gershwins *Rhapsody in Blue* ausschließlich mit Werbung für Bier in Verbindung bringen? Warum soll ein derartiges „Objekt“ noch einmal befragt werden, wenn die Antwort doch schon – hier durch einen akzeptierten gesellschaftlichen Gebrauch – gegeben ist?

In diesem Zusammenhang ist insbesondere den Überlegungen Ehrenforths zu einem hermeneutisch verfassten Verstehen die Einsicht zu danken, dass allen szientistischen Versuchen, „eine ein für alle Mal objektive Interpretation eines Musikwerkes vorzulegen“ (Vogt, 2016, S. 33), mit Skepsis zu begegnen sei. Dementsprechend wird zumindest im Rahmen einer musikpädagogisch formatierten hermeneutischen Auffassung des Verstehens die Erfahrung des Menschen betont, der sich der Anstrengung eines Verstehensprozesses unterzieht.

3. Rezeptionsästhetik und Phänomenologie

Weisen des Hörens

Einen der Rezeptionsästhetik und Phänomenologie verpflichteten Begriff von Musik-Verstehen finden wir bei Hermann Rauhe, der mit seinem Buch *Hören und Verstehen* (zusammen mit Hans Peter Reinecke und Wilfried Ribke, 1975) den Grundstein für den so genannten *handlungsorientierten Musikunterricht* (so im Untertitel der Veröffentlichung) legte. Rauhe geht auf der Grundlage empirisch erfassbarer Hörphänomene und wissenschaftlich beschreibbarer Musikphänomene von sechs Weisen des Hörens aus, nämlich der zerstreuten, der motorisch-reflektorischen, der assoziativ-emotionalen Rezeption (diese gehören für ihn zum unbewussten Hören), ferner der empathischen, strukturellen und subjektorientierten Rezeption (sie machen das bewusste Hören aus).

Weisen des Verstehens

Diesen Rezeptionsarten werden wissenschaftliche Disziplinen zugeordnet: Informationstheorie, Strukturanalyse, Hermeneutik, Kommunikationstheorie, Sozialwissenschaft, Verhaltenswissenschaft, Rezeptionspsychologie, Sozialisationstheorie und Psychoanalyse. So wird man auch an dieser Stelle auf die interdisziplinäre Vernetzung musikpädagogischen Denkens aufmerksam. Die Darstellung der Rezeptionsformen durch die jeweiligen Wissenschaften bietet sechs Verstehensweisen an: Rauhe nennt im Einzelnen empathisches, strukturelles, subjektorientiertes, kommunikatives, interaktives und handlungsbezogenes Verstehen.

Intentionen

Anliegen der Musikpädagogik ist es nach Rauhe, den Schüler*innen alle Verstehensweisen zu ermöglichen, damit sie selbst zu einem Verstehen ihres eigenen Verstehens und des Verstehens Anderer gelangen.

Problematisch erscheint an diesem Modell, dass die Weisen des Verstehens, in der Praxis immer simultan vollzogen, aus systematischen Gründen gesondert, in dieser Gesondertheit aber zum Inhalt musikpädagogischer Bemühungen gemacht werden sollen. Dieses sowie eine hierarchische Ordnung, die zwischen verschiedenen Stufen des Bewusstseins unterscheidet und sie unterschiedlich bewertet, legt den Verdacht nahe, dass hier immer noch die Idee des „strukturellen Hörens“ als oberste Stufe der Zuwendung zu Musik, wie Adorno sie in der „Einleitung in die Musiksoziologie“ für den „Experten“ charakterisiert hat (vgl. Adorno, [1968]1998, S. 181ff.), eine nicht unerhebliche Rolle spielt. Allerdings wird die Frage nach Richtigkeit und Angemessenheit aus den didaktischen Überlegungen selbst ausgeblendet: Sie ist allenfalls aufgehoben in der Metastufe, in der das Verstehen des Verstehens Gegenstand pädagogischer Bemühungen und Grundlage des Musikunterrichts sein soll.

Musik und Handeln

Dieses Modell basiert auf der kognitionstheoretisch gewonnenen Einsicht der Handlungstheorie, wie sie von Hans Aebli vertreten wird: Alles Wissen und Können - auch alles Fühlen und Empfinden - hängt mit dem Fundament von Handlungen, einem ursprünglichen Tun zusammen. Insofern gewinnt der Begriff der Handlung bei Rauhe eine zentrale Rolle, und nicht nur Musik-Rezeption und -Produktion, sondern Musik selbst wird „ganz allgemein als Prozess, als ein Verhalten“ (Rauhe, Reinecke & Ribke, 1975, S. 23) bzw. „als Handlungsform“ (ebd., S. 25) aufgefasst. Es liegt auf der Hand, dass man dem nur durch musikalisches bzw. musikbezogenes Handeln gerecht werden kann - ein Handeln, das in den oben skizzierten vielfältigen Hinsichten seinen mentalen Niederschlag findet und sich in ebenso vielfältigem Verstehen artikuliert.

4. Psychologie

Ein Zusammenhang zwischen Handlung und Verstehen ist auch aus psychologischer Sicht thematisiert worden. Der Titel des Buches von Wolfgang Beck und Werner D. Fröhlich *Musik machen - Musik verstehen. Psychologische Aspekte des handlungsorientierten Musikunterrichts im Klassenverband* (1992), verweist auf einen solchen Ansatz. Freilich greifen, wie Matthias Flämig in seiner Dissertation *Verstehen - Hören - Handeln. Destruktion und Rekonstruktion der Begriffe* (1998) aufgezeigt hat, die beiden Autoren zu kurz: Sie formatieren die mentalen Auswirkungen des Tuns als Codes, die als Repräsentationen gespeichert werden und auf die im Akte des Verstehens - quasi in einem Abruf - zurückgegriffen wird.

Plausibler erscheint die Weise, wie der Konnektionismus - als eine besondere Form kognitiver Psychologie - sich dem Problem zugewandt hat. Er erklärt

Konnektionismus

> „Denk- und Wahrnehmungsleistungen als ein vernetztes System mentaler Repräsentationen [...] Danach [...] ist die Funktionsweise des Gehirns als selbstorganisiertes System vorzustellen, das gleichzeitig verschiedene Informationen verarbeitet und neuronale Verarbeitungsnetze verteilt aufbaut. Wahrnehmen, Denken und Verstehen muss man sich dabei als Erregungskreis innerhalb solch neuronaler Netze (connections) vorstellen. [...] Verstehen im Sinne von Erkennen von etwas als etwas ist somit nichts Anderes als die Aktivierung bestehender ‚Spuren im neuronalen Netz, in dem eine musikal. Erscheinung durch Erfahrung bereits repräsentiert ist. Mentale Repräsentation bezeichnet dabei eine spezifische Form des neuronalen Netzes. [...] Die jeweils aktivierten Netze können in ‚cognitive maps' abgebildet werden, in denen die Wahrnehmung in selbstorganisierten Bahnen und Spuren abläuft. Die Rekonstruktion solcher ‚maps' erlaubt es, die aktuelle Verstehensform zu erkennen. Päd. ist dies von Bedeutung, weil in den ‚maps' bereits die Treffpunkte des Vermittlungsweges enthalten sind. Denn Treffpunkte sind nichts anderes als die in der Wahrnehmung aktivierten Bahnen, in denen ein erster Verstehens- und Aneignungsprozess gelungen ist (sonst wäre kein Erregungsnetz aufgebaut)" (Gruhn, 1994, S. 295).

Bei aller Faszination und Plausibilität dieser Überlegungen ist doch zweierlei zu erinnern:

1. gibt es hier zwar eine Unterscheidung zwischen Wahrnehmung und Erkennen, nicht aber zwischen Erkennen und Verstehen. Richtig ist, dass im Zuge der Aufnahme eines Sinnesreizes erworbenes Wissen aktiviert und beides gemeinsam zur Wahrnehmung verarbeitet wird. Dieses aber setzt Gruhn mit Verstehen gleich. Auf eine der Ursachen dieser Auffassung lässt bereits das 1997 verfasste Vorwort zur 1. Auflage seines Buches *Der Musikverstand* aufmerksam werden (Gruhn, 2008). Er führt dabei aus, dass es ein Verstehen „im landläufigen Sinne" gebe, das sich einstelle, wenn „wir intuitiv die Ausdrucksweise und Stimmung, die Musik auslöst oder darstellt, begreifen" (Gruhn, 2008, S. 1). Damit ist dasjenige Verstehen gemein, das Eggebrecht als „ästhetisches Verstehen" bezeichnete. Dies aber ist etwas anderes als der Vorgang, den Gruhn wie oben zitiert und wie auch später in seinem Buch mit den Worten beschreibt: „Verstehen heißt erkennen von etwas als etwas" (ebd., S. 25). Seine folgenden Beispiele zeigen, dass er damit z.B. Töne, Melodien, Akkorde und Harmo-

nien meint (ebd.). Damit aber stellt sich das erkannte „Etwas" lediglich als positivistisch beschreibbares Material dar, nicht jedoch in seiner Sinnhaftigkeit: Diese wäre erfasst, wenn z. B. die Akkorde bzw. Harmonien als ein in sich geschlossener Sinnzusammenhang, der in der Fachsprache ‚Kadenz' heißt, die ‚Melodien' als z. B. kontrastierende Themen „erkannt", d.h. in ihrem Sinnzusammenhang verstanden worden wären. Dieses meint Eggebrecht, wenn er – im Unterschied zu Gruhn – vom „ästhetischen Verstehen" spricht. Gemeint ist die begriffslose Zuordnung eines erkannten Phänomens zu einem Sinnzusammenhang – z. B. die Zuordnung einer als geordnete Folge von Klängen wahrgenommenen und als Rhythmus erkannten Musik zu einem Walzer und eben nicht zu einer Polka.

Erkennen ist demnach nicht identisch mit Verstehen. Im Unterschied zum Erkennen ist Verstehen als ein Modus der Bedeutungszuweisung, der Zuordnung von etwas Erkanntem zu einem Sinnzusammenhang aufzufassen. Vor diesem Hintergrund unterschied Eggebrecht das „ästhetische Verstehen" vom „erkennenden Verstehen". Letzteres fasste er als Bedeutungszuweisung durch Begriffe auf. Bei Gruhn steht aber gar nicht fest, ob „erkennen von etwas als etwas" sich im Modus von Sprache oder im Modus von Musik vollziehen könne – ob also dasjenige, was Eggebrecht das „ästhetische Verstehen" nannte, überhaupt ein Erkennen im Gruhn'schen Sinne ist.

2. Bei Gruhn wird Verstehen primär als mentaler Prozess neurobiologischen Charakters aufgefasst. Die Fragen nach dem Bewusstsein und den Handlungen des Subjekts sowie die Fragen nach Richtigkeit und Angemessenheit des Verstehens bzw. des Verstandenen werden hier weder gestellt noch beantwortet.

5. Konstruktivistische Kommunikations- bzw. Interaktionstheorie

Wann kann man sagen, man habe ein Stück vollständig oder adäquat verstanden? Wann sind die Zeichen decodiert, die Horizonte verschmolzen, die richtigen Neuronen auf den richtigen Bahnen miteinander verschaltet? Wann hat jemand *Die Moldau* ‚verstanden'? Wenn er den Klangabschnitten die programmatischen Erklärungen so zuordnen kann, wie der Komponist sie in der Partitur festgehalten hat? Wenn er von dem Kontext patriotischer Gesinnung weiß, in dem die Komposition steht, und sich davon ergreifen lässt? Wenn er die Merkmale tschechischer Nationalmusik benennen kann? Wenn er feststellen kann, dass – wie von Schüler*innen gerne gesagt wird – „Geige spielt" und die Musik „wellenförmig auf- und abgeht"? Wenn er durch dirigentische Bewegungen ein Orchester dazu anleiten kann, das Werk in geordnetem Zusammenspiel aufzuführen? All diese Handlungen sind nicht völlig sinnlos, aber zu keiner gibt die Komposition selbst irgendeine Hilfestellung, und in keiner sind die Möglichkeiten der Zuwendung zum Werk erschöpfend aufgehoben.

Interaktion und Kommunikation als Bedingungen für Verstehen

Die Kommunikations- und Interaktionstheorie in Verbindung mit konstruktivistischen Einsichten löst die Schwierigkeiten, indem sie Verstehen von einem ‚Sachanspruch' ablöst und auf einen Anspruch bezieht, der ausschließlich im Rahmen von Interaktion entsteht; Verstehen ist damit etwas, von dem unausweichlich nur im Zusammenhang mit einem Zusammenwirken von Menschen die Rede sein kann, und zwar in konkreter wie auch in imaginativer Form. Der Medien- und Literaturwissenschaftler Gebhard Rusch führt dazu aus:

> „Zwischenmenschliche Interaktion und Kommunikation, so die Grundthese, sind die Basis, auf der bzw. von der ausgehend die Begriffe des Verstehens gebildet werden" (Rusch, 1992, S. 217).

> „In der sozialen Interaktion geht es so gut wie immer um gegenseitige Orientierung, um das Erheischen von Aufmerksamkeit, um die Herstellung von (z.B. körperlicher) Nähe, um die Demonstration von Macht, die Anzeige von Zugehörigkeit zu sozialen Gruppen, die Koordination von Handlungen, die Bezugnahme auf und Repräsentation von räumlich, zeitlich oder fiktiv distanten, wirklichen oder vorgestellten Objekten oder Sachverhalten. [...] Der zentrale Ausgangspunkt dieses Ansatzes ist die Frage, wie Kommunikation, gegenseitige Orientierung und gegenseitiges Verstehen unter Bedingungen kognitiver Autonomie möglich sind" (Rusch, 2000, S. 357).

Mit dem Begriff „kognitive Autonomie" ist die Vorstellung gemeint, dass Wahrnehmen, Auffassen, Begreifen, Denken – all jene Akte also, durch die der Mensch sich mit seiner Umwelt ins Verhältnis setzt – Prozesse sind, die das Subjekt als mentale Leistung in sich und an sich selbst vollzieht – dasjenige letztendlich, was Humberto Maturana und Francesco Varela mit der „Autopoiesis" des Denkens beschrieben haben (vgl. Maturana & Varela, 1987).

Verstehen wird attribuiert

Unter dieser Bedingung ist Verstehen als Inhalt einer Interaktionssituation zu beschreiben: „*Verstehen* bedeutet, *einer Orientierungserwartung entsprechen*" (Rusch, 1992, S. 224). Demnach kann Verstehen nur von einem Orientierenden einem Orientierten in einer konkreten Orientierungssituation attribuiert werden, und dazu muss Ersterer am Verhalten des Letzteren erkennen können, dass dieser die Orientierungserwartung erfüllt (ebd., S. 223).

Bemerkenswert ist, dass weder der Modus des Verhaltens noch das Medium festgelegt sind. Verstehen von Musik kann demnach aufgrund z.B. einer sprachlichen Äußerung, der Ausführung von Tanzschritten, der Gestaltung eines Bildes oder schweigenden Innehaltens attribuiert werden. Worum es aber immer geht, sind die Bedeutungen, wie auch immer sie artikuliert werden. In Hinblick darauf hat allerdings auch der Orientierende eine Verstehensleistung zu vollziehen - eine Handlung zu vollbringen, aufgrund derer der Orientierte ihm attribuieren kann, er habe seine Erwartungen erfüllt. Insofern wird auf beiden Seiten mit Interpretationen und nicht mit Tatsachen gearbeitet - Verstehen in diesem Sinne ist in doppelter Hinsicht jener Kontingenz unterworfen, die für alle kommunikativen Prozesse gilt.

Für den Orientierten wird die Frage der Zuschreibung von Verstehen dadurch interessant, dass der Orientierende sein Verhalten in Bezug auf ihn ändert: Er stellt sein Orientierungsverhalten ein, lobt oder belohnt ihn, so dass das orientierte Verhalten als Erfolg wahrgenommen wird.

Neu daran ist, dass Verstehen - im Unterschied zu Auffassen und Begreifen - nicht als eine aktive Operation des Orientierten aufgefasst wird. Nicht wird - wie bei Gruhn - das „Erkennen von etwas als etwas" mit Verstehen gleichgesetzt; vielmehr wird Verstehen in einem interaktiven Zusammenhang attribuiert, wenn der Orientierende beim Orientierten eine Handlung wahrnehmen kann, die seinen Orientierungserwartungen entspricht.

Die Frage nach dem Richtig oder Falsch, der Angemessenheit und Vollständigkeit wird damit vom Objekt abgelöst und in den Interaktionszusammenhang projiziert, sodass sie zu einer Frage der Verständigung über Inhalte und deren Akzeptanz wird. Aus konstruktivistischer Sicht formuliert Rusch das hermeneutische Anliegen der Auslegung von etwas folgendermaßen:

> „Wenn eine konstruktivistische Kommunikations- und Verstehenstheorie ein hermeneutisches Kredo in Gestalt einer Empfehlung formulieren soll, dann kann dies nur lauten: *Konstruiere viable Kommunikate!* [Gemeint sind damit Kommunikate, die sich in konkreten Interaktions- und Kommunikationszusammenhängen bewähren, indem sie akzeptiert werden und dadurch Geltung erlangen. PWS] Eine konstruktivistische Hermeneutik würde damit das Ziel aufgeben, die (in welchem Sinne immer) als existent, definit und unitär gesetzte, unterstellte Bedeutung, den wahren, tatsächlichen oder wirklichen Sinn semiotischer Objekte (Kommunikatbasen) explizieren zu wollen. Keines dieser Objekte hat an sich Bedeutung oder Sinn. Den erzeugen erst kognitive Systeme im Umgang mit ihnen" (Rusch, 2000, S. 361).

Keineswegs ist mit diesen Überlegungen subjektiver Willkür Tür und Tor geöffnet: Da Orientierende selber in Interaktions- und Kommunikationszusammenhängen stehen, sind sie den Orientierungserwartungen Anderer ebenso ausgesetzt wie die Orientierten. Von daher ergibt sich die Notwendigkeit intersubjektver Akzeptanz der Inhalte, auf die Orientierungshandlungen sich richten. Obwohl also Bedeutungen und Bedeutsamkeiten nicht ein für alle Mal gegeben sind und unverrückbar feststehen, sind sie nicht beliebig, sondern Ergebnis intersubjektiver Übereinkünfte, die kommunikativ und interaktiv verhandelt werden. Musikpädagogische Inszenierungen wie der „ästhetische Streit“ (Rolle, 1998, S. 168) gewinnen von daher ihren funktionalen Stellenwert, dass sie Verstehensprozesse transparent werden lassen.

Rusch berücksichtigt auch den Fall, dass von Verstehen die Rede sein kann, wenn nicht mehrere Personen anwesend sind. Er spricht in diesem Falle von der „Selbstattribution von Verstehen“ und fasst diese als „Simulation einer Fremdattribution“ auf (2000, S. 359). Dabei werden dyadische Verhältnisse - also Paarverhältnisse - mental vorgestellt und die Verstehenshandlungen als kognitive Operationen denselben Kontrollen unterzogen, wie sie bei Paarverhältnissen einschlägig sind.

Notwendigkeit rationaler Verständigung

Angesichts dieser Überlegungen erscheint es notwendig, sich von der Vorstellung zu verabschieden, richtig und falsch sei durch die Sache selbst zu entscheiden, Adäquatheit sei etwas, das durch die Gegebenheit des Objekts zu entscheiden sei: Nur Menschen entscheiden mit Blick auf ein Objekt, was als richtig, falsch, angemessen oder verwerflich beurteilt werden kann.

Dazu sind allerdings in einer demokratischen Kultur immer Gründe anzuführen, und die Triftigkeit dieser Gründe ergibt sich aus der Tatsache, dass es eine Übereinkunft darüber gibt, dieses als dieses und jenes als jenes gelten zu lassen. Worum es geht, ist also, Begründungszusammenhänge und Begründungsstrukturen kennen zu lernen - durchaus mit Blick auf ihre jeweilige Triftigkeit, aber auch auf die Gründe für diese Triftigkeit - und damit zugleich auf die Möglichkeit, Auffassungen und Urteile zu verändern. Dies ist gemeint, wenn Stefan Orgass den Standpunkt vertritt, Ziel musikpädagogischer Bemühungen sei es, eine rationale Verständigung über Musik zu ermöglichen (vgl. Orgass, 2001); dies schließt die emotionale Berührtheit keineswegs aus, anerkennt aber die Chancen und Grenzen, sie in pädagogischen Zusammenhängen zur Geltung zu bringen.

Handlungsbereiche

Führen wir uns die Bereiche noch einmal vor Augen, in denen wir Verstehen attestieren können, so wird die Tragfähigkeit der Theorie Ruschs u. a. auch daran deutlich, dass sie Handlungsweisen abdeckt, die normalerweise nicht ohne Weiteres mit dem Begriff des Verstehens bedacht werden.

- Musik-Verstehen kann sich auf Entäußerungen intuitiven, gestischen Erfassens und Begreifens beziehen.
- Musik-Verstehen kann sich auf eine Darstellung struktureller Zusammenhänge im Rahmen einer tänzerischen Choreographie richten.
- Musik-Verstehen kann attribuiert werden, wenn jemand etwas über die ‚Botschaft‘ des Komponisten zu erkennen gibt.
- Musik-Verstehen kann attribuiert werden, wenn historisch-kontextuelle Zusammenhänge durch die Inszenierung einer Ausstellung dargelegt werden.

- Musik-Verstehen kann attribuiert werden, wenn auf sehr individuelle Weise Bedeutungen hervorgebracht werden, z.B., indem Musik und Bild aufeinander bezogen werden.
- Musik-Verstehen kann auch attribuiert werden, wenn Musik praktisch interpretiert wird.
- Musik-Verstehen kann sogar dann attribuiert werden, wenn nur zu erkennen ist, dass ein Subjekt sich in erwarteter Weise auf Musik einlässt.

Da die Antwort auf die Frage, ob jemand verstanden hat oder nicht, von den Erwartungen der Person abhängt, die sie stellt, entsteht für den Orientierenden, der Verstehen attribuieren möchte - für den Lehrenden etwa - die Aufgabe, seine Orientierungserwartungen im Spannungsfeld des Vermögens der Orientierten einerseits und der Orientierungserwartungen Anderer andererseits auszurichten und Maßnahmen zu ergreifen, aufgrund derer die Orientierten in die Lage versetzt werden, ein Verhalten zu zeigen, das den Erwartungen des Orientierenden entspricht.

Ein Beispiel: *The Unanswered Question* verstehen

Verdeutlichen wir uns das Gesagte an einem Beispiel: Ich höre etwas mir Unbekanntes, ja Fremdes - hier Charles Ives: *The Unanswered Question* -, und zwar per Zufall im Radio. Der Klang erregt meine neuronalen Netze dergestalt, dass ich das Etwas demjenigen zuordnen kann, was ich bislang als Musik wahrgenommen und bezeichnet habe, gespielt von einem Orchester - Streicher, Trompeter, Holzbläser. Zugleich ‚perturbiert' mich der Klang, da das Wahrgenommene sich meinen mentalen Schemata weder hinsichtlich der simultanen und sukzessiven Tonkonfigurationen (Harmonik, Melodik und Rhythmik) noch den Schemata zuordnen lässt, über die ich hinsichtlich musikalischer Verläufe verfüge. Mit dem musikalischen Etwas ist aber eine Orientierungserwartung exponiert - freilich nicht in realer Interaktion: Weder der Komponist noch die Interpreten noch ein anderer sind anwesend. Ich selbst jedoch nehme die Musik als Vergegenwärtigung einer Orientierungserwartung wahr, weil ich in Sachen Musik ein Orientierter sein möchte (dies wiederum hat seine Ursachen in meiner Sozialisation und Enkulturation). Ich forsche daher nach dem Titel des Stücks (vermöge der Information eines Orientierenden: der Programmzeitschrift, eines Freundes, eines Lehrers) und kaufe mir die CD: nunmehr hinsichtlich des Titels ein Orientierter. Bei einem zweiten Hören gelingt mir eine Assimilation: Als Orientierender lege ich ein Modell aus einem anderen, nicht musikalischen Lebenszusammenhang zugrunde: Frage und Antwort. Zu diesem Rückgriff auf eine Kognition in anderen als den musikspezifischen neuronalen Netzen hat mich der Titel der Komposition veranlasst: *The Unanswered Question*. Beim erneuten Hören nehme ich wahr, dass Frage und Antwort und die Antworten untereinander Beziehungen zwischen den Tönen aufweisen: Ich habe meine mentalen Schemata akkomodiert. Da ich Beziehungen nun auch in musikalischer

Hinsicht wahrnehmen kann, bin ich ein Orientierter, indem ich für mich selbst als Orientierender fungiert habe: Mittels Sprache (der Kommunikatsbase ‚Frage und Antwort') habe ich ein Kommunikat geschaffen, das sich als ‚viabel' erweist, indem es mein ‚Hören' verändert. (Als viabel wird etwas bezeichnet, das zu den Zwecken passt, für die es verwendet wird. Viabilität ist damit keine Frage von Wahrheit, sondern – in der Tradition pragmatischen Denkens – von lebenspraktischer Brauchbarkeit.) Ein drittes Hören vermag die ‚Perturbation' durch die Differenz zwischen Streicherschicht und Bläserschicht nicht zu beseitigen. Indem ich nach deren Sinn frage, werde ich wiederum zu einem Orientierten, und als Orientierender nehme ich beim Titel und beim Vorwort Zuflucht. Dessen Ausführungen geben mir für eine Antwort auf die Frage, warum das so sei, eine nicht musikalische Vorstellungshilfe: Das „Schweigen der Druiden" ist eine Orientierung, die mich Analogien erkennen lässt, aber insofern kryptisch bleibt, als sie die Frage nach dem Warum dieser Komposition nicht klärt. Wieder bin ich darauf angewiesen, für mich selbst ein Orientierender zu sein: Ich ziehe mein Wissen über die Differenz zwischen Musik und Sprache heran – Sprache verweist auf konkrete Inhalte, Musik nicht – und erweise mich als Orientierter, indem ich feststelle: Die (unbeantwortete) Frage wird hier lediglich in einer formalen Weise – mit rein musikalischem ‚Inhalt' – gestellt; wie im musikalischen Verlauf die letzte ‚Antwort' fehlt, bleibt die Frage im Ganzen offen – eine Antwort wäre nur im Medium von Musik möglich. So macht mich denn die Auseinandersetzung mit dem Stück auf die Besonderheit des Musikalischen, eben nicht Sprache zu sein, aufmerksam und auf den Umstand, dass derlei Zuweisungen von Bedeutung nur Analogien, nicht aber Identitäten sind: Musik stellt keine Fragen und gibt keine Antworten, sie ist nur Musik – der wir freilich Ähnlichkeiten mit Fragen und Antworten zuschreiben können: als Produzierender wie als Rezipierender. Als Orientierter habe ich damit eine Aussage gemacht, die es mir als Orientierendem erlaubt, mir Verstehen zu attribuieren.

An diesem Beispiel wird deutlich, dass die Formulierung „Musik verstehen" eine Metapher ist: In ihr wird der Vorgang der kommunikativen Auseinander- und Ineinssetzung verkürzt und vereinfacht, indem das Phänomen ‚Musik' an die Stelle der realen Kommunikationsbasen gesetzt wird. Als ‚Musik' habe ich dasjenige verstanden, was ich selbst an Inhalten zur Orientierung auf Veranlassung eines Phänomens zusammenzufügen vermocht habe. Diese Einsicht – dass wir beim Sprechen über Musik nicht über Musik sprechen, sondern über das Sprechen über Musik – gilt es im Blick zu behalten, wenn wir darüber nachdenken, mit welchen Inhalten und in welchen Hinsichten wir als Orientierende eine Maßnahme konzipieren, die wir Unterricht nennen.

2.3 Durch Musik erziehen – zur Musik erziehen

Stand das Zwischenmenschliche bei unseren vorigen Überlegungen in engem Bezug zu seiner Funktion für die Generierung und Geltung von Wissen und Verstehen, so stand es früher – im Zusammenhang mit der Frage nach der Funktion des Umgangs von Menschen mit Musik – primär im Kontext des realen Zusammenlebens mit anderen Menschen. Diese Perspektive ist im Begriff ‚Musikerziehung' enthalten, wobei die Fragen, die dort als gelöst galten, nach wie vor virulent sind: Kann bzw. soll zur Musik – oder durch Musik – erzogen werden – und ist es heute noch vertretbar, die Frage so zu stellen?

Erziehung

Erziehung ist die eine Seite pädagogischen Handelns – die andere ist Bildung. Pädagogisches Handeln besteht darin, absichtsvoll und helfend auf primär junge Menschen einzuwirken, um ihnen Wissen, Fertigkeiten, Haltungen und Wertüberzeugungen zu ermöglichen, mit denen sie sich im sozialen bzw. kulturellen Kontext bestmöglich als Persönlichkeit entfalten können – „Selbstbestimmung in sozialer Verantwortung" hieß es früher zum *Erziehungs*ziel, „Hilfen geben zur persönlichen Entfaltung in sozialer Verantwortlichkeit" heißt es aktuell im Wortlaut der gültigen Richtlinien Nordrhein-Westfalens für die gymnasiale Oberstufe – neben dem *Bildungs*ziel, der Unterricht solle „zu einer wissenschaftspropädeutischen Ausbildung" führen (Ministerium für Schule und Weiterbildung, 1999, S. XI).

Musikerziehung

Wer erzieht, orientiert sich und andere an Normen und Werten, die gesellschaftlich anerkannt sind. Damit unterliegen Erziehungsziele Wandlungen nach Maßgabe gesellschaftlicher und politischer Veränderungen. Ist die Rede von ‚Musikerziehung', so wird die Reichweite des erzieherischen Handelns auf musikbezogene Praktiken des Menschen fokussiert: Zu den moralischen Haltungen und Wertüberzeugungen treten solche in musikalisch-ästhetischer Hinsicht, und zu den gesellschaftlich anerkannten Normen und Werten treten auch diejenigen, die nicht nur gesellschaftlichen und politischen, sondern auch ästhetischen Differenzierungen und Veränderungen unterworfen sind. Einer musikpädagogisch verantworteten Musikerziehung wäre also aufgegeben, nicht nur Rechenschaft über Erziehungsziele in moralischer Hinsicht abzulegen: Soll zu Disziplin, Pflichterfüllung, Ordnung und Leistung erzogen werden (dies sind eher ältere Vorstellungen), oder – wie es ‚moderner' wäre – zu Teamfähigkeit, Verantwortungsbewusstsein, Friedensfähigkeit, Toleranz, Respekt und Solidarität? Einer solchen Erziehung wäre auch aufgegeben, Fragen in ästhetischer Hinsicht zu beantworten: Welche Musik ist aufgrund welcher Eigenschaften gut für die Jugend, welche schlecht? Und: Welche musikbezogenen Praktiken sollen – um z. B. durch musikalische Achtsamkeit auf Andere den Zweck der Gemeinschaftsbildung zu verwirklichen – gefördert werden, welche nicht?

Ursprünge bei Platon

Musikpädagogik als Musikerziehung hat ihre Ursprünge in einem normativen Denken. Platon hat dieses Denken als erster in ausführlicher Weise entfaltet, und seine Vorstellungen und Theoreme sind noch heute - wenn auch in abgewandelter Form - in den ‚geheimen Lehrplänen' mancher Unterrichtenden zu finden.

Im dritten Buch seiner Schrift *Der Staat* finden wir jene Passage, welche Musikpädagog*innen wie eine Magna Charta zu zitieren pflegen, um Musik nicht nur als Unterrichtsfach, sondern darüber hinaus als ein Hauptfach, wenn nicht gar als *das* Hauptfach zu begründen und zu rechtfertigen (dazu auch Kaiser, 1998, S. 101):

> „Ist nun, mein Glaukon, die Erziehung durch Musik nicht darum von entscheidender Wichtigkeit, weil Rhythmus und Harmonie am meisten in das Innere der Seele eindringen und sie am stärksten ergreifen, indem sie edle Haltung mit sich bringen und den Menschen demgemäß gestalten, wenn er richtig erzogen wird, wo nicht, das Gegenteil? Und nicht anderseits auch darum, weil, wer die richtige musikalische Erziehung genossen hat, auch am schärfsten das Mangelhafte und Unschöne an Werken der Kunst oder der Natur bemerkt und in gerechtem Unmut darüber sein Lob nur dem Schönen zuwendet, an ihm seine Freude hat und es in seine Seele aufnehmen und daraus seine Nahrung ziehen und dadurch gut und edel werden wird, das Häßliche dagegen tadeln wird, wie es sich gehört und es hassen wird von jung auf noch ehe sein Verstand reif genug ist die Gründe dafür zu begreifen? Stellt sich aber der Verstand ein, so wird er von keinem willkommener geheißen als von dem in dieser Weise Erzogenen; denn er erkennt in ihm seinen Verwandten" (Platon, 1988, S. 110).

Musik als Erziehungsmittel

Damit ist ein Ziel benannt: vollendete Ausbildung des Menschen zu einem harmonischen Wesen. Deutlich wird der normative Charakter: Es geht um „richtige" Erziehung und das „richtige" Maß - und natürlich insofern auch um die dafür „richtige" Musik. Die ‚Richtigkeit' ergibt sich für Platon aus dem Lebenszusammenhang des Staats- und Gemeinschaftswesens, dessen Regeln von Autoritäten vertreten und durchgesetzt wird, denen zugetraut wird, zu wissen, was richtig und was falsch ist. Um das soziale Leben in geregelter Form zu erhalten und zu optimieren, bedarf es nach Platon zum Zwecke der Erziehung einer zielgerichteten Auswahl aus den musikalischen Erscheinungen - Musik wird damit zum Erziehungsmittel. Diese Vorstellungen haben ihre Grundlage im antiken Welt- und Menschenbild sowie in der Musikauffassung. Sie gehen zum einen von einer Art Resonanztheorie aus: Demnach vermag die Seele den Leib als wesensverwandt aufzufassen, ebenso die Harmonien und Tonverläufe als Analogien zu ihren eigenen Strukturen, so dass sie unter dem Eindruck von musikalischen Ereignissen in dieselben Zustände versetzt wird, die diese aufweisen. Wenn die klingende Ordnung auf den Menschen einwirkt, ordnet sie nach dieser Vorstellung also gewissermaßen von selbst die Seele, da diese eine korrespondierende Ordnungsstruktur besitzt.

Die von Platon vertretene Resonanztheorie (sie ist nicht zu verwechseln mit den Vorstellungen von Resonanz, die Hartmut Rosa 2016 veröffentlichte) ist eng mit der Idee des mimetischen Prinzips in der Musik verknüpft, dem Kernstück klassisch-antiker Ästhetik. Es besagt, dass die Musik Affekte hervorrufen könne, die der Wirklichkeit entsprächen, da in ihr etwas Ähnliches enthalten sei wie in der nichtmusikalischen Wirklichkeit (Kaiser, 1986).

Erziehungsziele

Derartige Musikerziehung bedeutet in letzter Konsequenz: Internalisierung von Ordnung über das Mittel der (entsprechenden) Musik. Diese Vorstellung hat weitreichende curriculare Folgen. Bei Platon führte sie zur Verbannung aller nicht der Erziehung dienlichen Musik aus dem Staate (z.B. des Aulos, eines Doppelrohrblattinstruments, und der lydischen Tonart: Jener sei zu „dionysisch“, diese zu weichlich).

So fremd uns diese Überlegungen scheinen mögen, so nah sind sie uns doch: Der Gedanke, dass ein Mensch, der sich mit Musik befasst, gut sein müsse (im Volksmund wurden zwei Verse von Johann Gottfried Seume zu dem Narrativ: „Wo man singt, da lass dich ruhig nieder, böse Menschen kennen keine Lieder“), ist noch ebenso virulent wie derjenige, dass gute Musik den Menschen zu einem guten, schlechte zu einem schlechten Menschen mache. So wurde einerseits noch Ende des 20. Jahrhunderts die Frage diskutiert, ob Heavy-Metal ein jugendgefährdendes Musikgenre sei (Sachsse, 2015), und so war andererseits beispielsweise der Gesangunterricht des 19. Jahrhunderts bis zu den ersten Jahrzehnten des 20. Jahrhunderts von dem Gedanken bestimmt, die Schüler*innen zu guten Staatsbürgern und frommen Kirchenbesuchern zu machen. Was Ersteres heißt, hing natürlich von der jeweiligen Verfasstheit des Staatswesens ab: getreu dem Kaiser in patriotischer Gesinnung, oder eingeschworen auf die Vorstellungen, die in der Zeit des Nationalsozialismus verpflichtend waren.

Erziehung zur Musik

Insbesondere in der Auffassung des Musikpädagogen Fritz Jöde – belegt allein durch den Titel seiner Schrift *Musik und Erziehung* (1919) –, aber auch in der „Musischen Erziehung“ spielte der Gedanke der Erziehung *durch* Musik eine zentrale Rolle. Hinzu trat der Gedanke der Erziehung *zur* Musik: So wurde einerseits Musik als gemeinschaftsbildendes Mittel verwendet, andererseits wurden vielfältige Formen von Gemeinschaft gepflegt, um das Bedürfnis nach Musik entstehen zu lassen. Insgesamt wurde das musikpädagogische Denken von einer euphorischen Erwartungshaltung hinsichtlich der Heilkraft des „Musischen“ – zu dem auch Sprache und Tanz gehörten – und des Musikalischen getragen. Zu ihren Gunsten wurden politische, ökonomische und soziokulturelle Bedingungen für das Dasein verkannt. Stattdessen wurde ein Schein von Versöhnung verbreitet, indem die pädagogische Befassung mit Musik die gesamte Gesellschaft der Konsonanz und Harmonie der Musik anverwandeln sollte. Im Zuge dieser Ideologie wurden Neue Musik, Tanz- und

Unterhaltungsmusik sowie Jazz, aber auch die Musik der Spätromantik ausgeblendet.

Musik im Dienst von Ideen, Ideologien und Zwecken

Die Nähe zum klassisch-antiken Gedankengut einerseits, die Problematik eines solchen Denkens andererseits sei anhand zweier Zitate vergegenwärtigt:

> „[...] wenn Musik weder mit dem äußerlichen Technischen ihrer Form noch mit dem Materiellen, dem Stofflichen ihrer Klänge erfüllt ist, sondern wenn ihr Wesen allein die Körper gewordene Spannung des Ewigen, eben das in allem menschlichen Tun sich ans Licht des Tages sehnende Schönheitsgesetz in uns ist, so ist sie Geborenes und will als solches nicht gewußt, gekannt und gekonnt sein, sondern will leben und gelebt werden, [...]" (Jöde, 1925, S. 55-56).

An anderer Stelle heißt es bei Jöde:

> „Keinen Ton sollten wir mehr singen, wenn wir nicht im Singen eins der grundlegenden Aufbauprinzipien für die innere und äußere Gestaltung eines Staatswesens sähen. In dieser Beziehung zwischen Musik und Staat liegt darum der letzte Anlass zur Aufrichtung der Frage nach Musik und Gesellschaft" (Jöde, 1930, S. 3).

Zum Musikunterricht lesen wir bei Georg Götsch:

> „Wir betreiben im Musikheim nicht Musikerziehung, sondern musische Erziehung, das heißt, wir zeigen unseren Schülern nicht nur Wege in die Musik, sondern darüber hinaus zu einer musischen Bewegtheit des ganzen Menschen. Wir betrachten die Musik nicht als abgesonderte Kunst, sondern stellen sie wieder in den Zusammenhang des festlichen Volkslebens, in die alte Einheit mit den anderen Künsten, aus der sie nur durch eine Spätzeit herausgelöst worden ist" (Götsch, [1934b]1953, S. 102).

Die rein formale Bestimmung dieser Aussagen machte ihre Rezeption durch die für Erziehung und Bildung Verantwortlichen des NS-Regimes leicht. So heißt es bei Ernst Krieck:

> „Für die Erziehung in den Bünden, in der Staatsjugend, in der Reichswehr, in den Wehrverbänden der SA, der SS und des Stahlhelm ist die musische Erziehung zur Notwendigkeit geworden. [...] In solcher Stellung kommt Musik zur Bedeutung eines wesentlichen Mittels der Volkserziehung: sie ist eine Macht der Seelenformung, der Seelenpflege und der inneren Gemeinschaftsbindung dadurch, da sie alle Seelen eint in Gleichschwung und Gleichform" (Krieck, 1933, Vorwort und S. 30).

Voraussetzungen dafür, dass Musik für erzieherische Zwecke in Dienst genommen werden kann und konnte, finden sich in unterschiedlichen Ebenen. Diese waren und sind

- Beobachtungen zum gesellschaftlichen Gebrauch von Musik: durch ihn entstehen kraft der Kontexte Konnotationen, die als Wirkung genutzt werden können;
- Beobachtungen zu Funktionen von Musik und
- ein mythisierter oder mystischer Musikbegriff.

Erinnert sei an Marsch- und Arbeitslieder, aber auch an die Gesänge auf dem Fußballplatz: Wird dort die Bewegung stimuliert, stellt sich hier das Gefühl einer großen Gemeinschaft ein. *Stille Nacht, heilige Nacht* gehört zum Inbegriff des uns angenehmen (oder unangenehmen?) ‚Weihnachtlichen', weil die Situationen, in denen wir das Lied singen, gesellschaftliche, auf Gemeinschaft gerichtete Situationen in der Familie oder in der Kirche sind, die uns angenehm (oder unangenehm?) erscheinen. Musik wird in Zusammenhang mit Ritualen (Kirche) und in politischen Kontexten (Nationalhymnen) gebraucht. Und so können denn die Inhalte des Musikunterrichts – Lied, Singen, Improvisation, Musikwerke und ihre Kontextualisierungen durch Informationen und Deutungen – in den Dienst unterschiedlichster erzieherischer Intentionen gestellt werden (ich nenne hier nur einige Beispiele für heute noch relevante bzw. aktuelle Aspekte):

- religiöse Erziehung durch Singen von Chorälen und Kirchenliedern und Besprechung geistlicher Musik;
- Erziehung zur Teilhabe an Musikkultur;
- Erziehung zur Gemeinschaft;
- Freizeiterziehung: Kinder und Jugendliche sollen durch eine aktive Beschäftigung mit Musik ihr Leben sinnerfüllt gestalten;
- Erziehung zu politisch wünschenswertem Verhalten: Die auf demokratisches Verhalten zielenden Umgangsformen der ‚Kommunikativen Musikdidaktik' (s. Kap. 4.16) weisen in diese Richtung;
- Erziehung zur Bereitschaft zu gesellschaftlichen Veränderungen: Im Umgang mit Pop-Musik sollte Emanzipation erreicht werden, im Umgang mit Musik anderer Kulturen Toleranz eingeübt werden. Kritikfähigkeit soll in der Auseinandersetzung mit verschiedenen Interpretationen klanglicher und schriftlicher Art, aber auch durch Information über gesellschaftliche Gebrauchszusammenhänge gefördert werden (z. B. im Zusammenhang mit Musik in der Werbung);
- durch Musik sollen Schlüsselqualifikationen erworben werden: Kreativität durch Improvisieren und Komponieren, Kommunikationsfähigkeit durch Musizieren und Interpretieren von Musik, Friedfertigkeit durch Singen entsprechender Lieder und Erarbeitung von einschlägigen Werken (z. B. Penderecki: *Threnos*);
- durch Musikunterricht soll zu einem aufgeklärten, emanzipierten Umgang mit den Medien – insbesondere Fernsehen, Video, Internet – beige-

tragen werden: Musikunterricht soll einen Beitrag zur Medienerziehung leisten.

Vor diesem Hintergrund sei darauf hingewiesen, dass Musik nicht nur für Erziehung, sondern auch für andere pädagogisch motivierte Zwecke in Anspruch genommen wurde. Dies zeigt sich z.B. darin, wie Hans Günter Bastian seine Forschungen zum Zusammenhang zwischen Musikunterricht und allgemeiner Lernfähigkeit zur Begründung seiner Forderung nach mehr Musikunterricht nutzte (Bastian, 2000), oder wie mit der These des „Mozart-Effekts" behauptet wurde, Musik-Lernen fördere auch Lernfähigkeiten in anderen Bereichen, sie mache „schlau" (Schumacher et al., 2006). Solche „Transferwirkungen" ästhetischer Aktivitäten beschäftigen auch die Forschung (Rittelmeyer, 2012).

Zu unterscheiden ist zwischen der Indienstnahme von Musik für pädagogische Zwecke einerseits und einer auf Erziehungsziele gerichteten Intentionalität des Musikunterrichts andererseits. Mag das Erstere uns heute als obsolet erscheinen, ist das Letztere durchaus relevant: Wenn z.B. Arnold Schönbergs Komposition *Ein Überlebender aus Warschau* im Unterricht thematisiert wird, so gewiss nicht aus der Überzeugung heraus, dass die Schüler*innen durch das Anhören des Werks zwangsläufig zu Nazigegnern oder Antifaschisten werden - wohl aber als Beispiel für die Möglichkeit, durch Musik Überzeugungen politischer und ethischer Art so zu vermitteln, dass die Rezipient*innen diese in Gestalt ästhetisch fundierter Suggestion wahrnehmen und sich durch diese Wahrnehmung zur Betroffenheit und zur Reflexion über Hintergründe veranlasst sehen.

Relevanz von Werten und Normen

Selbst wenn man von Erziehungsfragen, die im engeren Sinne auch den Unterricht selbst betreffen wie z.B. Pünktlichkeit, Disziplin, Rücksichtnahme, Toleranz und Gesprächsbereitschaft, absieht, lässt sich musikpädagogisches Handeln kaum ohne erzieherisch relevante Momente vorstellen. Dies hängt vermutlich damit zusammen, dass menschliches Handeln immer - ob gewollt oder nicht - mit Entscheidungen zu tun hat. Entscheidungen aber stehen unausweichlich im Kontext bestimmter Normen und Werte: Was ich tue, tue ich vor dem Hintergrund eines Wissens darüber, was gut und was schlecht, was richtig und was falsch ist, und wie ich es tue, hängt von meinen Entscheidungen im Kontext ähnlicher Kategorien ab. Solche normativen Momente können sogar bei Forschungstätigkeiten im Bereich wissenschaftlicher Musikpädagogik Geltung erlangen. Deren Bezugsfelder kommen in jedem Falle spätestens bei der deutenden Auseinandersetzung mit Musik ins Spiel: Weniger bei musikalischen als vielmehr bei musikbezogenen Konstruktionsleistungen gelangen jene Werte und Normen zur Geltung, die durch moralische Kommunikation im Zusammenhang mit moralischen Positionen von anderen Personen, Institutionen und Medien nicht nur vertreten, sondern in der Absicht dauerhafter Einwirkung exponiert worden sind (Beispiele s. Bradler & Michel,

2020). (Von den kommunikativen und interaktiven Gegebenheiten und Notwendigkeiten des Unterrichts selbst ist hier noch gar nicht die Rede.)

Dies sagt allerdings nichts darüber aus, ob es legitim oder auch nur sinnvoll ist, Musikunterricht von Erziehungsgedanken her zu formatieren.

Ästhetische Erziehung

Für einen auf Erziehung gerichteten pädagogischen Umgang nicht nur mit den Produkten der Bildenden Kunst, sondern mit allen Hervorbringungen, deren Ästhetik im Alltag eine Rolle spielt, hat die Kunsterziehung im Rahmen „Ästhetischer Erziehung" Ende der 1960er-Jahre Grundlegendes geleistet. Die Bedeutung des Ausdrucks „Ästhetische Erziehung" weist in eine Richtung, die begrifflich nicht zwingend vorgegeben ist: Da sich die Vokabel ‚Ästhetik' auf das griechische ‚aisthesis' bezieht - was zunächst nur Wahrnehmung überhaupt, auch empfinden, bemerken, innewerden, urteilsfähig werden bedeutet -, lässt die Bezeichnung „Ästhetische Erziehung" auf eine Erziehung schließen, die zum rechten Gebrauch der Sinnestätigkeit anhalten will. Letztere wurde seit der Begründung der Ästhetik als philosophischer Disziplin durch Alexander Gottlieb Baumgarten (1668-1717) als eine spezifische Weise der Erkenntnis diskutiert. Diese Bedeutung unterscheidet sich von einem Verständnis von Ästhetik, das sich im alltäglichen, umgangsmäßigen Sprachgebrauch eingebürgert hat. Dort wird in der Regel das ‚Ästhetische' als Begriff verwendet, der nach Maßgabe der Konnotationen des Begriffs ‚schön' eingeschränkt ist - meine Mutter fand Männer mit kurzen Hosen „unästhetisch" - und sich oft auf Produkte der Künste bezieht.

In die Tradition einer erkenntnistheoretisch fundierten und ethisch relevanten Ästhetik gliedern sich die Überlegungen des Erziehungswissenschaftlers Klaus Mollenhauer ein, wenn er die Grundgedanken Ästhetischer Erziehung wie folgt skizziert: Ziel sei es, die ästhetischen Zeichen einer Kultur - und nicht nur diejenigen mit Kunstcharakter - in bestimmter Weise lesen zu können.

> „Die Aufgabe der ‚Lesbarkeit ästhetischer Produkte einer Kultur ist, nachdem die Elemente einer möglichen Semantik ästhetischer Zeichen, wenigstens in Bezug auf die visuellen Medien, erarbeitet wurden, in mehreren Hinsichten plausibel: die ästhetischen Komponenten der Zeichenwelt der Geschichte müssen als symbolische Repräsentanten von Lebenswelten lesbar gemacht werden; der darin möglicherweise enthaltene anthropologische Sinn von leibhaften Äußerungen des Menschen muss diskutierbar bleiben; die sinnlichen Repräsentanzen einer warentauschenden Gesellschaft, die damit gegebenen Wahrscheinlichkeiten der Überwältigung von kritischem Selbstbewusstsein durch die ästhetische Suggestion der verschiedenen sinnlichen Medien müssen für Analyse zugänglich sein" (Mollenhauer, 1989, S. 225-226).

Ästhetische Erfahrung und Freiheit

Während diese Position Mollenhauers primär auf eine Rationalität setzt, die dem Instrumentarium des Verstandes verpflichtet ist, setzten und setzen andere auf eine Rationalität, die in besonderer Weise mit der Aisthetis - der sinnlichen Wahrnehmung - und der von ihr abhängigen Weltzuwendung zusammenhängt. Die Ursprünge der darauf gegründeten Ästhetischen Erziehung reichen auf Immanuel Kants *Kritik der Urteilskraft* und die darin enthaltene Frage, wie ästhetische Erfahrung als Zusammenspiel von Einbildungskraft und Verstand überhaupt bewusst werden kann, zurück. Die einfache Antwort lautet, dass ästhetische Erfahrung sich „nur durch Empfindung kenntlich machen" könne (§ 9). Diese Empfindung nennt Kant das „interesselose Wohlgefallen". Es stelle sich unabhängig vom Besitz eines Gegenstandes und unabhängig von moralischen Qualitäten oder moralischen Konnotationen ein. In diesem interesselosen Wohlgefallen liege das subjektiv spürbare Korrelat zum Spiel des Erkenntnisvermögens: Freiheit. Nur die Gegenstände, die im Subjekt jene interesselose Lust erregen, können wir schön nennen, und im ästhetischen Umgang mit ihnen können wir Freiheit wahrnehmen. Dabei ist nach Kant das subjektive Gefühl der Lust angesichts eines schönen Gegenstandes keine Privatangelegenheit des Subjekts, sondern ein Gefühl, das auch Andere haben, ein ‚Gemeinsinn', der mit Anderen geteilt und Anderen mitgeteilt werden könne - Schönheit mithin eine Eigenschaft, die auf das geteilte, intersubjektiv vermittelte Gefühl der Lust angesichts eines Phänomens zurückzuführen ist.

Sinnlichkeit – Vernunft – Freiheit

Kant ist damit nicht nur zum Begründer der modernen Autonomieästhetik geworden, sondern auch zum Urvater der ästhetischen Erziehung. Friedrich Schiller knüpfte an die Möglichkeit des Gewinns von Freiheit durch ästhetische Praxis an. Angesichts der Wahrnehmung, im öffentlichen Diskurs seien Vernunft und Sinnlichkeit, Ratio und Gefühl einander entfremdet, forderte Schiller in seiner wegweisenden Schrift *Über die ästhetische Erziehung des Menschen - in einer Reihe von Briefen* eine Erziehung, die zunächst den Menschen ästhetisch mache, um ihn dann vernünftig werden zu lassen. Dies sei durch die schönen Künste möglich, da durch sie der Mensch in einen ästhetischen Zustand gerate, in eine Stimmung, bei der „das Gemüt weder physisch noch moralisch genötigt" werde (20. Brief). Dadurch könnten Sinnlichkeit und Vernunft zugleich tätig werden und dem Menschen sei - im ästhetischen Zustand - das Höchste geschenkt, das denkbar sei: das „Vermögen" (21. Brief) zur Selbstbestimmung: zu sein, was er sein soll. Dies allerdings gelinge vorerst nur in der „Welt des Scheins", in dem „wesenlosen Reich der Einbildungskraft" (26. Brief), einer Welt des Glücksversprechens und des Ansporns, das „Reich der Notwendigkeiten" zu überwinden.

Das Schöne als Erinnerungszeichen, Mahnmal oder „Flaschenpost" (Adorno) ist ebenso reizvoll wie unpraktisch, wenn es darum geht, das Leben zu meistern. Dies gilt umso mehr, je stärker das Ästhetische - der Reiz zur sinnlichen Wahrnehmung - im Leben vorgedrungen ist. In Anbetracht der Tatsache, dass die Ästhetisierung des Alltags so weit vorangetrieben wurde, dass hinter den glitzernden Fassaden das Praktische, Brauchbare und Notwendige kaum noch zu erkennen ist, nimmt es nicht Wunder, dass eine starke Bewegung zur Erziehung zu einem menschenwürdigen Umgang mit diesen Phänomenen entstand. Für menschenwürdig galt eine Haltung, die jene Balance zu wahren sucht, die Schiller vermisste: die Balance zwischen distanzierter Aufgeklärtheit und sinnlicher Nähe, eine Haltung, die Wissen und Genuss miteinander versöhnt. Der Kunsterzieher Gunter Otto führte dazu aus:

> „Es wird nicht zu viel gedacht, sondern zu verengt, zu linear, mit zu wenig Phantasie, zu wenig Alternativen, zu einseitig, zu unsinnlich - wir denken insofern zu wenig, weil wir den Modus des Denkens zu stark auf das so genannte wissenschaftliche, auf das begriffliche Denken einschränken. Das hat Gründe, die in uns und in den Institutionen liegen. Mit unseren Ängsten vor den Welten, die uns unsere Phantasie eröffnen kann, korrespondieren die Vorlieben der Institutionen für eine Sorte des Denkens, die sich planen und kontrollieren läßt" (Otto & Otto 1987, S. 235).

Wie recht Otto hatte und wie aktuell diese Gedanken immer noch sind, zeigen Tendenzen zur Vereinheitlichung des Musikunterrichts durch Zentralabitur, Werk- und Bildungskanon - ein Vorgang, der dem Gedanken ästhetischer Erziehung zutiefst zuwider läuft. Folgt man den Vorstellungen Ottos, so kommt es für eine ästhetische Erziehung darauf an, von einer auf ‚Bescheidwissen' zielenden Belehrungspraxis abzurücken und statt dessen Vorgänge ins Spiel zu bringen, bei denen „das scheinbar Vertraute unvertraut wird, und in denen die Routinen der Erledigung ihre Kraft verlieren" (Rumpf, 1985, S. 748).

Schwierigkeiten durch Gegenstandslosigkeit der Musik

Merkwürdigerweise sind derartige Gedanken einer ästhetischen Erziehung - die im Übrigen den Unterricht aller Fächer durchziehen sollten - musikdidaktisch-konzeptionell nur wenig rezipiert worden. Allerdings ist die Übertragung der Theorie Ästhetischer Erziehung auf musikspezifische Gegebenheiten problematisch: Während der Inhalt von Musik nach wie vor - um es mit den Worten Eduard Hanslicks zu sagen - nichts als „tönend bewegte Formen" (Hanslick, [1854]1965, S. 32) sind (zumindest weitgehend), hat der Inhalt der Bildenden Kunst (zumindest weitgehend) konkrete Bezüge zu etwas, das uns im Alltag - wenn auch auf andere Weise - ebenfalls begegnet. Anders gesagt: Bildende Kunst ist konkret, sie hat fassliche Themen - Musik ist abstrakt, begrifflich fassliche Themen können ihr erst nach einem vom tönenden Phänomen abstrahierenden Denkschritt zugewiesen werden. Während Bildende Kunst die außerhalb von ihr liegende Welt abbilden oder sich direkt auf sie beziehen kann, konstituiert sich in der Musik eine Sonderwelt, die der Welt außerhalb erst zugeordnet wird.[5] Weil aber die Bildende Kunst die Konnotationen der gegenständlichen Welt leichter in sich aufnehmen kann, ist im Bereich

5 Diese Aussagen vergröbern natürlich – sie scheinen die Existenz einer gegenstandslosen Bildenden Kunst zu übersehen. Die Triftigkeit der skizzierten Differenzen leuchtet jedoch ein, wenn man sich vergegenwärtigt, dass abstrakte Malerei gerade dadurch entstand, dass Maler wie z. B. Wassily Kandinsky sich der Besonderheiten des Musikalischen vergewisserten und ihre Kunst der anderen anzunähern gedachten.

der Kunsterziehung eine erzieherische Tätigkeit eher möglich als im Bereich der Musik. So hat sich denn auch im offiziellen Sprachgebrauch die Bezeichnung „Kunsterziehung" für das Schulfach gehalten, während wir in Bezug auf institutionelles Lernen im Bereich Musik eher von „Musikunterricht" sprechen.

Musik als Sonderbereich

Abschließend sei diesen Überlegungen noch eine kognitivistische Wendung verliehen: Während das Material der Bildenden Kunst und der Alltagsästhetik – also das Material, mit dem sich die Kunsterziehung befasst – im Kontext mentaler Repräsentationen relativ leicht zu verorten ist, ist im fachlichen Verständnis das musikalische Material mit spezifischen kognitiven Komplexen verbunden. Diese kann man als ‚Musikwissen' (einem Wissen sowohl in als auch über Musik) bezeichnen, das es erst zu konstituieren gilt, bevor ein auf Erziehung gerichtetes intentionales Handeln greifen kann (Schatt, 2021). Der Umgang mit den Erscheinungen des täglichen Lebens (Dingen, auch Farben und Formen, Licht und Dunkel) ist uns bekannt und die sinnliche Ergriffenheit oder Abneigung gehören zu den Selbstverständlichkeiten – der Umgang mit Musik bildet einen nicht selbstverständlichen Sonderbereich. Darum haben nach wie vor die Schritte von der sensorischen Wahrnehmung über die Freude oder das Wohlgefallen durch die sinnliche Erregung beim Hören von Musik bis zu einem Bedeutung konstituierenden Erkenntniszusammenhang als musikpädagogisches und -didaktisches Problem zu gelten.

Perspektiven

Mit der ‚Polyästhetischen Erziehung' und der ‚Auditiven Wahrnehmungserziehung' liegen konzeptionelle Ansätze vor. Sie beabsichtigen zu zeigen, dass es sinnvoll und wie es möglich ist, Schüler*innen durch eine spezifische musikalisch-ästhetische Praxis den Genuss an Perturbation und Freude am Erkenntnisgewinn zu Selbstverständlichkeiten des Unterrichts wie des Lebens werden zu lassen. In dem Maße allerdings, wie solche Unterfangen die normativen Momente von Erziehung in sich aufnehmen muss, setzen sie sich einer berechtigten Skepsis aus. Möglicherweise ist hierin der Grund dafür zu finden, dass heutige konzeptionelle Überlegungen sich primär auf ästhetische *Bildung* richten (s. Kap. 2.4).

Immerhin: Sich nicht den Angeboten der Konsumartikel der Kulturindustrie hinzugeben, sondern sich seiner selbst und seiner Lebensmöglichkeiten bewusst zu werden und sie mit sinnlichem Genuss und in Wahrnehmung sozialer Verantwortung auszuleben: das sind Erziehungsvorstellungen, die mit der Auseinandersetzung mit ästhetisch relevanten Erscheinungen heutiger Kultur verbunden worden sind. So relevant und maßgeblich diese Intentionen auch sein mögen – in der aktuellen Diskussion scheint der Erziehungsgedanke ein zwar vorhandenes, aber eher ein akzidentielles Moment im Vergleich zu den anderen Möglichkeiten, Musikunterricht zu begründen, zu sein: Musik lernen und Kompetenz mit Blick auf vorhandene und zu entwickelnde Musikkultur – mit anderen Worten musikalische und musikalisch-ästhetische Bildung – zu gewinnen. Und wahrscheinlich ist es vernünftiger, auf die erzieherische Funktion ästhetischer Bildung zu setzen, statt über Erziehung zur oder durch Musik zu diskutieren.

2.4 Musikalische Bildung verwirklichen

Die Differenz zwischen musikalischer Erziehung, musikalischer Ausbildung und musikalischer Bildung lässt sich recht anschaulich einkreisen, indem man sich den Vorstellungen zuwendet, die mit zwei institutionalisierten Richtungen pädagogischen Umgangs mit Musik und Menschen verbunden sind und in deren Bezeichnungen eine dieser Differenzen erkennbar ist: der musikalischen Früherziehung und der musikalischen Grundausbildung.

Erziehung – Ausbildung

Die musikalische Früherziehung ist seit 1968 die Eingangsstufe der Musikschulen in der BRD. Ihre Grundzüge sind in dem Unterrichtswerk *Curriculum Musikalische Früherziehung* niedergelegt. Es richtet sich sowohl auf eine allgemeine als auch auf eine musikalische Förderung. Die allgemeine Förderung bezieht sich auf Wahrnehmung, Gedächtnis, Konzentrationsfähigkeit, Phantasie, Motorik und Sozialverhalten. Musik ist dabei ein Mittel – das prinzipiell ausgetauscht werden könnte, z.B. gegen Sport –, um allgemeine Fertigkeiten in diesen Bereichen zu fördern.

Aber auch die Spezifik der musikalischen Förderung ist wenig ausgeprägt. Dies zeigt ein Blick auf die entsprechenden Ziele: Da soll durch verschiedenste Umgangsweisen Freude am Musikerleben geweckt werden: Singen, Instrumentalspiel, Bewegung, Hören und Formen des Kommunizierens über Musik. Instrumentalunterricht soll vorbereitet werden, indem Interesse für Instrumentalspiel geweckt und der Klang- und Ausdruckswillen stimuliert werden, motorische Grundfunktionen sollen geübt werden, das Gehör soll konditioniert werden.

Die meisten dieser Ziele richten sich nicht auf eine grundständige ‚Musikalisierung', also auf die Herausbildung konkreter musikalischer Repräsentationen, sondern auf allgemeinere musikbezogene Kognitionen: Auf die Erfahrung, dass es Spaß macht, zu singen, aber nicht darauf, dass es wichtig ist, richtig, sauber und schön zu singen und wie man das macht; auf die Erfahrung, dass es gut ist, über Musik zu reden, aber nicht darauf, dass es wichtig sein kann, hinsichtlich der musikalischen Aussagen Konsens mit Anderen zu erzielen; auf die Erfahrung von Lust bei der expressiven Gestaltung von Musik, aber nicht auf die Beantwortung der Frage, welche Gestaltung in welchem Kontext sinnvoll und angemessen ist. Die genannten Erfahrungen sollen vor allem durch spielorientierte Unterrichtsformen ermöglicht werden. Offenbar geht es hier weniger darum, musikalische Qualifikationen zu erringen oder gezielt isolierte Teilleistungen hervorzubringen; vielmehr geht es darum, Musik so zu erfahren, dass daraus ein Allgemeines hervorgeht, und zwar durch eine allgemeine Praxis im Medium des Musikalischen. Musikalische Früherziehung will es den Kindern ermöglichen, ihr Musikverhalten in Bezug auf ihren Lebensalltag auszubauen, indem sie ein ästhetisches Grundverhalten nahe legt. Dies aber ist ein Vorgang, der letzteres zur Norm macht und der zeigt, dass das Epitheton „Erziehung“ mit Recht verwendet wird.

Im Unterschied dazu ist die Musikalische Grundausbildung zu sehen. Sie ist die zweite Eingangsstufe der Musikschulen in der BRD. Im Gruppenunterricht sollen dabei für die 6- bis 8-Jährigen Grundlagen für den Instrumentalunterricht geschaffen und Begabungsrichtungen erkannt und gefördert werden. Hier geht es um die Verwirklichung musikalischer und an konkrete Tätigkeiten gebundener Ziele: In Verbindung mit Singen, Sprechen, elementarem Instrumentalspiel und Bewegung/Tanz sollen vertiefendes Musikhören – also das „Erkennen von Etwas als etwas“ i.S. Wilfried Gruhns –, weiterführende Instrumenteninformationen und Grundlagen der Musiklehre stehen. Die Richtung ist eindeutig: Es geht gezielt um eine Aneignung von Kognitionen in Musik, von Wissen über Musik und Fertigkeiten, die dem Instrumentalspiel dienlich sind.

Von hier wird das Besondere einer jeden *Aus*bildung deutlich. Ausbildung richtet sich auf die Befähigung zur Ausführung konkreter, fachlich umrissener Tätigkeiten in einem normativen Rahmen. Dies gilt für die musikalische Ausbildung im Rahmen der Ausbildung zur Musiklehrerin oder zum Musiklehrer wie auch für die Ausbildung z.B. zum Kfz-Mechatroniker: Wie dieser eine TÜV-Prüfung durchführen oder einen Automotor zerlegen und so wieder zusammensetzen können muss, dass er funktioniert, muss der*die Musiker*in sein*ihr Instrument so gebrauchen können, dass es zur Ausführung konkreter Musik in einem gegebenen gesellschaftlichen Rahmen und dessen normativen Vorgaben funktioniert: Es muss alles richtig und schön, dabei ausdrucksvoll und angemessen sein, und wie man das macht, lernt man im Instrumentalunterricht, sofern dieser auf eine derartige Praxis ausgerichtet ist und nicht Selbstzweck sein soll. Und so, wie die Opernsängerin nicht Auskunft über die Funktion des Exotischen in Puccinis *Turandot* geben können muss, um ihre Rolle begeisternd zu singen, so wie ein Orchestermusiker nicht wissen muss, ob es sich in den *Meistersingern* um eine Leitmotivtechnik oder eine Arbeit mit Erinnerungsmotiven handelt, um seine Partie zur Zufriedenheit von Kollegen, Dirigent und Publikum (natürlich auch seiner eigenen) spielen zu können, muss der Kfz-Mechaniker nichts über die chemischen Vorgänge bei der Benzinverbrennung wissen, um zu bewirken, dass ein Auto fährt. Offenbar genügt hier ein anwendungsbezogenes Wissen und Können – jenes Wissen und Können, auf dessen Erwerb Ausbildung zielt und das zu erlangen Ausbilder*innen beitragen. Ein solches Wissen und Können soll auch im schulischen Musikunterricht ermöglicht werden. Es trägt seit geraumer Zeit die Bezeichnung ‚Kompetenz‘.

Ausbildung – Bildung

Worin und warum unterscheidet sich diese Art von Ausbildung von dem, was im Rahmen ihres Studiums an angehende Musiklehrer*innen herangetragen und dessen Aneignung von ihnen erwartet wird? Wer mit dem Ziel studiert, das Lehramt Musik ausüben zu dürfen, muss sich während des Studiums mit einer Reihe von Inhalten befassen, die nur wenig direkt anwendungsbezogen sind. Warum aber soll man als angehende*r Musiklehrer*in lernen, künstlerisch ansprechend ein Instrument zu spielen, musikologische Hintergründe studieren, sich in die Abgründe musikpädagogischer Reflexion begeben? Die Antwort ist zumindest in formaler Hinsicht einfach: weil das Gebiet, auf welches das erworbene Wissen und Können angewendet werden soll, kein Gebiet der Ausbildung ist – die öffentlichen Schulen in der BRD haben nämlich nicht den Auftrag, für Berufe oder andere spezifische Tätigkeiten auszubilden. Sie haben – wie ihr Name sagt – allgemein bildend zu wirken. Insofern erschöpft sich die Ausbildung von Musiklehrer*innen auch nicht in *Aus*bildung, sondern ist auf die Ermöglichung des Erwerbs von *Bildung* gerichtet.

Der Sprachgebrauch macht bereits darauf aufmerksam, dass Bildung – anders als Ausbildung – kaum transitiv gesehen werden kann: Kein Mensch würde von sich sagen, er befinde sich in der Bildung, und kein Mensch bezeichnet sich als Bildner – wohl aber ist von Ausbildung und Ausbildern die Rede. Bei Bildung scheint es also weniger um die absichtsvolle Einwirkung von Menschen auf andere Menschen zu gehen, sondern um etwas, das der Mensch (nur?) für sich selbst verwirklichen kann. Dabei bezieht sich der Begriff ‚Bildung' sowohl auf einen Zustand als auch auf den Prozess, vermittels dessen dieser Zustand erreicht wird.

Eigenarten von Bildung

Befassen wir uns zunächst mit dem Zustand. Die Bildungskommission NRW ließ dazu in ihrer Denkschrift „Zukunft der Bildung. Schule der Zukunft" verlauten:

> „Bildung ist in erster Linie ein Können, kein bloßes Sich-Auskennen in Bildungsbeständen. Wilhelm von Humboldt hat noch immer Recht. Für ihn ist der Gebildete derjenige, der ‚soviel Welt als möglich zu ergreifen, und so eng, als er nur kann, mit sich zu verbinden sucht.
> Daher verbindet sich der Begriff der Bildung weiterhin mit dem Begriff der Orientierung. Beides gehört zusammen: als Lebensform oder in der Form eines Könnens, das Welt in sich zieht und Welt durch sich selbst ausdrückt" (Bildungskommission, 1995, S. 30-31).

Bildung befähigt also nicht (nur) zur Wahrnehmung einer beruflichen oder alltagspraktischen Tätigkeit, sondern ist eine darüber hinausgehende Fähigkeit des Menschen, sich selbst und andere Lebensbereiche mit diesen Tätigkeiten in Beziehung zu setzen. Bildung ist demnach eine Form des Weltverhältnisses bzw. dessen Erwerbs, bei deren Verwirklichung der Mensch Welt auf sich und sich auf die Welt bezieht.

Dieser Gedanke hat eine weit zurückreichende Geschichte. Schon bei Aristoteles wird als gebildet der Mensch bezeichnet, dem es gelungen ist, seine Anlagen umfassend zu entwickeln. Dazu gehört die Fähigkeit der Selbsterkenntnis ebenso wie die - damit in dialektischer Beziehung stehende - Fähigkeit zum Austausch des Individuums mit Welt und Umwelt, mit anderen Menschen und mit Sachen. Bei Wilhelm von Humboldt soll sich Bildung vor jeder beruflichen Nützlichkeit auf ein Allgemeines beziehen, auf etwas, das in ausdrücklicher Distanz zum aktuellen Leben steht. Bildung sollte in einer geistigen Geformtheit bestehen, auf deren Basis und mit deren Hilfe der Mensch fähig sein sollte, die Materialien der Welt und Umwelt in verantwortete Zusammenhänge zu bringen zum Zwecke eines menschenwürdigen Daseins. Musikalische Bildung - und nicht Ausbildung! - beruhte demnach auf einer Auffassung von Musik, nach der diese - wie die Wissenschaften - ein Vehikel der Emanzipation aus dem „Reich der Notwendigkeit“ sei. Wissenschaften und Künste - insbesondere Musik - seien Mittel, sich über das zu erheben, was man wirtschaftlich und sozial zu tun genötigt ist: „Auswege aus der ökonomisch-sozialen Lebenspraxis, die als bedrängend empfunden wird, in ein ‚Reich der Freiheit‘, in dem das Individuum nicht auf Funktionen reduziert erscheint, sondern sich - um in der Sprache Humboldts und Fichtes zu reden - ‚in seiner Menschheit darstellt‘“ (Dahlhaus, 1973, S. 25).

Lernen: Voraussetzung für Bildung

Diese Feststellungen von Carl Dahlhaus machen auf eine geschichtliche Tatsache aufmerksam, nämlich darauf, dass der Gedanke der Bildung eng an die Befassung des Menschen mit den Künsten gebunden war und diese wiederum in engem Zusammenhang mit autonomieästhetischen Vorstellungen standen. Von daher begegnen uns auch die Begriffe ‚Ästhetische Erziehung‘ und ‚Ästhetische Bildung‘ bisweilen fast synonym. Freilich ist für ästhetische wie für jede andere Art von Bildung die Aneignung von Wissen und Können - Lernen also - unerlässliche Voraussetzung; in dem Maße aber, wie der Gebildete nicht nur über Wissen verfügen, sondern es auch anwenden können soll, gehört die Aneignung dieser Fähigkeit mit zu dem, was gelernt werden soll. Damit macht der Inhalt des Wissens, das erworben wird, die eine - die materiale - Seite des Prozesses aus, den wir Bildung nennen; die andere - die formale - Seite besteht im Vorgang des Erwerbs selbst und im Erwerb der Fähigkeit zum Umgang mit diesem Wissen. Wer sich also für die Einrichtung eines ‚Bildungskanons’ einsetzt, der z.B. aus einer Liste von im Unterricht zu behandelnden Kompositionen bestehen kann, macht sich für den formalen Aspekt von Bildung stark; Kompetenzlehrpläne betonen demgegenüber die formale Seite. Als Versuch, beide Seiten zu verbinden, kann das Eintreten Wolfgang Klafkis für eine „katgoriale Bildung“ gelten (Klafki, 1963). Dabei soll die lehrende Person aus Bildungs*in*halten, die z.B. durch Lehrpläne gegeben sein können, Bildungs*ge*halte entwickeln, indem die Inhalte nach Gegenwartsbedeutung, Zukunftsbedeutung, Struktur, Beispielhaftigkeit und Zugänglichkeit für die Schüler*innen werden. In diesem Horizont entwickelte Klafki die „kritisch-konstruktive Didaktik" (ab 1985), die darauf zielt, Allgemeinbildung durch eine vielseitige, alle praktikalen Grunddimensionen des Menschen – u.a. kognitive sowie ästhetische Wahrnehmungs-, Gestaltungs- und Urteilsfähigkeit – ansprechende Arbeit an „epochaltypischen Schlüsselproblemen" wie z.B. Umwelt, Interkulturalität der Glücksfähigkeit zu ermöglichen. Dieser Ansatz hat sich prinzipiell als auch für musikpädagogisches Denken relevant erwiesen (Orgass, 1995; Schatt, 2014a; Sachsse & Schatt, 2016, 2017).

Selbsttätigkeit und Verantwortung – kulturelle Bildung

In einem derartigen Begriff von Bildung ist die Veränderung des Menschen durch Aneignung von Bildungsgehalten zur Fähigkeit, selbsttätig und verantwortungsvoll handeln zu können, enthalten: eine Veränderung des ‚rohen' zu einem ‚kultivierten' Menschen. Der Kulturbegriff und der Bildungsbegriff hängen eng miteinander zusammen, entsteht doch Bildung durch eine Auseinandersetzung mit Sprachen, Literatur, Kunst und dem damit verbundenen Lebens- und Weltverhältnis: der Haltung zum Leben also, die traditionell gerne als Kultur bezeichnet wird.

Spätestens an dieser Stelle erscheinen Bedenken gerechtfertigt, die sich gegen einen derartig formatierten Bildungsbegriff richten – Bedenken, die ihn als elitär und hegemonial erscheinen lassen: Welche und wessen Kultur ist es, auf die Bildung sich richten soll? Wem sind diese Kultur und eine darauf bezogene Bildung zugänglich? Wie kann sich vom „Reich der Notwendigkeiten" befreien, wer den ganzen Tag schwer arbeiten muss, um den Lebensunterhalt für sich und seine Familie zu verdienen? Was von welcher Welt soll sich jemand aneignen, der sich gerade durch Migration von der Kultur seiner Heimat entfernt hat? Vor dem Hintergrund solcher ungelöster Probleme wurde durchaus Kritik am Bildungsbegriff angemeldet, die zeigt, dass die Überlegungen Humboldts in Anbetracht der heutigen sozialen und kulturellen Verhältnisse, die von Pluralität und Diversität gekennzeichnet sind, auf tönernen Füßen u.a. deswegen stehen, da sie kulturelle Hegemonie und gesellschaftliche Privilegien verfestigen und, wenn sie unreflektiert perpetuiert werden, zu unverantwortbaren Ideologien führen (Schläbitz, 2016).

Bereits Sigrid Abel-Struth bezweifelte, dass der Bildungsbegriff geeignet sei, musikpädagogische Überlegungen zu formatieren. Zu ungenau seien die Inhalte, zu unterschiedlich die Bedeutungen, die er in unterschiedlichen Denksystemen annehmen könne, zu unklar die Prozesse und zu unscharf sowohl die Bedingungen als auch die Ergebnisse, die unter den Voraussetzungen, die mit ihm verbunden seien, in den Blick genommen werden könnten (Abel-Struth, 1985). Auch Jürgen Vogt äußerte Bedenken, dass der Bildungsbegriff hilfreich sei, wenn es darum gehe, musikpädagogisches Denken zu strukturieren und sich entsprechend zu orientieren und zu positionieren (Vogt, 2018). Zwar seien ältere ethisch-normative Vorstellungen, mit denen der Bildungsbegriff aufgeladen war, einem Denken gewichen, das die Pluralität gesellschaftlicher und kultureller Verhältnisse in Anschlag bringt. Dies gelte insbesondere für den Gedanken von der Veredelung des Menschen sowohl hinsichtlich seines sittlichen Verhaltens als auch seiner Gefühlswelt, der dafür mitverantwortlich gewesen sei, dass der Bildungs- vom Erziehungsbegriff überlagert worden sei. Gleichwohl seien die Versuche einer Neubestimmung dessen, was der Bildungsbegriff bezeichnen soll - im Bereich der Musikpädagogik wurden sie u.a. von Hermann J. Kaiser, Christian Rolle und Stefan Orgass unternommen -, „heterogen oder gar divergent" (Vogt, 2018, S. 34) ausgefallen. Dennoch ist allen Positionen gemeinsam, dass

- Bildung primär als Prozess verstanden wird, der von dem sich bildenden Menschen selbst vollzogen wird und dessen Ergebnisse zu einem besonderen Weltverhältnis befähigen,
- musikalische Bildung nicht nur an Kunstwerken, sondern an jeder Musik erarbeitet werden kann, und zwar nicht auf Veranlassung der Musik, sondern durch eine selbsttätige Weise der Zuwendung,
- Bildung als ein Vorgang aufgefasst wird, der den Menschen zwar verändert, ihn aber nicht zu einem transzendenten Ziel „humaner Vervollkommnung" (ebd., S. 36) führt,
- verschiedene musikbezogene Praxen und Interaktionsformen - also nicht nur das Musik-Hören - als bildungsrelevant anerkannt werden.

Wie schon Abel-Struth zweifelt Vogt daran, dass Bildung als „Grundbegriff einer sich als wissenschaftlich verstehenden Musikpädagogik" fungieren könne: Dazu sei der Begriff zu unterschiedlich und zu vieldeutig definiert (ebd., S. 36-37). Dabei ist allerdings zu bedenken, dass Bildung vielleicht kein Grundbegriff in dem Sinne ist, dass man darauf eine Theorie musikpädagogischen Denkens aufbauen könnte. Allerdings hat der Begriff wie kein anderer eine Reichweite, die zu der Annahme veranlasst, er könnte immerhin als Bezeichnung für ein integratives Konzept fungieren, unter dessen Namen sich Vorstellungen von Praxialität, Lernen, Sozialität, Kulturalität, Identität und Kompetenz im Zeichen einer fundamentalen Aufgeschlossenheit für Musik versammeln könnten.

Es dürfte deutlich geworden sein, dass in dem Maße, wie der Kulturbegriff normativ geprägt ist oder zum Mythos wird, Bildung zur Schimäre wird und als für die Herausforderungen gegenwärtigen Lebens - und damit gegenwärtigen Unterrichts - unbrauchbar erscheint. Zugleich ist der Bildungsbegriff in dem Maße zu retten, wie Kultur als Handlungsbegriff gefasst wird: Verstehen wir Kultur nicht als Gegebenes und nicht als ‚die eine' Kultur, sondern als die Art und Weise, wie jeweils unterschiedlich vor dem Hintergrund von unterschiedlichen Norm- und Wertvorstellungen etwas hervorgebracht wird, könnte Bildung in einer Auseinandersetzung mit diesen Normen und Werten sowie den Prozessen der Hervorbringung von etwas bestehen. Kulturelle Bildung hätte demnach in der selbst- und weltreflexiven Aneignung von Wertvorstellungen und den daraus resultierenden Regelwerken für Handlungen zu bestehen, und zwar am Beispiel des Hervorgebrachten und am Modell eigener Hervorbringung. Bezugsfeld einer solchen kulturellen Bildung wären, wie oben bereits dargelegt, keineswegs nur die ‚schönen Künste', sondern jeder Bereich von Entäußerungen des Menschen, der im Zusammenhang mit Wertvorstellungen zu sehen ist - dazu gehört selbstverständlich auch der Bereich Musik, verstanden im oben skizzierten Sinne. Ein solcher, offener - weil funktions- und nicht inhaltsbezogener - Kultur- und Bildungsbegriff macht Überlegungen zu einem festen Wissens- und Werkkanon, der regelt, welche Art von Musik (Popmusik, Avantgarde, Musik fremder Kulturen, abendländische Kunstmusik, Tanz- und Unterhaltungsmusik) im Unterricht angeboten werden soll, überflüssig. Worauf es ihm ankommt, ist, die im menschlichen Gebrauch von Musik verwirklichten Vorstellungen vom Sinn musikbezogenen Handelns verständlich und der kritischen Sichtung durch die Lernenden zugänglich zu machen.

Kulturelle Bildung in Musik

Musikalisch-ästhetische Bildung

Wie kann der Mensch demnach Bildung hinsichtlich Musik vollziehen? Um die Komplexität dieser Frage zu vergegenwärtigen, seien aus den Antworten im Folgenden drei ausgewählt, die aus guten Gründen zwei unterschiedlichen Paradigmen verpflichtet sind: einerseits dem Paradigma der Erfahrung und andererseits dem Paradigma der Bedeutung.

Ersteres kommt bereits im Titel der Arbeit zur Geltung, die Christian Rolle der Beantwortung dieser Frage gewidmet hat: *Musikalisch-ästhetische Bildung. Über die Bedeutung ästhetischer Erfahrung für musikalische Bildungsprozesse* (Rolle, 1999). Ihm entnehmen wir die zentrale These, nämlich dass Bildung sich im Modus der Erfahrung vollziehe. Und so lautet denn der erste Satz: „Musikalische Bildung findet statt, wenn Menschen in musikalischer Praxis ästhetische Erfahrungen machen" (ebd., S. 5).

Rolles Position beruht auf Überlegungen zur musikalischen Bildung, die Hermann J. Kaiser dargelegt hat. Kaiser integrierte in seiner zusammenfassenden Formulierung Momente von Lebensbezug, Identität, moralischem Anspruch und Verantwortung. Er schreibt:

> „1. Im Begriff ‚musikalische Bildung' erscheint Musik als ein Bereich von Tätigkeitsformen, den Menschen in voller Inhaltlichkeit für sich definiert haben. Sie haben für sich ein immer wieder überholbares, erweiterungsfähiges und vertiefungsfähiges Bild von Musik entwickelt und dieses zu sich selbst in wesentliche Beziehung gesetzt.
> 2. Sie sind in der Lage, ihre spezifische Konstitution des Gegenstandsbereichs, die in einem Bild von Musik kulminiert, zu rechtfertigen und zu verantworten.

3. Sie sind gewillt, dieses Bild von Musik in sich zunehmend zu realisieren, seine Konturen zu erweitern und diese auszufüllen, da sie von der substantiellen Bedeutung der Musik für die eigene Lebenspraxis überzeugt sind" (Kaiser, 1998, S. 109).

Diese Position steht in engem Zusammenhang mit Kaisers Auffassung von Erfahrung, auf die Rolle aufbaut. Sie wird an späterer Stelle eingehend erläutert. Auf jeden Fall ist Erfahrung für Kaiser maßgeblich für das „Bild", das Menschen sich von Musik und ihrer Beziehung zu ihr gemacht haben. Dieses Bild beruht auf vergangenen Begegnungen mit Musik und es beeinflusst die künftige Zuwendungsweise; maßgeblich dafür ist die Wahrnehmung „axiologischer Dignität" (Kaiser, 1992, S. 110-111), einer inneren Beziehung zu Musik, die der Mensch aufbaut, weil sie für ihn wichtig ist. Voraussetzung dafür, dass ein solches „Bild" überhaupt entstehen kann, ist demnach ein Moment der Reflexivität bei der Begegnung mit Musik (so auch Rolle, 2011, S. 53).

Die Haltungen und Handlungsmöglichkeiten, die Kaiser hier als Charakteristika musikalisch gebildeter Menschen ausweist, führt Rolle darauf zurück, dass sie über einschlägige Erfahrungen verfügen, die im Zusammenhang mit Musik im Modus des Ästhetischen zu gewinnen seien. Diese Erfahrungen im Zusammenhang mit einem spontanen Erleben „axiologischer Dignität" - das z. B. durch ein „Schlüsselereignis" hervorgerufen werden oder sich als ein solches auswirken kann (Bugiel, 2021, S. 123-124, S. 138-139), aber nicht muss - dürften auch dafür verantwortlich sein, dass Menschen sich überhaupt dafür entscheiden, eine ästhetische Einstellung einzunehmen.

Eine zentrale, daraus resultierende Maßgabe für entsprechenden Musikunterricht formulierte Rolle folgendermaßen:

> „Pädagogisches Handeln, dem an musikalisch-ästhetischer Bildung gelegen ist, muss vielfältige Räume für musikalisches Handeln eröffnen, in denen ästhetische Erfahrungen möglich sind, angeregt und unterstützt werden" (Rolle, 1999, S. 5).

Erfahrungen haben demnach als ein Ergebnis von Handlungen des Subjekts im intersubjektiven Kontext zu gelten, und von *ästhetischen* Erfahrungen können wir sprechen, wenn sich diese Handlungen als ästhetische Praxis ausweisen.

Um zu verdeutlichen, was unter „ästhetischer Praxis" zu verstehen ist, wird im Folgenden - wie auch bei Rolle - auf die einschlägigen Einlassungen Martin Seels zurückgegriffen (insbesondere Seel, 1996). Seel schlägt vor, dann von ästhetischer Praxis zu sprechen, wenn sich das Subjekt in ästhetischer Einstellung der Welt zuwendet. Das Ästhetische ist damit keine Sache von Gegenständen, ihren Merkmalen und den Urteilen über diese Merkmale, Ästhetische Praxis keine Frage der Produktion auch, sondern eine Frage der Weltzuwendung, der Rezeption - das Ästhetische wird damit zu einer Sache - oder besser gesagt zu einem Modus - der aisthesis: Ästhetisch wird ein Etwas für mich dadurch, dass ich mich ihm mit jener Einstellung zuwende, die Kant als „interesseloses Wohlgefallen“ bezeichnet hatte. Er meinte damit nicht, dass man an dem Etwas nicht interessiert sei; er meinte vielmehr, dass das Interesse nicht auf Gebrauch, Besitz oder andere Verwendung gerichtet sei, sondern auf die Vollzüge von Wahrnehmung, die auf Veranlassung des Etwas dem Subjekt möglich und sinnvoll scheinen. Die Praxis der Zuwendung, die als ästhetische bezeichnet werden kann, ist daher nach Seel vollzugsorientiert und selbstbezüglich.

Eine derartige Praxis kann prinzipiell drei Ebenen aufweisen:

1. Ich kann mich in die Wahrnehmung eines Etwas versenken, dabei mich selbst und die Welt so weit vergessen, dass ich nur noch des Vollzugs der Wahrnehmung innewerde. Seel bezeichnet dies als *kontemplative* Einstellung. Im Bereich der Musik hieße dies, dass ich nur den Klangereignissen folge und an nichts anderes denke.
2. Ich kann mich mit dem Etwas dergestalt in Beziehung setzen, dass in den Vordergrund tritt, was es für mich bedeutet, welche Relevanz es für mich hat, in welcher Weise es mich fördert oder mir hilft. Seel bezeichnet dies als *korresponsive* Einstellung. Mit einer solchen Einstellung hört ebenso jemand, der Musik als emotionales Geschehen wahrnimmt wie jemand, der - wie der „Experte“ Adornos ([1968]1998, S. 181ff.) - in jedem Augenblick das Gegenwärtige auf Vergangenes bezieht und auf das Kommende schließt und dadurch im Hören auch die Kompositionstechnik versteht.
3. Ästhetische Praxis kann darin bestehen, dass ich mir anlässlich des wahrgenommenen Etwas ein anderes vorstelle: ein Bild, einen Text, eine Landschaft, eine andere Musik, einen gedanklichen Zusammenhang. In diesem Akt der Herstellung eines Kontextes sieht Seel die Leistung der *imaginativen* Einstellung.

Festzuhalten ist, dass die drei Einstellungen zwar drei verschiedene Weisen ästhetischer Praxis sind, jedoch in der Realität fast immer nebeneinander oder nacheinander im Wechsel vollzogen werden - ihre Unterscheidung erfolgt primär aus systematischen Gründen.

Konsequenzen für Instrumental- und Vokalunterricht

Was heißt dies, wenn wir mit Rolle annehmen, dass musikalische Bildung vollzogen werde, wenn Menschen in musikalischer Praxis ästhetische Erfahrungen machen? Schüler*innen würden sich dann musikalisch bilden, wenn das Bezugsfeld der Erfahrungen das Musikalische ist, und diese Erfahrungen müssten sie in ästhetischer Einstellung machen. Welche Konsequenzen hätte dies für Musikunterricht?

Denken wir zunächst nicht an schulischen Musikunterricht, sondern an Instrumentalunterricht. Gehen wir davon aus, dass er mehr sein sollte als eine schiere Handwerkslehre und mehr als eine Veranstaltung zur Einübung dessen, was die Lehrerin als bewährt erachtet: dass er also eine Veranstaltung sein soll, in der die Schüler*innen befähigt werden sollen, ihr Instrument als Mittel zur eigenen Bildung und als Mittel zur Vergegenwärtigung dieser Bildung im Dienste musikalischer Interpretation zu handhaben. In Anbetracht der technischen Probleme stellt sich die Frage, ob es überhaupt in Betracht kommt, im Instrumentalunterricht auf eine ästhetische Einstellung Bezug zu nehmen. Die kontemplative Ebene dürfte weitgehend ausscheiden - es sei denn, die motorischen und bewussten Momente der Interpretation sind bereits so mechanisiert, dass das Bewusstsein sich von den Prozessen der Realisierung ablösen und dem musikalischen - und nicht sensumotorischen - Verlauf, also dem Musikalischen und nicht dem Instrumentalen zuwenden kann. Dies dürfte allenfalls in Momenten möglich sein, in denen man für sich selbst spielt - es sei denn, man ist so perfektioniert, dass man im Rahmen einer Aufführung von allem Stress abstrahieren kann, der in der Regel durch die Erwartungen des Publikums ausgelöst wird. In Betracht kommt die korresponsive Ebene: Die Gestaltung von Ausdruck als wesentliches Element der Interpretation hat immer auch etwas mit dem Gestaltenden zu tun - freilich auf Veranlassung des wahrgenommenen Musikalischen. Eine der Aufgaben von Instrumentalunterricht dürfte darin bestehen, der Schülerin bzw. dem Schüler die Möglichkeit zu eröffnen, im Medium des Musikalischen zu artikulieren, was die jeweilige Musik mit ihr bzw. ihm zu tun hat - gleichzeitig aber diese Artikulation des Selbst im Horizont intersubjektiver Akzeptanz reflexiv zu halten.

Auch eine imaginative Einstellung zur Musik kann der Interpretation durchaus förderlich sein: Vorstellungen räumlicher, farblicher oder anderer inhaltlicher Art wie Situationen, Ereignisse usw. können durchaus dazu beitragen, die instrumental oder vokal interpretierende Auseinandersetzung mit Musik lebendiger, differenzierter und definierter werden zu lassen.

Allerdings ist darauf aufmerksam zu machen, dass die bildungsrelevanten Erfahrungen im Instrumentalunterricht nicht nur musikalisch-ästhetischer Art sind. Vielmehr sind - wenn auch durch die Auseinandersetzung mit dem Instrument im sozialen Kontext von Unterricht - noch andere Erfahrungen zu machen. Dies sind z.B. Erfahrungen im Umgang mit Lehrer*innen, mit Vorbildern, mit anderen Lernenden, Erfahrungen im Vorspielen, Erfahrungen von der Nützlichkeit von Imitation, von eigener Erfindung, Erfahrungen vom Sinn des Gebrauchs der Sprache und deren Grenzen. Da die Auseinandersetzung mit dem Instrument freilich immer Musik einbezieht, sind die Erfahrungen auch immer musikbezogen: Dies ist durch die situative Lagerung der Erfahrung zu begründen. Soll Instrumentalunterricht bildungsrelevant sein, kommt es allerdings darauf an, eingedenk des materialen Kerns der Erfahrung den Unterricht auch auf die Aneignung von *Musik* - und nicht primär von instrumentalen Fertigkeiten - auszurichten. Ferner käme es darauf an, den Lernenden die instrumentale Auseinandersetzung mit Musik als einen Prozess der Aneignung von Musik *deutlich werden* zu lassen. Dies sind einige von vielen Implikationen einer bildungstheoretisch fundierten Orientierung des Instrumentalunterrichts.

Konsequenzen für schulischen Musikunterricht

Fragen wir nun nach der Relevanz der musikalischen Bildung für den Musikunterricht an allgemeinbildenden Schulen. Um musikalische Bildung an allgemeinbildenden Schulen rechtfertigen zu können, ist es notwendig, das Moment des Allgemeinen aufzuweisen, das in musikalischer Bildung enthalten ist. Freilich ist die für einschlägige Erfahrung konstitutive Entscheidung, sich gerade auf Musik und nicht auf etwas anderes einzulassen, eine Entscheidung für etwas Besonderes. Hermann J. Kaiser behauptete daher sogar: „Allgemeinbildung ist der Widerpart musikalischer Bildung". Der Allgemeinbildung gegenüber habe „musikalische Bildung sich immer ihrer eigenen Kraft zu versichern" (Kaiser, 1998, S. 105). Letzteres trifft fraglos zu, jedoch ist in jeder Entscheidung für etwas Fachliches eine Entscheidung für etwas Besonderes und nicht das Allgemeine zu sehen. Es ist aber nicht einfach nach dem besonderen fachlichen Inhalt zu fragen, sondern nach dem für das Allgemeine Spezifischen im Besonderen zu suchen, im Falle ‚Musik' demjenigen nämlich, was durch das Musikalische im Rahmen ästhetischer Erfahrung ermöglicht wird. Liegt in ästhetischer Erfahrung eine Perspektive für den Gewinn von Freiheit durch kontemplative oder imaginative ästhetische Einstellung, so bietet die an Musik zu gewinnende ästhetische Erfahrung sich durch die Verwobenheit von polythetischer und monothetischer Zuwendung zur Wirklichkeit in einer besonderen Zeitform dar, die nur durch geistige Teilhabe am musikalischen Verlauf gewährt wird. Eine derartig bestimmte geistige Teilhabe vollzieht sich durch einen Akt des Hörens - der sich natürlich auch beim Musizieren ereignet -, bei dem vielfältige musikalische Repräsentationen abgerufen und derart mit den verschiedensten Bereichen neuronaler Netze verbunden werden, dass Bedeutungszuweisungen möglich sind, die vom Subjekt als relevant empfunden werden. Bildung würde sich in der Fähigkeit artikulieren, diese Praxen selbstbestimmt und in sozialer Verantwortung zu realisieren: zur eigenen Freude und gerecht gegen das, was Andere mit den Werken verbinden. In diesem Spiel des Geistes könnte sich zeigen, was von jeher der Sinn von Bildung war: Gewinn von Freiheit.

Musikunterricht an allgemeinbildenden Schulen hätte demnach Sorge zu tragen, dass Schüler*innen solche musikalisch-ästhetischen Erfahrungen möglich werden. Es kommt darauf an, musikalische und musikbezogene Erfahrungen - auch Unterrichtserfahrungen im Zusammenhang mit Musik - zu ermöglichen, die

- axiologisch positiv besetzt sind: Schüler*innen sollten im Unterricht z.B. Erfolg und Genuss haben;
- in reflexiver Hinsicht relevant sind: Unterricht und Musik müssen etwas mit den Schüler*innen zu tun haben;
- die Intentionalität der Subjekte berücksichtigen: Unterricht kann nicht an dem vorbeigehen, was Schüler*innen wollen;
- die prospektive, in die Zukunft gerichtete Form der Erfahrung aktualisieren: Es muss deutlich werden, in welcher Weise etwas mich für mein künftiges Leben fördert.

Dazu allerdings bedarf es für den musikpädagogisch Handelnden einschlägiger Erfahrungen: Ein Problem für die Musikdidaktik ergibt sich nämlich daraus, dass Erfahrungen Angelegenheiten des Subjekts sind - eine Lehrperson weiß nie genau, als was und in welcher Weise das Subjekt ‚Schüler*in' das Wahrgenommene verarbeitet, geschweige denn, was sich in dieser Hinsicht im Bewusstsein zahlreicher unterschiedlicher Subjekte ‚Schüler*innen' ereignet. Vielmehr ist man als Lehrperson auf Äußerungen *über* diese Erfahrungen oder Entäußerungen *aufgrund* der Erfahrungen angewiesen: Schüler sagen mir, welcher Art ihre Erfahrungen sind - bzw. sie zeigen mimisch, gestisch oder mit ihrer gesamten Haltung Lust oder Unlust, Teilnahme oder Passivität, Engagement oder Verweigerung, sodass mir nichts anderes übrigbleibt, als Vermutungen über diese Erfahrungen anzustellen. Und in der Tat sind individuelle Erfahrungen der Lehrperson mit derartigen Entäußerungen ein Moment, das bei der Unterrichtskonzeption zu beachten ist und selbstverständlich auch beachtet wird.

Probleme

Im Bereich der Theoriebildung aber liegt die Schwierigkeit eines konzeptionellen musikpädagogischen Denkens, das sich auf den Erfahrungsbegriff beruft, in der Aufgabe, dass inhaltlich auszuführen und zu begründen ist, was durch den Begriff musikalisch-ästhetischer Erfahrung nur formal bestimmt wird: Was kann bzw. soll der Inhalt der Erfahrung sein? An welchem „materialen Kern" ist welche Erfahrung zu gewinnen? Worin kann bzw. soll die „axiologische Dignität" bestehen? In welcher Hinsicht kann bzw. soll eine Musik für welche Schüler*innen relevant sein? Woher soll die Bereitschaft der Schüler*innen kommen, sich auf den Erfahrungs‚gegenstand' einzulassen? Durch welche Maßnahmen kann ich eine Unterrichtssituation so gestalten, dass zumindest wahrscheinlich wird, dass bestimmte Schüler*innen ihre vorhandenen Erfahrungen so anwenden, dass sie neue Erfahrungen machen?

Bedeutungsparadigma

Eine Lösung dieser Probleme hat Stefan Orgass mit seinem Vorschlag, statt des Paradigmas der Erfahrung dasjenige der Bedeutung und Kraft zu setzen, zusammen mit einer anderen Vorstellung musikalischer Bildung in den Diskurs eingebracht (Orgass, 2007). Auch für ihn ist Bildung nichts, was Menschen von anderen eingegeben werden könnte, sondern Ergebnis von Selbsttätigkeit der Subjekte. Da diese aber seiner Auffassung nach unweigerlich immer - sei es real, sei es virtuell - in kommunikativen und interaktiven Situationen denken und handeln, kann Bildung nicht von ihnen allein und nicht absichtsvoll hervorgebracht werden. Auf der Basis konstruktivistisch-bedeutungstheoretischer und psychologisch-lerntheoretischer Einsichten gelangt er zu der Feststellung:

> „Musikalische Bildung vollzieht sich in der Emergenz neuer und neuartiger (Möglichkeiten) musikbezogener Bedeutungszuweisung, die auf musikalische und musikbezogene Schemata rekurriert, sowie in der Emergenz neuer und neuartiger (Möglichkeiten) musikbezogener Bedeutsamkeit(en) in (zwischenleiblichen) musikalischen und musikbezogenen Interaktionen" (Orgass, 2007, S. 118).

Mit ‚Emergenz' ist hier die nicht direkt beabsichtigte Entstehung von etwas gedanklich Verfasstem im zwischenmenschlichen Bereich gemeint, das auf vorbereitende Handlungen zurückzuführen ist und als sinnhaft anerkannt werden kann.

Partizipation

Die logische unterrichtsmethodische Konsequenz aus diesen Überlegungen zog Orgass, indem er vorschlug, die Schüler*innen an der Themenfindung des Unterrichts zu beteiligen. Die Partizipation aller am Unterricht Beteiligten macht es zumindest wahrscheinlich, dass aufgrund von Inhalten, die alle interessieren, die Bereitschaft groß ist, Bedeutungen zu generieren, diese bedeutsam auf sich selbst zu beziehen und so das Unterrichtsgeschehen als relevant einzuschätzen (Geuen & Orgass, 2007).

Unterricht als Kultur der Bildung

Gleichviel, ob man das unter dem Erfahrungs- oder dem Bedeutungsbegriff Versammelte als leitendes Paradigma musikpädagogischen Denkens auffasst: Musikunterricht steht unausweichlich und notwendigerweise in enger Verbindung mit der Verfasstheit der jeweiligen Kultur, in der er realisiert wird. In dem Maße jedoch, wie es gelingt, diese Kultur nicht als unbefragte Selbstverständlichkeit immer schon vorauszusetzen, sondern im Unterricht eine Kultur der Bildung zu entwickeln und Unterricht als eine Kultur der Bildung zu realisieren, könnte auch Musikunterricht zu einer Veränderung des Menschen beitragen, die der Entwicklung von Kultur außerhalb der Schulzimmer bzw. Musikräume zugute käme (Schatt, 2008b, S. 210).

Ein solcher Musikunterricht setzte allerdings auch auf kulturelle Erfahrungen. Er wäre nicht nur als Spiegel oder als komplementäres Gegenbild kultureller Praxis, sondern selbst als Verwirklichung deren Inbegriffs zu modellieren. Eine solche musikalisch-kulturelle Bildung hätte sich auf die ganze Breite möglicher Praktiken im Zusammenhang mit Musik in kulturellen Kontexten zu erstrecken (Blanchard, 2019).

Bildung hat die Funktion und den Inhalt, den Austausch zwischen dem Bereich des Subjektiven und dem des Intersubjektiv-Gesellschaftlichen zu ermöglichen und zu fördern; dies kann auf vernünftige Weise nur durch Verständigung zwischen Subjekten geschehen. In der Form schulischen Unterrichts ist diese Verständigung institutionalisiert. Soll Unterricht - auch Musikunterricht - seinem Auftrag gerecht werden, hat er sich auf die Strukturen, die im intersubjektiv-gesellschaftlichen Bereich relevant sind, zu beziehen. Dazu gehört an zentraler Stelle die argumentative Auseinandersetzung mit ästhetischen Wertvorstellungen und den daraus resultierenden normativen Vorgaben für das musikalische Material und seine Gestaltung. Vor diesem Hintergrund forderte Christian Rolle schon 1999, im Musikunterricht „ästhetischen Streit" zu inszenieren, um Räume für musikalisch-ästhetische Bildung zu öffnen (Rolle, 1999, besonders S. 111-119). In dem Maße, wie im Unterricht selbst subjektive Praxen auf intersubjektive bezogen werden und das jeweils als gültig Erkannte nach Maßgabe möglicher Konsensbildung erörtert wird, kann er selbst zum Ort einer Musikkultur werden, deren Verpflichtung auf Kunst und deren Bezug zur Gesellschaft Thomas Mann in seinem Roman *Doktor Faustus* seinen Protagonisten Adrian Leverkühn in hellsichtiger Weise folgendermaßen umreißen ließ:

> „Die Zukunft wird in ihr [der Kunst; PWS], sie selbst wieder in sich die Dienerin sehen an einer Gemeinschaft, die weit mehr als ‚Bildung' umfassen und Kultur nicht haben, vielleicht aber eine sein wird" (Mann [1947]1967, S. 429).

2.5 Erwerb musikalischer und musikbezogener Kompetenzen ermöglichen

Der Bildungsbegriff hat eine materiale und eine formale Dimension: Es geht um etwas, mit dem der Mensch sich befasst und das er sich anverwandelt, und es geht zugleich um den Menschen und um die Weise, auf die er diese Anverwandlung vollzieht und sich dabei wandelt. In dem Maße, wie die Inhalte, Prozesse und Ergebnisse dieser Anverwandlung sich dem didaktischen Zugriff entziehen, ist im Laufe der letzten Jahre die Skepsis gegenüber der Tragfähigkeit des Bildungsbegriffs für die Unterrichtsplanung - das Curriculum - gewachsen. Vollends die Ergebnisse der ersten PISA-Studie der OECD im Jahre 2000, durch die sich zeigte, was deutsche Schüler*innen können und was nicht (PISA ist ein Akronym für **P**rogramme for **I**nternational **S**tudent **A**ssessment), haben insbesondere die verantwortlichen staatlichen Einrichtungen dazu geführt, sich von der idealistischen Vorstellung einer Bildung für alle zugunsten einer pragmatisch orientierten Vorstellung von Ausbildung abzuwenden. In der Folge war in Richtlinien und Lehrplänen kaum noch von ‚Bildung', sondern primär von ‚Kompetenzen' die Rede und der gesamte schulische Unterricht auch im Fach Musik wurde entsprechend – nämlich auf eindeutige Ergebnisse hinsichtlich des Könnens der Schüler*innen hin – ausgerichtet.

Es wurde in den vorausgegangenen Ausführungen bereits gezeigt, dass Ausbildung zu solchen überprüfbaren, z.T. sogar messbaren, in jedem Falle aber bewertbaren Ergebnissen führt, Bildung dagegen nicht, sondern sich durch fundamentale Unabgeschlossenheit auszeichnet. Um aber Abgeschlossenheit und damit Überprüfbarkeit zu gewährleisten, müssen die Anforderungen eindeutig formuliert werden: Sie müssen klare Aussagen hinsichtlich dessen enthalten, was die Schüler*innen können und wie sie dieses Können zeigen sollen. So bezieht sich der Kompetenzbegriff auf die Leistung bei der Bewältigung von komplexen Anforderungen – nicht auf die Anwendung automatisierter Fertigkeiten. Kompetenzen haben daher mehrere Komponenten: eine kognitive, eine motivationale, eine ethische, eine soziale und eine durch das Wollen bestimmte Komponente (Hasselhorn & Knigge, 2018, S. 198).

Auch für den Musikunterricht und das Studium Lehramt Musik ist es möglich und teilweise auch sinnvoll, solche Aussagen zu formulieren (Schatt, 2014a). Sie richten sich darauf, ob und in wieweit Schüler*innen bzw. Studierende angemessen singen und musizieren, nachdenken, sich miteinander verständigen und sich im Zusammenhang mit Musik bewegen können und wurden z.B. als Handlungskompetenz, Reflexionskompetenz, soziale Kompetenz und psychomotorische Kompetenz bezeichnet (Harnischmacher, 2008, S. 227). Andere Veröffentlichungen unterscheiden nur zwischen Handlungskompetenzen, Urteilskompetenzen und musikalisch-ästhetischen Kompetenzen (z.B. Ministerium für Schule und Weiterbildung, 2019, S. 8–10). Als „handlungsbezogene Kompetenzen" im Bereich Musik werden in den *Richtlinien* für das Land Nordrhein-Westfalen „musikbezogene Fähigkeiten und Fertigkeiten, die sich auf alle Wissens-, Erfahrungs- und Handlungsfelder im Umgang mit der Vielgestaltigkeit der Musik beziehen", ausgewiesen. „Sie zielen auf die rezeptive, gestalterische und reflexive Auseinandersetzung mit Musik" (ebd., S. 9) und werden nach „Kompetenzbereichen" gegliedert. Diese sind

- „Rezeption" im Sinne „einer bewussten Auseinandersetzung", bei der „analytisches und interpretierendes Verstehen" (ebd., S. 13) nachzuweisen sind,
- „Produktion […] Dazu gehören das Proben, Realisieren, Improvisieren und Präsentieren von Musik [sowie] das Entwerfen musikalischer Strukturen und Gestaltungen" (ebd.) sowie
- „Reflexion", bei der „im Rahmen der reflektierenden Auseinandersetzung mit Musik übergeordnete Problemstellungen aufgegriffen und ein Sach-

verhalt, eine These oder ein musikalischer Zusammenhang nachvollziehbar veranschaulicht und erläutert" werden (ebd., S. 14).

Zweierlei ist an diesen Richtlinien bemerkenswert: Zum einen wird nun einfach als „Kompetenzbereich" ausgewiesen, was früher „unterrichtliche Verhaltensweise" (Venus, 1969) oder „unterrichtliche Umgangsweise mit Musik" (Kaiser & Nolte, 1989) hieß. Demnach wird sich im Unterricht nichts wirklich Neues ereignen, sondern es wird der alte Wein aus neuen Schläuchen angeboten.

Zum zweiten fällt auf, dass es keine Ausführungen zu den „musikalisch-ästhetischen Kompetenzen" gibt - mit der Begründung, diese seien „im besonderen Maße individuell geprägt und entziehen sich weitgehend einer standardisierten Überprüfung" (ebd., S. 8). Zwar sind diese Feststellung und die daraus gezogene Konsequenz richtig: Wir haben bereits gesehen, dass ästhetische Praxis Sache einer inneren Einstellung des Individuums ist, das sich mit Musik befasst. Fragwürdig aber ist, sie aus dem Lehrplan auszublenden, nur weil sie nicht überprüfbar und bewertbar ist, obwohl sie zu den für das Gelingen von Unterricht konstitutiven Bedingungen gehört. Zutreffend bemerkte mit Bezug auf denselben Lehrplan zu dieser Problematik Malte Sachsse: „Obwohl gleich zu Beginn als Aufgabe des Fachs Musik ausgewiesen wird, ‚den jungen Menschen zu befähigen, seine künstlerisch-ästhetische Identität zu finden, sein kreatives und musikalisches Gestaltungspotential zu entfalten und kulturelle Orientierung zu erlangen' [ebd., S. 9], scheinen die ‚musikalisch-ästhetischen Kompetenzen' lediglich als Feigenblatt für einen Positivismus des Beobachtbaren und Überprüfbaren herzuhalten" (Sachsse, 2019, S. 879).

Darüber hinaus dürfte unbestreitbar sein, dass zum Gelingen z.B. einer musikalischen ‚Gestaltung', durch die ‚Produktionskompetenz' nachzuweisen wäre, musikalisch-ästhetische Kompetenzen die angeblich nicht überprüfbar sind - unabdingbar sind. So drängt sich zumindest an dieser Stelle der Verdacht auf, es sei aus bildungspolitischen Gründen mit der Ausrichtung des Faches auf ‚Kompetenzen' einem handlichen Pragmatismus stattgegeben und zugleich das freilich nicht unproblematische Kind musikalisch-ästhetischer Bildung mit dem Bade ausgeschüttet worden, statt es auf der Basis einer vernünftigen Bedeutungstheorie einer sinnvollen Neubelebung zu unterziehen.

Die Fragwürdigkeit der Rede von Kompetenzen mit Blick auf Musik wird deutlich, wenn man daran denkt, wie es wäre, wollte man z.B. die Gestaltungskunst eines Artur Schnabel, eines Arturo Benedetti-Michelangeli, einer Birgit Nilsson oder eines Michael Jackson als Nachweis ihrer „Produktionskompetenz" einstufen. Umgekehrt entbehren jene Rettungsversuche für die Kompetenz-Ideologie nicht einer gewissen Komik, bei denen einer menschlichen Haltung, die traditionell in den Bereich der Bildungsgehalte einzuordnen wäre, ohne zwingende sachliche Notwendigkeit der Kompetenzbegriff aufmoduliert wird. Dies gilt z.B. für den Begriff „Kontingenzgenusskompetenz" (Orgass, 2011, S. 192–194), mit dem die Fähigkeit gemeint ist, Doppel- oder Mehrdeutigkeit als intellektuelles Spiel genießen zu können.

3. Musikpädagogische Prinzipien und Orientierungen

Prinzipien sind Grundsätze. Musikpädagogische Prinzipien werden z.T. aus positiven Erfahrungen mit Musikunterricht, z.T. aus Erkenntnissen über Lernvorgänge und Lehrmaßnahmen, oder aber aus Zielsetzungen abgeleitet, die auf bestimmten Menschenbildern sowie auf bestimmten, auf diese Menschenbilder bezogenen Vorstellungen von Musik beruhen. Musikpädagogische Prinzipien haben die Funktion, Strukturen des unterrichtlichen Handelns zu fundieren und dem Handeln eine bestimmte Richtung zu geben. Prinzipien dienen der Orientierung, wie sie zugleich selbst auch Ergebnisse von Orientierung sind.

Prinzipien sind nicht identisch mit Orientierungen

Prinzipien sind demnach nicht umstandslos mit Orientierungen gleichzusetzen. Dies geschieht jedoch bisweilen im musikpädagogischen Schrifttum. Stefan Orgass beispielsweise konstatierte:

> „Unterrichtsprinzipien wie Handlungsorientierung, Schülerorientierung, Erfahrungserschließung, Lebensweltorientierung und Kulturerschließung stehen bei der Organisation von Musikunterricht hoch im Kurs“ (Orgass, 2001, S. 4).

Auch in den Ausführungen Ernst Klaus Schneiders im *Kompendium der Musikpädagogik* zum Thema „Prinzipien der Erziehung und des Unterrichts“ finden sich ähnliche oder gleiche ‚Orientierungen‘ aufgelistet.

Orientierungen scheinen somit als Prinzipien gelten zu können – und umgekehrt scheinen Prinzipien als Orientierungen zu fungieren. Nur so sind die widersprüchlichen Aussagen Ernst Klaus Schneiders zu erklären:

> „Unterrichtsprinzipien [...] sind Leitvorstellungen für das Handeln in unterrichtlichen Situationen. Sie sind knapp formulierte, relativ allgemein gehaltene Handlungsmaximen mit weitreichendem, aber nicht absolutem Geltungsanspruch“ (Schneider, 1994, S. 285).

Maximen sind, nimmt man das Wort ernst, höchste Grundsätze: keine Leit-, sondern Richtvorstellungen. Ist ihr Geltungsanspruch „nicht absolut“, sondern relativ, so handelt es sich nicht um Grundsätze, sondern um modifizierbare Vorstellungen – dies aber wären Orientierungen und keine Prinzipien.

Bedenkt man, dass die hier genannten ‚Orientierungen‘ in Zusammenhängen artikuliert wurden, die wir als musikdidaktische Konzepte oder Konzeptionen bezeichnen, so scheint es, als könnten sich Leitvorstellungen für unterrichtliches Handeln zu Prinzipien verdichten, wenn sie Grundrisse für Musikunterricht fundieren sollen.

Unterscheidung Orientierungen – Prinzipien

Obwohl es sinnvoll erscheint, Prinzipien von Orientierungen zu unterscheiden, da sie in unterschiedlicher Weise Regelhaftigkeit entfalten, ist beiden gemeinsam, dass sich in ihnen allgemeine Erfahrungen mit gelingendem Unterricht artikulieren - manchmal allerdings auch nur mehr oder weniger ideologisch geprägte Hypothesen dazu. Durch Prinzipien geraten in der Regel eher einzelne Momente der Ausgestaltung des (Musik-)Unterrichts in den Blick, während Orientierungen grundsätzliche Hilfen bei der Konzipierung von Unterricht in Musik im Ganzen geben sollen.

Prinzipien

Als „Leitvorstellungen" oder „Handlungsmaximen" (Schneider, s.o.) sind Prinzipien normativ und haben eine regelnde Funktion für den didaktischen Prozess. Zwar steht eine „allgemein akzeptierte und wissenschaftlich gesicherte Systematisierung" noch aus (Jank, 2018, S. 357). Es kann aber eine Reihe von fundierenden Prinzipien von eher regulierenden unterschieden werden. Zu Ersteren gehören z.B. „Sach-, Schüler- und Zielgemäßheit" (ebd.), zu Letzteren z.B. „Anschauung, Selbsttätigkeit, Motivationshilfe, Elementarisierung, Erfolgssicherung, Ökonomie, Kooperation" (ebd.).

Sigrid Abel-Struth fand in der von ihr gesichteten Literatur die z.T. eher musikpädagogisch spezifischen Prinzipien des musikalisch Kindgemäßen, des musikalisch Volkstümlichen und des Popularen, ferner das Prinzip musikalischer Selbsttätigkeit und das fächerübergreifende Prinzip (vgl. Abel-Struth, 1985).

Bereits an dieser Stelle ist zu erkennen, dass diese Prinzipien sich auf höchst Unterschiedliches richten: auf ein Verhältnis zwischen Musik und Mensch, auf musikalische Inhalte, auf eine Form der Aneignung und auf ein schulorganisationsbezogenes didaktisches Prinzip. Bei ihnen wird deutlich, dass - anders als bei den Orientierungen - andere Maßgaben offenbar ausgeblendet werden können: Nichts ist darüber gesagt, worauf die Selbsttätigkeit sich beziehen soll, ob das fächerübergreifende Prinzip sich am Popularen orientieren soll oder ob das Kindgemäße in Verbindung mit dem, was andere Fächer behandeln, thematisiert werden darf oder soll. Daran zeigt sich, dass zumindest diese Prinzipien zwar Wege weisen, zugleich aber stark eingrenzen.

„Sinnprinzipien"

Prinzipien haben - wie auch Orientierungen - erhebliche Auswirkungen auf die Methoden und Umgangsweisen des Unterrichts. Dies gilt auch für die „Sinnprinzipien", die Wolfgang Klafki nennt. Sie konstituieren primär pädagogische Handlungsfelder: Es gehe nämlich, so Klafki, im Unterricht um die Entfaltung der kognitiven Möglichkeiten, der handwerklich-technischen Produktivität, der Ausbildung zwischenmenschlicher Beziehungsmöglichkeiten, mit anderen Worten: der Sozialität des Menschen, der ästhetischen Wahrnehmungs-, Gestaltungs- und Urteilsfähigkeit, der ethischen und der politischen Entscheidungsfähigkeit (Klafki, 1991, S. 54).

Als unbestritten können vier Grundsätze - Prinzipien! - gelten, die sich auf die Inhaltsauswahl und das Methodische beziehen. Sie sind in jedem Unterricht zu beachten, wenn er zu sinnerfülltem, motiviertem und erfolgreichem Lernen führen soll:

- das Prinzip des exemplarischen Lehrens und Lernens: An einer begrenzten Zahl von Beispielen soll Verallgemeinerbares an Kenntnissen, Fähigkeiten und Einstellungen erarbeitet werden: Wesentliches, Strukturelles, Prinzipielles, Typisches, Gesetzmäßiges.
- das Prinzip der Anschauung: Für den Musikunterricht primär die auditive Wahrnehmung, sei es im Rahmen von Rezeption, sei es im Rahmen von Reproduktion, Produktion oder Transformation in andere Verhaltensweisen wie z.B. Tanzen. Das Prinzip der Anschauung kann aber auch die Vergegenwärtigung von Musikbezogenem für die anderen Sinne verwirklicht werden: Visuelles (nicht nur Noten, sondern z.B. auch Gemälde oder Dichtungen) und Haptisches (z.B. im Bereich der Instrumentenkunde) können Lernen vertiefen und effektiver machen.
- das Prinzip der Selbsttätigkeit: Vor dem Hintergrund der bereits entfalteten Überlegungen zum Musik-Lernen und Musik-Verstehen ist die eigene Tätigkeit im Zusammenhang mit dem zu Erlernenden eigentlich eine Selbstverständlichkeit. Dieses Prinzip kann allerdings auch durch bestimmte Unterrichtsformen wie Projektunterricht oder Stationenlernen verwirklicht werden.
- das Prinzip der Kooperation: Bedenkt man, dass Wissen und Bildung letztlich auf sozialen Gegebenheiten beruhen bzw. sich darauf beziehen, wird die Kooperation mit anderen am Unterricht Beteiligten zur unumganglichen Notwendigkeit für alle Lern-, Lehr- und Bildungsprozesse.

Kategorien von Prinzipien

Ernst Klaus Schneider nennt in seinem Beitrag *Prinzipien des Musikunterrichts* vier Kategorien von Prinzipien (Schneider, 1995). Auch wenn diesem Versuch einer Systematisierung - folgt man Werner Jank (s.o.) - die wissenschaftliche Absicherung fehlt, seien diese hier aufgeführt, weil sie den Blick für die Komponenten schärfen, aus denen sich Unterricht konstituiert. Wer Unterricht realisieren möchte, hat nämlich die Aufgabe, ständig verantwortete Entscheidungen im Bereich all dieser Komponenten zu fällen.

Schneider nennt

1. Prinzipien, die den Blick primär auf die Beziehungen zwischen den am Unterricht Beteiligten richten (im Spannungsfeld von Kooperation und Individuation: Prinzip der Sozialität, der sozialen Integration);

2. Prinzipien, die den Blick primär auf die Beziehungen zwischen den Unterrichtsangeboten und dem Erfahrungshorizont der Lernenden richten (im Spannungsfeld von Anschauung und Abstraktion: Prinzip der Spontaneität, der Handlungsorientierung, der Anschaulichkeit);
3. Prinzipien, die den Blick primär auf die Umgangsweisen, Handlungsvollzüge oder Haltungen der Lernenden richten (im Spannungsfeld von Selbsttätigkeit und Lenkung bzw. rezeptivem Lernen: Prinzip des entdeckenden Lernens, Prinzip der Wissenschaftsorientierung);
4. Prinzipien, die den Blick primär auf die inhaltlichen Ansprüche des Unterrichts richten (im Spannungsfeld von Exemplarischem Lehren und Lernen und orientierendem Lehren und Lernen: Prinzip des Kategorialen, fächerübergreifendes Prinzip).

Die Inhalte der vier Kategorien stehen in einem dichten Netz von Zusammenhängen. Ursache dafür ist, dass die Komponenten des Unterrichts nur aus systematischen Gründen zu trennen sind; im Vollzug des Lebens sind sie eng miteinander verbunden. Am Beispiel von „Handlungsorientierung" oder „Wissenschaftsorientierung" ist zu erkennen, dass Orientierungen zum Prinzip werden können, wenn sie ihre Funktion für die Generierung von Unterricht mit richtungweisender Ausschließlichkeit erfüllen.

Bevor wir im Folgenden den zentralen Bezeichnungen der musikpädagogischen Orientierungen im Einzelnen nachgehen, versuchen wir noch, diesen Begriff näher zu bestimmen. Als musikpädagogische Orientierung bezeichnet man den Schwerpunkt, mit dem - bzw. die Perspektive unter der - die Möglichkeiten der Förderung der Beziehung zwischen Mensch und Musik durch Unterricht in den Blick genommen werden. Sie sind Ergebnisse einer Auswahl aus den Aspekten, die bei der Gestaltung des Förderungsprozesses eine Rolle spielen, und sie folgen jeweils verschiedenen Prämissen hinsichtlich des Menschenbildes, des „Bildes" (Kaiser, s.o.) von Musik und der sozialen Bedingungen des Unterrichts.

Nach Orientierung suche ich, wenn ich mich in Unsicherheit befinde - z.B. in einer fremden Stadt oder in einem nächtlichen Wald. Die erwünschte Sicherheit finde ich, indem ich mein Handeln nach Hinweisen ausrichte, von denen ich aus Erfahrung weiß, dass ich mich auf sie verlassen kann: Ich folge einem Stadtplan, Straßenschildern, Wegweisern, dem Sonnenstand, einem Kompass, den Sternbildern oder den GPS-gesteuerten Anweisungen auf meinem Smartphone. Orientierungen sind demnach Informationen von handlungsleitendem Charakter. In dem oben skizzierten Falle bin ich zugleich Orientierender und Orientierter, wobei ich den Informationen anderer Orientierender folge: Ich verlasse mich dabei auf Informationen, die andere Menschen mir zur Orientierung an die Hand geben. Grundlage dieser Verlässlichkeit sind die Erfahrung und daraus resultierende Überzeugung, dass die Orientierenden ihre eigene Orientierung auf der Basis intersubjektiv teilbaren Wissens gewonnen haben, quasi mit den Mitteln der ‚objektiven' Wissenschaft. Dieses Wissen hilft mir, und ich bringe es dann besonders hilfreich ein, wenn ich dem orientierenden Material unterschiedliche Informationen entnehme: Ein Wegweiser sagt mir, links herum, während meine Karte nach rechts zeigt. Bei genauerem Hinsehen stelle ich fest, dass der linke Weg für Kraftfahrzeuge bestimmt ist, während meine Karte mir einen - näheren - Fußweg zeigt. Orientierungen sind also offenbar - wie alle Kommunikate - nicht unabhängig von Interessen, die in bestimmten Situationen unter bestimmten Bedingungen Geltung erlangen. Insofern lassen Orientierungen auch Alternativen zu: Der Stadtplan oder der Sonnenstand geben eine ungefähre Grundrichtung, aber nicht nur einen und keinen anderen Weg an, und bei Google-Maps kann ich sogar auswählen, welches Verkehrsmittel und welche Route ich bevorzuge. Insofern unterscheiden sich diese Hilfsmittel für die Orientierung von Verkehrsampeln: Diese sind mit prinzipieller Gültigkeit handlungsbestimmend.

Auf der Grundlage dieser Überlegungen werden wir die ‚Orientierungen' untersuchen, die für die Konzipierung von Musikunterricht in Anschlag gebracht wurden: Kunstwerkorientierung, Handlungsorientierung, Schülerorientierung, Orientierung am Erfahrungsbegriff, Lebensweltorientierung, Kulturelle Orientierung sowie Orientierung am Begriff ‚Bedeutung'. Die Begriffe werden chronologisch geordnet sein, und dies nicht von ungefähr. Orientierungen haben nämlich im Laufe der Zeit gewechselt. Grundlage dafür waren zum Teil naturwissenschaftliche oder psychologische Einsichten, z.T. ideologische Strömungen. Es scheint, als habe es mit neuen Erkenntnissen, Weltbildern, Bildern vom Menschen oder neuen Vorstellungen über Musik auch immer wieder neue Orientierungen gegeben, die die alten außer Kraft setzen sollten. Festzuhalten ist in jedem Falle, dass es offenbar immer eine Einsicht, eine Überzeugung oder ein Gedanke war - Kunstwerk, Handlung, Schüler, Erfahrung, Lebenswelt, Kultur, Bedeutung bzw. Bedeutsamkeit -, der zur alleinigen Grundlage hypostasiert wurde - nicht selten zuungunsten aller oder zumindest einiger der anderen Überlegungen. Zumindest in den Namen der Orientierungen zeichnen sich damit Radikalisierungen ab, die dem Anspruch der Musikpädagogik, eine Wissenschaft zu sein, nicht gerecht wird: Damit ist eine Mythenbildung zu konstatieren, die mit dem neuen Namen unterstellt, wirklich neue und tragfähige Ideen formatiert zu haben (Schatt, 2008a). So jedoch, wie neue Namen die alten verschwinden lassen, wurde nicht selten im Namen des Neuen das am Alten Tragfähige übersehen: Dass etwa die Kunstwerkorientierung auf den Aufbau von Erfahrungen bei Schüler*innen setzt, die ihre Lebenswelt verändern können, oder dass die Lebensweltorientierung von Schüler*innenerfahrungen ausgeht, die diese im Rahmen ihrer Kultur gewonnen haben, gerät dabei schnell aus dem Blick.

Eigenart musikpädagogischer „Orientierungen"

Die Orientierungen, von denen hier die Rede ist, unterscheiden sich von denen, mit deren Hilfe ich meinen Weg in der fremden Stadt oder im nächtlichen Wald suche. Bei diesen sind es überprüfbare geografische, topografische und astronomische Einsichten und Kenntnisse. Führen wir uns dagegen die Inhalte der Orientierungen musikpädagogischer Art vor Augen, so haben wir es mit Begriffen zu tun, deren Bedeutung keineswegs eindeutig ist. Über sie ist viel schwieriger eine Übereinkunft herzustellen als etwa darüber, dass man die Himmelsrichtung des Sonnenaufgangs Osten nennt.

So drängen sich bereits in Anbetracht nur der Namen einiger Orientierungen Fragen auf wie: Wer sind die „Schüler" (in der Tat wird bei der Rede von „Schülerorientierung" nur die männliche Form gebraucht), an denen wir uns „orientieren" sollen? Worin zeichnet sich ‚das Kunstwerk' vor anderen musikalischen Hervorbringungen aus, so dass es Maßgabe für unseren Unterricht sein kann? Von welcher Kultur bzw. von welchem Verständnis von Kultur ist die Rede, wenn ich mich an ‚Kultur' orientiere? Wer ist für die Geltung von Bedeutungen zuständig, wenn auf diese das Unterrichtsgeschehen fokussiert sein soll? Erinnern wir uns an die Entstehung von Orientierungen: Ein Orientierter orientiert sich nach Maßgabe seiner wissenschaftlichen Möglichkeiten und gibt sich dann für Andere als Orientierender zu erkennen – z. B. durch ein Buch. Offenbar liegen für den in diesem Sinne Orientierenden fest umrissene Vorstellungen der Inhalte vor: ein bestimmter Kunstbegriff und Musikbegriff, ein bestimmtes Schülerbild, ein fest umrissener Kulturbegriff, um nur einige zu nennen. All dieses aber kann sich ändern: Schüler*innen hinsichtlich ihrer Erscheinungsformen und Handlungsweisen, Musik hinsichtlich ihrer Inhalte und Materialien, Kulturen hinsichtlich ihrer Bedeutung für Andere und ihrer Beschaffenheit. Wir haben es demnach bei den vorliegenden ‚Orientierungen' mit Bildern zu tun, deren Geltung in räumlicher, zeitlicher und kausaler Hinsicht durchaus begrenzt sein kann. Die Eigenart solcher Bilder – die auch im musikpädagogischen Diskurs nicht selten den Charakter mythischer Formen annehmen (Schatt, 2008a) –, sollte man sich verdeutlichen, wenn man über die Geltung solcher Orientierungen für künftigen und eigenen Musikunterricht nachdenkt.

3.1 Kunstwerk

Dass Kunstwerke im Unterricht vorkommen *können* – z. B. als Gesprächsanlass, als Interpretationsgegenstand, als Beispiel für eine Möglichkeit, Musik zu gestalten, als Beispiel für eine musikgeschichtliche Epoche oder um die Schüler*innen auf nicht alltägliche Weise zu erfreuen – ist eine Selbstverständlichkeit, über die man nicht reden muss. Und selbst die Forderung, dass sie im Unterricht vorkommen *sollen* – vielleicht sogar, völlig radikalisiert: ausschließlich – legitimierte noch nicht dazu, von einer Maßgabe für Unterricht im Sinne einer Orientierung zu sprechen. Denn dass ein Gegenstandsbereich bzw. Inhalt für Unterricht benannt wird, besagt noch nichts über die Überlegungen, die hinsichtlich dessen Durchführung angestellt wurden (denkbar wäre, dass Schüler*innen gezwungen werden, Neue Musik zu komponieren, um ihnen deren Relevanz nahezubringen, oder Kunstwerke auf Orff'schem Instrumentarium zu realisieren, um sie zu der Einsicht zu bewegen, dass dies viel schöner und sinnvoller als das Hören von Popmusik ist).

Tatsache ist, dass mit dem Begriff der Orientierung am musikalischen Kunstwerk Zusammenhänge ästhetischer, gehaltlicher und sozialer Art verbunden wurden und werden, deren Struktur und Eigenart für den Unterricht relevant erscheint.

Ablehnung der „Musischen Erziehung"

Der Gedanke, sich diesen Strukturen zuzuwenden, um sie unterrichtlich fruchtbar werden zu lassen, entstand aus einem Ungenügen an zwei anderen Grundgedanken: einerseits dem Gedankengut der „Musischen Erziehung", andererseits dem Prinzip des Volkstümlichen. Den Anstoß zu der Neuorientierung gab Theodor W. Adorno, insbesondere mit den *Thesen gegen die Musikpädagogische Musik* (1954) und seiner *Kritik des Musikanten* (1956). Die Einstellung der Jugendmusikbewegung bzw. der „Musischen Erziehung" charakterisierte Adorno treffend mit dem Satz:

> „Der Begriff des Musikanten aber meint insgeheim bereits den Vorrang des Musizierens über die Musik; dass einer fiedelt soll wichtiger sein, als was er geigt" (Adorno, 1956, S. 69).

Die Forderung nach bewusstem, verantwortungsvollem Handeln, musikalisch-ästhetischem Anspruch – und die Ablehnung eines unreflektierten Aktivismus – werden hier bereits angedeutet. Ihre Stoßrichtung wird vollends deutlich, wenn wir lesen:

> „Nirgends steht geschrieben, dass Singen not sei. Zu fragen ist, was gesungen wird, wie und in welchem Ambiente" (Adorno, 1956, S. 75).

Nicht um das bloße Tun, würden wir heute sagen, sondern um das Handeln – als für das Subjekt sinnerfüllte Aktivität – muss es gehen; und dieses Handeln soll nach Adorno nicht um seiner selbst oder um sozialer Zwecke willen erfolgen, sondern um Strukturen zu realisieren, die er einzig in musikalischen Kunstwerken verwirklicht sah.

Autonomie

Dieser Gedanke verweist auf einen engen Zusammenhang zwischen Vorstellungen über die Autonomie des Kunstwerks, die Autonomie der Bildung und die Autonomie des Menschen, die insbesondere im 19. Jahrhundert virulent waren (Dahlhaus, 1973). Um zu klären, warum gerade das musikalische Kunstwerk geeignet scheinen konnte, wenden wir uns den Begriffen Kunst und Werk zu – insbesondere um sie von Nicht-Kunst und Nicht-Werk abzugrenzen; zugleich wird die Frage nach ihrer besonderen Reichweite im Medium des Musikalischen zu beantworten sein.

Kunst: Originalität und Authentizität

Schon recht früh in der Geschichte seines Gebrauchs zeichnete sich ab, dass der Begriff ‚Kunst' verwendet wurde, um Dinge zu bezeichnen, die vom Handwerk zu unterscheiden waren. Gemeint waren damit Dinge, die sich zwar handwerklichem Können verdankten, die jedoch nicht in denselben Lebensbereich gehörten wie die Produkte des Handwerks und die darum auch mit anderen Denkprozessen im Zusammenhang standen: Kunst richtet sich nicht auf das ‚Reich des Notwendigen', sondern auf das ‚Reich des Schönen' – Kunst ist nicht nützlich (wenn sie freilich auch benutzt werden kann), sondern sie existiert primär um ihres Daseins als Kunst willen (auch wenn der Mensch sich durch sie erfreut, bewegt, beeindruckt, verändert fühlen kann). Der Zweck der Kunst liegt demnach in ihr selbst. Sie entsteht – wie Handwerkliches – durch gekonnte Anwendung von Techniken auf bestimmte Materialien (in unserem Falle musikalisches Material), so dass das Resultat als originell (noch nicht dagewesen) und authentisch (glaubwürdig nur der Hervorbringung von Kunst verpflichtet) gelten kann. Von Kunst sprechen wir ferner nur in Bezug auf nicht Nützliches: Dies ist in dem Begriff ‚Kunsthandwerk' erkennbar, der geschaffen wurde, um etwas zu bezeichnen, was sich in origineller und technisch gekonnter Weise mit der Hervorbringung von Schönem im Bereich des Nützlichen befasst: z. B. Töpferei, Goldschmieden, Weberei.

Urteilsvermögen fördern

Kunst steht damit in einem Spannungsverhältnis zu Regelpoetiken (wenngleich diese gerade zum Zwecke der Kunstproduktion entstanden, durch eben diese Zweckorientierung aber deren Entstehung beeinträchtigten), und zwar aufgrund des Originalitätsanspruchs. Sie ist nicht vereinbar etwa mit den Hervorbringungen der Kulturindustrie, da diese sich vergeblich um Authentizität bemühen. Da aufgrund der Kategorien Originalität und Authentizität Wissen um die Produktion Anderer und eine kritische Auseinandersetzung mit diesem Wissen Vorbedingung für die Produktion ist, gehört die Rezeption zu den Voraussetzungen von Kunst. Von daher haben Rezeption und Produktion ihre Legitimation auch in einem auf Kunst gerichteten Unterricht: Die Ausrichtung besteht nicht im Bezug auf Kunstwerke, sondern in der kategorialen Orientierung von Rezeption und Produktion an den Aspekten Originalität und Authentizität. Die Funktion dieser Orientierung besteht unter anderem darin, Kritikfähigkeit und Urteilsvermögen – auch Geschmack – zu fördern bzw. zu bilden.

Werkbegriff

Was durch die Anwendung der Techniken in der so umrissenen Weise entsteht, bezeichnen wir als Werk. Das Kunstwerk vergegenwärtigt also in der Weise seiner Gestaltung eine Aussage seiner Urheberin bzw. seines Urhebers, es ist Ergebnis einer schöpferischen Idee. Daher wird ihm „metaphysische Würde" und „eine in sich ruhende Individualität" (Dahlhaus, 1967, S. 24 f.) zugesprochen.

Als *Werk* zeichnet es sich durch einen integrierten Zusammenhang seiner Elemente aus. Diese Integration wird durch die fundierende Idee geleistet: Das Einzelne steht in bestimmten Zusammenhängen mit dem Ganzen, so wie das Ganze sich aus dem Zusammenhang der Einzelheiten ergibt.

Geschlossenheit

Dadurch ist das Werk im Inneren geschlossen. Es ist aber auch nach außen hin abgeschlossen und damit unveränderlich. Im Bereich der Musik bedeutet dies, dass sie aufgrund der Abgeschlossenheit, die das Werk aufweist, wiederholbar ist bzw. soweit wiederholbar ist, wie sie als Werk - weil sie in notierter Form vorliegt - abgeschlossen ist.

Grenzen der Orientierung am Kunstwerk

Diese Bestimmungen haben eine besondere Bedeutung mit Blick auf Musik: Als musikalisches Kunstwerk kann demnach nur gelten, was eine unwiederholbare Schöpfung ist, als solche jedoch wiederholt werden kann, da sie abgeschlossen und unveränderlich ist. Bedingung dafür ist die - wie auch immer geartete - schriftliche Fixierung. Damit sind einer am Kunst*werk* orientierten Didaktik enge Grenzen auferlegt: Sie hätte alle nicht schriftlich fixierte Musik auszublenden, und ihre inhaltlichen Kategorien hätten sich nach Maßgabe dessen auszurichten, was als Kriterien für die Ordnung von musikalischen Kunstwerken als gültig erachtet wird. Der innere Widerspruch liegt auf der Hand: In dem Maße, wie Unwiederholbarkeit und Originalität Maßgaben für Kunst sind, entzieht sie sich gerade dem Versuch, didaktisch relevante Kategorien zumindest im Medium der Kunst selbst zu finden. Hierin ist letztlich auch ein zentraler Grund für das Scheitern einer am Kunstwerk orientierten musikdidaktischen Konzeption zu suchen.

Orientierung am Künstlerischen

Kunstcharakter kann aber nicht nur in Werken gesucht werden - er kann auch in Haltungen liegen. So sprechen wir beispielsweise von Lebenskünstlern - Menschen, die versuchen, das Notwendige ihres Lebens so zu gestalten, dass es zumindest den Schein des Schönen oder jenes Moment von Freiheit, das im Originalitätsgedanken steckt, gewährt. In dem Maße, wie der Kunstcharakter nicht in Werken, sondern in der Haltung gesucht wird, die zu Werken führen kann, wird Orientierung am Kunst*werk* obsolet: Da es durchaus möglich und auch sinnvoll ist, sich Gregorianischem Choral, undeterminierter neuer Musik, Tänzen der Renaissance, indischen Ragas und Jazzimprovisationen mit jener Einstellung zuzuwenden, die der Zuwendung zu Kunstwerken adäquat ist, scheint es sinnvoller zu sein, über die Möglichkeit einer Orientierung am Künstlerischen nachzudenken.

3.2 Handlung, Performanz und Praxialität

Tun – Verhalten – Handeln

Volksweisheiten können - so plausibel sie klingen mögen - irren: Der Ratschlag „Erst denken, dann handeln" unterstellt, dass es prinzipiell zumindest möglich (wenn auch nicht ratsam) sei, zu handeln, *ohne* vorher zu denken. Er verzichtet dabei auf eine Unterscheidung, die an anderer Stelle – und nicht nur von der Wissenschaft – getroffen wurde: die Unterscheidung zwischen Handeln und Verhalten. Als Verhalten wird jedes beobachtbare Tun bezeichnet; ist von Verhalten die Rede, so verweist der Begriff auf eine Außensicht, während ausgeblendet bleibt, inwieweit dieses ‚Tun' eine geplante und verantwortete Angelegenheit des Subjekts selbst ist.

Gleichwohl hatte Faust Recht, dem Goethe die Worte in den Mund legte: „Am Anfang war die Tat" (und nicht das Wort oder die Kraft oder der Geist). Dies gilt phylogenetisch ebenso wie ontogenetisch: Erst tut das Kind etwas, dann wird ihm die Konsequenz seines Tuns klar, dann kommen die Begriffe und es vermag sein Tun zu ordnen: zu denken. Von dieser ontogenetischen Einsicht zeugt bereits der Titel einer grundlegenden Schrift des Psychologen und Pädagogen Hans Aebli: *Denken, das Ordnen des Tuns* (1994) (s. auch S. 15 und 72 dieses Buches). Und eine wichtige Tätigkeit menschlichen Denkens ist es, das Tun so zu organisieren, dass es die erwünschten Ergebnisse hat – Stanley Kubrick hat dies und seine phylogenetische Reichweite sehr eindrucksvoll und anschaulich am Anfang seines Meisterwerks *2001 – Odyssee im Weltraum* gezeigt. Die Fähigkeit zu dieser Organisation ist dem Menschen offenbar gegeben; um sie aber zu verwirklichen, muss er lernen, welche Tätigkeit er ausüben muss, um seine intentionalen Vorstellungen zu verwirklichen. Daher hat das Handeln aus lernpsychologischer Sicht eine zentrale Bedeutung von erheblicher pädagogischer Relevanz.

Handeln ist demnach ein gedanklich geordnetes intentionales Tun – im *Historischen Wörterbuch der Philosophie* wird „Handlung" als „die Umsetzung eines gewollten (oder gesollten) Zweckes in die Realität" (Derbolav, 1974, Sp. 992) definiert und durch die Momente der Intentionalität, Motivation und Entscheidung von „Herstellung eines Werkes" (ebd.), nämlich dem reinen Produktionsvorgang, unterschieden. Abweichend davon hat Øivind Varkøy im Rekurs auf eine Position Hannah Arendts Handeln als eine „Tätigkeit" ausgewiesen, die sich vom „Arbeiten und Herstellen dadurch [unterscheidet], dass sie weder ein Produkt noch ein sichtbares Ergebnis hervorbringt. Handeln vollzieht sich allein auf der Ebene der zwischenmenschlichen Kommunikation und des sozialen Miteinander und hat sein Ziel in nichts anderem als der Tätigkeit selbst" (Varkøy, 2018, S. 47). Hintergrund dieser Auffassung ist die Absicht, auch die musikalische Erfahrung im Sinne Hannah Arendts als Ergebnis eines selbstbezüglichen Handelns erscheinen zu lassen. Fragwürdig wird diese Auffassung allerdings, wenn man z.B. an den Vorgang des Musizierens vor einem Publikum denkt, der zweifellos von Intentionalität und Motivation bestimmt sein dürfte und folglich als „Handeln" zu bezeichnen wäre, aber unweigerlich auf das Ziel ausgerichtet ist, ein tönendes Phänomen nicht einfach hervorzubringen, sondern so, dass es einen selbst und andere Menschen durch Gelungenheit überzeugt.

„Handeln“ ist also nicht identisch mit Tätigkeit, sondern umfasst auch den Sinnhorizont, in dem diese ausgeführt wird. Matthias Flämig hat durch eine sprachanalytische Untersuchung gezeigt, dass Handeln die Funktion hat, Behauptungen zu verifizieren, sodass sich im Handeln ein „Teilmoment des Verstehens“ darstelle (Flämig, 1998, S. 9). Insofern darf Handeln keineswegs mit Aktivität gleichgesetzt und - was im musikpädagogischen Kontext häufig der Fall ist - auf Musik-Machen reduziert werden (Krause-Benz, 2016).

Fraglos zeigt sich Handeln indessen im Verhalten. Zum Verhalten gehören allerdings auch Reflexe oder präreflexive sensumotorische Aktivitäten wie das Mitwippen mit dem Fuße oder anderen Gliedmaßen zum Rhythmus einer Musik. Seitdem im Bereich der psychologischen Forschung und im Bereich musikpädagogischen Denkens die Achtsamkeit mehr den Denkprozessen gilt als den beobachtbaren Aktionen, bevorzugt man den Begriff des Handelns bzw. der Handlung auch in der Musikpädagogik, da der Handlungsbegriff - wie bereits ausgeführt - die Intentionalität des Subjekts mit einschließt: Während mein Verhalten vielfältig determiniert sein kann, beabsichtige ich mit Handlungen immer, etwas zu erreichen bzw. zu bewirken. Von daher ist die oft gebrauchte Wendung „handelnder Umgang“ kein reiner Pleonasmus: es geht hier nicht um Tätigkeiten als solche, sondern um Weisen des Umgangs, die intentional ausgerichtet sind.

Paradigmenwechsel: Lernen als Handlung

Der Paradigmenwechsel vom Verhaltensbegriff zum Handlungsbegriff und dessen Konsequenzen für das musikpädagogische Denken zeichnet sich direkt im musikpädagogischen Diskurs ab. 1985 definierte Sigrid Abel-Struth das Ergebnis des Prozesses, den sie „Musik-Lernen“ nannte, folgendermaßen:

> „Musikalische Lernergebnisse sind die durch keine anderweitige Ursache als die zwischenzeitlich vollzogenen musikalischen Lernvorgänge zu erklärenden beobachtbaren, relativ dauerhaften Verhaltensänderungen“ (Abel-Struth, 1985, S. 108f.).

Hermann J. Kaiser kritisierte daran:

> „Der Verhaltensbegriff sieht von jeder ‚intentionalen Struktur‘ des Lernens ab. Die Gründung des musikalischen Lernens auf den ‚objektivistischen Verhaltensbegriff‘ beachtet nicht, dass im Lernen immer ein ‚Sich-Verhalten zu einem Etwas‘ […] zum Vorschein kommt, dessen ‚sichtbarem Verhalten‘ ein von diesem Menschen explizit oder implizit mitgegebener Sinn eben dieses ‚Verhalten‘ zu einem Handeln werden läßt“ (Kaiser, 1996, S. 14).

Er plädiert aus Gründen, die sich aus konstruktivistischen und kognitionspsychologischen Einsichten in die Eigenart des Lernens ableiten lassen und die ihren Kern in der Intentionalität des Subjekts beim Prozess des Lernens haben, dafür, den Begriff des Musik-Lernens nicht verhaltens-, sondern handlungstheoretisch zu beschreiben.

Zur Orientierung konnte der Handlungsbegriff werden, weil im Zuge kognitionspsychologischer Forschung erkannt worden war, dass nicht nur Lernen selbst eine Handlung ist, sondern dass jedem Lernen - auch dem Lernen auf einer abstrahierend-verbalen Ebene - notwendigerweise ein Handeln vorausgeht.

Die musikdidaktischen Konsequenzen sind vor allem in methodischer Hinsicht gezogen worden und dabei oft in eine den Handlungsbegriff trivialisierende Richtung gegangen: Musikunterricht ist als reines Musik-Machen verfasst worden oder man hat die Forderung erhoben, dass alles Geschehen in eine praktische Artikulation münden müsse; beides verkennt die Tatsache, dass auch das Denken in den abstrakten Begriffen der Sprache ein Handeln ist.

Performativität

Solange aber die Ergebnisse dieses Denkens nicht in irgendeiner Form geäußert bzw. dargestellt werden, sind sie zwar für das Subjekt relevant, nicht aber für Unterricht und dessen Durchführung, Beobachtung und Bewertung - und insofern auch nicht für dessen Planung. Da Unterricht ein sozialer Rahmen ist, in dem Menschen interaktiv und kommunikativ „soziale und kulturelle Praktiken" realisieren, hat Martina Krause-Benz vorgeschlagen, bei der musikpädagogischen Reflexion über den Handlungsbegriff dasjenige zu berücksichtigen, was im Zuge des Diskurses über das Performative „für die Pädagogik fruchtbar gemacht" worden sei (Krause-Benz, 2016, S. 93). Im Wesentlichen besteht dies in dem Gedanken, dass Menschen in bestimmten sozialen Situationen „agieren und [sich] in bestimmten Rollen inszenieren" (ebd.) - im Musikunterricht z. B. als Schüler*in oder als Lehrer*in, aber auch als Musik-Kenner*in oder als Künstler*in. Durch solche Inszenierungen entsteht, folgt man der Theorie des Performativen, nicht nur die Unterrichtswirklichkeit, sondern auch „[m]usikalische Wirklichkeit wird durch das einmalige Aufführungsereignis erst hergestellt" (ebd.). Dies gilt nicht nur für das Musizieren, sondern für alle musikbezogenen Handlungen, die in einem bestimmten Rahmen vollzogen werden - auch für das Hören, sei es im Unterricht, im Konzert oder in einer anderen Situation, in der das Subjekt aktiv Bedeutungen konstruiert und dadurch musikalische Wirklichkeit verändert. Will man sich am Handlungsbegriff musikpädagogisch orientieren, sei es ratsam, so Krause-Benz, „ihn um das Moment des Performativen zu ergänzen", denn „[d]ie Dignität musikbezogenen Handelns, zu dem das Musikmachen ebenso wie das Hören und Sprechen über Musik gehört, wird im performativen Akt ohne Verkürzung fruchtbar gemacht" (ebd., S. 94).

Praxeologie

Unter dem Einfluss der Positionen insbesondere amerikanischer Soziologen haben Musikpädagog*innen ihrer Aufmerksamkeit eine noch anderen Richtung verliehen. Grundlegend dafür war die Einsicht, dass die Dinge, von denen der Mensch umgeben ist, mit denen er sich umgibt und mit denen er agiert, ja dass die Gesamtheit der Situation mit ihren räumlichen, zeitlichen, personellen, visuellen, akustischen, haptischen und olfaktorischen Gegebenheiten, in der er sich jeweils befindet, erheblichen Einfluss auf die Art und Weise hat, wie er agiert - sein Handeln also beeinflusst - und dass diese Gegebenheiten sich unter dem Einfluss seines Handelns verändern können. Insofern wandte sich der Blick quasi vom Inneren weg auf dasjenige hin, was sich zeigt: auf die menschlichen Praktiken. Im Rahmen der sogenannten Praxeologie wird das Soziale - und damit auch das Kulturelle einschließlich Musik - weniger als bestimmt durch Ideen, Normen, Regeln, also immaterielle Vorstellungen aufgefasst, sondern durch die Körperlichkeit der Praktiken und ihre Interaktion mit den Materialien der Kontexte. Aus musikpädagogischer Sicht kommen dabei z. B. die Instrumente, die Unterrichtsräume und insbesondere die im Alltag und im Unterricht gebrauchten elektronischen Medien in ihrer Materialität ins Spiel (z. B. Kranefeld, Mause & Duve, 2019). Eine besondere Herausforderung an musikpädagogische Reflexion stellt das „musikalische Material" dar, ist dieses eben nicht materiell greifbar wie ein Musikinstrument oder die Einrichtung eines Musikraums, sondern ein zeitliches Phänomen mit geistig-immateriellen, gleichwohl fasslichen „Anlagerungen" (Schatt, 2021). Die Relevanz dieses Ansatzes wird z. B. schon deutlich, wenn man sich beim Gebrauch eine App zur Produktion von Musik die Frage stellt, in welchem Maße die Vorgaben der Aufmachung, der Anordnung der Bedienelemente, deren Praktikabilität sowie natürlich die programmierten Inhalte Einfluss auf den Gestaltungsprozess und auf das Ergebnis haben. Das Problem des „musikalischen Materials" sowie die Frage, ob bzw. inwieweit eine praxeologische Position mit konstruktivistischen Auffassungen vereinbar ist, dürfte insbesondere in Anbetracht der Tatsache von hoher Bedeutung sein, dass in allen kompositionsdidaktischen Ansätzen die Arbeit nicht nur mit den ‚Dingen', also Instrumenten und anderen Medien, sondern vor allem mit dem „musikalischen Material" eine zentrale Rolle spielt.

3.3 Schüler*innen

Es gibt keinen Unterricht, der nicht die Schüler*innen berücksichtigte - dies ist dadurch gegeben, dass Unterricht auf Lernen, also auf eine Veränderung zielt. Wenn also „Schüler*innen" Maßgabe für eine Orientierung sein sollen, muss etwas Besonderes damit gemeint sein.

Schüler*innen „abholen"

Karl Heinrich Ehrenforth postulierte in seinem Buch *Verstehen und Auslegen* (1971): Es sei Anliegen der ‚Didaktischen Interpretation', dass sie „den Hörer voll im Auge behält und ihn dort ‚abholt', wo er nach Hörerwartung und Rezeptionsvermögen vermutet werden muss" (Ehrenforth, 1971, S. 5).

Damit ist eine Orientierung festgelegt: Unterricht muss nach Ehrenforth auf die vorhandenen Hörfähigkeiten und Hörerwartungen der Schüler*innen aufbauen. Diese seien – wenn auch nur aufgrund von Vermutungen der Lehrperson – dasjenige, wo der Unterricht ansetzen müsse, wo Irritationen, Perturbationen – kurz: Lernstimuli – einzugreifen haben. Damit wird eine Gegenposition zur Orientierung am Kunstwerk bezogen: Zwar sei „werkbezogene Faktorenanalyse" ein „Eckpfeiler" der hier vertretenen Auffassung von Lehre; daneben habe aber „[r]ezeptionspsychologische Untersuchung" zu treten, gehe es doch keineswegs darum, „den Sachanspruch des zu interpretierenden Werkes rücksichtslos zur Geltung [zu] bringen" (ebd.), sondern den Horizont der Lernenden angemessen zu berücksichtigen.

Etwas anderes am „Schüler" als Hörfähigkeiten und Hörerwartungen akzentuierte Christoph Richter: Ihm geht es darum, dass das Interesse der Schüler*innen zu berücksichtigen sei – freilich nicht im Sinne einer kurzfristigen Aufmerksamkeit oder Stimuliertheit, sondern im Sinne einer langfristigen Bereitschaft, sich ganz einer Sache zuzuwenden, an ihr teilzuhaben, ihr innezuwohnen (vgl. Richter, 1990).

Schüler*innen bestimmen mit

Festzuhalten ist, dass bei Ehrenforth wie bei Richter dasjenige, was die Schüler*innen angeht, den Vermutungen bzw. Erfahrungen der Lehrenden überantwortet bleibt. Denkbar wäre es allerdings, dass Schüler*innen insbesondere ihre Interessen selbst artikulieren und dass der Unterricht diesen Interessen in einem von Schüler*innen und Lehrer*innen gemeinsam ausgehandelten Rahmen folgt. Derartige Berücksichtigung finden „Schüler" in verschiedenen Konzeptionen: im „Schülerorientierten Musikunterricht" nach Ulrich Günther, Thomas Ott und Fred Ritzel, in der „Erfahrungserschließenden Musikerziehung" Rudolf Nykrins und in der „Kommunikativen Musikdidaktik" Stefan Orgass'.

3.4 Erfahrung

Leibbezogenheit

Der Begriff der Erfahrung hat im musikpädagogischen Denken unterschiedliche Funktionen. Er ist von Christoph Richter in den musikpädagogischen Diskurs eingeführt worden (Richter, 1976). Richter bevorzugte den Begriff der ‚Erfahrung' an Stelle des von Ehrenforth in Anschlag gebrachten Begriffs ‚Verstehen', weil Verstehen für ihn auf eine rein intellektuelle Rezeption zielt, während der Erfahrungsbegriff nach seinem Verständnis umfassender ist: ‚Erfahren' beziehe – wie bereits das Wort erkennen lasse – die leibbezogene Ebene der Begegnung mit Welt ein und eröffne insofern Perspektiven insbesondere auch für den praktischen Umgang mit Musik – besser gesagt: das Musizieren. Ferner öffne der Begriff des ‚Erfahrens' weiterreichende Perspektiven für den Umgang mit Musik als der Begriff des Verstehens: Während ‚Verstehen' sich quasi nur auf die Objekt-Seite beziehe, vermittle der Begriff der ‚Erfahrung', dass das Subjekt sich selbst mit Musik in Beziehung setze; in dieser Bezugnahme nehme das Subjekt Musik nicht nur als klingendes Etwas wahr, sondern als etwas, das in vielfältigen Beziehungen zur Welt stehe. Auf die Erschließung dieser Beziehungen komme es im Musikunterricht an.

Erfahrungen verändern

Musikunterricht kann aber nicht nur darauf zielen, dass Schüler*innen vorhandene Erfahrungen erschließen oder neue Erfahrungen machen, sondern auch darauf, bestehende Erfahrungen zu verändern. Als Ergebnis von Erfahrungen bilden sich nämlich sogenannte „Erfahrungskondensate" (Behne, 1994, S. 136). Dies sind in musikbezogener Hinsicht u.a. Musik-Konzepte („so geht Klassische Musik", eine Orgel „klingt nach Kirche"), Musiker*innen-Konzepte („das ist Madonna", „so geht Beethoven") und Hörer*innen-Konzepte („ich bin ein*e Freund*in des Speed-Metal"). Menschen sind bestrebt, derartige Konzepte möglichst harmonisch zu organisieren und in weltanschauliche Vorstellungen einzubetten. Vor allem bei jungen Menschen kann aber die Begegnung mit Musik, deren Höreindruck nicht mit den vorhandenen Konzepten vereinbar ist, zu einer Veränderung der Erfahrungskondensate führen. Wir haben die kognitionspsychologisch fasslichen Grundlagen dieser Umstrukturierung bereits kennengelernt: Die Begegnung mit demjenigen, was mit den Konzepten unvereinbar ist, führt zur Perturbation und diese - bei entsprechender situativer Lagerung und Bereitschaft des Subjekts - zur Akkommodation.

Erfahrung ermöglichen – Erfahrung erschließen

In den Überlegungen Christian Rolles zur musikalischen Bildung bestimmt der Erfahrungsbegriff die Zieldimension des Unterrichts: Wenn nämlich gilt, dass musikalische Bildung stattfindet, „wenn Menschen in musikalischer Praxis ästhetische Erfahrungen machen" (Rolle, 1999, S. 5) und musikalische Bildung angestrebt wird, so muss es Ziel von Musikunterricht sein, Menschen neue ästhetische Erfahrungen zu ermöglichen. Denken wir indessen an die konzeptionelle Idee der „Erfahrungserschließung" (s. Kap. 4.8) und nehmen wir den Begriff beim Wort, so kann es offenbar im Unterricht auch darum gehen, sich bereits vorhandener Erfahrungen reflexiv zu vergewissern. Dass beides nicht nur möglich, sondern auch sinnvoll, ja geradezu unumgänglich ist, dürfte einleuchten, wenn wir uns an die dreifache zeitliche Lagerung der Erfahrung erinnern: Wer eine Erfahrung macht, nimmt Gegenwart auf und verknüpft sie mit bereits vorhandener Erfahrung dergestalt, dass sein*ihr künftiges Handeln vom Resultat dieser Verknüpfung bestimmt wird.

Eigenart von Erfahrung

In diesem Sinne hat Hermann J. Kaiser den Begriff der Erfahrung insbesondere für musikalische und musikpädagogische Belange aufgearbeitet (z.B. Kaiser, 1995, S. 32-36).

Erfahrungen - musikalische, musikbezogene und auch andere - sind nach Kaiser durch acht Eigenschaften zu kennzeichnen:

1. Erfahrungen beruhen auf Handlungen, und diese stehen miteinander in Verbindung. So stehen auch die Erfahrungen miteinander in Verbindung: Was ich tue oder lasse, beruht auf meinen Erfahrungen, im Moment des Handelns mache ich Erfahrungen, die die alten überlagern, verändern oder verlängern können. Insofern gibt es eine Kontinuität der Erfahrung. Andererseits kann nach einer abgeschlossenen Handlung – bedingt durch die situativen Kontexte – eine Erfahrung entstanden sein, die den Schein der Abgeschlossenheit trägt: Man spricht auch davon, ‚um eine Erfahrung reicher' geworden zu sein. In diesem scheinbar abgeschlossenen ‚Schatz von Erfahrungen' liegt Handlungsfähigkeit begründet, und diese beruht auf einer gewissen *Diskontinuität.*
2. Erfahrungen können überholt werden: Die Erfahrung, dass Musik mich bewegt, weil sie schön ist, kann z.B. erschüttert werden, wenn mich die Aggressivität der Klänge in Strawinskys *Le Sacre du Printemps* packt, ohne dass ich diese Klänge im Geringsten schön finde.
3. Musikalische, aber auch andere Erfahrungen haben eine dreifach gerichtete Zeitstruktur: Sie werden in der *Gegenwart* gemacht, beziehen sich auf in der *Vergangenheit* gemachte Erfahrungen und beeinflussen *künftige* Handlungen.
4. Erfahrungen haben eine bestimmte *Raumstruktur*: zum einen, weil sie in räumlichen Kontexten gemacht werden (dazu auch Schatt, 2020); zum anderen stehen sie in einem sozialen Kontext, da sie mit der Zuweisung von Bedeutung zusammenhängen und unweigerlich aus intersubjektiven, interaktiven Strukturen hervorgehen. Das Soziale aber ereignet sich nicht nur im realen, sondern auch im imaginären Raum des Miteinanders, u.a. als die Empfindung von innerer Nähe oder Distanz. Da Erfahrung immer intersubjektiv verankert ist, muss sie wie auch Bildung – die von ihr abhängt – als soziale Kategorie gelten (Orgass, 1999).
5. Erfahrungen macht man nicht irgendwie, sondern in Situationen, in denen das Subjekt eine psychische Beziehung zu etwas realisiert. Die *Intentionalität* des Subjekts in Hinblick auf etwas ist also eine notwendige Bedingung dafür, dass Erfahrungen entstehen können.
6. Das Subjekt nimmt seine Tätigkeit der Verarbeitung von Wahrnehmung zu einer Erfahrung auf, um seine eigene Zukunft zu bewältigen. Der Blick auf das Etwas ist also bestimmt durch das Verhältnis, das es zum Subjekt einnimmt bzw. in dem das Subjekt dieses wahrnimmt. In dieser Selbstbezogenheit liegt ein unausweichliches Moment von *Reflexivität*, welche die Gewissheit des Selbst mit dem Etwas zu einer Einheit zusammenfügt.
7. Nur dann wird etwas zur Erfahrung, wenn das Etwas für mich relevant ist, mich etwas angeht, für mich bedeutsam ist: Ich muss es in irgendeiner Weise wertschätzen. Kaiser nannte dies, wie bereits in Kap. 2.4 erläutert, „*axiologische Dignität*" (Kaiser, 1992, S. 110–111).

8. Erfahrungen haben einen *pragmatischen Kern*, da ihre Funktion darin besteht, das Subjekt für die Zukunft handlungsfähig zu machen.

Eine weitere Bestimmung ist nicht unwichtig: Erfahrungen haben eine „materiale Grundlage" (Kaiser, 1992, S. 109-110) und damit einen *materialen Kern*, da sie immer im Zusammenhang mit etwas gemacht werden, was sich der Wahrnehmung als ein bestimmtes oder bestimmbares Etwas darstellt. Im Falle von Musik geht es dabei – folgt man dem Verständnis, das oben dargelegt wurde – nicht nur um das sinnlich Fassliche, sondern vor allem auch um dasjenige, was sich an den Klängen und ihren Zusammenhängen als deren Bedeutungszusammenhang verstehen lässt (Schatt, 2021).

Probleme des didaktischen Zugriffs

So gewiss es ist, dass Musikunterricht wie jeder Unterricht in engem Bezug mit den Erfahrungen der Schüler*innen steht, so problematisch ist es, diesen Bezug didaktisch zu artikulieren. Die Hauptursache liegt darin, dass es Sache des Subjekts ist, Erfahrungen zu machen oder nicht. So kann zwar identisch sein, was verschiedene Subjekte mit Blick auf einen Sachverhalt lernen – die Erfahrungen können jedoch völlig unterschiedlich sein. Wenn die C-Dur-Tonleiter Gegenstand des Unterrichts war, kann Kevin sie als lustvolle Möglichkeit, seine Finger über die Blockflöte zu führen, erfahren haben; Leon kann dagegen die Erfahrung gemacht haben, dass Musikunterricht und insbesondere der Klang der Blockflöte seinen Bedürfnissen überhaupt nicht entspricht, während Greta festgestellt hat, dass Musikunterricht bei aller praktischen Ausrichtung letztlich immer wieder auf ‚Theorie' – hier in Gestalt der C-Dur-Tonleiter – hinauslaufe, deren Inhalte ihr längst bekannt sind.

Plädoyer für „Verstehen"

Zwar ist es schön, wenn alle an einer Situation Beteiligten gemeinsame Erfahrungen machen; als Lehrende*r kann man jedoch weder unmittelbar die Erfahrungen Anderer steuern bzw. bestimmen noch überprüfen, ob die erwünschte Erfahrung gemacht worden ist: Erfahrungen als solche sind nicht mitteilbar – mitteilen kann man nur etwas, was sich auf diese Erfahrungen bezieht: Sprache, Gestik, Mimik oder wiederum Musik. Kommunizieren indessen „lässt sich über ästhetische Erfahrungen offenbar nur symptomatisch [...]. Nur in dieser Hinsicht existieren Merkmale, die [...] möglicherweise auf ästhetische Erfahrungen schließen lassen" (Hepp, 2020, S. 39). Dies ist einer der Gründe, aus denen Stefan Orgass sich dafür einsetzte, ‚Erfahrung' als zentrale musikpädagogische Grundkategorie durch diejenige der ‚Bedeutung und Bedeutsamkeit' zu ersetzen (Orgass, 2007, S. 123).

Wer lehrt, kann zwar Situationen herstellen, von denen er aus eigener Erfahrung oder der Erfahrung Anderer annehmen darf, dass Schüler*innen die erwünschte Erfahrung machen. Zur triftigen und intersubjektiv nachvollziehbaren Strukturierung von Unterricht genügt ein solches Wissen aber nicht.

Besser dürfte man beraten sein, für die Unterrichtsplanung wieder auf „Verstehen" zurückzukommen - allerdings in jenem Sinne, wie er hier im Zusammenhang mit der Position Gebhard Ruschs erläutert wurde (s. Kap. 2.2.5). Dies würde auf den Austausch von Kommunikaten mithilfe der oben genannten Mitteilungsformen, deren Inhalt Bedeutungen und Bedeutsamkeiten sind, sowie die Verständigung darüber hinauslaufen. Als Zuweisung eines Orientierenden zum Handeln eines Orientierten kann der Begriff ‚Verstehen' dann auch für dasjenige gelten, was Richter an ihm vermisste: für den Akt der leibbezogenen Begegnung mit der Welt und der Darstellung deren Ergebnisse.

3.5 Lebenswelt

Wie an kaum einem anderen zeigt sich an dem der Begriff ‚Lebenswelt', welchen Problemen musikpädagogisches Denken ausgesetzt sein kann, wenn es sich selbst nicht die Regeln wissenschaftlichen Forschens auferlegt.

Was für die Begriffe ‚Handlung' und ‚Schüler' gesagt wurde, gilt in fast radikaler Weise auch für ‚Lebenswelt'. So klar das ist, was mit ‚Handlung' und ‚Schüler' im alltäglichen Sprachgebrauch gemeint ist, so unklar ist, was gelten soll, wenn diese Begriffe als Orientierung in didaktischer Hinsicht dienen sollen. Da das Wort ‚Lebenswelt' in dieser Form nicht alltäglich gebraucht wird, wohl aber seine Komposita ‚Leben' und ‚Welt' zum gängigen Wortschatz gehören, ist die Verwirrung eigentlich vorprogrammiert, da es naheliegt, alltägliche Wortverständnisse anzusetzen, wo fachliche angezeigt wären. So ist denn auch der Gebrauch des Begriffs ‚Lebenswelt' in musikpädagogischen Schriften so uneinheitlich - häufig wird er mit ‚Alltagswelt' gleichgesetzt (z. B. Richter, 2012, S. 54) -, dass man berechtigte Zweifel daran haben kann, ob er der Orientierung dienen sollte.

Ins musikdidaktische Gespräch kam der Begriff schlagartig durch das Heft 6 der Zeitschrift *Musik & Bildung* 1993. Im Editorial heißt es treffend:

> „Die Forderung nach einer lebensweltlichen Orientierung des Musikunterrichts - etwa als Reaktion auf Theorielastigkeit und Lebensferne - reiht sich ein in die vor allem in den 80er Jahren von übergeordneten philosophischen und erziehungswissenschaftlichen Perspektiven her beeinflussten Überlegungen zur Veränderung der Schule" (Jacoby, 1993, S. 1).

Kritik am Musikunterricht

Die Autoren, die eine solche Veränderung durch Neuorientierung unter dem Stichwort ‚Lebenswelt' befürworteten, waren Karl Heinrich Ehrenforth, Christoph Richter und Ernst-Klaus Schneider. Sie begründeten die Notwendigkeit einer Veränderung damit, dass der „durchschnittliche Musikunterricht [...] oft unter Anämie" leide (Ehrenforth, 1993, S. 14). Lernen von Fakten und Fachtermini sei Hauptinhalt eines solchen Unterrichts, der damit nichts oder nur sehr wenig zum Verstehen von Musik beitrage. Die Ursache dafür wiederum sei eine fachliche Orientierung, d.h. das Bedürfnis, dem vermeintlichen ‚Sachanspruch der Musik' gerecht zu werden auf Seiten der Unterrichtenden einerseits, eine Orientierung an ganz anderen Inhalten bzw. Ergebnissen musikbezogener Praktiken der Lernenden andererseits: Diese hätten Freude oder Spaß oder Interesse an Musik aus ganz anderen Gründen, in ganz anderer Weise und an ganz anderer Musik. Diese Behauptungen waren auf keine Weise empirisch erwiesen, sondern Ergebnisse von unwissenschaftlichen persönlichen Beobachtungen – mithin nicht anderes als ‚Eindrücke' –, die freilich einer gewissen Plausibilität nicht entbehrten, wenn man daran denkt, dass Musikunterricht für viele Schüler*innen auch heute noch – nach einer weitaus stärkeren Ausrichtung auf Musizieren – nur eine „Stellung im Mittelfeld" der Lieblingsfächer einnimmt, wie durch einschlägige Studien gezeigt wurde (Heß, Muth & Inder, 2011).

Lebenswelt-Begriff: Gehalt und Funktion

Nicht nur diese Differenzwahrnehmung stimulierte die Autoren, sondern auch die Beobachtung der Tatsache, dass Phänomene, die mit bestimmten Begriffen bezeichnet werden, von verschiedenen Menschen mit ganz unterschiedlichen Bedeutungen, Empfindungen und Beurteilungen verknüpft werden können – letztlich eine fundamentale Ausgangslage jeden Diskurses und aller pädagogischer Bemühungen. Durch Überlegungen zu der Frage, ob es etwas Gemeinsames zwischen Lehrenden und Lernenden sowie auch zwischen den verschiedenen Lernenden gebe, was als Basis für einen gemeinsamen Zugang zu Musik fungieren könne, stieß Ehrenforth auf den Begriff der ‚Lebenswelt'. Dieser Begriff wurde von Edmund Husserl geprägt und in seinem Werk *Die Krisis der europäischen Wissenschaften und die transzendentale Phänomenologie* entfaltet (Husserl, [1936]1996). Husserls Anliegen war ein wissenschaftstheoretisches: Er sah die Ursache dessen, was er „Krisis" nannte, in einer zunehmend fachwissenschaftlichen Orientierung der Wissenschaften, die nach seiner Einschätzung eine Verselbständigung theoretischen Denkens impliziert habe. Als problematisch galt ihm, dass dadurch die Dinge zu etwas anderem zu werden drohten, als sie in der Lebenswirklichkeit darstellten. Da sich aber das „Ding an sich" dem Zugang entziehe, empfahl er den Rekurs auf eine vorreflexive „Bodenschicht" des Lebens, auf dasjenige, was im Lebenszusammenhang dem Menschen erscheine und in diesem Zusammenhang und vor dessen unausweichlichem Hintergrund dem Wissen, der Erfahrung und der Vernunft zugänglich werde. Als Lebenswelt im Sinne Husserls hat also dasjenige zu gelten, was dem Menschen in Situationen, Handlungen, Wahrnehmungen und Erfahrungen im Lebenszusammenhang mit der Natur, der Kultur und im Zusammenleben mit Anderen zugänglich wird, und zwar in einer vorreflexiven, quasi selbstverständlichen Form und Weise, dessen Selbstverständlichkeit das Leben überhaupt erst ermöglicht im Sinne eines ‚Immer-So-Weiter' und das nur durch große Katastrophen erschüttert werden könne. ‚Lebenswelt‘ ist damit – aus heutiger Sicht – ein ins Gegenständliche gewendeter Rezeptionsbegriff: eine formale bzw. funktionale Kategorie zur Frage nach den Bedingungen der Möglichkeit der Erkenntnis von Objekten und kein Substanzbegriff. Der Lebensweltbegriff hatte damit drei Funktionen:

1. Er sollte der Fundierung der Wissenschaft dienen und durch Rückbindung an die Phänomenalität des Erscheinenden ihre Tendenz zu scheinhafter Objektivierung durch sich verselbständigende Systeme und Konstruktionen überwinden.
2. Er sollte allgemeine Aussagen über den Sinn des Lebens bzw. der Welt der Erscheinungen und damit eine transzendentale Phänomenologie ermöglichen.
3. Er sollte, da alle Sonderwelten eine Lebenswelt voraussetzen, der Gewinnung einer historischen Gesamtperspektive dienen.

„Lebenswelt" als Funktions- und Substanzbegriff

Den strukturellen und erkenntnistheoretischen Implikationen eines so gefassten Lebensweltbegriffs für musikdidaktische Entscheidungen über Inhalte, Ziele und Methoden des Musikunterrichts ist man nie konsequent nachgegangen. Ehrenforth versagte sich explizit einer Bemühung um die verschiedenen Schattierungen der Bedeutungszuweisung bei unterschiedlichen Autoren und kaprizierte sich unter der Prämisse, etwas Verbindendes zu finden, auf eine substanzielle Besetzung des Begriffs ‚Lebenswelt‘:

> „In diesem Zentrum [überindividueller Gemeinsamkeit] sammelt sich die Lebenswelt als eine gemeinsame Welt der menschlichen Bewährung und Sinnfindung“ (Ehrenforth, 1993, S. 16).

Ehrenforth übersah das Anliegen der Phänomenologie, die *Prozesse* der „Bewährung und Sinnfindung“ anhand einer Beschreibung der Phänomene zu thematisieren. Ihm galten stattdessen „Bewährung und Sinnfindung“ als *Substanz*, nämlich als Ergebnis dieser Prozesse. „Überindividuelle Gemeinsamkeit“ wurde als lebensweltlich Gegebenes und nicht als zu Erarbeitendes gefasst. Damit aber entsteht ein entscheidender Unterschied zur Phänomenologie Husserls: „Die eine Lebenswelt“ als Fundierung und Bezugsbereich für wissenschaftliches Denken ist bei Husserl eher ein Problembegriff: Es ging ihm „keineswegs um einen ontologisch fixierten Bestand grundsätzlicher Gegebenheiten. Der Begriff der Lebenswelt stellt für ihn vielmehr die Möglichkeit phänomenologischen Rückfragens nach den Grundlagen menschlicher Selbst- und Weltkonstitution dar“ (Zimmer, 2002, S. 178). ‚Lebenswelt‘ war also ursprünglich nicht die Bezeichnung für konkrete Bestände einer Welt „überindividueller Gemeinsamkeit“, wie Ehrenforth es auffasste: Dies ist das Ergebnis einer anthropologischen und universalistischen Umdeutung des Husserl'schen Gedankens (Vogt, 2016, S. 41) Dieser Unterschied ist zwar frühzeitig herausgestellt und problematisiert worden (Vogt, 1997), wurde jedoch von den Verfechtern der Lebenswelt-Orientierung bei der Ausarbeitung didaktisch-konzeptioneller Vorschläge nicht berücksichtigt.

Weder in sich stimmig noch übereinstimmend sowohl mit Husserls als auch mit Ehrenforths Verständnis ist der Begriffsgebrauch bei Ernst Klaus Schneider. Er sah im Rekurs auf Lebenswelt die Möglichkeit, drei Ebenen des Unterrichts miteinander zu verbinden:

> „1. Die lebendigen, subjektiv geprägten Erfahrungen, die SchülerInnen wie alle Menschen in der Regel unreflektiert und selbstverständlich an und in ihrer Alltagswelt machen;
> 2. Die allgemeinen Grunderfahrungen des Menschen, die den Erfahrungen der einzelnen Personen zugrunde liegen wie z.B. das Erleben von Raum und Zeit, von Ordnung und Unordnung, von Einsamkeit, Trauer oder Freude [...];
> 3. Die Musik als Möglichkeit der Gestaltung und als Spiegel von Leben" (Schneider, 1993, S. 5).

Fundierung von methodischer Praxis

Wir haben es damit nicht mit dem Versuch einer theoretischen Fundierung, sondern mit der Entfaltung einer methodischen Praxis zu tun. Obwohl Schneider anders als Ehrenforth offenbar gerade auf die Sonderwelten der Schüler*innen - und nicht auf die gemeinsame Lebenswelt - rekurrieren will (Punkt 1: „die lebendigen, subjektiv geprägten Erfahrungen"), weisen seine Überlegungen eine Gemeinsamkeit mit denen Ehrenforths und Richters auf: Alle drei wollen eine Plattform für unterschiedliche Bedeutungszuweisungen aufbauen, auf der mögliche Differenzen ausgehandelt werden sollen. Ehrenforth bezeichnet diese Plattform metaphorisch als „Markt" (1993, S. 18), dessen Stände der Verhandlung über Differenzen und dem Gewinn von Gemeinsamkeit dienen sollen; Richter spricht später in demselben Sinne von „Treffpunkten" (2012, S. 58-59) und meint damit Bezeichnungen für existenzielle Phänomene, Erscheinungen des täglichen Lebens und Gefühle. Die Begriffe, die diese Plattformen ausmachen - z.B. Spiel, Zeit, Nacht, Kälte, Liebe, Trauer (ebd., S. 58) -, sind letztlich Topoi, die von Lehrenden gesetzt werden sollen, um die Lernenden zu einem entsprechenden Austausch zu bewegen.

Problematisch erscheint daran der von Ehrenforth, Richter und Schneider - und nicht von Husserl - geteilte Glaube an „allgemeine Grunderfahrungen" - und zwar auch in Bezug auf Musik -, die sich aus der Bindung menschlicher Erfahrung an die Lebenswelt ergeben. Diese Ergebnisse aber sollten bei Husserl gerade erst dem unterzogen werden, was er „epoché" nannte, und in ihrer Relativität erkannt werden, statt das Allgemeine eines konkreten und verbindlichen ‚Grundes' hervorzubringen. Bei Schneider dagegen wird ein Allgemeines am Erleben unterstellt und vorausgesetzt (Punkt 2). Die abschließende Hypostasierung von Musik zu einem Gegenstandsbegriff (Punkt 3: „Spiegel") mag eine anschauliche Metapher sein, ist aber weder in phänomenologischem noch in konstruktivistischem Sinne brauchbar.[6] Eine derartige substanzorientierte Vorstellung findet sich auch in Richters Rede von der „Lebenswelt der Musik" (1993, S. 24), die es neben der Lebenswelt der Rezipierenden und einer von dieser abstrahierten, universalen Lebenswelt zu berücksichtigen gelte. Mit dieser Vorstellung wird einem Musikbegriff Geltung verschafft, der Musik personifiziert und daher den Charakter eines Mythos annimmt (Schatt, 2008a).

Kritik

Mit Recht weist Schneider am Ende seines Beitrags darauf hin, dass „in Lebenssituationen immer verschiedene Erfahrungsdimensionen ineinander" greifen (Schneider, 1993, S. 7). In dem Maße aber, wie die Verschiedenheit weder bei ihm noch bei Ehrenforth noch bei Richter aufgearbeitet wurde, sondern lediglich als Instrument dafür genommen wurde, die Einführung von vereinheitlichenden Inhalten zu begründen, die zudem die Lehrperson auswählt, hat der Begriff ‚Lebenswelt' nicht das geleistet, was er hätte leisten können, hätte man sich intensiver um die Facetten seines Gehalts bemüht. In den vorliegenden Beiträgen erschöpfte sich seine Funktion darin, etwas zu begründen, was Husserl gerade nicht gewollt hat: einen Unterricht zu fundieren, der sich vom Wissenschaftlichen abwendet und sich einem mehr oder weniger unverbindlichen Austausch über Eindrücke, Befindlichkeiten und Assoziationen verpflichtet.

Vorschlag: Orientierung an ästhetischer Praxis

Dass eine Öffnung des Unterrichts in diese Richtung nicht völlig verfehlt sein kann, dürfte bereits aus unseren Überlegungen zum ästhetischen Verstehen und zur ästhetischen Praxis klar geworden sein; die Einsicht aber, dass Unterricht sich damit nicht begnügen kann, wird durch einen falsch oder nur rudimentär verstandenen Begriff der ‚Lebenswelt' verstellt.

Die Schwierigkeit des ‚Lebenswelt'-Begriffs liegt insbesondere darin, dass mit ihm bei Husserl ein Selbstverständliches, indessen Transzendentales gemeint ist. Unterricht hätte demnach primär das Anliegen zu verwirklichen, das Selbstverständliche fragwürdig werden zu lassen. Dies aber setzt voraus, dass die Erfahrungen mit den Phänomenen der Welt eben nicht bei allen Menschen dieselben sind - dieselbe ist immer nur die Lebenswelt, in der unterschiedliche Erfahrungen gemacht werden (Vogt, 2001). Zu fragen wäre immer nach dem ‚Selbst' und seinem jeweiligen Beitrag zum Verständnis. Damit aber hätten wir eine Position umschrieben, die den hier vorgestellten ganz entgegengesetzt ist (Schatt, 1995).

Genau die Frage nach dem ‚Selbst' und seinem jeweiligen Beitrag zum Verständnis meinte Husserl: Die Phänomene in ihrer Phänomenalität sind

6 Hier ist daran zu erinnern, dass gerade aus phänomenologischer Perspektive auf das polythetische, in der Zeit verstreichende und nicht objekthafte Moment des Musikalischen hingewiesen wurde (s. Kap. 2.1).

zwar für ihn als Gemeinsames allen Menschen gleich zugänglich, aber sie werden durch die Zugänge der Menschen differenziert und können zu jeweils Anderem werden. Vor diesem Hintergrund ist die Rede von ‚der einen Lebenswelt' zwar sinnvoll, wenn man sich erkenntnistheoretisch auf den phänomenologischen Ansatz verpflichtet, jedoch wissenschaftstheoretisch und auch didaktisch extrem schwierig: Unterricht hätte die Aufgabe, gemeinsam mit den Schüler*innen in schrittweisem Nachdenken von den Erfahrungen all dasjenige abzulösen, was an Subjektivem dem Wahrgenommenen zugeordnet worden ist, um so der Wahrheit auf die Spur zu kommen.

Allerdings kam es in späteren Ausarbeitungen des Lebenswelt-Gedankens zu einer Differenzierung. So wird bei Ehrenforth der mit dem Topos-Gedanken eng verknüpfte dialogische Aspekt nicht nur zwischen Mensch und Musik, sondern vor allem auch zwischen allen am Unterricht Beteiligten betont (Ehrenforth, 2001). Richter vertrat später die Auffassung, dass die ‚Grundbegriffe' nicht von den Lehrenden vorgegeben werden, sondern „erst aus der Beschäftigung aller Beteiligten mit Musik" erwachsen sollen (Richter, 2012, S. 58). Gleichwohl kann, wie Sachsse ausführte, „gefragt werden, ob diese Begriffe nicht einerseits in ihrer Allgemeinheit trivial sind, andererseits Gemeinsamkeiten dogmatisch verordnen, die die Vielfalt möglicher Bedeutungszuweisungen durch die faktische Vielzahl der beteiligten Individuen stark einengen" (Sachsse, 2014, S. 250). Fragwürdig bleibt die Vorstellung, dass die inhaltliche Füllung von Topoi bzw. „Treffpunkten" durch Begriffe erfolgen solle, die „sowohl aus der Lebenswelt der Menschen wie auch aus der Musik" stammen (Richter, 2012, S. 58). Dazu ist schlicht festzuhalten, dass Musik begriffslos ist – Begriffe können ihr nur von Menschen zugewiesen werden. Vielmehr sind die Begriffe, mit denen sowohl die „Topoi" (Ehrenforth) als auch die „Treffpunkte" (Richter) sowie die „Grunderfahrungen" (Schneider) benannt werden, weder „das Ergebnis empirischer Forschung, noch z. B. das Resultat phänomenologischer Reduktion", und sie sind „weder mit Husserl, noch mit Heidegger zu legitimieren" (Vogt, 1997, S. 40). Sie mögen für die Initiierung eines Gesprächs fruchtbar sein, bleiben aber Setzungen der für den Unterricht Verantwortlichen, gewonnen aus deren hermeneutischer Befassung mit Musik.

Nach anderen Einsichten – etwa der Position des Konstruktivismus – kommt es aber gerade auf dieses subjektiv von Menschen dem Wahrgenommenen Zugeordnete an. Statt auf ein fiktives Gemeinsames zu rekurrieren, sollte man sich lieber dem zuwenden, dem sich all dieses verdankt: dem Wissen, das Menschen hervorgebracht haben. Aus einer solchen didaktischen Perspektive – einer Perspektive, die die Leistung des ‚Selbst' anerkennt, aber auch thematisiert – wäre der Rekurs auf den Lebenswelt-Begriff weder notwendig noch sinnvoll: Er verstellte den Blick für die Differenzen, die durch unterschiedliche Erfahrungen unterschiedlicher Menschen mit denselben

Dingen gemacht werden, indem er nur Vorgaben macht, nicht aber die Ergebnisse von Wahrnehmung, Denken und Handeln thematisiert. Insofern erscheint der Begriff zwar geeignet, um dasjenige zu umschreiben, was die Voraussetzungen von Unterricht bildet; eine Maßgabe für Orientierung im Sinne eines auf die Verwirklichung von Zielen gerichteten Handelns bietet er nicht.

3.6 Kultur

Wer sich in irgendeiner Weise dem „kulturtheoretischen Paradigma" (Kaiser, 1998, S. 102) pädagogischer Intentionalität verpflichtet fühlt und nach Orientierung am Kulturbegriff sucht, sollte sich mit diesem Begriff auseinandersetzen. Bedauerlicherweise ist dies weniger im fachlich-musikpädagogischen als insbesondere im öffentlichen Diskurs selten der Fall, im Gegenteil: Der unsachgemäße, weil nicht hinreichend begründete Gebrauch, der für den Begriff ‚Lebenswelt' konstatiert wurde, ist auch für den Begriff ‚Kultur' festzustellen. Die Häufigkeit, mit der man ihn in Vorschlägen weniger für eine Neugestaltung des Musikunterrichts als vielmehr eines Teils des öffentlichen Lebens gerade in der jüngsten Vergangenheit bemüht, steht in schroffem Widerspruch zu der Präzision, mit der er gebraucht wird. Diese aber ist notwendig, soll er gewinnbringend als Fundierung für einen vernünftigen Unterricht fungieren.

Problematik des ‚Kultur'-Begriffs

Die Ursache dafür ist ähnlich gelagert wie beim Begriff ‚Lebenswelt': Seine Bedeutung scheint jedem völlig klar zu sein. So verweist schon der alltägliche Sprachgebrauch auf einige Facetten des Kulturbegriffs: Mein Großvater verwendete in seinem Garten ein Gerät namens ‚Kultivator', um die Wildkräuter zu entfernen und den Boden seinem Naturzustand zu entreißen, um ihn nutzbar zu machen; auf einen ähnlichen Prozess verweist der englische Begriff ‚agriculture' für ‚Landwirtschaft'; wer einen Kulturbeutel hat und dessen Inhalt für hygienische und dekorative Zwecke benutzt, beim Essen nicht schmatzt, zwischen den Sätzen einer Sinfonie nicht applaudiert, ist kultiviert und kein Barbar - und wer nach landläufigen Vorstellungen Museen und Theateraufführungen besucht, in die Oper und ins Konzert geht, hat an Kultur teil - wer ins Kino geht, dagegen eher nicht. Oder doch - kommt es vielleicht nur darauf an, welche Filme man sieht? Sind vielleicht Filme von Truffaut, Godard, Stanley Kubrick „Kultur", *Star Wars* dagegen nicht? Ist vielleicht derjenige unkultiviert, der kein Feuerzeug dabei hat, um es beim Schmusesong im Popkonzert zu schwenken, derjenige ein Barbar, der - wie er es von den Eltern gelernt hat und gewohnt ist - dem Japaner bei der Begrüßung die Hand drückt?

Aus diesen Beispielen wird zweierlei deutlich: Zum einen verschwimmt im alltäglichen Sprachgebrauch und Bewusstsein der Unterschied zwischen Kultur und Zivilisation. Folgt man indessen den Vorstellungen Immanuel Kants, so ist Kultur „an Moralität gekoppelt", während „Zivilität als bloße

Techniken des Anständigen begriffen“ wird (Reckwitz, 2005, S. 94) - demnach müsste der Behälter für kosmetische Artikel eigentlich „Zivilisationsbeutel“ heißen. Zum anderen ist offenbar nicht allgemein gültig, was als kultiviert oder als Nachweis der Teilhabe an Kultur zu gelten hat. Dies ist aber nur eines der Probleme, denen man sich zu stellen hat, wenn der Kulturbegriff zur musikpädagogischen Orientierung dienen soll.

‚Kultur‘ als Mythos

Neben der offenkundigen Relativität von ‚Kultur‘ ergibt sich ein anderes Problem daraus, dass Kultur als ein Anderes des Menschen verstanden wird - als ein Etwas, dem eine Eigentätigkeit zuerkannt, dem erwünschte Eigenschaften des Zusammenlebens und des menschlichen Bewusstseins zugeschrieben werden, das aber zugleich von der Aura des Geheimnisses umgeben ist. Sätze wie

- Kultur öffnet Perspektiven,
- Kultur erweckt Sinne,
- Kultur offenbart ihre Seele durch Verschlüsselung,
- Kultur verbindet die Menschen miteinander,

zu finden am U-Bahnhof „Viehofer Platz“ in Essen, machen dies deutlich. Bei diesem Anderen scheint die Verantwortung für das zu liegen, was geschieht. Kultur erscheint damit als Mythos: als ein Name für etwas, unter dem ein Komplex von Hoffnungen und Wünschen zusammengeschlossen wird und der hier den Inbegriff des Zustands geglückten Lebens bildet (Schatt, 2004a).

In ein solches Anderes kann man nicht ohne Weiteres andere Menschen ‚einführen‘, bzw. man kann es sich nicht problemlos ‚erschließen‘, denn: Wie kann und soll Kultur erreicht werden, wenn sie ein fernes, entrücktes Anderes ist, dem darüber hinaus explizit die Hervorbringung der Wirkungen zugeschrieben wird, die erst durch Teilhabe an ihr ermöglicht werden sollen?

‚Kultur‘ als Handlungsbegriff

Der Gedanke, der erwünschte Zustand von Kultur könne durch Lernen und durch Entfaltung von Geschick und Sinnlichkeit erreicht werden, würde bereits das in den Menschen verlagern, was hier als Ergebnis vermerkt wird. Diese Auffassung ist unvereinbar mit der verbreiteten Vorstellung von Kultur als einem eigenen, vom Subjekt räumlich und zeitlich getrennten Bereich. Ein solcher Gedanke würde nämlich Kultur als formale Qualität menschlichen Handelns auffassen - freilich im Rahmen von Wert- und Normvorstellungen, aber nicht in unveränderlicher, normativer und ausschließlicher Ausrichtung auf *bestimmte* Wert- und Normvorstellungen.

Offenbar ist an dieser Stelle ein anders gelagerter Kulturbegriff zu bemühen. Die folgenden Bestimmungen sind unterschiedlich positioniert - soziologisch, interaktionstheoretisch und bedeutungstheoretisch. Wahrscheinlich haben sie alle drei zusammen eine Geltung, die für unterrichtliche Zusammenhänge relevant ist. Bei John Clarke lesen wir:

> „Kultur ist die Art, wie die sozialen Beziehungen einer Gruppe strukturiert und geformt sind; aber sie ist auch die Art, wie diese Formen erfahren, verstanden und interpretiert werden. [...] So bilden die bestehenden Muster eine Art historisches Reservoir - ein vorab konstituiertes ‚Feld der Möglichkeiten' -, das die Gruppen aufgreifen, transformieren und weiterentwickeln" (Clarke, 1979, S. 41-42).

Manfred Hohmann vertrat die Ansicht, Kultur sei ein System von Symbolen, das sich in Interaktion und Kommunikation konstituiere; daraus erwachse die immer wieder neu zu leistende Aufgabe der Interpretation, die im Austausch zwischen den Kulturen durchaus konfliktträchtig sei (vgl. Hohmann, 1983).

Und Wolfgang Nieke führte aus: „Kultur ist die Gesamtheit der kollektiven Deutungsmuster einer Lebenswelt (einschließlich materieller Manifestationen)" (Nieke, [1995]2000, S. 50). Unter Deutungsmustern verstand Nieke den „Oberbegriff für alle anderen Muster des Wahrnehmens, Orientierens, Denkens, Fühlens, Wertens und Handelns" (ebd., S. 60).

Relevanz von Werten und Normen

Daraus mag deutlich geworden sein:

1. Offenbar hängt die Entscheidung über Kultur oder Nicht-Kultur von Wert- und Normvorstellungen ab, die man in einem bestimmten - oder zu bestimmenden - Kontext für gültig hält. Diese Wert- und Normvorstellungen werden bei allen Akten des Wahrnehmens, Denkens und Fühlens in Anschlag gebracht. Demnach kann man gar nicht handeln, ohne in irgendeiner Weise auf Kultur zu rekurrieren bzw. Kultur zu verwirklichen.
2. Unsere Beispiele und Fragen haben gezeigt, dass ‚Kultur' kein Gegenstandsbereich ist, sondern eng mit menschlichem Handeln und dessen Orientierungen zusammenhängt.
3. Insofern kann Kultur nicht etwas sein, was dem Menschen gegenübersteht, sondern etwas, das er durch sein Handeln vollzieht bzw. hervorbringt - und zwar mit Bezug auf unterschiedliche, aber jeweils bestimmte Norm- und Wertvorstellungen. Dies gilt auch für die ‚Objektivationen': die Gegenstände und Phänomene, in denen Kultur manifest wird.

Zusammenfassend hat der Soziologe und Kulturwissenschaftler Andreas Reckwitz vier unterschiedliche Versionen des Kulturbegriffs in neueren Theorien ausgewiesen (ausführlich in Reckwitz, 2000):

1. einen *normativen* Kulturbegriff: Dieser „begreift Kultur als eine normativ prämierte, ausgezeichnete Lebensweise und hantiert mit einer Unterscheidung mit dem Kultivierten und dem Nicht-Kultivierten" (Reckwitz, 2005, S. 94). Zahlreiche der oben angeführten Beispiele sind diesem Kulturbegriff zuzuordnen.

2. einen *holistischen* Kulturbegriff: Dieser bezeichnet nicht eine ausgezeichnete Lebensform, sondern „bezieht sich auf die Diversität der Totalitäten menschlicher Lebensformen in verschiedenen ‚Völkern', ‚Nationen', ‚Gemeinschaften', ‚Kulturkreisen'" (ebd., S. 95). Er bezieht sich auf Sitten und Gebräuche ebenso wie auf Ideen und ist an bestimmte Kollektive in bestimmten Räumen mit einer bestimmten Tradition gebunden. Vor dem Hintergrund dieses Kulturbegriffs können kulturelle Differenzen als „Differenzen der Gebräuche von Kollektiven" (ebd.) herausgestellt werden. Freilich wird dabei insofern vereinfacht, als die Genesis dieser Gebräuche unbeachtet bleibt.
3. einen *differenzierungstheoretischen* Kulturbegriff: Dabei wird in einem engen Verständnis Kultur „als ein funktionales Subsystem der Gesellschaft verstanden, als ein ‚Treuhändersystem', das vor allem in der Kunst und Bildung institutionalisiert ist und dem die Aufgabe der Tradierung und Neuentwicklung von Weltdeutungen zukommt" (ebd.).
4. einen *bedeutungsorientierten, sozialkonstruktivistischen* Kulturbegriff: Er geht davon aus, „dass menschliche Verhaltenskomplexe vor dem Hintergrund von symbolischen Ordnungen, von spezifischen Formen der Weltinterpretation entstehen, von Sinnsystemen und kulturellen Codes reproduziert werden" (ebd., S. 96).

Festzuhalten ist, dass diese Bezeichnungen Schwerpunkte bei der Beobachtung menschlicher Welt-, Sozial- und Selbstverhältnisse benennen. Tatsächlich können deren einzelne Momente in Übergängen ineinanderfließen: Wenn z.B. August Halm *Von zwei Kulturen der Musik* schreibt (1913), so ist dieser Kulturbegriff normativ insofern, als er sich auf Regeln für Fuge und Sonate bezieht; es ist zugleich differenzierungstheoretisch, da die beiden Formungsweisen als konstitutiv für zwei unterschiedliche Weisen, musikalisch Kunst zu gestalten, aufgefasst werden; und er ist bedeutungsorientiert insofern, als die Funktion dieser Formungsweisen in ihrer Bedingung für die Möglichkeit musikalischen Fortschritts gesehen wird. Ein anderes Beispiel wäre der Begriff des ‚Exotismus' in der Musik: Er geht in holistischer Weise von getrennten Kulturbereichen aus, untersucht normativ die Differenzen hinsichtlich der Regeln und Wertvorstellungen musikalischer Praktiken und sieht diese als symbolische Formen für das Selbst- und Weltbild derer, die sich mit ihnen befassen. Insofern hat Dorothee Barth recht mit ihrer Feststellung, es komme nicht auf derartige Bestimmungen selbst an, da „jede kulturelle Praxis [...] gewisser Normen bedarf", „sondern welche Konsequenzen für den Musikunterricht [...] daraus jeweils erwachsen können" (Barth, 2008, S. 35).

Weil Kultur in welchem Begriffsverständnis auch immer unweigerlich mit Norm- und Wertvorstellungen zusammenhängt, ist der Begriff gut brauchbar, um ein- und auszugrenzen - oder pädagogisch wirksam zu werden: dafür Sorge zu tragen, dass jemand daran teilhat. Nach welchen Norm- und Wertvorstellungen aber soll gehandelt werden? Diese sind ja, wie wir gesehen haben, nicht absolut gültig, sondern haben eine lokal und temporär begrenzte, auf intersubjektiver Verständigung und Übereinkunft beruhende Geltung. Demnach müssten sie verhandelbar sein. Voraussetzung für eine derartige Verhandlung ist aber, sie sich bewusst zu machen und Gründe zu ihrer Rechtfertigung oder Ablehnung anführen zu können - sofern man sich nicht vom Bild des aufgeklärten Menschen und der Restnorm vernüftigen Handelns verabschieden will.

Kulturelle Bildung versus Zentralabitur

Dies ist jedoch nicht Inhalt öffentlich artikulierten Bewusstseins. Von offiziellen Instanzen wird der Kulturbegriff ebenso regelmäßig wie unreflektiert meist dann bemüht, wenn es primär um den Erhalt von Traditionen in Bezug auf Werte und Inhalte geht. Dabei erhält der Begriff „Kultur" - wie gezeigt - den Charakter einer zum Mythischen zumindest tendierenden Erzählung von unantastbaren Objektivationen - so genannten „Kulturgütern" - (Schatt, 2004a). Sieht man dies in Verbindung mit einer „Kulturerschließung", in deren Horizont Kultur als eben eine derartige Objektivation erscheint (Bähr, Gies, Jank & Nimczik, 2003), so liegt die Befürchtung nicht fern, dass Bildung in der einseitigen, normativen, schlimmstenfalls gar doktrinären Ausrichtung auf die von so genannten ‚Kulturträgern' vertretenen Inhalte, Normen und Wertvorstellungen gesehen werden könne: vertreten von Angehörigen eines Hochkulturmilieus, die - ausgestattet mit institutioneller Macht - ihren Ansprüchen gegen die Ansprüche der Träger anderer Teilkulturen zur Durchsetzung zu verhelfen pflegen. Eine solche Befürchtung wird nicht gerade entkräftet durch die rigorose und prozedural wie inhaltlich wenig reflektierte Einführung des Zentralabiturs auch im Fache Musik und die im Zusammenhang damit intendierte Installation eines ‚Bildungskanons', in dessen Rahmen nicht nur fest umrissene Gegenstände bzw. Inhalte abzuhandeln, sondern auch bestimmte ‚Standards' - auf abfragbares Wissen und überprüfbares Können gerichtete, quantitativ und qualitativ festgelegte Größen normativen Charakters also - zu erreichen sein sollten. Wo aber mit Blick auf fest umrissene Inhalte Qualifikation statt Kompetenz gefordert bzw. verordnet wird, steht der Verlust jener Freiheit zu befürchten, die mit dem Begriff der Bildung untrennbar verbunden ist. Wo Kultur in dieser Form nur eingeübt wird, gerät sie zur Unkultur, zur Barbarei. Unterricht erscheint vor diesem Hintergrund als primär nicht auf Bildung, sondern auf Ausbildung gerichtete Veranstaltung, durch die der Mensch befähigt werden soll, vorbestimmte gesellschaftlich erwünschte Zwecke zu erfüllen.

Erst im Bewusstsein dieser Problematik kann der Begriff ‚Kultur' zu einem prinzipiell offenen und dennoch wertbezogenen, aber nicht hegemonial-normativen Handlungsbegriff werden - und damit zu einer Orientierung für pädagogisches Handeln, das dem gerecht wird, was Ernst Cassirer 1944 in seinem *Versuch über den Menschen* schrieb:

> „Im ganzen genommen könnte man die Kultur als den Prozess der fortschreitenden Selbstbefreiung des Menschen beschreiben. Sprache, Kunst, Religion und Wissenschaft bilden unterschiedliche Phasen in diesem Prozess. In ihnen allen entdeckt und erweist der Mensch eine neue Kraft - die Kraft, sich eine eigene, eine ‚ideale' Welt zu errichten" (Cassirer, 1944 [1990], S. 345).

Dass der Mensch sich tatsächlich in einem solchen Prozess befindet, mag aus der Tatsache ersichtlich sein, dass die Frage eines musikalischen Bildungskanons eingehend, kontrovers und auch hitzig diskutiert wurde. Mittlerweile zeichnet sich die Einsicht ab, dass Unterricht im öffentlichen Schulwesens ein gewisses Maß an Kanonisierung benötigt, weil er sonst seiner gesellschaftlichen Aufgabe gar nicht gerecht werden könne. Fraglich ist dabei allerdings, ob es sich um einen Kanon von Inhalten oder um einen Grundbestand von Kompetenzen handeln solle (Vogt, 2019, S. 1). Verzichtet man in curricularen Vorgaben auf Letztere, bleibt unklar, welche Bildungsgehalte verwirklicht werden sollen, verzichtet man auf nähere Angaben über Erstere, bleibt die schwierige Entscheidung, was woran gelernt werden solle, den Lehrenden bzw. möglicherweise auch den Lernenden überlassen.

3.7 Bedeutung und Bedeutsamkeit

Der Begriff ‚Bedeutung' spielt im alltäglichen und im fachwissenschaftlichen Reden über Musik eine zentrale Rolle, wird aber so unterschiedlich eingesetzt, dass es schwierig ist, sich an ihm zu orientieren, selbst wenn man ihn – wie in der Überschrift dieses Abschnitts – durch den subjektbezogenen Begriff der ‚Bedeutsamkeit' ergänzt. Es wird sich aber zeigen, dass das Nachdenken über die Unterschiede dieses Gebrauchs eine Begründung dafür liefert, dass er für die Fundierung musikpädagogischen Handelns relevant ist.

‚Bedeuten' als Handlungsbegriff

Um die Eigenarten des Begriffs ins rechte Licht zu rücken, muss man nicht in die Tiefen der Sprach- und Erkenntnisphilosophie hinabsteigen. Sie werden uns schon ‚deut'-lich, wenn wir uns in sprachgeschichtlicher Hinsicht informieren. Zweifellos hängt das Nomen ‚Bedeutung' eng mit dem Verb ‚bedeuten' und dieses wiederum mit ‚deuten' zusammen. Während letzteres transitiv gebraucht wird, so hat sich der transitive Gebrauch von ‚bedeuten' („er bedeutete mir, mich zurückzuhalten") weitgehend verloren. Der ursprüngliche Sinn von ‚deuten' zeigt sich aber gerade im transitiven Gebrauch von ‚bedeuten': Es ist zunächst ein gestisches Handeln, ein Zeigen, ein Zeichengeben. Diese Handlung wird auf ein Anderes – einen Gegenstand, eine Aussage, einen Traum oder ein Kunstwerk – bezogen, wenn wir den Begriff im Sinne von ‚auslegen' oder ‚erklären' verwenden. Wenn wir ferner davon reden, etwas ‚bedeute' etwas, so wird diese Handlung des Zeigens oder Auslegens in das Etwas hineinverlegt: Die Handlung, die der Mensch ausführt, wird dem Objekt unterstellt.

Im Begriff ‚Bedeutung' vollends zeigt sich dieses Handeln als abgeschlossen: Während die Begriffe ‚deuten' und ‚bedeuten' mit einem Prozess verbunden sind, ist ‚Bedeutung' zunächst nur als Zustand denkbar. Das heißt nicht, dass dieser Zustand unveränderbar wäre; entscheidend ist aber für unseren Zusammenhang, dass ‚Bedeutung' als ein Haben verstanden wird, das aufgrund einer Beobachtung einer Sache zugeeignet wird: So sagen wir denn z.B. „Das hat für mich keine Bedeutung". Begriffe dieser Art tendieren zur Verdinglichung: Die ‚Bedeutung' einer Sache wird - im Sinne einer Eigenschaft - als ihr Eigentum (und nicht ihre Eigentümlichkeit) aufgefasst. Die Bedeutung einer Sache wäre demnach etwas, worauf sie verweist, wobei dieses Andere aber ihr Eigenes wäre. Diese Auffassung hat Friedrich Ludwig Gottlob Frege dazu geführt, die Bedeutung mit dem Gegenstand gleichzusetzen - eine Auffassung, der sich nicht nur der junge Ludwig Wittgenstein anschloss: Auch Hans Heinrich Eggebrechts Ansicht, das Ästhetische selbst sei das, was es bedeute (er bezeichnet dies als das „ästhetische Bedeuten" im Unterschied zum „symbolischen Meinen") verweist auf diese Position (Eggebrecht in Eggebrecht & Dahlhaus, 1987, S. 124ff.).

Das Irreführende an dieser Auffassung wird klar, wenn man die Frage nach der Herkunft von Bedeutungen beantwortet. Sie kommen nicht aus einem wie auch immer gearteten ‚Sein' von Dingen oder Sachverhalten, sondern sind unlösbar mit deren Entstehung verbunden. Diese Genesis wiederum ist untrennbar mit menschlichem Handeln verbunden. Dies gilt selbst dann, wenn man an eine ursprüngliche Gegebenheit im Sinne der Schöpfung glaubt: Die Tatsache, dass man der Dinge gewahr wird, beruht immer darauf, dass man sie deutet, dass ‚sie sich uns zeigen'. Noch einmal sei betont, dass die Dinge nichts tun: Ihr ‚Sich-uns-zeigen' ist eine Projektion der eigenen Handlung des ‚Als-wahr-Nehmens' im Sinne letztlich einer Deutung.

Intersubjektive Geltung

Irrig wäre es allerdings, wenn die Bedeutung ausschließlich auf eine Konstitutionsleistung in der Psyche des Einzelnen zurückgeführt würde, der bei der Hervorbringung von Bedeutung bestimmte Vorstellungen mit einem Phänomen verbindet. Zwar ist dies der Fall; die jeweilige Vorstellung ihrerseits aber ist nie nur als individuelle zu denken. Sie muss vielmehr

> „überindividuelle, intersubjektive, soziale Geltung haben, wenn sie verstehbar, mitteilbar und somit auch wissenschaftlich beschreibbar sein soll. Sie darf also weder dem Individuum noch der außersprachlichen Sache ausgeliefert sein, sondern muss ihren festen Platz in einem überindividuellen Sinngefüge haben, an dem jeder Sprachangehörige kraft Spracherlernung gleichen Anteil hat" (Gipper, 1971, Sp. 760-761).

Ästhetisches Bedeuten ist also nicht, wie Eggebrecht meint, ohne Weiteres ein Korrelat zum ästhetischen Verstehen. In dem Augenblick, wo ein ‚Bedeuten' ins Bewusstsein des Subjekts tritt, ist die Sprache als ein zum ästhetischen Objekt Anderes involviert. Ästhetisches Bedeuten wird damit dem Phänomen vom Subjekt *zugewiesen* - freilich im Kontext der Zuweisungen Anderer oder anderer Zuweisungen. Es unterscheidet sich damit zwar inhaltlich, nicht aber durch die Struktur vom „symbolischen Meinen": In beiden Fällen wird dem erscheinenden Etwas im Medium der Sprache ein Anderes zugeordnet.

Bedeutung als Funktionsbegriff

Dieses Andere ist nicht identisch mit dem Etwas und es ‚ist' nicht seine Eigenschaft in einem ontologischen Sinne. ‚Bedeutung' wird den Phänomenen von Subjekten im kulturellen, d.h. sozialen, interaktiven und damit intersubjektiven Zusammenhang zugewiesen. ‚Bedeutung' kann damit sinnvoller Weise nicht als Substanzbegriff aufgefasst werden, sondern hat als Funktionsbegriff zu gelten: ein Begriff, der den Menschen dazu dient, sich in der Welt der Phänomene zu orientieren.

Das ästhetische Bedeuten eines Phänomens im Bereich der Musik ist zwar eine vom Menschen generierte Funktion des tönenden Etwas, bezieht aber seine Referenz aus dem tönenden Zusammenhang selbst. So bedeutet z.B. das Intervall fis-c in ästhetischer Hinsicht Spannung, scheint nach Auflösung zu drängen, die Akkordfolge c-e-g-b/f-a-c bedeutet ästhetisch Auflösung, Abschluss. Freilich ‚haben' diese Phänomene diese Eigenschaften nur im Kontext ‚abendländischer' Musiktradition und nur für den, der in diese eingewöhnt ist. Das „symbolische Meinen" dieser Phänomene dagegen bezieht sich auf die Welt außerhalb der tönenden Erscheinungen: So kann der Tritonus als ‚diabolus in musica', als Element des Fafner-Motivs in Wagners *Ring des Nibelungen* fungieren und bedrohlich wirken, aber auch als Eselsruf für Erheiterung sogen, die Wendung Dominante-Tonika kann Erleichterung oder Befriedigung hervorrufen. Stefan Orgass hat daher zwischen musikalischer Bedeutung - dem „ästhetischen Bedeuten" des tönenden ‚Objekts' - und musikbezogener Bedeutsamkeit - demjenigen, als was das „symbolische Meinen" von einem Subjekt im interaktiven Zusammenhang und in Verbindung mit dem tönenden Phänomen gedeutet wird - unterschieden (Orgass, erstmals in einem Vortrag 2004, ausgearbeitet in 2007, S. 30-39).

Diese Unterscheidung trifft auch Martina Krause. Sie fasst den Bedeutsamkeitsbegriff etwas anders auf: „Bedeutsamkeit hat etwas mit persönlicher Wertschätzung zu tun; Bedeutsamkeit ist Bedeutung für ein Individuum und damit subjektgebunden" (Krause, 2008, S. 135). Dabei verweist die Wendung „Bedeutung für ..." in Verbindung mit der Betonung des Persönlichen nicht nur auf jene nicht-musikalischen Vorstellungen, die bei Orgass intersubjektiv und interaktiv verankert, sondern zugleich auch auf den Bereich dessen, der bei Orgass an anderer Stelle als „Relevanz" bezeichnet wird (Geuen & Orgass, 2007).

Eine solche Unterscheidung fehlt in den einschlägigen Überlegungen, die Dorothee Barth 2008 vorlegte. Sie verwendet lediglich den Begriff ‚Bedeutung', nicht den der Bedeutsamkeit. Hinsichtlich der ‚Bedeutung' unterscheidet sie zwei Modi deren Generierung, bleibt dabei aber nicht frei von inneren Widersprüchen: Zwar geht auch sie davon aus, dass „weder nur durch die Struktur des musikalischen Artefakts noch durch die Analyse der Zuschreibungen des Rezipienten an das Artefakt allein" bestimmt werden könne, „[w]as ästhetische Bedeutung sei". Gleichwohl sei ein Modus der Bedeutungsgenerierung charakterisiert durch eine „*Suche* nach Bedeutung, die durch Werk-Analyse gestützt wird", die gleichzusetzen sei mit der Suche nach Antworten auf die „Frage, *was eine bestimmte die* [sic!] *Musik bedeutet* (im Sinne von ‚zum Ausdruck bringt')": eine Suche also nach etwas, das *in* der Musik liegen muss. Den anderen Modus sieht Barth in der „*Zuweisung* von Bedeutung, die häufig durch das Bedürfnis kultureller Verortung [...] motiviert ist" (Barth, 2008, S. 154). Bei dieser Zuweisung geht es offenbar um Persönliches, was unter dem Eindruck des ästhetischen Erlebnisses generiert und mit dem klingenden Phänomen verknüpft wird - also etwas, was bei Krause und Orgass unter den Begriff „Bedeutsamkeit" gefasst wird. Bei Barth wird indessen weder geklärt, welcher Zusammenhang zwischen der in dieser Weise zugewiesenen Bedeutung und dem tönenden Phänomen besteht, noch woraus sie ihre Rechtfertigung oder Verbindlichkeit beziehen soll. Allerdings weist sie mit Recht darauf hin, dass durch den letztgenannten Akt der Zuweisung von Bedeutung „die Prozesshaftigkeit, die Veränderlichkeit, die Standortabhängigkeit, die Kontextualität und die Relativität von Deutungen und Bedeutungszuweisungen in musikalisch-ästhetischen Praxen gezeigt und problematisiert werden [können]" (ebd., S. 155). Dadurch können nach Barth eigene und fremde Kulturen auf neuartige Weise in den Blick geraten - worin in der Tat eine der pädagogisch wichtigen Funktionen musikbezogener Bedeutsamkeit besteht.

Interpretation

Die Einsicht, dass sowohl Bedeutung als auch Bedeutsamkeit keine Substanz-, sondern Funktionsbegriffe sind, kann demnach durchaus als Orientierung für musikdidaktisches Denken und unterrichtliches Handeln gelten: Musikalische Bedeutung und musikbezogene Bedeutsamkeit sind weder Sache nur des einzelnen Subjekts noch etwas, das aus der Sache ‚herauszuholen' wäre. Bedeutung und Bedeutsamkeit können nur im Bewusstsein der potenziellen oder tatsächlichen Zuweisungen Anderer hervorgebracht werden. Den entsprechenden Akt nennen wir „Interpretation" (Krause, 2008), und so hieß es denn auch in den inzwischen nicht mehr aktuellen, aber sehr sinnreichen Lehrplänen Musik für die Gymnasiale Oberstufe in NRW von 1999: „Musik erhält Bedeutung durch Interpretation".

Auch für den Akt der Interpretation im Medium des Musikalischen gilt, was oben gesagt wurde: In dem Moment, wo ich das klanglich Dargestellte der

Interpretation im Sinne von ‚Bedeutung' wahrnehme, überschreite ich das rein Sinnliche. Ich vollziehe jene Akte im Medium von Sprache, die mich berechtigen, ‚Bedeutung' als etwas aufzufassen, das sich dem ‚Bedeuten' eines Phänomens dergestalt verdankt, dass ich sein Erscheinen als Anlass genommen habe, mir durch seine Wahrnehmung ein Anderes zeigen zu lassen.

Zu den Bedingungen einer Musikdidaktik, die sich an diesen Begriffen von Bedeutung und Bedeutsamkeit orientiert, würde es gehören, zum einen diese Vorgänge auch den Schüler*innen bewusst zu machen und zum anderen von diesem Bewusstsein her die unterrichtlichen Prozesse zu formatieren.

4. Musikpädagogische Konzepte und Konzeptionen

Struktur und Intentionen

Musikpädagogische Konzepte und Konzeptionen sind Ergebnisse eines musikpädagogischen Denkens, das sich vorrangig um die Lösung von musikdidaktischen Problemen bemüht hat: Insofern ist die Diagnose eines Ist-Zustands etwas, das jede Konzeption als erstes leistet. Derartige Diagnosen können auf Vermutungen, Beobachtungen, erkenntnistheoretischen Überlegungen oder empirischen Studien beruhen. Sie können z.B. in der Feststellung bestehen, dass Menschen zu wenig singen oder musizieren, zu wenig selbsttätig oder kreativ sind, sich zu wenig mit artifizieller Musik beschäftigen - u.a. zu wenig in die Oper oder ins Sinfoniekonzert gehen -, ein als unzureichend oder unangemessen eingeschätztes Verständnis für Musik haben, Musik anderer Kulturen geringschätzen.

Zum Zweiten wird eine Perspektive für das zu Erreichende entfaltet: Ein Sollens-Horizont bildet in jeder Konzeption und jedem Konzept den Gegenpol zur Diagnose. Richtungweisend ist für solche Sollens-Aussagen, wie Malte Sachsse umfassend gezeigt hat (2014), das Menschenbild, das der*die Verfasser*in vertritt - der musische Mensch, der aufgeklärte Mensch, der emanzipierte Mensch, der kreative Mensch, der sich seiner ästhetischen Praktiken erfreuende Mensch - sowie in engem Zusammenhang damit das Bild von aktueller Gesellschaft und Kultur. Da solche Menschen-, Gesellschafts- und Kulturbilder in der Regel nicht aus der Luft gegriffen, sondern im Rekurs auf einschlägige Wissenschaften - z.B. Anthropologie, Philosophie, Soziologie, Psychologie, Kulturwissenschaft - generiert werden, diese Generierung aber das Geschäft wissenschaftlicher Musikpädagogik ist, sprechen wir hier von musikpädagogischen und nicht von musikdidaktischen Konzepten und Konzeptionen (s. Kap. 1.2).

Zum Dritten erbringt jede Konzeption und jedes Konzept Vorschläge dafür, wie das Gesollte durch Unterricht erreicht werden kann - insofern kommt allerdings die Didaktik zum Zuge. Neben didaktischen Entscheidungen über Ziele, Methoden, Umgangsweisen, Interaktionsformen und Medien des Unterrichts spielen aber auch musikpädagogische Überlegungen in die unterrichtsbezogenen Vorstellungen hinein: wenn es etwa um die Frage geht, ob der Unterricht sich an einer bestimmten Art von Musik oder bestimmten musikbezogenen Praktiken orientieren (z.B. ‚Didaktik der Oper', ‚Didaktik der Neuen Musik', ‚Kompositionsdidaktik') oder ganz anderen Maßgaben folgen solle (z.B. Förderung ästhetischer Einstellungen) oder welches Verhältnis zur aktuellen Musikkultur der Unterricht einnehmen bzw. welche Kultur durch ihn selbst entfaltet werden solle.

Unterscheidung Konzept – Konzeption

Es ist nicht ganz einfach, sich die Differenz zu vergegenwärtigen, die mit einer Unterscheidung zwischen den Begriffen Konzept und Konzeption in der musikpädagogischen Diskussion erfasst werden sollte. Zwar sollte mit beiden Begriffen Unterschiedliches benannt werden, das Unterschiedliche wurde jedoch verschieden aufgefasst. So nannte z. B. Christoph Richter „Konzept", was für Sigrid Abel-Struth eine „Konzeption" war (vgl. Richter, 1999, S. 41 f. und Abel-Struth, 1985, S. 406).

Am dezidiertesten äußerste sich Thomas Ott in seinem einschlägigen Beitrag für das *Neue Lexikon der Musikpädagogik*:

> „In strenger Definition würde man demnach unter musikpädagogischer Konzeption ein unverwechselbares, konsistentes System von begründeten Aussagen über wünschenswerte mp. Praxis verstehen, wobei diese Praxis in ihrer Systematik (als Ziel-, Inhalts-, Methoden-, Medienzusammenhang) und als Prozess vollständig in den Blick genommen wird" (Ott, 1994, S. 137).

Zu unterscheiden sei davon das Konzept als ein Plan zur Realisierung von Unterricht.

Für die Belange dieser *Einführung* genügt es, im Folgenden nur umfassende Empfehlungen zur Strukturierung von Musikunterricht im allgemeinen, nicht aber Vorschläge für einzelne Stunden oder Unterrichtseinheiten zu untersuchen. Dabei sollen die Begründung sowie deren Tragfähigkeit, die Konsistenz der Systematik und die intendierte Prozessualität der Lehr- und Lernvorgänge in den Blick genommen werden.

Objekt- und Subjektorientierung?

Dabei wird aus zwei Gründen nicht jene übliche Systematik verfolgt, die noch Werner Jank zugrunde gelegt hat: der Unterscheidung zwischen objekt- und subjektorientierten Didaktiken (Jank hat noch eine dritte Gruppe der Didaktiken hinzugefügt: die Didaktiken „im Spannungsfeld zwischen Objekt und Subjekt" (Jank, 2005, S. 5):

1. Nicht einmal diejenigen Didaktiken wären mit Fug und Recht ‚objektorientiert' zu nennen, die im Namen auf die ‚Objekte' verweisen, an denen sie sich angeblich orientieren sollen: Didaktik ‚der' Neuen Musik, Didaktik ‚der' Oper usf. Auch bei ihnen dienen tatsächlich nämlich nicht die Objekte der Orientierung, sondern die Handlungsprozesse und die daraus resultierenden Bedeutungen und Bedeutsamkeiten, die bestimmte Menschengruppen - hier in der Regel Musikwissenschaftler*innen - den ‚Objekten' - durchweg Gattungen kultureller Hervorbringungen - haben angedeihen lassen. Ziel dieser ‚Orientierungen' ist es, diese Handlungsweisen und ihre Ergebnisse anderen Menschengruppen - Schüler*innen

mit ihrem Hör-, Denk und Wahrnehmungs- oder anderem Vermögen - zugänglich werden zu lassen.

2. Die Kategorien Objekt- und Subjektorientierung sind Festschreibungen, die zwar charakterisieren, die aber unstimmig sind, weil sie über der Akzentuierung des Einen das Andere, nämlich die jeweils für notwendig oder sinnvoll erachteten Lehr- und Lernprozesse sowie deren Bindung an sowohl inhaltliche als auch formale Grundlagen aus dem Blick verlieren: einen Zusammenhang, der in den Konzeptionen immer - wenn auch mit unterschiedlicher Gewichtung - mitgedacht wurde.

Die Inhalte werden zunächst chronologisch, dann pragmatisch geordnet: Vom fünften Abschnitt an leitet die Einsicht in Möglichkeiten des Vergleichs, der Herausstellung von Gemeinsamkeiten und Unterschieden die Reihenfolge. Maßgeblich sind dabei die mit den zentralen Begriffen - Erfahrung, Kultur, Verstehen - verbundenen Vorstellungen von Musik, von dem Menschen, von seinen Weisen der Weltaneignung und von den Möglichkeiten ihrer unterrichtlichen Förderung. Dabei wird nicht der Anspruch erhoben, eine ‚Geschichte' musikpädagogisch-konzeptionellen Denkens zu erzählen; gleichwohl lassen sich zumindest einzelne Facetten einer historiographisch relevanten Tendenz erkennen: der Tendenz einer zunehmenden Ablösung der Perspektive auf das musikalische Werk, auf Kunst, auf ‚die eine' Kultur zugunsten der Perspektive auf dasjenige, was sich bei Schüler*innen im Rahmen der Begegnung mit Musik ereignen kann.

4.1 Vorkonzeptionelle Entwürfe und Ideen: Kretzschmar, Kestenberg, Musische Erziehung und Bildung

Schulgesangunterricht

Musikunterricht als Schulfach ist eine Errungenschaft bzw. Einrichtung des 20. Jahrhunderts. Schulischer Unterricht im Zusammenhang mit musikalischen Gegenständen war zuvor dem Singen verpflichtet - das Fach hieß „Singen", der Unterricht wurde als „Schulgesangunterricht" bezeichnet. Theoretische Äußerungen dazu sind nicht umfassend, sondern berühren einzelne Aspekte. Hintergrund bilden die ästhetischen Positionen des 19. Jahrhunderts hinsichtlich der Frage, was Musik sei, was sie im Menschen bewirke und wie der Mensch sie lerne. Die Antworten stehen im Spannungsfeld der Auffassungsweisen von Musik als Gefühlsausdruck (Friedrich von Hausegger), Musik als tönend bewegte Form (Eduard Hanslick) und Musik als Sprache (Hermann Kretzschmar).

Einigkeit bestand hinsichtlich der Ziele: Das Singen sollte der Erbauung des Gemüts, der Förderung einer patriotischen Haltung und der Einübung religiöser Gehalte dienen. Von daher war bestimmt, was gesungen wurde; auch über die Frage, wie gesungen werden sollte, war man sich einig: richtig und schön. Differenzen bestanden allerdings in der Frage, wie dies erreicht werden sollte. Elementarlehre mit dem Ziel des Blattsingens einerseits, Liedsingen nach Gehör andererseits bildeten die Pole eines Spannungsfeldes, in dem unterschiedliche Methoden vertreten wurden.

Als Beispiel für die Eigenart der dazu entwickelten Konzepte sei das erste seiner Art, die bereits erwähnte *Pestalozzische Gesangbildungslehre, nach Pfeiffers Erfindung kunstwissenschaftlich dargestellt im Namen Pestalozzis, Pfeiffers und ihrer Freunde* von Hans Georg Nägeli aus dem Jahre 1809 in den Blick genommen. Sie befasst sich nicht mit Kultur im Ganzen, auch nicht mit Musikkultur oder deren einzelne gesellschaftlich oder kompositorisch erwirkte Ausprägungen und ist insofern keine *Konzeption*. Sie befasst sich wohl aber mit dem Menschen, den Belangen seiner Bildung, um ihn zu einer würdigen Teilhabe am Dasein zu befähigen, und den Bedingungen seiner Möglichkeiten, zu lernen. Da all dies auch auf Musik bezogen wird, kann die *Gesangbildungslehre* als *musikpädagogisches* Konzept gelten.

Die *Gesangbildungslehre* ist ein gutes Beispiel für das Ineinanderwirken von Musikbegriff und Menschenbild. Nägelis Musikbegriff war geprägt von der Vorstellung einer durch Organisation der Elemente - insbesondere Rhythmus und Tonhöhe - erwirkten inneren Harmonie, derer wie schon bei Platon der Mensch durch Singen teilhaftig werden sollte: „Wir haben es auch geahndet [gemeint ist ‚geahnt'; PWS], dass diejenige Musenkunst, die sich Harmonie nennt, vorzüglich dazu geeignet sei, sowohl die Harmonie der Gemüthskräfte des Individuums, als die Uebereinstimmung der Gemüther in menschlicher Wechselwirkung zu befördern" (Nägeli, 1809, S. 1). Dazu sollen die Elemente der Musik in einem gestuften Lehrgang vom Einfachen des Einzeltons mit seinen Dauern und Tonhöhen zum Zusammengesetzten, nämlich Tetrachorden, Skalen, Intervallen und Melodien zunächst isoliert erarbeitet werden, um sie dann sinnvoll zusammensetzen zu können: Nägelis „neue Tonkunstlehre" besteht auf dem „Getrennthalten der Elemente, (der Rhytmik und der Melodik) besonders die Eigenthümlichkeit, den Rhytmus, seiner Rationalität wegen, zum Ersten zu machen, bis das Anschauungsvermögen des Bildlings befähigt ist, alle rhytmischen Hauptconstruktionen in sein Innres aufzunehmen, und alle einzelnen Rhytmen, die ihm in seinem musikalischen Leben vorkommen können, schnell und richtig aufzufassen; erst dann aber die beyden Construktions-Elemente, Rhytmus und Melodie, [...] seiner Anschauung vorzuführen" (ebd., S. 24-25). Damit sei, so Nägeli, beabsichtigt, „die Kunstkraft des Individuums in steter Bethätigung der Organisation bis an ein Ziel hinzuführen, wo dasselbe eine höhere Freyheit, eine edlere Existenz gewinnt - gewonnen hat" (ebd., S. 25).

So erklärt sich der Name dieses Konzepts „Gesangbildungslehre“: Der Gesang soll als Mittel zu einer Ausbildung in Musik fungieren, die ihrerseits im Dienst einer Bildung steht, in der Ethos und Ästhetik zu einer Einheit zusammentreten, die innere Freiheit garantiert. Während der letzte Aspekt durchaus zeitgenössischem aufklärerischem Denken entstammt, ist in der Vorstellung von den harmonisierenden und sozialisierenden Wirkungen der Musik der Rekurs auf Ideen Platons unverkennbar.

Diese von Nägeli vertretenen Bildungsziele traten im Laufe der Zeit in den Hintergrund zugunsten einer intensiven Methodendiskussion. Genannt seien hier beispielhaft die „Tonic-Solfa“-Methode John Curwens, die „Tonika-Do-Lehre“ Agnes Hundoeggers (1887) und die Tonwort-Methode des Carl Eitz (1897).

Grundlegende Reformbemühungen wurden durch eine Studie ausgelöst, die mit der PISA-Studie nicht konzeptionell, aber vom Ergebnis und von den Konsequenzen her vergleichbar ist: Während die Deutschen ihr musikalisch-schulisches Unterrichtswesen durchweg in Ordnung fanden, stellte eine Studie, die von außen kam, zahlreiche gravierende Missstände fest. 1879 machte ein Bericht des Engländers John Hullah deutlich, dass die Resultate dieses Unterrichts als „die denkbar erbärmlichsten“ einzuschätzen seien (Hullah [1881] nach Kretzschmar, [1910]1973, S. 134). Dieser Bericht gab den Anstoß dafür, über schulischen Musikunterricht und die Ausbildung derer, die dafür verantwortlich waren, in neuartiger Weise nachzudenken.

Reformbemühungen Hermann Kretzschmars: Grundlagen

Erste Entäußerung eines derartigen Denkens war die Schrift *Ein englisches Aktenstück über den deutschen Schulgesang (1881)* von Hermann Kretzschmar. Dessen musikpädagogisches Wirken ging von einem Musikbegriff aus, der auf der Vorstellung von Musik als Sprache beruhte und Affektenlehre mit programmmusikalischen Ideen zusammendachte. Das Ergebnis war eine Art Auslegungslehre (im Zusammenhang mit der Hermeneutik Wilhelm Diltheys), die eine musikalische Bildung des ganzen Volkes fundieren sollte. Seine Überzeugung von der ethischen Qualität der Tonkunst verband er mit dem Gedanken, dass alle Gebiete des schulischen und außerschulischen Musikunterrichts, des Musiklebens, der Musikpflege und der nationalen musikalischen Entwicklung miteinander verknüpft seien. In seiner Schrift *Musikalische Zeitfragen* (1903) griff er alle diesbezüglichen Probleme auf.

Die zentralen Intentionen Kretzschmars bestanden in Folgendem:

- Die Beschäftigung mit Musik soll zur Geschmacksbildung beitragen.
- Durch Kenntnis von Musikwerken sollen die Menschen Urteilsfähigkeit gewinnen: das sichere Urteil sei „Krone aller Kunstbildung“ (Kretzschmar, [1920]2013, S. 3).
- Durch Musikpflege in der kulturtragenden Schicht, der Mittelschicht, soll tradierte deutsche Musikkultur gerettet werden.

Grundlage dafür war die Liedpflege. Kretzschmar lehnte das Gehörsingen ab, ebenso das bloße Lernen von Noten (statt nach Noten zu singen). Er sah den Zusammenhang von materialer *und* formaler Bildung und befürwortete prinzipiell die musikalische Sinndeutung statt der Orientierung am Element. So schwebte ihm ein Musikverstehen vor, das von der Intervall- über Motiv- zur Themen*ästhetik* fortschreitet - ein Verstehen, das zwar auf Singen aufbauen, sich aber nicht darin erschöpfen sollte. Das Kunstwerk galt ihm als Sinnbild, nicht in erster Linie als Musikwerk. Seine Vorstellungen zur Auslegung von Musik durch Restituierung der Affektenlehre lassen Musik als Summierung von Einzelstellen, das musikalische Geschehen als Kommen und Gehen von Affekten erscheinen. Form war für ihn damit nur eine äußerliche Hülle für ein inneres Geschehen.

Zwar können wir hier die Lösung von der Elementarisierungsmethode konstatieren und den Beginn von Musikunterricht als Propädeutik des Verstehens erkennen. Es ist aber festzuhalten, dass all dies keinen konkreten Niederschlag in den Einrichtungen für schulischen Unterricht fand.

Ergebnisse

Ergebnis der anschließenden Reformbemühungen Kretzschmars waren Fortbildungskurse für Gesanglehrer an höheren Lehranstalten, Lehrpläne für höhere Mädchenschulen und höhere „Lehranstalten für die männliche Jugend“, ein neuer Lehrplan für Volksschulen, Einführung und Verbesserung von Fachinspektionen. Zentraler Gedanke ist die Professionalisierung des Lehrens, nämlich die Förderung fachlichen Könnens, um das zur Geltung kommen zu lassen, was er für die Eigenart des Lern-Gegenstandes hielt: Weiterreichende Wirkungen von Musik als Freisetzung ihrer ethischen Qualität. Wie erwähnt, waren dies nationale und religiöse Gesinnung und Gemütserbauung.

Fundierung durch Gesang

Trotz eines derartig umfassenden Denkens, trotz seiner Schau des Gesamtzusammenhanges, blieb Kretzschmar dem Gedanken eines durch Singen fundierten Unterrichts verpflichtet. Musik als Tonkunst bildete zwar den Hintergrund und das Ziel seiner Bemühungen, blieb aber in ihrer Komplexität aus dem Unterricht selbst ausgeblendet. Insofern haben Kretzschmars Bemühungen zwar konzeptionellen Charakter hinsichtlich der Zuordnung der Bereiche, in denen Musik gepflegt wurde, nicht aber bezüglich der für Unterricht konstitutiven Zusammenhänge zwischen Zielen, Inhalten, Methoden und Medien. Vielmehr ist sein Denken jenem Mythos von Musik verpflichtet, der davon ausgeht, dass das Ganze der Musik als Tonkunst auch dann zugänglich wird, wenn sie nur in Teilen vergegenwärtigt wird wie in dem, was in Schulen singbar ist.

Freilich ist dabei zu bedenken, dass die Konzentration auf das Singen auch der Tatsache geschuldet war, dass Musik in Schulen kaum anders verfügbar war: Tonträger waren überhaupt erst gegen Ende des 19. Jahrhunderts erfunden worden und zur Zeit Kretschmars wenig verbreitet, und die Ausstattung der Schulen mit Musikinstrumenten darf als dürftig bezeichnet werden.

Musik als Mythos – musikalische Volksbildung

Kretzschmar hat zweifellos keine Konzeption für Musikunterricht im oben umrissenen Sinne vorgelegt, sondern ein Konzept für musikalische Bildung, insbesondere musikalische Volksbildung. Grundlage dafür war, dass eine bestimmte Auffassung dessen, was Musik sei – nämlich eine tönende Sprache, die übersetzt und verstanden werden könne – und was die Auseinandersetzung mit ihr leiste – nämlich eine Veredelung des Menschen in mentaler, politischer und religiöser Hinsicht – mit Maßnahmen zur Aneignung – nämlich Singen – und der Ermöglichung dieser Aneignung in institutioneller Hinsicht verbunden wurde. Der Glaube, dass es ein in Musik selbst eingeschlossenes Künstlerisches gebe, das im praktischen Umgang mit Musik sich im Menschen freisetze, so dass er selbst vom Guten bestimmt werde – ein Glaube, der Musik als Mythos erfasst –, war zu stark, um andere als die angeführten Inhalte in den Blick zu rücken.

Reformen Leo Kestenbergs

Dies zu leisten war erst den Reformbemühungen Leo Kestenbergs, die er seit Beginn der 1920er-Jahre verwirklichte, auferlegt. Im Zuge dieser Reform wurde die Bezeichnung ‚Musikunterricht' institutionalisiert und dieses Fach erhielt die gleichen Rechte wie andere Fächer. Auch Kestenbergs Reform schulischer Unterrichtung mit musikalischen Inhalten beruht nicht auf einer theoretisch fundierten Reflexion über Zusammenhänge zwischen Musikbegriff, Menschenbild und Zielen, Inhalten, Methoden und Medien des Unterrichts im Rahmen von Musik-Lernen und -Lehren; ihre Grundlage ist ein pragmatisches Konzept, nach dessen Maßgaben die Unterrichtswirklichkeit konkret zu gestalten war.

Uneinheitlichkeit

Bei allen Verdiensten Kestenbergs ist seinen Bemühungen insbesondere ein Mangel an Systematik – und zwar nicht in organisatorischer, sondern in theoretischer Hinsicht – anzulasten. Kestenberg war nämlich primär nicht Theoretiker, sondern Pianist und Politiker; er stellte theoretische Überlegungen zugunsten politischer Erwägungen hintan: Um die Realisierung seines Vorhabens zu ermöglichen, war er bereit, allen Einflüssen nachzugeben – auch zuungunsten der theoretischen Stimmigkeit.

Kulturelle Bedingungen

Die Situation, die Kestenberg zu verbessern hatte, war für Reformen günstig und schwierig zugleich. Günstig, weil die Missstände des Unterrichts unübersehbar waren: Da Kretzschmars Vorhaben nicht gegriffen hatten, war die Situation des Unterrichts desolat – es gab keinen Musik-, sondern nur Gesangunterricht und die Lehrer wurden entsprechend rudimentär ausgebildet. Der tatsächlich praktizierte Gesangunterricht entbehrte jeden konzeptionellen Rückhalts – sowohl in inhaltlicher als auch in methodischer Hinsicht. Ferner hatte die kulturelle Musik-Situation als problematisch zu gelten: Einerseits spezialisierte sich das Kunstschaffen immer mehr, andererseits gab es einen Vormarsch ‚leichter' Musik – nicht zuletzt eben wegen jener Spezialisierung, aber auch aufgrund der tiefgreifenden Erschütterung aller Wertvorstellungen, die das Ende des Ersten Weltkriegs in Deutschland ausgelöst hatte. Ein Neuanfang war also erwünscht - allerdings nicht von allen Gruppen derselbe Neuanfang. Dies war die Schwierigkeit: Kestenberg hatte sich mit einem ausgeprägten musikpädagogischen und musikpolitischen Pluralismus auseinanderzusetzen. Seine eigenen Präferenzen durchkreuzten sich durchaus mit denen der Jugendmusikbewegung und der ‚Musischen Erziehung'.

Ziele: Gemeinschaft – Kunst verstehen – nationale Musikkultur

Sein Vorhaben bestand in nichts Geringerem, als eine neue Art der Volksbildung zu institutionalisieren. Dazu sollte eine Erziehung in den Schulen verwirklicht werden, in deren Zentrum die Musik als seelen- und gemütsbildende Kraft stand. Um nicht weniger sollte es gehen als um die Verwirklichung „eines neuen Menschentums unter dem Gesetz der Gemeinschaft und der Musik" (Kestenberg, 1927, Vorwort). In diesen Worten klingt mit dem „neuen Menschentum" Gedankengut der ‚Musischen Erziehung' und mit der Intention der Gemeinschaftsbildung durch Musik Gedankengut der Jugendmusikbewegung an, das Kestenberg genuin durchaus nicht zu eigen war, auf das er aber aus politischen Rücksichten rekurrieren musste.

Kestenbergs eigenes zentrales Anliegen war es, die Menschen zum Kunstverstehen zu führen. Der Musikunterricht sollte daher selbstverständlich auch Instrumentalmusik einbeziehen - nach Möglichkeit in instrumentaler Praxis durch die Schüler*innen, insbesondere aber durch Darbietung der Lehrenden (auch in den 20er-Jahren des 20. Jahrhunderts waren elektroakustische Medien in den Musik- oder Klassenräumen noch nicht verfügbar). Allerdings ist nicht zu übersehen, worin sich der Einfluss insbesondere der Jugendmusikbewegung und der ‚Musischen Erziehung' zeigt: in den Zugeständnissen an Gemeinschaftserziehung und ethische Bildung (Genaueres s. weiter unten). Obwohl Kestenberg den musischen Idealen der Ganzheit und Gemeinschaft im Innersten fernstand, die von der ‚Musischen Erziehung' vertreten wurden, und wenig davon hielt, den Musikanten höher zu schätzen als den Musiker und das Laienmusizieren dem Spezialisten- und Virtuosentum vorzuziehen - darin bestanden wesentliche Positionen der Jugendmusikbewegung -, lassen sich Spuren derartiger Ideen in seinen „Richtlinien" finden. Dies sind jedoch, wie angedeutet, Konzessionen an die wechselnden Mehrheiten der Regierungskoalitionen und keine Anzeichen echten Gesinnungswandels: Kestenberg war und blieb primär einem Musikbegriff verpflichtet, der Musik in erster Linie als Tonkunst sah.

Seine zentralen Gedanken legte er in der Denkschrift *Musikerziehung und Musikpflege* (1921) nieder. Wie Kretzschmar sah er den Gesamtzusammenhang von schulischer und vorschulischer Ausbildung bzw. Bildung in Musik, Musikpflege und Musikleben und einer nationalen Musikkultur. Seine Reformen erfassten denn auch den gesamten Ausbildungsbereich vom Kindergarten über die Volks- und höheren Schulen bis zu den Hochschulen: 1922 wurde eine Prüfungsordnung für das höhere Lehramt erlassen; 1922 erfolgte der Ausbau des Berliner Instituts für Kirchenmusik zur Akademie für Kirchen- und

Schulmusik, 1924 erschien der Ministerialerlass für den Musikunterricht an höheren Schulen (u.a. die Gleichstellung der Musiklehrer als Studienräte), 1925 ergingen Bestimmungen über den Musikunterricht an Mittelschulen, 1927 folgten Richtlinien für den Musikunterricht an Volksschulen, 1928 Richtlinien für die Musikpflege in den Ausbildungsstätten für Kindergärtnerinnen und Hortnerinnen. 1933 emigrierte Kestenberg wegen seiner jüdischen Herkunft zunächst nach Paris, später nach Tel Aviv, wo er 1962 starb.

Richtlinien: Grundgedanken

Die zentralen Grundgedanken der Richtlinien seien hier nur kurz umrissen: Voraussetzung ist die Vorstellung, Musik wirke auf das Gefühlsleben, die Empfindungen, die Phantasie, den ‚Gestaltungstrieb', den Charakter und die Bildung ein. Da Musik insofern als ein zentrales Fach gelten sollte, wurde die fast übliche Dispensation vom Unterricht weitgehend abgeschafft. Eingerichtet wurden Gehörbildung sowie Erfindungsübungen. Einen festen Platz hatten Lied- und Chorsingen, die Liedauswahl beinhaltete Volks-, Heimat- und Kunstlieder. Der Musikunterricht sollte auch der Einbindung in die Schulgemeinschaft dienen. Neu war der Gedanke, Querverbindungen zu anderen Fächern herzustellen, Arbeitsgemeinschaften zu gründen und so weit wie möglich Instrumentalmusik einzubeziehen. Methodisch sollte nach Dalcroze, Tonika-Do-Methode oder Carl Eitz' Tonwortmethode (bi, to, gu, su, la, fe, ni, bi) verfahren werden.

Probleme

Ein einheitliches System im Sinne eines Konzepts für musikalische Ausbildung ist die Kestenberg-Reform in organisatorischer und institutioneller Hinsicht. Eine Konzeption im engeren Sinne liegt hier nicht vor, da zu unterschiedliche Bildungsziele, zu unterschiedliche Musikanschauungen in sie eingedrungen waren. Die Probleme bei ihrer Umsetzung sind allerdings weniger darauf zurückzuführen: Die Unterrichtenden waren mit dem Anspruch überfordert, den Schüler*innen Musik als Kunst zu vermitteln, also Inhalte aus Musiktheorie und Musikgeschichte mit klingender Musik auch aus dem Bereich der Instrumentalmusik zu verbinden und Schüler*innen überzeugend nahezubringen. Ein Ausbau der notwendigen Ausbildungsinstitute für neue Lehrergenerationen kam aus finanziellen Gründen nur schleppend voran, und so änderte sich im konkreten Musikunterricht wenig: Hier fanden die Lehrenden doch eher Halt in den Anregungen aus der Jugendmusikbewegung mit ihrem musikantischen Praktizismus sowie der Befürwortung musikalischen Laientums und der Musischen Erziehung.

Gewinn

Einige Errungenschaften der Kestenberg-Reform haben bis heute überdauert: Noch sind auch Musiklehrer*innen Beamtinnen bzw. Beamte des Öffentlichen Dienstes, noch heißt das Fach ‚Musik', und noch bilden künstlerische Musikpraxis, Musiktheorie, Musikwissenschaft und Musikpädagogik die Säulen aller Studiengänge für das Lehramt im Fach Musik.

Auch bei der ‚Musischen Erziehung' handelt es sich nicht um eine Konzeption, da die Gedanken niemals in einer fundierenden Schrift niedergelegt wurden. Diesen Gedanken sahen sich allerdings Autoren verschiedenster Provenienz verpflichtet. Elemente bzw. Spuren ‚Musischer Erziehung' können wir auch in Schriften der Reformpädagogik, der Jugendmusikbewegung und, wie erwähnt, in Kestenbergs Texten finden. Sie bilden gleichsam ein Netz von Inhalten, das man als das ‚Prinzip' des Musischen bezeichnen könnte, wenn es denn - was nicht der Fall war - die strukturbildende, leitende Funktion eines Prinzips gehabt hätte. So bildet das ‚Musische' allenfalls eine ‚Orientierung' für das musikbezogene pädagogische Denken.

‚Musische Erziehung': das ‚Musische' als Orientierung

Die Probleme, welche die ‚Musische Erziehung' sah und lösen wollte, resultierten aus einer Dichotomie zwischen einer rasant fortschreitenden technischen Entwicklung und einer als defizitär eingeschätzten ‚Gesittung' sowie einer diese fundierenden Gesinnung. Auf musikalischem Gebiet sah man Erstere in einer Verfeinerung der Kompositionstechnik, der der ‚Normalbürger' nicht zu folgen vermochte und in einer Individualisierung des Ausdrucks, an der man nicht ohne Weiteres teilhaben konnte. Dadurch aber werde verstellt - so lautete der einschlägige Leitgedanke -, was erreicht werden sollte: das Gute, Wahre, Schöne, die ‚rechte' - i. S. von ‚richtige' - Gesinnung und eine entsprechende ‚rechte' Gesittung. All dies sah man im Musischen verwirklicht und glaubte, dass Menschen es durch Teilhabe am Musischen erreichen könnten (vgl. Haase, 1960, S. 142-149).

Man folgte damit einem Muster der Polarisierung und einem idealisierenden Prinzip, das letztlich auf Platon zurückgeht und das u. a. bereits am Anfang des 17. Jahrhunderts bei Johann Amos Comenius und im 19. Jahrhundert bei Jean-Jaques Rousseau wiederzufinden ist. Für Comenius war eine umfassende Bildung aus frommer Haltung heraus der Garant dafür, dem erwachenden Selbstbewusstsein der Renaissance den Weg bei seinem Aufbruch in eine neue Welt zu weisen: eine Welt frei von religiösen Auseinandersetzungen wie denen, die zum Dreißigjährigen Krieg geführt hatten. Die fromme Haltung schien ihm notwendig, da seiner Auffassung nach nur aus ihr heraus das Viele der Welt als Ganzes und das Ganze als Entäußerung des Einen - des Göttlichen - erscheinen konnte, auf das die Frömmigkeit sich richten sollte. Jean Jaques Rousseau setzte auf eine andere ‚Einheit': die einer der Natur verpflichteten Kultur. Sie sollte in einer Zivilisation, die er durch den Fortschritt der Wissenschaft und Künste für aus der Bahn geraten hielt, durch die Tugend des einfachen Lebens für die Versöhnung von Individualität und sozial bedingter Normativität sorgen. Von hier erscheint das ‚Musische' als eine nur inhaltlich, nicht formal neue Variante alten Denkens, welches das zukünftige Heil in der Einsetzung einheitsstiftender Ideale sah.

Musikbegriff und didaktische Konsequenzen

Als Inbegriff des Musischen, welches das gesamte Leben erfüllen sollte, erscheint bei Fritz Jöde, einem der führenden Musikpädagogen dieser Zeit, die Musik: Sie war für ihn etwas Lebendiges, was nur im lebendigen Erleben angemessen und sinnvoll verwirklicht werden könne (vgl. Zitat S. 83). Entsprechend sollte in der pädagogischen Praxis – insbesondere der Musikheime – nicht nur Musikunterricht erteilt werden; Musik sollte vielmehr – zusammen mit anderen Bereichen des ‚Musischen' – den Alltag durchdringen (vgl. Zitat Götsch S. 83).

Als Ziele der Musikerziehung im Rahmen ‚Musischer Erziehung' haben nach Georg Götsch, einem ihrer wichtigen Denker, zu gelten:

> „1. Wiederherstellung der Einheit von Musik und Leben. Also nicht ein ‚Leben in der Musik', sondern eine Musikalisierung des Lebens; nicht eine Herauslösung der Musik als eines seligen Traumlandes oberhalb der Wirklichkeit, sondern eine Durchdringung, Steigerung und Federung jeder Wirklichkeit mit den Lebenskräften der Musik.
> 2. Wiederherstellung der Ganzheit in der Musik. Aufhebung des Gegensatzes zwischen Volks- und Kunstmusik. Erarbeitung einer Musiklehre, die den ganzen gewaltigen Baum aller Musikäußerung von der tiefsten Wurzelspitze bis in den höchsten Wipfel umfaßt.
> 3. Wiedereinsetzung des singenden Menschen als Grundmaß der Musik. Damit Abkehr von jeder Mechanisierung und Veräußerlichung des Musizierens und Hinwendung zu seiner verinnerlichenden und reinigenden geistig-seelischen Urkraft.
> 4. Wiederherstellung der alten Einheit von Musik, Sprache und Bewegung" (Götsch, [1934a]1953, S. 110–111).

Das Fundament dieser Überlegungen besteht in einem Gedankengut, das seit Platon tradiert und modifiziert, jetzt offenbar neu entdeckt wurde. Drei leitende Gedanken tragen diese Überlegungen:

1. Die Einheit von Musik, Sprache und Bewegung, die im griechischen ‚musiké' gedacht ward, soll erneut installiert werden,
2. die staatstragende Funktion einer Betätigung des Menschen im Sinne dieser ‚musiké' soll erneut ins Werk gesetzt werden, und dies soll
3. aus einer Praxis heraus geschehen, die auf ein ‚Inneres' des Menschen rekurriert: ein Inneres, dessen Herkunft, Eigenart und Relevanz etwas ist, das sich den rationalen Kräften entzieht.

Die von Götsch und anderen avisierte Einheit sollte durch das Rhythmische entstehen. In ihm sah man ein Korrelat zur Bewegtheit des ‚ganzen Menschen' – einer Bewegtheit, die sich wiederum im wechselseitigen Austausch in Korrelation zur bewegten Gemeinschaft des ganzen Volkes befinden sollte. Dass dies sich nicht im Medium des Fachlichen wie des Musikalischen, sondern nur im Rahmen eines verschwommenen Allgemeinen wie dem ‚Musischen' vollziehen konnte, liegt auf der Hand.

In den hier konstruierten Zusammenhängen zwischen Musik und Leben, dem Wesen der Musik und dem Wesen des Musischen und wiederum dem

Wesen des Musischen und dem Wesen des Menschen ist der Grund dafür zu sehen, dass die Bezeichnungen ‚Musische Erziehung' und ‚Musische Bildung' gleichbedeutend gebraucht wurden: Das Bildende wurde zugleich als das Erzieherische angesehen: Man war davon überzeugt, dass derjenige, der mit den rechten Dingen in rechter, musischer Weise umgehe, zum Guten gebildet und eben dadurch zum Guten erzogen werde.

Inhaltliche Unbestimmtheit – ideologischer Missbrauch

All dies waren nur formale, niemals inhaltliche Bestimmungen: Zwar glaubte man zu wissen, welche Musik gut war und welche nicht, und dass Musizieren gut, Nichtmusizieren schlecht war; worin aber das ‚Gute' bestehen sollte, was das ‚Rechte' an der Gesittung sein sollte, das blieb unklar. Auch die Zieldimension ‚Gemeinschaft' oder ‚das Ganze' bleibt in dieser Hinsicht ungeklärt (schließlich ist auch eine Gruppe von Freunden des Bier- bzw. Sangriakonsums eine Gemeinschaft): In der inhaltlichen Unklarheit aber ist eine Hauptursache für die politische Inanspruchnahme dieses Denkens zur Zeit der Herrschaft der Nationalsozialisten zu sehen (Zitate Jöde und Krieck S. 83).

Auch nach dem Ende des Zweiten Weltkriegs bestimmten Ideen der ‚Musischen Erziehung' das schulische Musikleben in der Bundesrepublik Deutschland. Ihr Einfluss nahm erst durch das Wirken Theodor W. Adornos und des Pädagogen Theodor Wilhelm ab. Erste Kritik wurde durch die beiden genannten Persönlichkeiten seit 1954 laut, erste alternative musikpädagogisch-konzeptionelle Veröffentlichungen datieren aus den späten 1960er-Jahren; in der Praxis musikunterrichtlichen Vollzugs zeichnen sich die Gedanken ‚Musischer Erziehung' noch heute ab, und noch immer gibt es ‚Musische Gymnasien' und ist von ‚musischen Fächern' die Rede, obwohl wir froh sein müssten, dem Nebel musischen Gedankenguts entronnen zu sein. Um diesen Stand zu erreichen, bedurfte es allerdings erheblicher Anstrengungen - Anstrengungen, die bisweilen durch eine Überbeanspruchung ihrer eigenen Rationalität eben jenem Mythos zu verfallen drohten oder verfielen, den Adorno und Horkheimer als dialektischen Widerpart der Aufklärung erkannten.

4.2 Orientierung am Kunstwerk

Grundlage: Praxen von Kunst und Wissenschaft

Orientierung am Kunstwerk lautete der Untertitel der ersten Auflage der *Didaktik der Musik* von Michael Alt von 1968. Er wurde bis zur 3. Auflage 1973 beibehalten, entfiel aber bei späteren Auflagen - vielleicht, weil er zu einer zu engen Einschätzung der Konzeption beigetragen hat: Noch bei Werner Jank in der *Musikdidaktik* von 2005 zählt der Entwurf Alts zu den „objektorientierten Didaktiken" (Jank, 2005, S. 46-51). Das trifft indessen nur teilweise zu: Alt formatierte Unterricht keineswegs nur auf der Grundlage von ‚Objekten', also Unterrichtsgegenständen und -inhalten. Zwar wurden die zentralen Zugangsweisen zur Musik - passives, aktives, strukturelles und intentionales Hören (Alt, 1968, S. 116-117) - auf der Grundlage der philosophischen Ästhetik Nicolai Hartmanns entworfen, für den Musik als ‚Text' galt. Gleichwohl bilden musikbezogene Umgangsweisen, die sich in den Praxen der Kunst- und Wissenschaftsausübung bewährt hatten, den Kern der Didaktik. Freilich dominieren dabei jene Praxen, die im Zusammenhang mit der Beschäftigung mit Kunstmusik gesellschaftliche Anerkennung gefunden hatten, und ihre Maßgaben fungierten als Orientierung: Künstlerisches Musizieren, musiktheoretische Durchdringung durch Analyse, Interpretation von Musik durch Sprache, Information über Musik.

Die Didaktik Michael Alts ist die erste musikpädagogische Schrift, die alle Kriterien einer musikpädagogischen Konzeption erfüllt. Auch sie bezog sich auf eine als problematisch eingeschätzte Situation: Der schulische Musikunterricht war weitgehend Idealvorstellungen der ‚Musischen Erziehung' verpflichtet. Eine Praxis eher usuellen als künstlerischen Singens im Unterricht stand in keiner Verbindung mit Bemühungen um künstlerische Gestaltung in den Schulchören und hatte nichts zu tun mit der unterrichtlichen ‚Werkbetrachtung', durch die den Schüler*innen Kompositionen anerkannter Meister bekannt gemacht werden sollten. Soweit er noch dem irrationalen und unkünstlerischen Denken der ‚Musischen Erziehung' verpflichtet war, stand ein solcher Unterricht jeder kulturellen Weiterentwicklung fern, war selbst perspektivenlos für musikalisch-kulturelle Innovation. Diese zeichnete sich allenfalls in der Entwicklung der auditiven Massenmedien und der von ihnen primär vermittelten Musik ab - einer Musik, die zu berücksichtigen Alt zwar für notwendig, aber der intensiven didaktischen Befassung für nicht wert hielt: Sie diene in erster Linie praktischen Zwecken der Zerstreuung und Unterhaltung, bestenfalls dem Tanz und habe mit Inhalten und Gehalten höherer Bildung nichts zu tun.

Real-, Kunst-, Sachaspekt

Das Ziel des Unterrichts aber bestand für Alt letztlich in nichts Geringerem, als dem gerecht zu werden, was er für die Eigenart abendländischer Musikkultur hielt: Unterricht sollte im Kontext der Betrachtung soziokultureller Wandlungen dem Prinzip des Kunstschaffens auf der Spur bleiben, das „auf Wandel, Veränderung und Progression gestellt ist" (Alt, 1968, S. 13). Dazu seien im Unterricht drei musikbezogene Aspekte, nämlich „neben dem Realaspekt und dem Kunstaspekt [...] auch der Sachaspekt der Musik zur Geltung zu bringen" (ebd., S. 20).

Diese Aspekte entstanden aus der Wahrnehmung einer spezifischen Differenz zwischen Sein und Sollens-Forderung. Dabei kommt eine Normativität zur Geltung, deren Maßstäbe aus den Kriterien für das Kunstwerk stammen. Mit dem „Realaspekt" nämlich meinte Alt das ‚Sein' und damit die Notwendigkeit, die Eigenarten gegenwärtigen Musikgebrauchs zu beachten. Ihren Kern sah er im „revolutionären Einbruch der mikrophonalen Mittler in die

Musikkultur" (ebd., S. 13), der die Ursache für die „Massenkommunikation der Musik" sei (ebd., S. 17).[7]

Beklagenswert und problematisch daran sei, dass die dafür verantwortliche „Kulturindustrie" - ein von Max Horkheimer und Theodor W. Adorno in der *Dialektik der Aufklärung* (1944) geprägter Begriff - eine „Massenmusik, an der Kunst kaum mehr Anteil" habe (Alt, 1968, S. 14), produziere. Dadurch entständen eine ethisch bedenkliche „Minderung des Künstlerischen und des Wertbewusstseins" (ebd.) und eine aus anthropologischer Sicht zu bedauernde „Passivität des Hörens" (ebd., S. 14-15).

Mit dem Plädoyer für die Beachtung des Kunstaspekts wandte Alt sich gegen eine volkstümliche Bildung mit ihrer Beschränkung auf Laienmusizieren und Volksmusik, wie sie insbesondere die Jugendmusikbewegung vertreten hatte. Ihm ging es darum, eine „breite Streuung der Bildung" (ebd., S. 17) zu ermöglichen und darum die ganze Musik, von der Volks- bis zur Kunstmusik, in den Unterricht aufzunehmen.

Nicht nur mit der Beachtung des „Kunstaspekts", auch mit dem „Sachaspekt" setzte Alt sich deutlich von Intentionen der ‚Musischen Erziehung' und der Jugendmusikbewegung ab. Galt für diese, dass Musizieren besser sei als Hören und - vereinfacht gesagt - alte Musik besser sei als neue, so setzte Alt sich dafür ein, „das Ganze der Musik" (ebd., S. 198) zu berücksichtigen; Ziel sei es, den Jugendlichen die „historische, kulturräumliche und fachliche Ausweitung des musikalischen Weltbildes" (ebd., S. 21) nahezubringen.

Kunstanspruch – Anspruch der Schule

Adäquater Umgang mit musikalischer Kunst ist die Formel, auf die man Alts Bemühungen bringen kann. Damit trat das Hören ins Zentrum des Unterrichts, und zwar unter der Prämisse einer denkenden Verarbeitung. Dies sollte zwei Ansprüchen gerecht werden: 1. dem „der Kunst" unterstellten Anspruch, die Lösung bestimmter Probleme darzustellen und sich daher u.a. auch an problemlösendes Denken zu richten, 2. dem Anspruch, dass Schule eine Wissenschaftsschule sein sollte.

Auf diese Weise gedachte Alt, die Jugend aus den Fängen der „kulturellen Konsumindustrie" zu retten und dadurch echte „Lebenshilfe" zu leisten (ebd., S. 34).

Auslegungslehre

Dies geschieht in den Funktionsfeldern Reproduktion, Theorie (i.S. von Handwerkslehre und Musikästhetik), Interpretation und Information. Kernstück ist die Interpretation; in ihrem Rahmen soll das traditionelle „Werkhören" zur „Auslegungslehre" werden. Sie soll - über die Erarbeitung von Modellen im „Bereich der sinnkategorialen Aufschlüsselung der Musik" (ebd., S. 247) in der Mittelstufe - zur „Individual-Interpretation" in der Oberstufe führen. Bei der sinnkategorialen Aufschlüsselung der Musik soll gelernt wer-

7 Auf den eigenartigen Kulturbegriff Alts, demzufolge massenmedial verbreitete Musik nicht zur Musikkultur gehört, wird später zurückzukommen sein.

den, Musik ‚den' Kategorien zuzuordnen - Michael Alt erkannte derer zwei (bzw. fünf): einerseits verbundene Musik, nämlich tänzerisch-gestische Musik, Vokalmusik und Programmmusik sowie andererseits absolute Musik, nämlich „Ausdrucksmusik" (ebd., S. 103-104) und „Formalmusik" (ebd., S. 105-106).

Geistige Aneignung der drei Schichten des Werks

Mittel zur Erschließung dieser Kategorien ist für Alt die geistige Aneignung. Bei ihr soll ein (1.) passives Hören über ein (2.) aktives, strukturelles zu einem (3.) intentionalen Hören geführt werden. Die geistige Aneignung erfolgt mittels dieser drei Hörweisen in drei hierarchisch gestuften Bereichen, nämlich Musikerleben, Musikbegreifen und Musikverstehen. Sie führt von der *Realschicht* und der *Strukturschicht* des Werks zu dessen *Symbolschicht* und so zur Erschließung seines übermusikalisch-gedanklichen Hintergrunds.

Dazu werden repräsentative Werke ausgewählt, die das Exemplarische im geschichtlichen Raum darstellen: Sie vergegenwärtigen „Stileigentümlichkeiten" (ebd., S. 214) und entfalten Gegenwartswirkung durch ihre „Affinität zum schöpferischen Musikgeist der Gegenwart" sowie zu dem, „was dem Musikwillen und dem musikalischen Weltbild von heute entgegenkommt" (ebd., S. 215).

Werke vergegenwärtigen demnach im doppelten Sinne durch ihre Stileigentümlichkeiten die „historische Dimension" und ergänzen die „Ganzheit der Systematik" durch „historische Ganzheit" (ebd., S. 214).

Das ‚Ganze' der Musik

Es liegt auf der Hand, dass die Kategorien, nach denen Musik geordnet und erfasst werden soll, einerseits banal und andererseits gewaltsam sind. Sie sind Ergebnis des - von vornherein zum Scheitern verurteilten - Versuchs, das ‚Ganze' der Musik in den Blick zu bekommen: Ergebnis eines eben jenem mythischen Denken verpflichteten Versuchs, dem Alt mit seiner Wendung gegen das Musische zu entkommen suchte. Die Ursache dafür ist in dem Umstand zu sehen, dass Alt letztlich von ‚der' Musik her dachte - und dabei tatsächlich ein Denken aus musikwissenschaftlicher Perspektive für didaktische Zwecke simplifizierte. Die Konzeption zeigt, in welcher Weise ein ‚ganzheitlicher' Musikbegriff in Verbindung mit einem ganzheitlich-teleologischen Geschichtsbegriff letztlich gerade jenes aus dem Blick verliert, dem er verpflichtet sein sollte: der Förderung des Kunstschaffens in Wandel und Progression. Ein ganzheitliches Denken verliert offenbar die Tatsache aus dem Blick, dass Kunstschaffen, Wandel und Progression keine selbständigen Einheiten sind, sondern von Menschen immer wieder neu hervorgebracht werden müssen.

Lehrerrolle, Schülerrolle

In der Sicht der Didaktik Michael Alts erscheint der junge Mensch als ein zu Führender, der lehrende Mensch als derjenige, der führt - und zwar „aufwärts" auf einer Stufenleiter des Hörens nach Maßgabe der Schichtung des Werks und der kategorialen Ordnung von Musik. Was als ontologische Verfasstheit des Werks angesehen wird, erscheint als Richtungsweiser für dieses stufenweise Erklimmen der Leiter, deren Sprossen gleichsam der bzw. die Lehrende immer wieder zeigt. Ziel dieser Bewegung ist es, den Menschen zu einem Orientierten zu machen: orientiert in der Sinnhaftigkeit, der Seinsweise und der Geschichtlichkeit des Kunstwerks. Als Mittel dazu fungieren exemplarische Werke, die repräsentativ und typisch sein sollen. Dadurch bleibt jedoch in auffälliger Weise das im Werk Außergewöhnliche, Individuelle, auch das Revolutionäre und Fortschrittweisende ebenso ausgeblendet wie jede originelle oder ungewöhnliche Interpretation. Es ist zu befürchten, dass eine solche Konzeption dem Anspruch umfassender musikalischer Bildung nicht gerecht werden kann - insbesondere, weil der gesamte Komplex jener Musik, der junge Menschen in der Regel nahestehen, ausgeblendet bleibt.

Dankmar Venus: unterrichtliche Verhaltensweisen

Eine Alternative bot Dankmar Venus' *Unterweisung im Musikhören* aus demselben Jahr - eine Schrift, die zwar nicht explizit, aber vom Grundsatz her ebenfalls der Erschließung von Kunstmusik gewidmet war. Auch Venus betonte den Vorrang des Hörens im Unterricht. Und auch er intendierte ein ‚adäquates Hören' im Sinne Adornos (zur Problematik Schatt, 2008a, S. 142-159). Er strukturierte den Unterricht aber nicht von den musikalischen ‚Gegenständen' und einer darauf bezogenen formalen Ordnung her. Für ihn standen vielmehr die „vorrangigen Verhaltensweisen" (Venus, 1969, S. 21), die Menschen gegenüber Musik einnehmen können - wir würden sie heute als musikbezogene Praxen bezeichnen -, im Zentrum musikdidaktischen Denkens: Produktion, Reproduktion, Rezeption, Transposition (damit ist die Übertragung von Musik auf einen anderen Bereich ästhetischen Handelns gemeint, z.B. Tanz, Malerei oder Dichtung) und Reflexion. Sie galten Venus als gleichwertig, eigenständig und grundständig. Indem er diese Verhaltensweisen auch als unterrichtliche Verhaltensweisen auswies, fundierte Venus in wegweisender Weise sein musikdidaktisches Denken nicht gegenstandsbezogen, sondern verhaltensorientiert.

4.3 Didaktische Interpretation und Toposdidaktik

Hörer „abholen"

Die ‚Didaktische Interpretation' ist vor dem Hintergrund der *Didaktik der Musik* Michael Alts zu sehen. Sie ist einerseits eine Fortführung des von Alt vertretenen bildungstheoretisch begründeten Ansatzes, andererseits eine Reaktion auf das rein musikalisch-formale, mithilfe musikwissenschaftlichen Denkens hervorgebrachte Kategoriensystem Alts und der Versuch, dessen Starrheit und Enge eine Alternative entgegenzustellen. So sind die einleitenden Worte Karl Heinrich Ehrenforths zu verstehen, der in *Verstehen und Auslegen* (1971), der Gründungsschrift der ‚Didaktischen Interpretation', ausführte, dass es weder darum gehen könne, „das Musik- bzw. Werkverständnis" vorauszusetzen „noch den Sachanspruch des zu interpretierenden Werkes rücksichtslos zur Geltung" zu bringen (ebd., S. 5). Die ‚Didaktische Interpretation' habe die Eigenschaft, dass sie „den Hörer[8] voll im Auge behält und ihn dort ‚abholt', wo er nach Hörerwartung und Rezeptionsvermögen vermutet werden muss" (ebd.). Ziel sei es – so Christoph Richter, der andere Urheber der ‚Didaktischen Interpretation' – „die (potentielle) Fremdheit, oder [...] die pädagogisch veranstaltete und im Musikleben häufig verfestigte Entfremdung zwischen Schüler und Kunstwerk zu lindern" (Richter, 1983, S. 22f.) und „dem Schüler die Chance" zu geben, „sich mit Musik möglichst frei einzulassen" (ders., 1977, S. 261).

Interpretation: Grundlagen

Zu diesem Zwecke wird von Ehrenforth die durch Wilhelm Dilthey begründete und von Hans Georg Gadamer weiterentwickelte Hermeneutik bemüht. Sie wird für didaktische Absichten brauchbar gemacht, indem ihre Grundfrage, wie Erleben und Auslegen verstanden werden können, auf den Verstehensprozess zwischen Schüler*innen und Musik angewendet wird. Dabei geht es um eine Interpretation als sprachliche Auslegung von Musik, die sich am Laien orientiert. So entsteht aber ein Widerspruch: Sollen die Schüler*innen selbst den hermeneutischen Weg der Interpretation beschreiten, ist die Interpretation nicht mehr didaktisch; geht nur die Lehrperson diesen Weg, ist die Auslegung der Lernenden nicht mehr hermeneutisch, da der zu erschließende Horizont immer schon von der Lehrperson bestimmt wäre.

Die Forderung Richters, Schüler*innen zu ermöglichen, „sich mit Musik möglichst frei einzulassen", wird von der ‚Didaktischen Interpretation' nicht eingelöst. Erste Gründe gehen aus dem Zitat Ehrenforths hervor: Was die Schüler*innen betrifft, so kommen sie nur in Form von Vermutungen ins Spiel. Die Lehrperson handelt, da es nicht beim ‚Abholen' bleiben kann, sondern da auch ein Ziel und ein Weg ins Spiel gebracht werden müssen – und zwar ebenfalls von ihr. Somit kann von einem freien Sich-Einlassen nur sehr begrenzt die Rede sein. Allerdings ist die Freiheit hier wesentlich größer als bei Michael Alt, da es um Interpretation und nicht um die Realisierung einer „praktikablen Auslegungslehre" (Alt) geht.

Themenfindung

Im Kern der Ausführungen insbesondere Richters geht es um Maßnahmen, die eine Lehrperson zu ergreifen hat, bevor sie unterrichten kann. Bevor man nämlich sagen kann, was Schüler*innen an Musik lernen sollen, muss man wissen, was sie an Musik bzw. einem bestimmten Musikstück lernen können. So schlicht aber wurde die ‚Didaktische Interpretation' von ihren Urhebern nie verstanden. Statt sie als Lehre der Themenfindung durch Unterrichtende anzubieten – was immerhin eine gewisse Berechtigung hätte, sofern man die Themenfindung als deren Aufgabe ansieht –, ging es immer um das Allgemeine: Schüler*innen sollten Erfahrungen machen – nicht schlicht lernen –, und dazu sollte vorweg eruiert werden, welche Erfahrungen ‚man' machen

8 Hier und im Folgenden wird in den Quellen nur die männliche Form verwendet. Wir folgen diesem Gebrauch bei der Gedankenwiedergabe.

könne: Statt sinnvollerweise zu thematisieren, wie unterschiedliche Erfahrungen bestimmter Lehrer*innen und bestimmter Schüler*innen zusammenkommen könnten, ging es immer um das Ganze der Erfahrungen.

Problem: Bestimmung der Ziele und Inhalte

Obwohl formal dargestellt wird, wie die Inhalte dieser Erfahrungen generiert werden – nämlich durch den hermeneutischen Prozess der Begegnung und „Horizontverschmelzung" –, bleiben die Gründe dafür unklar, warum es gerade *diese* Erfahrungen sein sollen, die Schüler*innen machen sollen. Dass die Ermittlung ihres Gehalts überhaupt eine musikpädagogische Aufgabe sei, hat Ehrenforth in der Einleitung seiner Schrift vertreten: „Das richtige Verstehen und die sachgemäße Auslegung der Musik ist ein Zentralthema der Musikerziehung" (1971, S. 5). Damit hat Ehrenforth allerdings das Hauptthema der Musik*wissenschaft*, nicht aber der Musik*pädagogik* umschrieben bzw. Letztere im Modus radikaler Adaption der Ersteren gesehen. Anliegen bzw. „Zentralthema" der Musikpädagogik ist es – wie oben bereits dargestellt –, die Bedingungen der Möglichkeit von Verstehen und Auslegen von Musik zu erarbeiten und für Unterricht fruchtbar zu machen, und Frage der Musikpädagogik ist, unter welchen Bedingungen welches Verstehen für wen als richtig, welches Auslegen als sachgerecht gelten kann und wie dieses durch Unterricht ermöglicht werden kann. Selbst wenn man aber konzediert, dass die Ermittlung von Erfahrungsgehalten eine musikpädagogische Aufgabe sei, bleibt festzuhalten, dass die Ziele des Unterrichts für die Vertreter der ‚Didaktischen Interpretation' offenbar in dem bestehen, was an Erfahrungsgehalten durch die Musik jeweils ‚gegeben' ist: Die Ziele bestünden dann darin, dieses ‚Gegebene' zu ‚erfahren'. Die einzige Begründung dafür aber, warum es gerades dieses sein solle – für die Auswahl der jeweiligen Musik also – würde dann lauten, sie werde ausgewählt, weil es sie gebe und man durch sie die von ihr ermöglichte Erfahrung machen könne.

Eigenwert der „Sache"

Dies lässt auf ein weiteres ungelöstes Problem des theoretischen Ansatzes bei Ehrenforth und Richter aufmerksam werden. Es lässt sich am Begriff „sachgemäß" festmachen: Hier wird ein Eigenwert der „Sache" unterstellt und „Verstehen und Auslegen" werden als ein Vorgang formatiert, der nicht selbständig, sondern „gemäß" – also nach Maßgabe – der Eigenart der Sache vollzogen wird. In der Forderung nach sachgemäßem Verstehen und Auslegen wird die Forderung Adornos nach ‚adäquatem Hören' perpetuiert – eine Forderung, die davon ausgeht, dass der Maßstab des Hörens im Werk gleichsam verschlossen sei (Schatt, 2008a).

Die Einstellung der Autoren, mit dem hermeneutischen Ansatz einen fundamentalen Schlüssel für die Erschließung von Musik und damit für die Fundierung von Musik-Unterricht gefunden zu haben, dürfte dafür verantwortlich gewesen sein, dass die ‚Didaktische Interpretation' von Anderen als etwas eingeschätzt wurde, was sie bei genauem Hinsehen nur teilweise ist: eine Konzeption oder ein Konzept für Musikunterricht. Wie bereits angedeutet, fehlt dazu zweierlei: zum einen eine begründete Aussage darüber, wie die Musikstücke überhaupt in den Unterricht gelangen, denn von einer ‚Gegebenheit' bestimmter Musik wie derjenigen der „Welt im Sinne existentialontologischer Überlegungen" (Vogt, 2006, S. 34) wird nicht die Rede sein können. Zum anderen werden neben dieser Inhaltsentscheidung andere wichtige Aspekte unterrichtlicher Entscheidungen – u. a. diejenigen über Ziele und Methoden – explizit ausgeblendet (Richter, 1976, S. 12). Insoweit es aber unmöglich ist, diese aus den Musikstücken abzuleiten, fehlen entscheidende Momente der Unterrichtsvorbereitung, die eine Konzeption eigentlich enthalten sollte. Hilfreich bleibt es indessen, die ‚Didaktische Interpretation' als das zu nehmen, was sie ursprünglich war: nämlich ein Ansatz für eine Auslegungslehre der Musik, mit deren Hilfe inhaltliche Aspekte des Unterrichts erschlossen und Unterrichtsthemen formatiert werden können. Problematisch bleibt daran der Musikbegriff, den insbesondere Richter zugrunde legte.

Zwei weitere Aspekte sollten zu denken geben: Zum einen wird Musik personalisiert und so gefasst, als sei sie ein Subjekt, das einen eigenen Horizont mitbringe. Richter sprach später sogar von der „Lebenswelt der Musik" (1993, S. 24), was aus neuerer erkenntnistheoretischer Sicht unhaltbar ist: Der Horizont ‚der Objekte' besteht aus den Bedeutungen, die andere Subjekte ihnen zugewiesen haben. Zum anderen ist nie die Frage beantwortet worden, welche Rolle der Lehrperson zukommen könne, wenn sich die Horizonte von Verstehens-Subjekt und Verstehens-Objekt annähern oder miteinander verschmelzen. Da dies eine Sache der Subjekte ist, in die kein anderes Subjekt eingreifen kann, wird entweder die Lehrperson überflüssig oder die Interpretationen der Schüler*innen wären immer nur didaktisch vorgeformte, weil sie den Prämissen der Verschmelzungsbemühungen der Lehrperson unterliegen.

Didaktische Interpretation als Unterrichtsvorbereitung

Ein Blick auf die praktischen Ausführungen Richters zeigt, dass die Subjekte ‚Schüler' nicht konkret vorkommen. Ferner wird deutlich, dass die Unterricht vorbereitende Person hoffnungslos überfordert ist, wenn sie die Maßgaben Richters beim Wort nimmt und nicht nur als Orientierungen für ihre eigene Positionierung auffasst. Zum dritten lässt dieser Blick erkennen, dass ‚didaktisches Interpretieren' eine Sache der Unterrichtsvorbereitung ist; für den Unterricht selbst ist eine Erschließung, die den Namen Hermeneutik verdient, nicht vorgesehen: Dort geht es um ein vom Lehrer geleitetes ‚Erfahren'; dessen didaktisch fassliche Seite ist aber nichts anderes als schlichtes Lehren und Lernen.

Dies zeigt ein Blick auf Richters „Modell für den Prozess der didaktischen Interpretation" (Richter, 1976, S. 42). Eindeutig ist, dass hier ein Verfahren zur Unterrichtsvorbereitung skizziert wird: Der Lehrer hat, nachdem er den Bereich der Erfahrung erschlossen hat, die didaktische Brücke zu schlagen und Unterrichtsthemen zu formulieren, Themen den Lerngruppen zuzuordnen, konkrete Stundenverläufe zu entwickeln, Stoffe und Aktionen zu bestimmen,

Methoden, Unterrichtsmittel, Material, Aktions- und Sozialformen festzulegen. Selbst wenn es so wäre, dass auch die Schüler*innen den Bereich der Erfahrung durchschritten, wären die Möglichkeiten ihrer Erfahrungen immer schon durch dasjenige eingegrenzt, was die Lehrperson an didaktischen Maßnahmen ergriffen hat – zu einer freien Begegnung zwischen Verstehenssubjekt Schüler*in und Musik kommt es nicht.

Prozess des ‚Erfahrens'

Dabei wäre dies nicht unvernünftig: Zunächst haben Schüler*innen eine erste Begegnung mit dem Stück, bei der sie dessen Wirkung erleben und ein erstes Verständnis aufgrund ihrer Vorerfahrung quasi durch eine unbewusste Höranalyse finden, anders gesagt: eine erste Bedeutungszuweisung vornehmen. Dann klärt man die Sachen, nämlich das Verhältnis von Ursachen und Wirkungen, Eindrücken, Urteilen: das Material, die Verwendung und Behandlung des Materials, klärt Fragen der Formung, des Stils, befasst sich mit außerhalb der Musik liegenden Sachverhalten. In einem dritten Schritt erschließt man den Sinn oder die Bedeutung des Ermittelten, indem man Aufschluss über den Stellenwert einzelner Aspekte gewinnt, sich die Repräsentanz des Stückes überhaupt vergegenwärtigt und dies alles zu einer umfassenden Bedeutungserklärung zusammenfasst. Auf diese Weise macht der Mensch Erfahrungen: Erfahrungen musikalisch-technisch-materialer Art, Erfahrungen allgemein musikalischer Art und ganz allgemeine Erfahrungen.

Diese Erfahrungen sind aber die Erfahrungen, die der*die Einzelne macht. Es ist unmöglich, eine Aussage darüber zu machen, welche Erfahrungen alle Menschen überhaupt und prinzipiell mit einem Musikstück machen können. Genau dies aber fordert Richter ein, wenn er von der „Zusammenfassung der Erfahrungen, die *man* mit dem Stück machen kann" spricht (Richter, 1976, S. 42). Was die ‚Didaktische Interpretation' immer übersehen hat, ist die Tatsache, dass sich nach ihrer Terminologie nicht zwei Horizonte verschmelzen müssen, sondern so viele Horizonte, wie Personen am Verstehensprozess im Unterricht beteiligt sind. Eine solche Vorstellung wird überflüssig, wenn man den „bleiernen Mantel der Hermeneutik" (Martin Pfeffer, mündlich) abstreift und sich zu einem bedeutungs- und interaktionstheoretisch fundierten Unterricht bekennt.

Topos-Didaktik

Die Vertreter der ‚Didaktischen Interpretation' haben dies nie getan, sondern möglicherweise unter dem Eindruck, die Schüler*innen seien doch so einfach nicht ‚abzuholen', Zuflucht bei anderen Metaphern gesucht: Ehrenforth hat den von dem Philosophen Edmund Husserl geprägten Lebenswelt-Begriff oberflächlich rezipiert und daraus eine „Topos-Didaktik" entfaltet (s. auch Kap. 3.5 dieses Buches). Allgemeine und jedem bekannte Begriffe, die zentrale Phänomene des Lebens bezeichnen, mit denen jeder in irgendeiner Weise in Berührung gekommen ist, sollten den Kern eines Nachdenkens bilden, das auf Musik zu beziehen sei. Wie auf einem Marktplatz sollten diese Begriffe angeboten und im Unterricht auf Musik bezogen und dadurch mit musikalischem Sinn gefüllt werden, während sie umgekehrt der Musik inhaltlichen Sinn verleihen sollen. Der Begriff ‚Streit' beispielsweise sollte den Weg zum Verständnis des musikalischen Geschehens in der Gattung ‚Konzert' ebnen - der Rückfall in die Trivialitäten einer Musikauslegung, die Hermeneutik mit Programmatik verwechselt, ist kaum zu übersehen. Christoph Richter modifizierte dies zur Rede von „Treffpunkten" (2012, S. 58-59) - letztlich nichts anderem als einer Vorgabe des Themas, unter dem Musik gehört werden sollte (solche Treffpunkte sind z.B. Raum, Zeit, Liebe, Tod, Kälte usw.). Ernst Klaus Schneider hat diese Modifizierung der ‚Didaktischen Interpretation' zur ‚Orientierung an der Lebenswelt' quasi radikalisiert. Er vertrat die Meinung, dass bei Inhalten wie den genannten alle Menschen die gleichen Erfahrungen hätten. Man muss nicht die Einsichten des Konstruktivismus bemühen, um die fundamentale Fragwürdigkeit dieser Position zu erkennen; sie wird deutlich, wenn man sich die Langeweile vergegenwärtigt, die ein Siebenjähriger bei den Sonaten Schuberts empfinden mag, und ihr die gespannte Aufmerksamkeit entgegenhält, die der Kenner ihnen widmen wird - dem Einen wird die Zeit lang, dem Anderen kann sie gar nicht lang genug sein.

An dieser Stelle wird ein zentrales Problem der ‚Didaktischen Interpretation' deutlich: Sie usurpierte immer wieder eine Gemeinsamkeit und machte sie zur Grundlage unterrichtsbezogener Entscheidungen, statt zu bedenken, dass es im Unterricht darum geht, diese Gemeinsamkeit erst herzustellen. Dazu aber wäre vorerst das Unterschiedliche zur Sprache zu bringen.

Perspektiven

Ersetzte man in dem umrissenen Sinne den Erfahrungsbegriff durch den Begriff konnotativen Wissens - eines Wissens, zu dem auch dasjenige gehört, was durch Erfahrung an Leibbezug und Emotionalität im Zusammenhang mit Musik gewonnen werden kann -, so hätte man mit der ‚Didaktischen Interpretation' eine Methode zur Hand, mit deren Hilfe sich in der Auseinandersetzung mit Musik durchaus Perspektiven für mögliche Unterrichtsaspekte und -themen gewinnen lassen. Freilich entspräche dies nicht dem Selbstverständnis der Urheber und ließe die ‚Didaktische Interpretation' stark in die Nähe der von Wolfgang Klafki vorgeschlagenen didaktischen Analyse geraten. Richter hatte dessen Vorstellungen zu didaktischen Analyse zurückgewiesen mit der Begründung, diese frage nicht nach dem „Eigenanspruch der Sache" (Richter, 1976, S. 14). Dies geschieht freilich nicht, weil es diesen für Klafki gar nicht gibt, denn Sachen - insbesondere in didaktischer Perspektive - können seiner Auffassung nach immer nur von Personen unter bestimmten Aspekten gesehen werden. Insofern wäre eine Reformulierung der ‚Didaktischen Interpretation' denkbar, die konzedieren würde, dass zum einen Unterrichtsthemen und -inhalte von Lehrenden und Lernenden gemeinsam gesucht und bestimmt werden und dass zum anderen der Unterricht darauf abzielt, sich über die Zuweisung und Geltung von Bedeutungen und Bedeutsamkeiten auf verständige Weise auszutauschen. So wäre Gemeinsamkeit durch Austausch von viablen Kommunikaten - nicht nur Aussagen im Medium der Sprache, sondern auch durch andere musikbezogene Kommunikationsmöglichkeiten - herzustellen, statt Gemeinsames von vornherein zu unterstellen.

4.4 Auditive Wahrnehmungserziehung

In der ‚Auditiven Wahrnehmungserziehung' hat die Aufbruchsstimmung der späten 1960er-Jahre, der Wunsch nach gesellschaftlicher und kultureller Erneuerung, einen deutlichen Niederschlag gefunden. Dabei ist der Erziehungsgedanke, den sie vertritt, nicht primär jenen Vorstellungen antiautoritärer Erziehung verpflichtet, die seinerzeit aktuell waren. Vielmehr sollte Erziehung zur Aufmerksamkeit auf die Phänomene der Welt anhalten, ferner Vorurteile abbauen und Emanzipation von allen Formen von Herrschaft, insbesondere den Einflüssen der „Kulturindustrie", fördern. Dadurch sollte sie auch dazu beitragen, das Verständnis für Musik - und zwar Musik aller Genres - herbeizuführen bzw. zu differenzieren und zu vertiefen.

Musik und Mensch

Dabei ist sie von der ‚Didaktischen Interpretation von Musik' letztlich nicht so fern, wie die theoretischen Grundlagen vermuten lassen und die Autoren selbst annahmen. Zwar stehen sich zwei konträre Musikbegriffe gegenüber, zwar sind auch die Inhalte und Wege der ‚Vermittlung' unterschiedlich. Beide gleichen sich aber in der epistemologischen Grundannahme, dass das Eine (die Musik) durch eine*n Andere*n (das Subjekt) angeeignet werde und dass Unterricht diesen Aneignungsprozess quasi kanalisieren könne und solle. So geht die ‚Didaktische Interpretation' von einem Dualismus von Musik als Objekt und dem rezipierenden Subjekt aus, der durch das (virtuelle) ‚Gespräch' als Mittel der Erfahrung auf dem Wege des hermeneutischen Zirkels im Sinne einer ‚Horizontverschmelzung' überwunden werde; die ‚Auditive Wahrnehmungserziehung' nimmt einen Dualismus von Musik als Schall und Subjekt an, der durch das ‚Verstehen' als Kommunikationsvorgang im Sinne eines Decodierungsvorgangs überbruckt werde. Das hierin liegende mechanistische Moment allerdings unterscheidet die letztere Vorstellung fundamental von der ersteren: Bereits hieran lässt sich exemplarisch erkennen, dass die ‚Auditive Wahrnehmungserziehung' insgesamt einem materialistischen Positivismus verpflichtet ist, obwohl die Autoren immer wieder das prozessuale Moment der Kommunikation herausgestellt haben. Gleichwohl ist unverkennbar, dass beide Konzeptionen eine ‚Brücke' zwischen Subjekt und Objekt bauen wollen, die das Subjekt überschreiten soll, um zum Sinn des Letzteren zu finden - freilich weisen diese ‚Brücken' höchst unterschiedliche Konstruktionen auf.

Musikbegriff

„Musik gehört zum menschlichen und sozialen Bereich der Wahrnehmung und der Kommunikation". Dies stellten 1972 die Mitglieder der ‚Arbeitsgemeinschaft Curriculum Musik' fest und folgerten daraus, es sei „Kommunikation durch Hören bewusst zu machen, zu beurteilen und zu üben" (Frisius, Fuchs, Günther, Gundlach & Küntzel, 1972, S. 0.10): Bereits auf einer der ersten Seiten des Lehrerbands des Schulbuchs *Sequenzen - Musik Sekundarstufe I*, der für die ‚Auditive Wahrnehmungserziehung' einschlägigen musikpädagogischen Veröffentlichung, finden wir eine charakteristische Denkfigur: Etwas, das es gibt, muss auch im Unterricht vorkommen, aber auf besondere Weise wahrgenommen werden, nämlich bewusst, kritisch und praktisch.

Zum einen finden wir hier den berüchtigten ‚naturalistischen Fehlschluss': Eine Begründung für Lehr- bzw. Lerninhalte kann nicht darin zu finden sein, dass es etwas gibt. Zum anderen ist mit dieser Aussage wenig über den spezifischen Inhalt des Musikunterrichts gesagt. Nur Kommunikation soll bewusst gemacht, beurteilt und geübt werden, und zwar mithilfe des Hörens; es bleibt aber offen, was gehört werden soll und in welchem Verhältnis Kommunikation *über* Musik und *durch* bzw. *in* Musik stehen.

Festzuhalten ist zunächst, dass als Grund für die Genesis der ‚Auditiven Wahrnehmungserziehung' die Einsicht zu gelten hat, dass weder eine Kunstwerkdidaktik noch eine Didaktik, die primär mit der Begründung der Auswahl der Unterrichtswerke und der zu vermittelnden Inhalte befasst sei, zeit- und schülergerecht sei: Der Fortschritt der Wissenschaften, der Fortschritt der Musik und der Fortschritt der medialen Welt legten es nahe, eine Didaktik zu entfalten, die Unterricht als komplexen Prozess auffasst und dabei zugleich die Vielfalt der musikalischen Welt im Blick hat.

So wurde denn unter dem Einfluss kybernetischer Kommunikationstheorie der Musikbegriff neu gefasst. Musik galt als Kommunikationsmittel, und zwar als ein Kommunikat, in dem ein Sender Botschaften kodiert habe; dem Hörer falle demnach die Aufgabe zu, das Kommunikationsmittel zu entschlüsseln - und der Unterricht habe die entsprechenden Codes zu liefern. Durch diesen Ansatz weitete sich der Bereich von Musik, der im Unterricht thematisch werden konnte: Alltagsmusik, Gebrauchsmusik, Trivialmusik, Kunstmusik, Neue Musik konnten und mussten aufgegriffen werden. Ausgangs- und Bezugspunkt bleibt aber das ‚Kommunikationsmittel' Musik.

Grundlagen: Ästhetische Erziehung, Revision des Curriculums, Neue Musik

Gestützt wurde diese inhaltliche Erweiterung durch die Ansätze der Ästhetischen Erziehung einerseits, die Entwicklung der Neuen Musik andererseits.

Mit der Ästhetischen Erziehung sprechen wir neben der Kommunikationstheorie einen zweiten Pfeiler der ‚Auditiven Wahrnehmungserziehung' an. Insbesondere Hartmut von Hentig hatte darauf hingewiesen, dass Unterricht der fortschreitenden und umfassenden Ästhetisierung des Alltags gerecht werden müsse. Die aktuelle ästhetische Erziehung stehe „in einem grotesken Missverhältnis zu unserer ästhetischen Beanspruchung" (v. Hentig, 1970, S. 93). Der junge Mensch sollte daher künftig sensibilisiert werden für die ästhetischen Phänomene, mit denen der Alltag u.a. in der Werbung, in der Mode, in der Warenästhetik - durchsetzt sei. Dazu sei eine „systematische Ausbildung seiner Wahrnehmungsmöglichkeiten, des Wahrnehmungsgenusses und der Wahrnehmungskritik“ notwendig (von Hentig, 1969, S. 29-30). Folglich machte Musikdidaktik es sich zum Anliegen, das auditive Wahrnehmungsvermögen zu schärfen, zu differenzieren, zu kritischer Distanz und zum Lustgewinn zu führen.

Dies ging konform mit dem dritten Pfeiler der ‚Auditiven Wahrnehmungserziehung‘, der „Revision des Curriculums“, die durch Saul B. Robinsohns Schrift *Bildungsreform als Revision des Curriculums* (1967) ausgelöst worden war. Robinsohn hatte darauf hingewiesen, dass Lernziele sich nicht nur auf Inhalte oder Stoffe richten dürften, sondern vor allem auch Verhaltensziele sein müssten. Als solche hätten sie sich an der gegenwärtigen Wirklichkeit zu orientieren und zur „Ausstattung zum Verhalten in der Welt“ (Robinsohn, 1967, S. 13) beizutragen.

Die Frage, an welcher Musik denn derartige Ziele zu realisieren seien, schien durch die Entwicklung der Musik - insbesondere der Kunstmusik - überflüssig gemacht bzw. ad absurdum geführt worden zu sein. Unter dem Einfluss John Cages seit Mitte der 50er-Jahre, dem Einfluss der musique concrète und der Elektronischen Musik, aber auch unter dem Eindruck bestimmter Entwicklungen in der Bildenden Kunst (z.B. der ‚readymades‘ Marel Duchamps oder der Pop Art Roy Lichtensteins oder Andy Warhols) hatte sich ein Musikbegriff herauskristallisiert, demzufolge alles, was sich als intentional geformter Schall der Wahrnehmung darbiete, als Musik gelten könne. Dies und die rasante Verbreitung von populärer Musik unterschiedlichster Genres führte dazu, dass in *Sequenzen* Musik nicht als Kunstform begriffen wird, sondern als „ein geordneter und immer wieder aufs neue zu ordnender Ausschnitt aus der hörbaren Wirklichkeit“ (Günther, 1971, S. 15):

> „Hörbare Wirklichkeit beinhaltet mehr als nur musikalische Kunstwerke. [...] Hörbare Wirklichkeit meint alles Hörbare, das geordnet ist oder sich ordnen lässt“ (ebd.).

Unterrichtsinhalte

So finden wir Aufgaben, bei denen Rasenmäher, Automotoren und Rasierapparate zu unterscheiden sind. Die Schüler*innen machen Experimente mit verschiedensten Materialien, die zum Klingen gebracht werden können. Die Klänge werden wiederum Einfluss Neuer Musik - grafisch notiert. Grafische Notation wurde später auch genutzt, um Klangverläufe darzustellen.

Das gesamte klingende - hörbare - Material, an dem die Sensibilisierung und Differenzierung, der Genuss und die Kritik bewusst gemacht und geübt werden sollen, wird nicht nach traditionellen Kategorien - Melodik, Harmonik, Rhythmik, Tempo, Dynamik, Kolorit -, sondern nach eigenen ‚Parametern‘ geordnet: Klanghöhe, -stärke, -dauer, -dichte. Klangverläufe werden nicht mithilfe von Formenlehre, sondern als Wiederholung, Kontrast, Steigerung und Rücknahme (beziehbar auf alle vier Parameter) kategorisiert. Unter Anwendung dieser Kategorien sollten Klänge verschiedenster Provenienz beschrieben werden: Es gibt keinen prinzipiellen Unterschied zwischen dem Zugang zu einer Beethoven-Sinfonie und zu dem Geräusch des Straßenverkehrs beim Anfahren an der Ampel.

Um außerdem zu gewährleisten, dass die Schüler*innen zu mündigen Hörer*innen erzogen würden, die sich von den Machenschaften der Kulturindustrie ebenso emanzipieren könnten wie von ihren eigenen Vorurteilen, wurden Kapitel eingeführt, in denen erlernt werden sollte, wie Kommunikation funktioniert und genutzt werden kann.

Im Durchgang durch die sechs Kapitel Schall, Musik und Sprache, Hören und Verstehen, Schalleigenschaften, Formverläufe sowie Hörerfahrung und Gesamterfahrung sollten die Schüler*innen zur ästhetischen Wahrnehmung im Rahmen auditiver Kommunikation erzogen werden. Dabei ging es um die elementaren Grundlagen der hörbaren Wirklichkeit, um die Teilhabe an und Veränderung dieser Wirklichkeit und um die Befähigung aller Lernenden dazu.

Probleme

Die ‚Auditive Wahrnehmungserziehung' war von vornherein mit einer Fülle von Problemen belastet, die in der folgenden heftigen Diskussion denn auch erkannt wurden. So wurde insbesondere das fehlende Geschichtsbewusstsein kritisiert, außerdem die Tatsache, dass die Orientierung am Musikbegriff der Avantgarde den Alltagserfahrungen der Schüler*innen in keiner Weise entspricht. Bemängelt wurde auch der pädagogische Ansatz, der zwar nicht als ‚kunstwerkorientiert' bezeichnet werden kann, aber den Lernprozess stets von der vorgedachten Systematik der Komplexe aus, nicht vom musikalischen Bewusstsein der Lernenden her in den Blick nimmt.

Ferner ist der positivistisch-materialistische Materialbegriff problematisch: Musik wird nicht in ihrer historischen Dimension (oder Dimensioniertheit) gesehen, ihr Kunstcharakter – ebenso wie die Artifizialität alltagsästhetischer Hervorbringungen – gerät in keiner Weise ins Bewusstsein der Lernenden. So wird denn auch der Bezug zum Alltag und der alltäglichen Musik immer nur kognitiv hergestellt. Die Distanzierung und kritische Stellungnahme soll durch eine Alternativdidaktik hervorgebracht werden: Dadurch, dass Schüler*innen eigene avantgardistisch orientierte Klangexperimente machen, sollen sie eine Hörwelt erleben, die ihnen als wertvoller erscheinen soll als diejenige, deren inhaltliche Besetzung sie in anderen Unterrichtskomplexen gelernt haben. Diese Trennung von ästhetischer Erfahrung und Wissen kann nicht funktionieren – sie bleibt denn auch weit hinter dem zurück, was etwa Gunther Otto für den Kunstunterricht an Perspektiven für Ästhetische Erziehung entwickelt hat. Dort setzen sich die Lernenden rezipierend, kontextualisierend und produzierend mit verschiedensten Erscheinungen der sichtbaren Welt auseinander und zugleich in eins: indem sie ihre „Percepte" der Hervorbringungen Anderer in kreativer Auseinandersetzung mit dem Material (und dem Geist, der diesem abgewonnen bzw. zugewiesen werden kann!) in Konzepte eigener Gestaltungen überführen (Otto & Otto, 1987).

Modell ‚Neue Musik'

Sequenzen blieb zwar die einzige der ‚Auditiven Wahrnehmungserziehung' verpflichtete musikpädagogische Konzeption, die diese Bezeichnung verdient. In demselben Zeitraum entstand jedoch eine Vielzahl musikpädagogischer Konzepte, die denselben Orientierungen folgten: einer auf Innovation gerichteten gesellschaftlichen Entwicklung, die alte Hierarchien, Regeln, Normen und Wertvorstellungen beseitigen oder zumindest verändern wollte, und den maßgeblichen Tendenzen der Neuen Musik. Sie erschienen vorwiegend in der *roten reihe* der Universal Edition Wien. Beispielhaft sei hier Gertrud Meyer-Denkmanns Schrift *Theorie und Praxis neuer Musik* (1972) aufgeführt. Die Autorin verband darin „das anthropologische Paradigma von Bildung mit den Orientierungen an Prozessualität, die für die Neue Musik ihrer Zeit - insbesondere die aleatorische und improvisierte Musik - konstitutiv waren" (Schatt, 2008a, S. 121-122), um Menschen zu befähigen, „kraft künstlerischer Erfindung die neue Gesellschaft - eine von ökonomischen Zwängen und erzwungenen Traditionen befreite - entstehen zu lassen" (ebd., S. 122). In praktischer musikalischer Gestaltungsarbeit, zu der sie zahlreiche unterschiedlichste Anregungen vorlegte, erkannte sie einen „doppelten Sinn - die Hervorbringung musikalischen und sozialen Sinns durch gemeinsames musikalisches Gestalten" (Schatt, 2008b, S. 205). In den experimentellen und improvisatorischen Modellen, die sie auf der Basis eingehender Musik-Analysen vorgab, verbinden sich Maßnahmen zur experimentierenden Erforschung von Strukturen Neuer Musik und kommunikative körpersprachliche sowie musikalische Ausdruckmomente mit unterschiedlichen Schwerpunkten.

Diese Ansätze erfreuen sich in jüngerer Zeit im Rahmen kompositionsdidaktischer Bestrebungen einer neuen Beachtung, nachdem sie lange Zeit zugunsten schüler- und kompetenzorientierten Denkens in den Hintergrund getreten waren.

4.5 Polyästhetische Erziehung und Integrative Musikpädagogik

Primat des Künstlerischen

Obwohl die Bezeichnungen ähnlich klingen und obwohl Wolfgang Roscher, der Begründer der ‚Polyästhetischen Erziehung', sich intensiv mit den Gedanken Hartmut von Hentigs, dem Urvater der Ästhetischen Erziehung, auseinander gesetzt hat, darf diese keinesfalls mit jener gleichgesetzt werden: Während die Ästhetische Erziehung es sich zum Anliegen machte, für die ästhetischen Phänomene insbesondere des Alltags zu sensibilisieren und die Schüler*innen in ihrer Fähigkeit zu fördern, mit diesen genussvoll, aber auch kritisch umzugehen, setzt die ‚Polyästhetische Erziehung' primär auf das Künstlerische als etwas zum Alltag Anderes. Roscher ging es in unverkennbarem Bezug zu Schiller, wie er sich in seinen Briefen *Über die Ästhetische Erziehung des Menschen* geäußert hatte, um „Einübung menschlicher Freiheit durch Bildung der Sinne innerhalb der Künste" (Roscher, 1983, S. 14). Bemerkenswert ist die Wendung „innerhalb der Künste": Die Bildung verbleibt im Reich des Schönen - der gemeine Sumpf des Alltäglichen wird vermieden. Und um seine Vermeidung einzuüben, wird die Auseinandersetzung mit dem Künstlerischen als dem Wertvolleren inszeniert. So folgt ‚Polyästhetische Erziehung' nach Roscher der „Fiktion einer sinnlich künstlerischen Bildung des Menschen"; sie prangere „‚funktionale Ästhetik' wie ‚Warenästhetik' und ‚Funktionelle Musik' als inhumanen Zugriff an, der sich durch Musikzwang und Kulturterror gegen die sinnliche Würde des Menschen" richte (Roscher, 1976, S. 18ff.).

Komplexe Sinneserfahrungen

Mittel zu dieser Befreiungsaktion ist der Rekurs auf „mehrkanalige Kommunikation, komplexe Sinneserfahrungen sowie multimediale Gesamtwahrnehmungen" (ebd., S. 23). Dadurch sollte insbesondere dasjenige angesprochen werden, was Aristoteles (in *De anima*) den „Gemeinsinn" („sensus communis") nannte - ein Sinn, der nicht nur die Einzelsinne miteinander, sondern das gesamte Empfinden mit dem Urteilen und Denken zu einer Gesamterfahrung verknüpft.

Aspekte, Bereiche, Umgangsweisen

Roscher bezeichnete die später entfaltete ‚Integrative Musikpädagogik' als ‚Zweig' der ‚Polyästhetischen Erziehung'. Beide haben gemeinsam, dass sie fünf Aspekte berücksichtigt wissen wollen: den multimedialen, den interdisziplinären, den traditionsintegrativen, den interkulturellen und den sozialkommunikativen Aspekt.

In den Bereichen Musik, Literatur, Theater, Film, Bildende Kunst, Tanz usw. ist unter diesen Aspekten im Rahmen von Improvisation/Komposition, Realisation/Interpretation, Interaktion/Demonstration, Bedeutungs- und Wertanalyse, Material- und Strukturanalyse sowie Bedarfs- und Konsumanalyse zu arbeiten.

Der integrative und auf mehrkanalige Sinnlichkeit gerichtete Anspruch der ‚Polyästhetischen Erziehung' ist nach Meinung ihrer Vertreter*innen am ehesten in Klangszenen- und Musiktheaterimprovisationen einzulösen. Dort können unter Berücksichtigung aller Aspekte alle Arbeitsformen mit Blick auf Wort, Klang, Licht, Bewegung, Bühnenbild, Handlung realisiert werden. Es entsteht eine Alternativwelt zum Alltag, vor deren Hintergrund der Alltag sich denn doch die eine oder andere Frage wird gefallen lassen müssen.

Normativität

Exemplarisch zeigen sich Perspektiven für die an einem bestimmten, normativ verfassten Begriff des Ästhetischen orientierte Erziehungsintention der ‚Integrativen Musikerziehung' im Sinne einer ‚Polyästhetischen Erziehung', aber auch deren Probleme an einem Unterrichtsvorschlag von Michaela

Schwarzbauer (Schwarzbauer, 2002): Er wurde von Paul Hindemiths Sinfonie *Mathis der Maler* angeregt und stellt Hindemiths Auseinandersetzung mit dem Leben und Schaffen Mathias Grünewalds in Zusammenhang mit einer Eigenproduktion von Schüler*innen, bei der diese sich mit den sieben Todsünden musikalisch- und szenisch-gestalterisch auseinander setzen sollen. Werkinterpretation soll damit im Spannungsfeld „künstlerischen Erfahrens und Darstellens" (ebd., S. 36) lokalisiert sein. Ob und in welcher Weise Schüler*innen Erfahrungen mit den sieben Todsünden haben bzw. diese zu machen wünschen, bleibt ebenso ungeklärt wie die Frage, welche ihrer gewonnenen Erfahrungen insbesondere ästhetischer Art sinnvollerweise dem Isenheimer Altar so zugeordnet werden können, dass die Sinfonie Hindemiths als bedeutendes Werk in den Horizont ihrer Erfahrung gelangt.

4.6 Kulturerschließung

Der Begriff ‚Kulturerschließung' fällt zwar nicht als Name einer Konzeption, ist aber ein zentrales Anliegen einiger Konzeptionen, während er in anderen – z. B. im ‚Aufbauenden Musikunterricht' – eher eine Orientierung neben anderen bezeichnet. An dieser Stelle werden Konzeptionen vorgestellt, in denen er als Rahmung des Ganzen fungiert.

‚Kulturerschließung' ist doppelseitig. Um nämlich Menschen für Kultur zugänglich werden zu lassen – sie gleichsam für Kultur zu erschließen –, bedarf es einer anderen Erschließung: Dasjenige, was unter ‚Kultur' verstanden wird, muss erschlossen haben, wer die Mühe auf sich nehmen möchte, andere dafür zu öffnen – sie ihrerseits zu befähigen, Kultur für sich zu erschließen. Um dies in dem gegebenen Rahmen zu leisten, soll zunächst durch einen Exkurs der hier zugrunde gelegte Kulturbegriff umrissen werden (s. dazu auch Kap. 3.6).

Exkurs: Kultur und Kulturen

Kultur als Handlungsbegriff

Kultur wird von Menschen hervorgebracht, aufrechterhalten, tradiert oder verändert. Bedingung dafür ist, dass Menschen gemeinsam gemeinsame Ziele anstreben und dabei sowohl für die Handlungsweisen als auch für die Produkte des Handelns Maßstäbe festlegen. Kultur entsteht durch Zusammenleben und dasjenige, was dabei Geltung erlangt, und sie artikuliert sich in der Weise des Zusammenlebens und in den dafür akzeptierten Formen bzw. Medien, die durch das Zusammenleben entstehen und durch die Zusammenhänge des Lebens hergestellt werden. Ihre Grundlage besteht in Bedürfnissen, die über die schieren Überlebensnotwendigkeiten hinausgehen. In dem, was Menschen tun, um sie zu erfüllen und was sie dabei hervorbringen, liegt immer auch eine Deutung der ‚Welt' und ihres Verhältnisses zu ihr.

Damit erhält der Kulturbegriff eine Handlungskomponente, mit der die Frage nach Sinngebungsprozessen und Prozessen der Bedeutungszuweisung in den Vordergrund tritt; ‚Kulturgüter' gewinnen Geltung durch die mit ihnen verbundenen Umgangsweisen und als Ergebnis der in ihnen vollzogenen Deutungen.

Da nicht alle Menschen die gleichen Bedürfnisse haben und die gleichen Einstellungen, Haltungen, Handlungen und Dinge wertschätzen, entstehen unterschiedliche Kulturen, die oft – aber nicht immer und nicht notwendigerweise – räumlich und zeitlich begrenzt sind. Diese Unterschiede sind dafür verantwortlich, dass Kulturen sich voneinander abgrenzen bzw. dass es unter den Angehörigen einer Kultur einen engen Zusammenhalt gibt. Das galt früher für das Verhältnis zwischen ‚abendländischer' Kultur und Kulturen fremder Länder, es gilt heute noch für die Differenzen zwischen Hochkultur und Jugendkulturen oder für die Spannungen zwischen differierenden Jugendkulturen.

Im Zuge fortschreitender Globalisierung und intensiver Migrationsbewegungen tendieren die Differenzen und damit die Grenzen zwischen Kulturen dazu, fragwürdig, schwächer oder hinfällig zu werden – oder aber, u.a. aus politischen Gründen, intensiver betont zu werden. Verstärkt ist in der jüngeren Vergangenheit die Bereitschaft und die Fähigkeit beobachtet worden, Kulturtransfer zu leisten und so Kulturen zu verändern oder aber i.S. der sogenannten „Transkulturalität" (Welsch, 1994; Wulf, 2014) an verschiedenen Kulturen teilzuhaben.

Interaktion

Die Theorie der symbolischen Interaktion hat darauf aufmerksam gemacht, dass die Bedeutungen, auf deren Grundlage Handlungen vollzogen werden, aus einem interpretativen Prozess hervorgehen, für den die soziale Interaktion den entscheidenden Rahmen bildet. Dadurch erhalten die Formen, in denen der Mensch handelt und die als Vollzug oder Ergebnis in Erscheinung treten – u.a. auch die Kulturen –, symbolischen Charakter: Sie sind Anlässe für Interpretationen.

Die Interpretation im Rahmen der symbolischen Interaktion hat die Funktion, das Zusammenleben zu ordnen und dadurch zu ermöglichen. Dazu sind Regeln notwendig, die das Verhalten des Anderen einschätzbar und vorhersehbar machen. Ob und inwieweit diese Funktion erfüllt werden kann, hängt von den Erfahrungen ab, die der Einzelne mit dem Inhalt der Regeln, der Geltung ihrer Normen und der Verbindlichkeit ihrer Werte im sozialen Kontext gemacht hat. Demnach sind – unabhängig von der subjektiven Interpretationskompetenz – intersubjektive Übereinkünfte in diesen Hinsichten für Kulturen konstitutiv. Diese Übereinkünfte entstehen im Rahmen alltäglicher Praxis und werden z.T. stillschweigend, z.T. durch explizite Unterweisung gewonnen bzw. herbeigeführt. Sie sind das Ergebnis von Verständigung über die

Bedeutung der Erscheinungen in bestimmten Kontexten, und zugleich auch immer deren Voraussetzung. In humoristischer Form, aber mit ernster Absicht machte der Comedian Dieter Nuhr dies deutlich: „Auf'm Klo die Tür zumachen - so fängt Kultur ja an: Die Tiere glotzen einen ja an dabei ...“ (3sat am 20.10.2019).

Regeln

Die Bestimmung einer Kultur dürfte darum nicht nur die Art und Weise berücksichtigen, wie symbolische Interaktion im Zusammenhang mit den beobachtbaren Formen vollzogen wird, sondern sie müsste vor allem den Bedeutungen und Bedeutsamkeiten nachgehen, die aufgrund der dabei zugrunde liegenden handlungsleitenden Regeln hervorgebracht werden.

Problematischer Kulturbegriff

Der Gedanke, dass Kultur ein Handlungs- und kein Objektbegriff sei, hat sich zumindest im öffentlichen Diskurs noch immer nicht durchgesetzt. Darauf verweist die häufig anzutreffende Rede von „Kunst und Kultur“ - als sei Kunst etwas anderes als Kultur und als enthalte Kultur nicht zumindest auch alles, was unter den Kunstbegriff fällt. Zugleich macht diese Wendung deutlich, dass der Begriff ‚Kultur‘ für viele Menschen immer noch nur bezeichnet, was präziser ‚Hochkultur‘ genannt wird - also dasjenige, was sich in Theater, Oper, Konzert und Literatur ereignet.

Der Begriff ‚Kultur‘ ist mitsamt der darauf bezogenen unterschiedlichsten didaktischen Funktionen in zahlreichen musikpädagogischen Konzeptionen zu finden. Charakteristisch ist der Kulturbegriff Michael Alts: Dessen didaktische Funktion, die er erhält durch seine merk- und fragwürdige Entgegensetzung zwischen Musikkultur und einer Musik, die primär durch „mikrophonale Mittler“ (Alt, 1968, S. 13) verbreitet werde, ist ein Indiz dafür, dass sein Kulturbegriff von der Vorstellung geprägt war, Kultur sei ein Fundus von ‚Gütern‘, der allein als hochwertig anerkannt zu werden verdiene.

Damit zeigt Alt sich einerseits einem zum Materialistischen tendierenden, normativen Kulturbegriff verpflichtet, andererseits einem Kulturbegriff, der ausschließlich auf Handlungsweisen der Hochkultur und deren Ergebnisse rekurriert.

Einen ähnlich auf die Wertvorstellungen der Hochkultur ausgerichteten, aber trotzdem subjektorientierten und handlungsbezogenen Kulturbegriff legte Heinz Antholz seinem *Unterricht in Musik* (1972) zugrunde.

Heinz Antholz: „Introduktion in Musikkultur“

Mit seiner Konzeption wandte sich Antholz einerseits gegen einen Unterricht, in dem blinder bzw. tauber Aktionismus dominierte, anderseits gegen einen Unterricht, in dem Musik vorwiegend als Steinbruch zur Vergegenwärtigung historischer oder musiktheoretischer Sachverhalte vorkam, zum dritten gegen einen Unterricht, in dem Musik zu anderen Zwecken - z.B. zum Sprachlernen - gebraucht wurde. Unterricht in Musik dagegen, in dem Musik als Musik thematisch wird, heißt für Antholz eine Veranstaltung, in der die hörende Teilhabe am musikalischen Geschehen ermöglicht wird, und zwar so, dass musikalische und musikbezogene Zusammenhänge von den Hörenden mit- bzw. nachvollzogen werden. Sein Ziel war „Introduktion in Musikkultur“ (Antholz, 1972, S. 118-128) als Hörkultur zu leisten, und zwar in objektive Musikkultur und in subjektive Musikkultur. In objektive Musikkultur - dasjenige, was das Musikleben zu Hören bereithält und die Weisen, wie es dieses bereithält - sollten die Unterrichtsfelder Instruktion, Rezeption, Reproduktion und Information einführen. Was mit subjektiver Musikkultur gemeint war, wird insbesondere im Unterrichtsfeld „Instruktion“ deutlich. Dieses besteht aus zwei Tätigkeiten: dem „hörenden Werken“ und dem „Werkhören“. Bei beidem sollten „Hörwissen“ und „Hörgewissen“ geschult werden. Heute würden wir von der Herausbildung musikalischer Schemata durch figurale und formale Repräsentationen sprechen und von einer Einübung von normativem Wissen: Das Gewissen beruht nämlich auf einer Unterscheidung zwischen richtig und falsch, gut und schlecht, die man gelernt haben muss. Dies wird bei Antholz allerdings nicht reflexiv gemacht, so dass man von einer Einübung der Normen und Wertvorstellungen etablierter Musikkultur sprechen kann, und zwar der Hochkultur, da ihre Inhalte primär die Gegenstände des Werkhörens bilden.

Kritik

Mit der Vorstellung von „Introduktion“ folgt Antholz zwei Bildern, die heute skeptisch gesehen werden. Zum einen erscheint Kultur als etwas, das dem Menschen gegenübersteht. Der Ort der Kultur, in die hinein geführt werden soll, ist immer ein anderer als der, an dem sich der junge Mensch befindet. Dies widerspricht schon ganz oberflächlich der Rede von Jugendkulturen: Offenbar haben Jugendliche bereits eine Kultur - wenn auch eine andere als die Erwachsenen. Und offenkundig ist dies primär eine Hörkultur, oft auch eine Kultur des Wissens, manchmal eine Kultur des Musizierens und bisweilen auch eine eigene Kultur der Hervorbringung von Musik.

Zum anderen erscheint uns heute das Bild des ‚Lehrens‘ als eines ‚Führens‘ obsolet, widerspricht es doch Idealen wie Selbsttätigkeit der Lernenden, entdeckendem Lernen, emanzipatorischen Lernzielen, demokratischer Gesinnung. Andere Konzeptionen entwerfen eher das Bild vom ‚Lehrer‘ als einem Moderator, einem, der Vorschläge macht und die Interessen koordiniert, nicht aber die seinen oder die des kulturellen Milieus, zu dem er gehört, durchzusetzen versucht.

Kulturerschließung

Eine etwas andere Lagerung hat der kulturerschließende Unterricht, wie ihn der Musikwissenschaftler Martin Geck vorgeschlagen hat (Geck, 1994). Er glaubte, die Verkümmerung dessen diagnostizieren zu können, was Musik zu bieten habe: Er sah einen Unterricht, in dem es primär um musiktheoretisches Wissen und Musikgeschichte als Chronologie sowie um Formenlehre gehe. Demgegenüber plädierte er für einen Unterricht, der Musik als das Ergebnis problemlösenden Denkens im Kontext der Verhältnisse der jeweiligen Zeit in den Blick rückte. Es gelte, Musik mit konnotativen Elementen komplementär zu bereichern: mit der Architektur der Zeit, der Mode, der Dichtung - auch die Lebensverhältnisse und die Bedarfslagen, aus denen heraus Musik entstand, seien zu verdeutlichen. So könne Musik als ein Etwas erscheinen, an dem sich die Spielarten menschlichen Denkens ablesen ließen - wie an Anderem auch, nur eben in musikspezifischer Weise, also im tönenden Etwas, das in der Zeit verstreicht. Dieses könne wiederum mit Gewinn ins Verhältnis zum eigenen Denken gesetzt werden.

Mit dem Anspruch, Musikunterricht für die Zukunft neu zu formatieren, sind die Autoren Stephan Gies, Werner Jank und Ortwin Nimczik seit 2001 mit mehreren Schriften aufgetreten (nach der ersten gemeinsamen Veröffentlichung der drei Autoren ist 2003 Johannes Bähr hinzugekommen). Grundlage ihrer Überlegungen ist die Diagnose eines Missstandes: Sie gehen von einer Unterrichtswirklichkeit aus, die zum einen nicht die notwendigen Qualifikationen hervorbringt, zum anderen den Lernenden wenig Freude macht: Im Gegensatz zu der Tatsache, dass Musik zu den beliebtesten Freizeitbeschäftigungen gehörte, zählte Musikunterricht zu den unbeliebtesten Fächern. Dies habe, so die Autoren, seine Gründe in einer zu stark fachwissenschaftlichen bzw. theoretischen Ausrichtung einerseits, in einer gewissen Unverbindlichkeit des Redens über Musik andererseits.

Das Ziel des Unterrichts, den sie befürworten, ist im Titel der zweiten einschlägigen Veröffentlichung umrissen - es ist ein Doppeltes: *Kompetenz vermitteln - Kultur erschließen* (Bähr, Gies, Jank & Nimczik, 2003). Im Rückgriff auf die Ergebnisse neurobiologischer Forschung und fundiert durch handlungstheoretische Einsichten in den Prozess des Lernens fordern sie einen Unterricht, der dem praktischen Musizieren breiten Raum gewährt, damit sich musikalische Schemata bilden können, auf deren Grundlage musikalisches Denken erst möglich wird. So sollte denn ursprünglich der Unterricht in den unteren Jahrgängen einer ‚Grundmusikalisierung' gewidmet sein; in der Mittelstufe sollte der Schwerpunkt auf musikalische Gestaltungsarbeit gelegt werden, und erst der Unterricht der Oberstufe sollte der Erschließung von Musikkultur dienen.

Kompetenz erwerben – Kultur aneignen

Unschwer ist zu erkennen, dass hier z. T. alter Wein in neue Schläuche geschüttet wurde - einer der Urheber, Werner Jank, hat dies später explizit zugegeben (Jank, 2005, S. 93). Den Gedanken, durch musikpraktisches Handeln musikalische Kompetenz zu erwerben, finden wir schon im „hörenden Werken" bei Heinz Antholz. Dort ist allerdings nicht die problematische Formulierung zu finden, dass sich Kompetenz ‚vermitteln' lasse: Kompetenz ist ein Vermögen des Subjekts, das es nur selbst erwerben kann. Ferner hat Antholz erkannt, dass mit dem Erwerb musikalischer Kompetenz (als Hör-Wissen und Hörgewissen) auch immer Kultur erschlossen wird: Kompetenzerwerb vollzieht sich nicht im Vakuum, sondern in Auseinandersetzung mit musikalischen Gestalten oder musikalischem Material. Beides ist, wie Adorno schrieb, „geschichtlich durch und durch" Adorno, [1969]1998, S. 223): Im Material wie im Denken über die Möglichkeiten seiner Verarbeitung - in den musikbezogenen Praktiken also, die durch eine Kultur bestimmt werden und die eine solche Kultur konstituieren – ist das normative Denken von Menschen, die in einer bestimmten Zeit und in einem bestimmten Raum zusammenleben, immer schon eingeschlossen, und zwar nicht nur affirmativ, sondern auch im Modus der Zurückweisung. Jedes Arbeiten mit einem musikalischen Material ist daher Auseinandersetzung – oder besser Ineinssetzung – mit Kultur: Kulturerschließung als Kulturaneignung. Kulturerschließung kann demnach nicht das Sahnehäubchen der Oberstufe sein; vielmehr findet Enkulturation schon mit dem ersten Ton statt.

Diese Einsicht ging in spätere Ausarbeitungen des Konzepts ein und mündete in die Konzeption des ‚Aufbauenden Musikunterrichts', die aus den hier dargestellten Überlegungen erwuchs. Ihr wird im Folgenden ein eigenes Kapitel gewidmet (s. Kap. 4.12).

Nähe und Distanz

Freilich kann und muss dieser Prozess der Befassung mit den symbolischen Formen einer Kultur oder mehrerer Kulturen reflexiv gemacht werden, wenn ein Merkmal von Kultur ist, Verantwortung für das eigene Handeln zu übernehmen. Im Unterricht muss auch die Frage nach der Verbindlichkeit der Normen, nach denen ich bisher gehandelt habe, im Augenblick handele und künftig handeln soll, gestellt und beantwortet werden. Nur dadurch kann man der Eigenart des Menschen, gleichsam aus sich heraustreten und sein Handeln reflektieren zu können, gerecht werden (Heinrich Plessner nannte dies „exzentrische Positionalität"). Dieses Spiel mit Nähe und Distanz kann auch Anliegen des Unterrichts werden. Die Distanz zum unmittelbaren Erleben, die durch Analyse und Interpretation entsteht, kann jedoch zu einer anderen Nähe führen: zu jener Nähe, die durch denkende Auseinandersetzung entsteht, weil ich es bin, der sich mit etwas auseinander gesetzt hat – und der gerade dadurch wieder mit dem Etwas sich in eins setzt.

Einen solchen Umgang mit Musik nannten wir ästhetische Praxis, insbesondere imaginative ästhetische Praxis. Wenn ihre Pflege auf allen Klassenstufen Anliegen des Unterrichts ist, dürfte Unterricht nicht nur ein Beitrag zur Kultur, sondern selbst eine Kultur sein. Für eine solche Kultur des Unterrichts plädierten unlängst mehrere Autor*innen. Als Bespiele seien hier nur zwei Arbeiten genannt: die Dissertation von Olivier Blanchard, in der er für die Aufhebung hegemonialen Denkens und die Auflösung entsprechender Strukturen des Unterrichts warb (2019), und der Aufsatz von Rico Hepp, der sich für Musikunterrichts als musikalisch-ästhetische Praxis einsetzte (2020).

Unterricht als Kultur

Für ein derartiges Konzept, in dessen Rahmen Unterricht selbst als Kultur zur Geltung gebracht wird, ist der Begriff der Kulturerschließung ungeeignet, hat er doch eine unübersehbare Nähe zu anderen, die mit Erschließung zu tun haben, z.B. Grundstückserschließung oder Bodenerschließung. Das Bild des Menschen aber, der sich Kultur erschließt, um sie sich nutzbar zu machen, ist völlig schief. Zum einen nämlich hat der Vorgang der Erschließung selbst als

Kultur zu gelten insofern, als diese Erschließung nur durch Teilhabe möglich ist: Was erschlossen werden soll, ist in der Handlung des Erschließens immer schon inbegriffen. Zum anderen ist der Zweck der Teilhabe an Kultur nicht auf Anderes gerichtet, sondern erfüllt sich in der Teilhabe selbst: Ich höre und genieße, analysiere oder realisiere Musik nicht, um etwas anderes zu erreichen, sondern um an Musik, am Genuss und am Wissen teilzuhaben. Der Erwerb gesellschaftlicher Geltung durch Teilnahme an bestimmten Musikveranstaltungen gehört zu den Perversionen einer Gesellschaft, die sich der Barbarei des Pragmatismus verpflichtet hat.

4.7 Interkulturelle Musikerziehung

Voraussetzungen und Anliegen

Verschiedenartige Musikkulturen gibt es, weil Menschen aufgrund unterschiedlicher Beurteilung der Phänomene des Lebens unterschiedliche Musiken für sinnvoll, angemessen oder schön halten - kurz: ihnen unterschiedliche Bedeutung, Bedeutsamkeit und Relevanz zuweisen. Demnach gehört zur Auseinandersetzung mit anderen Musikkulturen die Beschäftigung mit den Maßstäben und Kategorien, nach denen die Lebensinhalte beurteilt und die entsprechenden Musiken hervorgebracht wurden; sie ist unabdingbar für eine Musikdidaktik, die auf die Ziele interkultureller Erziehung ausgerichtet ist. Dabei ist theoretisch das Problem zu lösen, worin das ‚Inter' bestehen könne bzw. solle und durch welche Handlungen bzw. Praktiken es erwirkt werden könne, wenn man - wie oben ausgeführt - Kultur nicht als ethnischen, politischen oder räumlichen Begriff, sondern als Handlungsbegriff auffasst, der an die Verwirklichung der Geltungsansprüche von musikalischen Bedeutungen und musikbezogenen Bedeutsamkeiten geknüpft ist.

‚Interkulturelle Musikerziehung' erschien und erscheint aus zwei Gründen notwendig: Zum einen ist, bedingt durch verschiedene Formen der Migration, der Anteil ausländischer Kinder in den Klassen deutscher Schulen beträchtlich gestiegen. Ihren Kulturen gerecht zu werden - ohne die eigene aus dem Blick zu verlieren - ist eines der Anliegen interkultureller Musikerziehung. Dabei ist freilich fraglich, ob bzw. in welchem Maße und in welchen Hinsichten die Kinder und Jugendlichen mit einem Migrationshintergrund den Kulturen, in denen oder zumindest vor deren Hintergrund sie geboren wurden und aufgewachsen sind, noch verpflichtet sind, oder in wieweit sie bereits einer globalisierten gemeinsamen Kultur angehören. Die Fragwürdigkeit und Unangemessenheit eines ethnisch-holistischen Kulturbegriffs (vgl. S. 133) lässt sich bereits an dieser Stelle erkennen. Ohne Frage aber existieren die jeweils ‚anderen' Kulturen, und so wird der zweite Grund relevant: Die durch zunehmende Mobilität und Medialisierung des Lebens bedingte kulturelle Globalisierung kann für alle Menschen den Blick für musikalische Phänomene öffnen, mit denen sich einst nur die Ethnomusikologie beschäftigte. Auch hier ist allerdings fraglich, ob Offenheit für die Vielfalt der Musikkulturen eine Tatsache oder eher ein Desiderat ist. Im ersten Fall hätte ‚Interkulturelle Musikerziehung‘ nach möglichen und wünschenswerten Konsequenzen zu fragen, im zweiten Fall Gründe, Prozesse und Maßnahmen der Ermöglichung zu benennen.

‚Interkulturelle Musikerziehung‘ erscheint als Sonderform interkultureller Erziehung. Ihre Ziele entsprechen sich, sind jedoch für Erstere im Medium des Musikalischen oder am Beispiel von Musiken zu erarbeiten.

Dass dies nicht in jeder Hinsicht und nicht problemlos möglich ist, zeigt bereits ein Blick auf die „zehn Ziele interkultureller Erziehung“, die Wolfgang Nieke nennt ([1995]2000, S. 202):

„(1) Erkennen des eigenen unvermeidlichen Eurozentrismus
(2) Umgehen mit der Befremdung
(3) Grundlegen von Toleranz
(4) Akzeptieren von Ethnizität; Rücksichtnehmen auf die Sprachen von Minoritäten
(5) Thematisieren von Rassismus
(6) Das Gemeinsame hervorheben
(7) Ermunterung zur Solidarität: Berücksichtigen der asymmetrischen Situation zwischen Mehrheiten und Minderheiten
(8) Einüben in Formen vernünftiger Konfliktbewältigung - Umgehen mit Kulturkonflikt und Kulturrelativismus
(9) Aufmerksamwerden auf Möglichkeiten gegenseitiger kultureller Bereicherung
(10) Thematisieren der Wir-Identität: Aufhebung der Wir-Grenze in globaler Verantwortung oder Affirmation universaler Humanität?“
(vgl. Nieke, ebd., S. 204)

Versucht man, diese Ansprüche zu realisieren, wird ‚Interkulturelle Musikerziehung‘ zu einer Sonderform des Umgangs mit dem Fremden - jenes Fremden, das dem Freund Alter Musik in der Neuen begegnet oder dem Freund des HipHop in den Kompositionen Mozarts. Die Fragen, die bei der Begegnung mit anderen Kulturen gestellt und beantwortet werden müssen, sind dieselben Fragen, die sich auch im Umgang mit dem Neuen, Unbekannten ergeben: Was kann ich tun, damit sich nicht Abwehr, sondern Neugier einstellt, nicht Abneigung, sondern Interesse an der Auseinandersetzung? Freilich ist zu konzedieren, dass auch diese Fragestellung hoch normativ und damit einer bestimmten Kultur zugehörig ist: Dahinter steht das Bild des offenen, aufgeklärten Menschen und damit u.a. die Vorstellung, dass es gut sei, tolerant und aufnahmebereit gegenüber dem Fremden zu sein.

Im Blick zu behalten ist, dass die oben gebrauchte Wendung „Begegnung mit Kulturen“ eine Metapher ist: Tatsächlich begegnet man nicht Kulturen, sondern deren Vertreter*innen und den symbolischen Formen - u.a. Sprache, Religion, Kleidung, Lebensweisen und natürlich Musik -, mit denen diese Personen oder auch andere, nicht gegenwärtige, sich artikulieren, sich Ausdruck verschaffen und für die sie Geltung beanspruchen. Der in den Blick zu nehmende Prozess des ‚Inter' dürfte auf das Problem gerichtet sein, diese Geltungsansprüche von Bedeutungen und Bedeutsamkeiten, die den symbolischen Formen zugewiesen werden, mit den eigenen abzustimmen: z.B. sie zu übernehmen, sie zu akzeptieren, ohne sie sich zu eigen zu machen, sie zu problematisieren und zu diskutieren, sie zu dulden, ohne sie wertzuschätzen.

Fremde Kulturen und Musikunterricht

Siegmund Helms gehörte zu den ersten, die für den Umgang mit dem ‚Fremden' im Rahmen des Musikunterrichts ein Konzept vorgelegt haben. Er formulierte seine Vorstellungen wie folgt:

> „Interkultureller Musikunterricht bedingt neben dem Verstehen fremder Orientierungssysteme ein Nachdenken über das eigene Orientierungssystem. Dies kann nicht in erster Linie gegenseitige Information und Belehrung bedeuten, sondern gemeinsames Handeln, gemeinsame Projekte. Interkultureller Musikunterricht hat neben musikalisch-fachlichen Lernzielen ein wesentliches außermusikalisches Lernziel: Er soll dazu beitragen, ein friedliches Zusammenleben von Menschen verschiedener Herkunftsländer zu unterstützen" (Helms, 2006).

Diese Position wird nicht von allen geteilt. Verbreitet ist die von Volker Schütz exponierte Auffassung, ‚Interkulturelle Musikerziehung' müsse mit dem Musikmachen beginnen (Schütz, 1997). Dass dies in nichts anderes als in einen Folklorismus münden kann, bei dem das Fremde als Spielart des Eigenen erscheint und eigene Bedürfnisse auf fremde Musik projiziert werden in der irrtümlichen Annahme, man habe das Fremde verstanden, liegt auf der Hand (Schatt, 2004b).

Andere - wie Reinhard C. Böhle, der die erste umfassende interkulturelle Musikdidaktik vorlegte (Böhle, 1996) - betonen in einer Weise den sozialen Aspekt, dass die Bezeichnung *Musik*didaktik kaum noch trifft. Auch Böhle geht von der multikulturellen Verfasstheit unserer Gesellschaft aus, in der die Anderen als anwesend, nicht aber zugehörig gesehen werden, in der ihre Kultur geduldet, aber nicht respektiert wird. Daher müsse es in jedem Unterricht um Öffnung für andere Werte, Lebensweisen und Symbole von Gesellschaften und Individuen sowie um deren Austausch gehen. Auf der Basis der von Nieke umrissenen Ziele interkultureller Erziehung plädiert er zwar für die Erweiterung des musikalischen Repertoires, für den Umgang mit Musik unter strukturellen, formalen, historischen und kulturellen Aspekten, und zwar unter Berücksichtigung von produktiven, rezeptiven und reflexiven Elementen. Dies soll aber mehrperspektivisch unter Einbeziehung mehrerer Sinne geschehen, und zwar im Kontext von besonderen Erfahrungssituationen, die das *Erleben* fremder Musikkulturen möglich machen. Dies kann durch Darbietungen durch Musiker geschehen, aber auch im Rahmen eines gemeinsamen Frühstücks, der Inszenierung einer fremdländischen Hochzeit oder im Zusammenhang mit Rollenspielen. Dass in dieser Didaktik Musik-Lernen stark in den Hintergrund tritt, mag in der Natur der Sache liegen; dass aber zugunsten von sozialpädagogischen Intentionen die Auseinandersetzung mit dem klingenden Etwas und seinen Hintergründen hinsichtlich Genesis, Gebrauch und Geltung keine oder nur eine völlig untergeordnete Rolle spielt, lässt Böhles Überlegungen als wenig geeignet für einen Unterricht erscheinen, der beansprucht, als *Musik*-Unterricht bezeichnet zu werden.

2008 veröffentlichte Dorothee Barth umfangreiche Untersuchungen unter dem Titel *Zum Kulturbegriff in der interkulturell orientierten Musikpädagogik*. Dabei zog sie sowohl theoretische Überlegungen als auch konkrete Unterrichtsvorschläge heran, um deutlich zu machen, welcher der drei für sie relevanten Kulturbegriffe – der normative, ethnisch-holostische oder bedeutungsorientierte – jeweils zugrunde gelegt wurde. Obwohl in der Arbeit keine eigenen Vorschläge für konkreten Unterricht vorgelegt werden, kann sie als konzeptionell relevant gelten, da sie in einen grundlegenden Vorschlag für die künftige Fundierung von Musikunterricht mündet. Auch wenn man ihre Unterscheidung zwischen dem Ermitteln von Bedeutung und der Zuweisung von Bedeutung bei der Auseinandersetzung mit Musik nicht teilt, und auch wenn offen bleibt, welchen Stellenwert Akzeptanz und Geltung des Ermittelten bzw. Zugewiesenen haben sollen, ist ihr Fazit bemerkenswert: Auf der Basis der Überzeugung, dass jeder Musikunterricht „an der Entwicklung der Fähigkeit zur musikalische-ästhetischen [sic!) Wahrnehmung von Kindern und Jugendlichen arbeiten" solle (Barth, 2008, S. 209) – einer Wahrnehmung, bei der nach der in dieser *Einführung* vorgeschlagenen Terminologie Bedeutung und Bedeutsamkeit hervorgebracht und in Geltung gesetzt werden –, stellt sie heraus, dass „eine interkulturell orientierte Musikpädagogik keine einzelnen Unterrichtseinheiten bereitstellen möchte, [...] sondern dass die interkulturelle Orientierung eine Perspektive besonders stark machen kann, die auch den ‚normalen' Unterricht prägt – sofern ein *bedeutungsorientierter* Kulturbegriff zugrunde gelegt wird" (ebd., S. 208–209). Auf dieser Basis können nach ihrer Überzeugung „Buntheit, Vielschichtigkeit und Flexibilität des aktuellen Musiklebens sowie die Möglichkeiten, es zu beschreiben, erfasst und bedacht werden" (ebd., S. 209).

Dieser Ansatz verbleibt zwar im Bereich des Erfahrens und thematisiert nicht, ob, wie bzw. als was die gemachten Erfahrungen für andere zur Geltung gebracht und auf ihre Viabilität hin geprüft werden können. Er ist allerdings anschlussfähig für einschlägige Überlegungen, die auf ein Plädoyer für Verstehen im kommunikationstheoretischen Sinne hinauslaufen würden: Unterricht in Musik könnte Menschen dazu anregen, nach Orientierung hinsichtlich der

Musik anderer Kulturen zu suchen, indem sie danach trachten, Bedeutungen so zuzuweisen, dass diese den Erwartungen der Vertreter*innen der anderen Kulturen entsprechen. Ob dies der Fall ist, kann über einschlägige Interpretanten, am besten aber in der direkten Kommunikation bzw. Interaktion - z.B. beim Breakdance - ermittelt und ausgehandelt werden.

Von daher zeichnen sich unterschiedliche Lösungen des eingangs genannten Problems ab, den Bereich des ‚Inter' zu bestimmen. Zum einen kann man ganz darauf verzichten, wenn man statt von Interkulturalität von „Transkulturalität" ausgeht (Welsch, 2017; Wulf, 2014): eine Haltung, bei der Werte, Normen, Handlungsvorstellungen und Bedeutungen aus der einen Kultur in einer anderen nicht nur anerkannt werden, sondern selbst Geltung erlangen. Im Rahmen eines solchen Konzepts erscheinen Kulturen nicht klar voneinander abgegrenzt, sondern insbesondere infolge umfassender Globalisierung als vernetzte und vermischte Lebensformen. In diesem Zusammenhang weisen sich nicht nur die einzelnen Phänomene als hybride Formen aus, sondern die Identität des Menschen verändert sich im Zuge einer durchgreifenden Hybridisierung: „Diese Formen sind Mischformen, in denen einzelne Elemente aus verschiedenen Systemen und Zusammenhängen in einem mimetischen Prozess ihren Charakter verändern und eine neue kulturelle Identität entsteht" (Wulf, 2014, S. 87). Daraus ergibt sich - zum anderen - etwas, das der Kulturwissenschaftler Homi Bhabha als „third space" bezeichnete (2004). Dieser dritte Raum „ist ein Zwischenraum", in dem „Grenzen unterlaufen und umstrukturiert und Hierarchien und Machtverhältnisse verändert" werden (Wulf, 2014, S. 87). Möglicherweise wird es - abweichend davon - künftig hilfreich sein, das ‚Inter' weniger als räumlichen Bereich, sondern als einen Prozess zu denken, in dem Kommunikation und ‚Inter'aktion dazu beitragen, dass Menschen sich bilden und so die Welt im Wandel halten. Eine an Bedeutung und Bedeutsamkeit orientierte Musikpädagogik wird diesem Prozess besondere Aufmerksamkeit zu widmen haben.

4.8 Handlungsorientierter Musikunterricht

Die Bezeichnung „handlungsorientierter Musikunterricht", die das Buch *Hören und Verstehen* (1975) von Hermann Rauhe, Hans Peter Reinecke und Wilfried Ribke im Untertitel trägt, war folgenreich, weil sie schnell und leicht plausibel erscheint, ist aber ein wenig irreführend. Worum es tatsächlich geht, hat Hermann J. Kaiser aufgewiesen: um eine am Handlungsbegriff orientierte Didaktik der Musik (Kaiser, 1976), nicht also primär um den Unterricht in Musik selbst.

Voraussetzung für diese Konzeption war die Einsicht, dass die bestehenden didaktischen Entwürfe zwar Genesis und Geltung von Musik in den Blick Voraussetzungen nahmen, nicht aber nach deren Ursachen fragten. Vielmehr wurde Musik als Objekt - oder besser als Klasse von Objekten - wahrgenommen und ihre Geltung als eine unumstößliche Eigenschaft festgeschrieben. Unübersehbar war für die Autoren der Widerspruch zwischen der in didaktischen Entwürfen wertgeschätzten Musik und der Art und Weise, wie insbesondere die Wertschätzungen Jugendlicher für Musik beachtet wurden: Wertschätzungen, die vor allem im Zusammenhang mit jener Musik hervorgebracht wurden, die massenhaft durch die Medien verbreitet wurde und die offenbar eine andere Rezeption erfuhr als diejenige, die zu ‚vermitteln' Musikunterricht sich anschickte.

Musikbegriff

In *Hören und Verstehen* wird ein Musikbegriff entfaltet, der dem Handlungsbegriff verpflichtet ist: Musik wird „als Prozess, als ein Verhalten" aufgefasst (Rauhe, Reinecke & Ribke, 1975, S. 23). Im Handeln, das sich darauf bezieht, sehen die Autoren die Grundlage für jede Art von Musikaneignung und Musikhervorbringung, darüber hinaus auch für alles, was im Unterricht geschieht sowie für alles, was über Unterricht gedacht wird. Im Mittelpunkt des Unterrichts soll „weniger das Musikwerk als ‚Gegenstand', sondern vielmehr der lebendige, handelnde, gleichermaßen kognitive, affektive und psychomotorische Umgang mit ihm" stehen (ebd, S. 197). Damit wird eine der Stoßrichtungen der Konzeption deutlich: Sie wendet sich gegen einen Unterricht, in dem vordergründig kognitive Lehrziele das Geschehen bestimmen. Gemeint sind damit Ziele, die lediglich auf ein Wissen im Medium der Sprache gerichtet sind. Abgelehnt werden didaktische Modelle, die den Erziehungs- und Bildungsvorgang als ein kontrollierbares Input-Output-System sehen; stattdessen gehe es um „verantwortetes Handeln im weitesten Sinne und damit um Bewusstseinsphänomene" (ebd., S. 171). Es ist das Verdienst dieser Konzeption, dieses Handeln nicht nur mit Blick auf Musik, sondern auch mit Blick auf Unterricht thematisiert zu haben. Allerdings ist festzuhalten, dass der Blick auf Musik von einem uneinheitlichen Musikbegriff, der Blick auf Unterricht von einem durch den Musikbegriff verzerrten Kommunikationsbegriff getrübt wurde.

Musik verstehen

Musik wird nämlich nicht nur als „Prozess" bzw. „Verhalten" (ebd., S. 23), sondern auch als eine Art Sprache verstanden: So sollten „die musikalischen ‚Informationen', die hervorgebracht und gehört werden, mit Kategorien [erfasst werden], die in der *Semiotik* entwickelt wurden" (ebd., S. 67). Als Weg dieser kategorialen Erfassung wurde wiederum die Hermeneutik ins Spiel gebracht - als Lehre von der Auslegung und vom Verstehen der Welt mit Hilfe der Wahrnehmungen. Offenbar war die Vorstellung, dass Musik ein Zeichengefüge sei, das auf Bedeutungen verweise wie die Wörter der Sprache auf Begriffe, zur damaligen Zeit noch nicht zu hintergehen. Der naturalistische Fehlschluss lag nahe: Aus dem Verhalten der Schüler*innen wurde darauf geschlossen, wie sie das Gehörte jeweils verstanden, und die Kategorien des Verstehens wurden zu seitens der Lehrenden intendierten Kategorien ins Verhältnis gesetzt, um Perspektiven für Unterricht zu gewinnen.

Hermann Rauhe entfaltete dazu sechs Rezeptions- und sechs Verstehenskategorien: zerstreute, motorisch-reflektorische, assoziativ-emotionale, empathische, strukturelle und subjektorientierte Rezeption, empathisches, strukturelles, subjektorientiertes, kommunikatives, interaktives und handlungsbezogenes Verstehen (vgl. ebd., S. 159-168).

Aus Rauhes Zuordnungen wird deutlich, dass auch für ihn die Musik eine gewisse Selbsttätigkeit entfaltet: Sie wird so rezipiert, wie sie rezipiert wird, weil sie so ist, wie sie ist. Damit wird denn doch wieder ‚die Musik selbst' bzw. ‚die Musik an sich' als Auslöser der Rezeption eingesetzt und nicht radikal die im Zusammenhang mit Musik erworbene Erfahrung. Und so fällt der Lehrperson in der Unterrichtsvorbereitung keine andere Aufgabe zu, als Stoffe - also Musik als Ergebnis ehemaligen Handelns und Anlass zukünftigen Handelns - unter dem Aspekt vorgängiger und zukünftiger Rezeption aufzubereiten bzw. zu analysieren. Der „Katalog kategorialer Fragestellungen einer offenen Planung und Gestaltung handlungsorientierten Musikunterrichts" (ebd., S. 206, Katalog S. 209-216), den Hermann Rauhe vorlegte, verrät, inwiefern die Konzeption letztlich einem abbilddidaktischen Denken aufruhte: Was die einschlägigen Wissenschaften an Wissen bereitstellten, soll eins zu eins zur Inhaltsauswahl und Methoden- und Medienbestimmung verwendet werden. Offen bleibt die Frage nach den Zielen und insbesondere ihrer Legitimation im kulturellen Kontext.

Problematische Rezeption der Konzeption

Letztlich ist die von Rauhe, Reinecke und Ribke vorgelegte Konzeption eine formale Konzeption, deren inhaltliche Füllung ein Desiderat blieb. Ungeklärt blieb, worin insgesamt die konkreten Handlungen bestehen sollten, die auch im Unterricht Musik als Prozess in Gange bringen und halten und wie diese von allen am Prozess des Unterrichts Beteiligten intendiert werden können. Der Fehlschluss, zum einen diverse - zudem hypostasierte - Formen des Musikverstehens als immer schon eingelöste Kommunikation mit Musik aufzufassen, und zum anderen diese dem Unterrichtsprozess einfach aufzumodulieren, ohne die Eigenarten der jeweiligen Semiose handlungsbezogen zu ergründen, reicht nicht aus, um Unterricht zu formatieren, der durch und durch von ‚Handlung' bestimmt ist. Das Schlagwort von ‚handlungsorientiertem Musikunterricht' hat dazu geführt, die Bandbreite des Begriffs ‚Handlung' zu übersehen und handlungsorientierten Musikunterricht mit reproduktions- bzw. produktionsorientiertem Musikunterricht gleichzusetzen. Übersehen wird dabei, dass musikalisches bzw. musikbezogenes Handeln alles sein kann, was ästhetisches Verstehen vertieft und erkennendes Verstehen fördert.

Dies wird zwar durch das theoretisch entfaltete komplexe Netz interdisziplinärer Wissenschafts- und Handlungsfelder aufgefangen. Nicht recht erkennbar ist aber, zu welchem Anteil und in welchen Hinsichten das zentrale

Moment des Handelns, nämlich die selbstbestimmte Generierung von Handlungszielen und das sinngebende Moment der Interaktion, nämlich die diskursive Aushandlung der Geltung der Handlungsergebnisse, bei Planung und Durchführung von Musikunterricht in Anschlag gebracht werden sollten. Insofern sei hier eine weiterführende Anregung von Martina Krause-Benz aufgegriffen (2006). Zu begrüßen sei es, wenn Schüler*innen ihre unterrichtlichen Handlungen performativ auffassen würden, sie also nicht bloß als *Aus*führung, sondern als *Auf*führung formatierten. Dann würden sie tatsächlich ihre „Sichtweisen von Welt auf[führen]“ und „[m]usikalische Wirklichkeit [...] durch das einmalige Aufführungsereignis erst her[stellen]“ (ebd., S. 93). Den Voraussetzungen für Antworten auf die Frage, wie es dazu kommen kann, dass Schüler*innen sich darauf einlassen, widmen sich insbesondere diejenigen Konzeptionen, die verstärkt die Schüler*innen als Subjekte in den Blick nehmen (s. Kap. 4.10, 4.11, 4.14, 4.16).

4.9 Erfahrungserschließende Musikerziehung

Grundgedanken

Wie der Titel der einschlägigen Veröffentlichung erkennen lässt, bildet der Begriff der Erfahrung in der Konzeption Rudolf Nykrins, der *Erfahrungserschließenden Musikerziehung*, wie auch im Rahmen der ‚Didaktischen Interpretation‘ das Zentrum musikunterrichtlicher Entscheidungen. Anders als bei Christoph Richter werden aber Erfahrungen der Schüler*innen explizit als Voraussetzung für Unterricht betrachtet und ausdrücklich in das unterrichtliche Geschehen einbezogen, indem sie zum Thema gemacht werden. Auch bei Nykrin wird Musik ‚didaktisch‘ interpretiert, also auf Erfahrungsmöglichkeiten hin befragt. Dabei geht es allerdings nicht um die Erfahrungsmöglichkeiten ‚der‘ Musik, als seien diese in ihr eingeschlossen, sondern es geht um Möglichkeiten für Schüler*innen, neue Erfahrungen mit ihr zu machen. Ziel ist, deren Erfahrungsdefizite auszugleichen – also den Unterschied zwischen eigenen Erfahrungen und Erfahrungen Anderer zur Sprache zu bringen und nach Möglichkeit aufzuheben.

Um die Schüler*innen auf diese Weise an dem Unterrichtsprozess zu beteiligen, schlägt Nykrin eine Reihe von nicht ganz alltäglichen Maßnahmen vor. Dies geht aus den vier Merkmalen hervor, die ein nach den Prämissen der ‚Erfahrungserschließenden Musikerziehung‘ ausgerichteter Musikunterricht aufweisen sollte:

- „Anwesenheit von Lernsituationselementen, worin Schüler ihre lebensgeschichtliche Erfahrung eintragen und ausdrücken können
- Anwesenheit von Lernsituationselementen, die ‚Legitimation‘ und ‚Verständigung‘ im Erziehungsgeschehen zum Anliegen machen

- Anwesenheit von Lernsituationselementen, die auf Kompensation und Aufklärung von Erfahrungseinschränkungen [...] gerichtet sind
- Anwesenheit von Lernsituationselementen, die Handlungsvollzüge ermöglichen" (Nykrin, 1978, S. 180-181).

Verhältnis zu anderen Konzeptionen

Diese vier Punkte machen die Zusammenhänge mit anderen Entwürfen deutlich: Die Kombination von lebensgeschichtlicher Erfahrung und Kompensation in Verbindung mit Aufklärung verweist auf die ‚Didaktische Interpretation', der vierte Punkt auf eine Orientierung am Handlungsbegriff. Der zweite Punkt nimmt Gedanken der Schülerorientierung vorweg: Indem nicht nur Legitimation, sondern auch Verständigung zu den Voraussetzungen unterrichtlicher Entscheidungen werden, kommen auch die Inhalte ins Spiel, die Schüler*innen interessieren, so dass Verständigung untereinander und mit den Lehrenden allen am Unterricht Beteiligten als geboten erscheint. Mit Inhalten sind in diesem Zusammenhang nicht einfach Musikstücke gemeint, denen die Präferenz der Schüler*innen gilt. Der Begriff des Inhalts erfasst hier auch Themen des Unterrichts, in deren Zusammenhang unterschiedliche Musik eine Rolle spielen kann und er erfasst die Umgangsweisen, die im Zusammenhang mit Musik ausgeübt werden: Musizieren, Tanzen, Produzieren, Erfinden von Bild, Text, Handlung zu Musik - also all dasjenige, was als Ausdruck imaginativer ästhetischer Praxis bezeichnet werden kann und bezeichnet worden ist.

Schulkritik – Primat der Erziehung

Mit dem Begriff ‚Erziehung' im Namen seiner Konzeption verweist Nykrin allerdings auf einen wesentlichen Unterschied: Seine Überlegungen beruhen auf einer Diagnose von Unterricht, derzufolge die Institution Schule Formen und Inhalte des Lernens, die für die Zukunft des Menschen relevant sind, vernachlässige. Statt „aktivische[r], subjekthafte[r] Formen des Lernens, die Handlungscharakter tragen bzw. gewinnen" (ebd., S. 32) tradiere sie „Rituale, Regeln und Rollen"; sie sei lernfeindlich, da sie „ihren Beteiligten die Mitsprache am Lernen und die Mitgestaltung der schulischen Prozesse verweigert" (ebd.). Der Begriff „Musikerziehung" mache deutlich, dass „die bloße Wiedergabe ‚fachlich' (= fachwissenschaftlich oder fachtechnologisch) orientierter Lerninhalte an den Schüler weder genügt, um eine defiziente musikalische Sozialisation zu verhindern, noch im Rahmen des schulischen Erziehungskontextes überhaupt möglich ist" (ebd., S. 11); „Erziehung" spreche „weit eher als ‚Unterricht' auf die Herausbildung allgemeiner Persönlichkeitsmerkmale" an (ebd., S. 12).

Defizite

Brigitta Helmholz (1996) verweist mit Recht auf die Defizite dieser Konzeption: Zum einen sei die Einsetzung des Begriffs Erziehung gegen den des Begriffs Unterricht kaum hinreichend begründet, da Erziehung nun einmal durch Unterricht stattfinde.

Zum anderen würden mit dem Begriff Erziehung die *Bildungs*ziele des Unterrichts ausgeblendet: Erziehung ziele auf Bewusstseins- und Verhaltensqualitäten, die sich in Einstellungen, Überzeugungen, Gewohnheiten, Verhaltensweisen (zu ergänzen sind Wertschätzungen) zeigen. In diesem Bezugsrahmen hätten materiale und formale Qualitäten, durch die Bildung sich auszeichne, keinen Platz: nämlich Wissen und Können - wir würden heute von Kompetenzen sprechen.

In der Tat haben die Unterrichtsinhalte für Nykrin nur zweitrangige Bedeutung: Stoffe und Themen sind mit den Schüler*innen auszuhandeln, Aufschluss über inhaltlich präzisierte Ziele gibt es nicht. Im Gegenteil: Nykrin wendet sich explizit gegen einen Unterricht, der „fertige ‚Rezepte' für die Planung musikalischer Erziehung" verwirklicht (Nykrin, 1978, S. 12). Dabei würden die Vorerfahrungen der Schüler*innen ausgeschlossen, eine entsprechende Unterrichtsplanung habe den Charakter zweckrationaler Geschlossenheit und wirke sich bestenfalls erfahrungsneutral, wahrscheinlich aber geradezu erfahrungseinschränkend aus.

Als „erfahrungserschließend" schätzt Nykrin einen Unterricht ein, der

- „die Lebensgeschichte als Tätigkeitshintergrund" aufgreift,
- darauf abzielt, die „Interessen und Vorstellungen zu begründen und mit jenen der anderen Unterrichtsbeteiligten abzustimmen",
- Wissen und Können bereichert sowie
- „Wissen, Fähigkeiten und Fertigkeiten [...] in musikalisches ‚Handeln'" umsetzt (ebd., S. 11).

Wissen und Können werden hier zwar angesprochen, sie erscheinen jedoch als Mittel zum Zwecke der Erziehung. Auch bleibt unklar, worin das Wissen bestehen solle und worauf sich das Können zu beziehen habe - gegen eine solche inhaltliche Festlegung wehrt sich Nykrin gerade. Damit erhält aber dasjenige, was in der Erfahrung erschlossen werden soll, den Charakter des Funktionalen. Warum Unterricht in *Musik* sein soll, wird nicht begründet: Dazu fehlt die Differenzierung des Gegenstandes Musik, die Richter leistete, aber auch eine Erörterung der Ursachen von Bezug, Bedeutsamkeit bzw. Relevanz von Musik für die Schüler*innen, wie Andere sie herausgearbeitet haben. In dieser Konzeption erscheint Musik immer nur als ein Anlass, um Erfahrungen aufzuarbeiten und Wirkungen, Einstellungen und Haltungen rational aufzuarbeiten.

Musik in der Funktion eines Anlasses zur Erziehung wird weder der Notwendigkeit gerecht, Musikunterricht hinreichend zu legitimieren, noch den Möglichkeiten, die in musikalisch-ästhetischer Praxis für die Zukunft der Schüler*innen liegen. Insoweit weder der Prozess der Bedeutungsgenerierung noch die Strukturen der Hervorbringung von Bedeutsamkeit transparent gemacht werden, ferner auch musikalisches Handeln nur als pragmatische Umsetzung von Fähigkeiten und Fertigkeiten verstanden wird, fehlt es dieser Konzeption aus heutiger Sicht an Überzeugungskraft.

Über Erfahrungen sprechen?

Fraglich bleibt ferner, ob es Schüler*innen zugemutet werden kann und soll, den Inhalt ihrer ganz persönlichen Bedeutungszuweisungen zu offenbaren und zum Gegenstand eines öffentlichen Gesprächs zu machen, worin für sie die Relevanz einer Musik bzw. der „axiologische Kern" (Kaiser) ihrer Erfahrung besteht.

Sieht man allerdings einmal von den Defiziten ab, die dem Gedanken der Erfahrungserschließung in der konzeptionellen Ausformung durch Nykrin angelastet wurden, so ist festzustellen, dass die Vorstellung oder das Vorhaben, Erfahrungen zu erschließen, weder dumm noch falsch sind: Edmund Husserl hat dies vorgeschlagen, um der Wahrheit der Dinge auf die Spur zu kommen. Indessen ist Unterricht - zumal in Musik - nicht dazu da, Erkenntniskritik zu betreiben. Dies ist eine philosophische Angelegenheit, und es bedarf erheblicher Anstrengungen, um die „Wahrheitsfindung" im Sinne Husserls herbeizuführen. Fraglich bleibt vor allem, ob eine solche Suche überhaupt zielführend sein kann - möglicherweise ist es zumindest im Unterricht sinnvoller, sich auf einen Austausch begründeter Gedanken zu beschränken. Sieht man nämlich ein, dass man Wahrheit ebenso wenig wie das „Ding an sich" (Kant) haben, wohl aber sinnvoll von persönlichem und intersubjektiv geteiltem oder im Rahmen rationaler Verständigung zur Diskussion gestelltem Wissen reden kann, so verliert Erfahrungserschließung den philosophischen wie auch den psychologischen haut gout und wird zur Rede über die Grundlage von Standpunkten, Argumentationen und Einschätzungen: zur Grundlage jedes vernünftigen Gesprächs.

4.10 Schülerorientierter Musikunterricht

Bereits 1984 hat Heinz Antholz darauf hingewiesen, dass sich wohl jede musikdidaktische Konzeption „mit Altersgemäßheit, Selbsttätigkeit und anderen Merkmalen auf Subjektorientierung berufen" könne (Antholz, 1984, S. 126). Ein solch prinzipieller Blick auf das Subjekt ist zu unterscheiden von dem, was die Autoren Ulrich Günther, Thomas Ott und Fred Ritzel 1983 in ihrer Veröffentlichung *Musikunterricht 5–11* darlegten.

Alternative zur Lernzielorientierung

Hintergrund der Konzeption ist ein Unterricht, der - als Ergebnis der Revision des Curriculums - in hohem Maße vom Gedanken bestimmt ist, Unterricht müsse von operationalisierbaren Lernzielen (Robert F. Mager, 1977) bestimmt sein. Ergebnis war eine rigide Unterrichtsplanung, die wenig oder keinen Raum dafür ließ, dass Schüler*innen ihre eigenen Positionen, Wahrnehmungen, Deutungen und Interessen in das Unterrichtsgeschehen einbringen konnten. Kritisiert wird bei Günther, Ott & Ritzel eine einseitige Lernzielorientierung (durch Maßgaben von Seiten des Lehrers), die zu einer „Verplanung des Schülers" führe, eine „überpointierte Orientierung am Anspruch von ‚Bildungsgut', wie z.B. Kunstwerken", eine „Hinwendung zu einem lern- und leistungsorientierten Unterricht" und die Überbetonung der „Fortschreibung von Kulturtradition" (Günther, Ott & Ritzel, 1983, S. 30ff.).

Demokratische Haltung

Stattdessen soll die Seite der Schüler*innen in den Blick genommen werden, indem die „sozialisations- und situationsbedingte Variationsbreite ihrer ästhetischen Erfahrungen und Interessen, ihrer Wahrnehmungs- und Verarbeitungsgewohnheiten" nicht nur Beachtung finden, sondern direkt im Unterricht aktualisiert werden: Nicht die tradierte Wertschätzung von Musik, sondern deren „Gebrauchswert für die Schüler" (ebd., S. 42f.) sollte zur Geltung kommen. Das zentrale Moment dafür, dieses zu gewährleisten, ist die „Entfaltung demokratischer Umgangsweisen und Entscheidungsprozesse [...] im Musikunterricht" (ebd., S. 30f.).

Schülerorientierung heißt für die Autoren damit zugleich auch Schülermitbestimmung. Dafür sehen sie eine „symmetrische Kommunikation", also die „grundsätzliche Gleichberechtigung von Lehrer und Schüler, Schüler und Schüler als Interaktionspartner" (ebd., S. 38) als unerlässliche Voraussetzung. Vorgeschlagen werden insbesondere „projektartige, also handlungs- und ergebnisorientierte Unterrichtsformen". Inhaltlich sollte der Unterricht insbesondere auf solche Musik und entsprechende Umgangsweisen gerichtet sein, die in der Alltagswelt der Schüler*innen bereits eine Rolle spielen.

Ungeklärte Aspekte der Leitgedanken

Es dürfte bereits an dieser Stelle deutlich geworden sein, dass die Konzeption ‚Schülerorientierten Musikunterrichts' mehr von politischen und anthropologischen bzw. lerntheoretischen Leitideen bestimmt ist als von der Intention, Wissen und Können in effektiver Weise zu vermitteln bzw. deren Erwerb zu ermöglichen oder den Schüler*innen Zugang zu Vorstellungen einer anderen Kultur als der, welcher sie sich bereits zugehörig fühlen, zu ermöglichen.

Die Ursachen für die Problematik dieser Konzeption sind vor allem in einer oberflächlichen Auseinandersetzung mit den leitenden Gedanken zu sehen.

- Es bleibt ungeklärt, was unter ‚Schülerinteresse' zu verstehen ist. Sind damit die momentanen Lieblingsstücke, Lieblingsgruppen, bevorzugten Musikarten gemeint? Dann wäre die eine Gegenstandsorientierung - die an Kunstwerken - nur durch eine andere ersetzt.
- Sind damit prinzipielle Präferenzen gemeint - also musikalische Vorlieben, die relativ stabil sind und über die sich auch das soziale Milieu definiert, dem man sich zugehörig fühlt oder wünscht? Dann würde Unterricht nichts anderes leisten, als ohnehin vorhandene Rezeptionsmuster nachhaltig zu unterstützen.
- Sind damit aber weitergehende Haltungen oder Wünsche gemeint - das Interesse z.B. durch Musik von den Strapazen des Alltags abgelenkt zu

werden, in Musik einen Bereich zu finden, in dem man sich selbst verwirklichen kann, mit Hilfe von Musik sich von den Belastungen des täglichen Lebens zu erlösen, z.B. ‚freizutanzen' –, so ist die Schule kaum der Ort, an dem derartige Interessen realisiert werden können. Im Gegenteil: Wenn Schule als Ort des Lehrens und Lernens das aufgreift, womit Schüler*innen Distanz von Fremdbestimmung und dem ‚Reich der Notwendigkeiten' gewinnen wollen, nimmt sie ihnen genau jenes ‚Reich der Freiheit', das sie mit den aufgegriffenen Inhalten gewinnen wollten.

- Nimmt man den Begriff der ‚Schülermitbestimmung' ernst – und das sollte man –, so ist zu fragen, wer denn noch mitbestimmen solle. Offenbar ist dies die Lehrperson als gleichberechtigte Interaktionspartner*in der Schüler*innen. Eine Aussage über die Maßgaben für die Möglichkeiten dafür, wer nach welchen Kriterien in welchem Maße seine persönlichen Interessen oder aber auch dasjenige, was er in einem öffentlichen, kulturellen, politischen oder in anderer Hinsicht auf die Zukunft gerichteten Interesse für notwendig hält, einbringen kann, fehlt in dieser Konzeption.

Musikunterricht wird nicht nur im Medium der Sprache vollzogen, und er richtet sich nicht nur auf Musik- oder Selbstverstehen. In dem Maße, wie musikalisch-ästhetische Erfahrungen oder gar Musik-Lernen ins Spiel kommen sollen – und das muss der Fall sein, wenn Musik-Unterricht als handlungsorientierter Unterricht diesen Namen verdienen soll –, müssen Fertigkeiten eingeübt und entsprechende Kompetenzen dargestellt werden. Es bleibt fraglich, inwieweit Prozesse des Lehrens, die auf Musik- bzw. Musizieren-Lernen abgestellt sind, mit dem Gedanken der ‚Schülermitbestimmung' vereinbar sind.

Überwindung von Lehrerzentrierung

Die fundierteste Kritik an der Schülerorientierung im Sinne Günthers, Otts und Ritzels hat Heinz Antholz geübt. Seine zentrale Frage lautete: „Bedeuten Schülerorientierung und -mitbestimmung, dass Musikunterricht sich (nur) an dem orientiert, was gerade als Interesse der Schüler erscheint, oder (auch) an dem, was in ihrem Interesse und d.h. auch gegen ihr momentanes Interesse ist?" (Antholz, 1984, S. 126). Seiner Wahrnehmung von Praxisberichten ‚Schülerorientierten Musikunterrichts' zufolge schließe „die Konzeption, mit Schülern zu planen [nicht aus], auch ohne sie oder sogar gegen sie und gerade deshalb für sie zu planen" (ebd.). Dies müsse zur Folge haben, dass die Lehrenden planen würden, wie die Schüler*innen planen sollen. Antholz vollzieht damit einen Salto mortale: Mit dem Versuch, zu retten was am Konzept der Schülerorientierung wegweisend ist, nämlich dezentrale Unterrichtsformen und Offenheit für alle Anliegen und Hervorbringungen von Schülern*innen, stellt er das auf den Kopf, was das Spezifikum der Konzeption ist: die Überwindung von Lehrerzentrierung.

Vielfalt der Musikkultur berücksichtigen

So wichtig und richtig es ist, Wahrnehmungen, Deutungen und Interessen der Schüler*innen zur Geltung kommen zu lassen, so wichtig und richtig scheint es, Festlegungen auf den Horizont, die Alltagswelt oder die expliziten Interessen der Schüler*innen zu vermeiden. Vielmehr gilt es, den Erwerb von vielseitigem und möglichst umfassendem Können in Musik und Wissen über Musik zu ermöglichen. Dazu bedarf es aber der Berücksichtigung der Vielfalt der Musikkultur und nicht der Einschränkung auf Musik der Jugendkulturen, es bedarf der Anwendung vielfältiger Methoden und Unterrichtsformen, von denen der Projektunterricht nur einer sein kann. Dass die Alternative zu den Ideen des ‚Schülerorientierten Musikunterrichts' keineswegs nur darin gesehen kann, Schüler*innen auf eine vorgegebene Norm zu verpflichten, ist von den Verfassern auch in der späteren Diskussion nie recht zugegeben worden.

Festzuhalten ist, dass der Gedanke oder das Prinzip der Schülerorientierung in dem Maße zu konterkarieren droht, wie er bzw. es als Konzeption festgeschrieben wird. Die Vorstellung:

> „Schülerorientierte Didaktik betont das Recht des Schülers auf interessegeleitetes, selbstverantwortetes Lernen gegenüber unnötiger Fremdbestimmung durch Lehrer, operationalisierte Lernziele oder zu eng definierte Sachlogik" (Günther, Ott & Ritzel, 1983, S. 41)

muss keineswegs notwendigerweise zu einem Unterricht führen, der Inhaltsentscheidungen allein von Wünschen oder Bedürfnissen der Schüler*innen abhängig macht und einseitig populäre und funktionale Musik aufnimmt, statt auch Musik anderer Kulturen, Neue Musik oder überhaupt Kunstmusik zu thematisieren. Die Frage aber, ob und in welchem Maße nicht nur bereits vorhandene Interessen aufgegriffen, sondern auch neue Interessen geweckt werden dürfen, ist konzeptionell im ‚Schülerorientierten Musikunterricht' nicht aufgegriffen worden. Wer sie bejaht, rückt nämlich die heilige Kuh der Konzeption, die Gleichberechtigung von Lehrenden und Lernenden, von der Stelle: Sie würde bestenfalls zu einem Moment der Unterrichtsdurchführung und verlöre ihre zentrale didaktische Funktion, bei Ziel- und Inhaltsentscheidungen maßgeblich zu sein. Dabei dürfte eine positive Antwort auf die Frage, ob auch neue Interessen geweckt werden dürfen oder gar müssen, für die Konstituierung eines Musikunterrichts, der fördern und für die Zukunft vorbereiten soll, von ausschlaggebender Bedeutung sein.

4.11 Subjektorientierte Musikerziehung

Eine andere Form von Schülerorientierung als die Konzeption von Günther, Ott und Ritzel, auch einen anderen Rekurs auf die Erfahrungen, die

Schüler*innen mit Musik im Unterricht machen können als den von der ‚Didaktischen Interpretation' vorgeschlagenen, legte Christian Harnischmacher mit seiner Konzeption vor, die er *Subjektorientierte Musikerziehung* (2008) nannte. Diese versteht sich explizit nicht als „didaktische", weil sie nicht auf die Hervorbringung konkreten Unterrichts ziele, sondern zeigen wolle, worin die Bedingungen für dessen Ermöglichung zu suchen sind; es sei daher „ein wissenschaftlicher Entwurf für empirische Untersuchungen" (Harnischmacher, 2008, S. 11) und werde als „Philosophie der Musikerziehung" in „reflexiver Grundhaltung" entfaltet (ebd., S. 13).

Grundlagen dieser Konzeption sind die Erkenntnisse neuerer wissenstheoretischer und lernpsychologischer Forschung, nämlich die soziokulturell relevanten konstruktivistischen Einsichten Siegfried J. Schmidts und die lernpsychologischen bzw. neurobiologischen Forschungsergebnisse Manfred Spitzers bzw. Eckhardt Altenmüllers. Aus beiden Richtungen wird die Selbsttätigkeit des Subjekts bei der Konstituierung von Wirklichkeit akzentuiert. Demnach wird das Subjekt als Konstituent auch für jenen Bereich der Wirklichkeit aufgefasst, in dem Objekte ‚Musik' dadurch konfiguriert werden, dass außerpersonelle, akustische - quasi ‚materielle' - Reize wahrgenommen, durch Sprache von der Wahrnehmung distanziert und so zu Inhalten des Bewusstseins werden. Dabei wird das Subjekt stets eingebunden gedacht in kollektives Wissen und kollektive Sinnkonstruktionen - in ‚Kultur' -, zu deren Konstituierung es zugleich beiträgt. Das tönende Etwas liefere allenfalls „Sinnbildungsofferten", während die Sinnbildungen selbst zwar vom Subjekt vollzogen werden, aber „nicht unerheblich auf Kultivation beruhen" (ebd., S. 145). Normen, Regeln und Ordnungen werden nicht als Eigenschaften des Materials aufgefasst, sondern stammen „vom konstruierenden Subjekt, gewonnen im Prozess seiner Kultivation" (ebd., S. 164). Demnach müsse sich „musikpädagogisches Handeln nicht nur an einem Denken über Musik, sondern vor allem an einem Denken in Musik" (ebd., S. 13) ausrichten, um die Perspektive der Lernenden angemessen zu berücksichtigen. Da aber, so hat Malte Sachsse in einer differenzierten Analyse herausgestellt, in der Konzeption Harnischmachers „Musik als kulturelles Phänomen, als historisches Dokument, als Form, als Träger von Gehalt usw. gar nicht thematisiert wird", bleibt vieles in diesem Ansatz offen: u.a. die Fragen, wie sie „gleichzeitig ein ‚Symbol*system*' und Ergebnis ‚subjektiver Symbolisierung' sein kann; ob es egal ist, ob sie erlebt oder empfunden oder ‚benannt' und verstanden wird; ob der zugewiesene Sinn beliebig ist, oder sich erst einem ‚Denken über Musik' stellen muss oder ob er mit dem Material überhaupt irgendetwas zu tun haben muss" (Sachsse, 2014, S. 398).

Gleichwohl können die Vorstellungen Harnischmachers als Orientierung für musikpädagogische Forschung fungieren. Um das Zentrum seines Ansatzes, „Denken in Musik als mentale Konstruktionsleistung" zu konturieren, entwirft er ein „Phasenmodell Musikalischen Handelns", in dessen Verlauf musikalisches Lernen sich vollziehe. Demnach werden bei der Abfolge der Phasen 1. Zielsetzung, 2. Planung, 3. Erprobung und 4. Ausführung „Ist-Soll-Vergleichsoperationen“ (ebd., S. 162) vollzogen, bei denen Denken in Musik aktiviert wird. Wir wissen aber weder genau, welche Konfigurationen von Bedeutungen und Bedeutsamkeit die Subjekte in den einzelnen Phasen hervorbringen, noch unter welchen Bedingungen sich was beim Übergang zwischen den einzelnen Phasen ereignet. Auch die Eigenart der „Prototypen“, die laut Harnischmacher bei der Generierung von ‚Musik‘ als bedeutungstragendem ‚Objekt‘ eine zentrale Rolle spielt, bedarf noch der Forschung. Was nämlich Harnischmacher als deren Inhalt ausweist, sind beispielsweise in den „Dimensionen Klangfarbe, Harmonie, Form, Stil usw. nicht in den neuronalen Netzen eines jeden Subjekts fest verankerte und empirisch ermittelbare Strukturen, sondern sind an einer abendländischen Musiktradition gewonnene – also: erlernte – musiktheoretische Kategorien“ (Sachsse, 2014, S. 391) und insofern kulturell, nicht aber vom Subjekt hervorgebracht worden. Dies ist ein Baustein zum Gesamteindruck, dass der hier vorgelegten Theorie der Genese von Kultur durch Subjekte ein entscheidendes Element fehlt: die intersubjektive, interaktive Verständigung über Bedeutungen, deren Funktion und deren Relevanz.

4.12 Aufbauender Musikunterricht

Kein Mensch wird ernsthaft versuchen, Klavierspielen dadurch zu lernen, dass man sich anheischig macht, als erstes Stück Tschaikowskys 1. Klavierkonzert in irgendeiner Weise zu realisieren. Jedes Lernen wie auch jeder Unterricht, der den Namen verdient, beginnt – zumindest, wenn es um Lernen und nicht um Bildung geht – zwangsläufig, weil naturgemäß beim Einfachen, um zum Zusammengesetzten, Komplexen voranzuschreiten. Das sieht etwas anders aus, wenn man sich ausschließlich dem Gedanken verpflichtet, durch Unterricht anderen musikalisch-ästhetische Erfahrungen zu ermöglichen: Zwar gibt es schlichtweg keine einfachen und keine komplexen Erfahrungen, und so tritt der Gedanke, in irgendeiner Weise aufbauend voranzuschreiten, in Konzeptionen, die dem Erfahrungsbegriff verpflichtet sind, weder explizit auf noch ist er quasi ‚von sich aus‘ implizit enthalten. Allerdings existieren in der allgemeinen Didaktik sehr wohl Vorschläge dafür, wie Unterricht prinzipiell stufenweise, dem Prozess fortschreitenden Lernens folgend, aufgebaut werden könne. Hermann J. Kaiser hat unlängst gezeigt, dass die bereits 1957 vorgelegte Lernstufentheorie Heinrich Roths (Roth, 1976) durchaus zur Formatierung eines aufbauenden Musikunterrichts adaptiert wurde. Dies geschah z. B. durch Heinz Antholz, der in seinem auf „Introduktion in Musikkultur“ ausgerichteten *Unterricht in Musik* (1972) die formalen Lernstufen Roths musikpädagogisch abwandelte und in materialer Hinsicht durch Vorschläge für Musikstücke anreicherte (Kaiser, 2016, S. 72–73).

Die Frage eines aufbauenden Bezugs von musikalischen und musikbezogenen Lehrinhalten, musikbezogenen Umgangsweisen und Interaktionsformen blieb aber letztlich eine fatale Leerstelle in den meisten konzeptionellen Vorschlägen für Musikunterricht. Dies ist möglicherweise einer der Gründe dafür gewesen, zu versuchen, den Musikunterricht ‚vom Kopf auf die Füße' zu stellen und dasjenige zu generieren, was heute als Konzeption ‚Aufbauender Musikunterricht' vertreten wird. Ein anderer Grund mag darin gelegen haben, dass Erfahrungen – wie oben gezeigt – Sache des einzelnen Menschen sind und gemacht werden oder nicht, ohne dem didaktischen Zugriff oder der Überprüfung direkt zugänglich zu sein. Insofern trifft die Kritik, jeder Unterricht sei aufbauend (ebd., S. 79), nicht zu, weil ein Unterricht, der auf Erfahrungen setzt, dies zumindest in lernpsychologischer Hinsicht nicht leistet. Vor allem aber ist auch diese Konzeption eine Reaktion auf eine zwar nur teilweise empirisch erforschte, aber durchweg beobachtete Unterrichtswirklichkeit und deren Unzulänglichkeiten. Die Konzeption wendet sich gegen einseitige Orientierungen: gegen eine einseitige Ausrichtung auf rein rationale Auseinandersetzung mit Musik, gegen eine sture und von musikalischer Wirklichkeit losgelöste Vermittlung sogenannter „Musiktheorie", aber auch gegen eine nicht reflektierte, aktionistische Musizierpraxis.

Allerdings wurden drei zentrale Grundgedanken anderer Konzeptionen aufgenommen: die Idee vielfältigen musikalischen und musikbezogenen Handelns, die Überzeugung von der Notwendigkeit fundamentalen Musik-Lernens und die Vorstellung, durch Musik Kultur zu erschließen. Die Konzeption ist insbesondere hinsichtlich des Bezugs dieser drei zentralen Elemente seit der Veröffentlichung erster Ideen 2001 kontinuierlich weiterentwickelt worden. Bildete im ersten Entwurf noch das Musik-Lernen die Grundlage, auf die dann musikalische Handlungen aufgebaut werden und in Kulturerschließung gleichsam als Krönung des Ganzen münden sollte (Gies, Jank & Nimczik, 2001), so bilden nun die drei „Praxisfelder" „Musikalische Fähigkeiten aufbauen", „Musikalisches Gestalten" und „Kulturen erschließen" einen gemeinsamen Rahmen um das Zentrum „musikalische Unterrichtsvorhaben" (Jank, 2013, S. 117). Dies dürfte den Einsichten geschuldet sein, dass z.B. schon mit dem ersten Erwerb musikalischer Fähigkeiten Musikkultur erschlossen, nämlich verwirklicht wird und dass „[k]ulturelle, gesellschaftliche und ästhetische Kontexte der immer schon mitgebrachten Gebrauchspraxen der Schüler" die beiden anderen Prozesse „von Anfang an" begleiten (Jank, 2005, S. 92), oder dass musikalische Fähigkeiten ohne musikalisches Gestalten – also lediglich durch Musik-Rezeption – nur schwer erworben werden können. Zugleich mit der alten Stufenfolge wurde allerdings ein wesentliches Moment des ‚Aufbauens' zugunsten integraler Vorstellungen aufgegeben. Als ein solches „integrales

Moment des Musizierens und musikbezogenen Handelns“ (Kaiser, 2006, S. 77) gilt die „Hörerziehung“. Diese soll im Rekurs auf Gordons Konzept der „Audiation“ (s. S. 60 in diesem Buch) erfolgen. Da Gordon einen schrittweise gestuften, genauen und strengen Plan zum Erwerb der Fähigkeit der „Audiation“ vorschreibt, ist hier am ehesten ein ‚aufbauendes‘ Moment zu erkennen. Der Preis dafür ist allerdings in Form der Aufgabe all jener Momente von Selbstbestimmung, Selbsttätigkeit und Freiheit zu entrichten, dem sich die Konzeption erklärtermaßen verpflichtet fühlt.

Freilich ist das Konzept ‚Aufbauenden Musikunterrichts‘, das Werner Jank in Verbindung mit anderen Autor*innen vorlegte und das mittlerweile mit erheblichem medialem Aufwand vom Helbling-Verlag auch online verbreitet wird, eklektizistisch und synkretistisch. Verschiedene Elemente von Handlungsorientierung, Kulturerschließung und Musik-Lernen treten aber zusammen, um in vielleicht nicht im strengen Sinne ‚aufbauender‘, aber doch einleuchtender Weise den Schüler*innen den Gewinn musikalischer Kompetenz in acht „Dimensionen“ (Jank, 2013, S. 125) zu ermöglichen, die zugleich unterrichtliche Situationen bzw. musikbezogene Handlungsformen sind: Jank nennt „Singen, Instrumente spielen, Bearbeiten und Erfinden, Lesen und Notieren, Hören und Beschreiben, Kontexte herstellen, Bewegen, Das Musizieren anleiten“. Dies indessen unterscheidet sich nur durch den Versuch, die einschlägigen Lernprozesse als integralen Zusammenhang aufzufassen, von dem, was spätestens seit Dankmar Venus unter immer wechselnden Bezeichnungen - als „musikbezogene Verhaltensweisen“ (Venus, 1968) oder „Umgangsweisen mit Musik“ (Kaiser & Nolte, 1989) - als musikalische bzw. musikbezogene Handlungsformen der Schüler*innen, die aus der methodischen Anleitung des Musikunterrichts resultierten, aufgefasst wurde. So einleuchtend dieser zusammenfassende Blick auf alle Möglichkeiten des Musikunterrichts, Schüler*innen vielfältig zu fördern, sein mag, so unklar bleibt das Moment des ‚Aufbauens‘, sofern dieser in etwas anderem bestehen soll als in Selbstverständlichkeiten wie u.a. einem „steigende[n] *Schwierigkeitsgrad*“, dem Aufbau auf „*Schülerinteressen*“, der „Nähe zu musikalischen *Gebrauchspraxen* der Schüler“ (Jank, 2005, S. 100-101) und ansonsten in der „Kumulation von Lernerfahrungen, d.h. [der] Vernetzung neu erworbenen Wissens oder neu erworbener Fähigkeiten mit bereits Beherrschtem“ (Jank, 2013, S. 125) verwirklicht wird. Dieser Mangel kann indessen verschmerzt werden, wenn man bedenkt, dass einerseits alle Momente zweifellos der „Zielperspektive der selbstbestimmten Teilhabe am Musikleben“ (Jank, 2013, S. 93) dienen, andererseits wohl keine Konzeption, die alle für diese Teilhabe konstitutiven Momente in den Blick nehmen möchte, nur einem einzigen Prinzip verpflichtet werden kann. Inwieweit allerdings die Unterrichtsmaterialien, die im Zusammenhang mit ‚Aufbauendem Musikunterricht‘ veröffentlicht wurden, die genannten Ansprüche einlösen, bedarf einer genaueren Untersuchung. Zumindest *Music Step by Step*, laut Ankündigung auf der Homepage des Helbling-Verlags „das erste umfassende Lehrwerk zum Thema Aufbauender Musikunterricht“[9], besteht weitgehend in einem durchgetakteten Lehrgang aus Elementarübungen sowie eigens erstellten kleinen Liedchen und Patterns, während Kulturerschließung und Orientierung an Schüler*inneninteressen nachgeordnet erscheinen.

4.13 Musikklassen und Klassenmusizieren

‚Klassenmusizieren‘ ist ein neuer Begriff für eine alte Sache: Dass nämlich im Musikunterricht musiziert werden sollte und wurde, war eine Selbstverständlichkeit bis in die Mitte der 1960-er Jahre. Im Rahmen der bis dahin gepflegten Musischen Erziehung bestand der Musikunterricht zum wesentlichen Teil aus gemeinsamem Singen, bisweilen wurde auch auf eigenen Instrumenten musiziert und für das Musizieren mit der ganzen Klasse kam das Orff'sche Instrumentarium zum Einsatz. Erst als dies durch die von Adorno initiierte Art von Kunstbetrachtung abgelöst wurde, geriet das Musizieren zugunsten der Reflexion in den Hintergrund, was wiederum die Befürchtung auslöste, Musikunterricht sei zu reflexionsbelastet, zu theorielastig, zu sehr am Kunstwerk und zu wenig an den Interessen der Schüler*innen orientiert, sodass man im Musizieren einen Ausweg suchte. Allerdings kann von einer „Verwissenschaftlichung des Musikunterrichts in den 1960er und 1970er Jahren [sic!]“ (Krause-Benz, 2016, S. 86) nicht in Bausch und Bogen die Rede sein, und ebenso wenig kann der Musikunterricht dieser Zeit pauschal als der „praktizierte Versuch, Fachwissen für die große Mehrheit der Lernenden ohne musikalische Handlungskompetenz [...] zu vermitteln“ (Pabst-Krüger, 2013, S. 158) aufgefasst werden: Heinz Antholz z.B. suchte nach einer Synthese zwischen Kunstbetrachtung und Musizieren, indem er „Werkhören“ auf „hörendes Werken“ (Antholz, 1972, S. 128) – nichts anderes als didaktisch funktionales Musizieren im Klassenverband – bezogen wissen wollte, um die intendierte „Introduktion in Musikkultur“ zu leisten (ebd., S. 118). Musiziert wurde in dieser Zeit natürlich auch im Rahmen von Klangexperimenten im Klassenverband, wie sie im Rahmen der ‚Auditiven Wahrnehmungserziehung‘ angeregt wurden. Und in den 1980er-Jahren hielten in nicht wenigen Schulen dank des Engagements der Firma Yamaha auch Klassensätze von Keyboards Einzug in die Schulklassen.

Diese Aktivitäten waren in den laufenden Klassenunterricht in Musik integriert, auch wenn diese Integration konzeptionell nicht immer ausgewiesen war, sondern Angelegenheit schuleigener Curricula oder persönlicher, inoffi-

9 www.helbling-verlag.de/?pagename=product&product=S6580 [17.03.2021]

zieller ‚Lehrpläne' der Lehrenden waren. Klassenmusizieren wird hier verstanden als „eine gemeinsame musikalische Tätigkeit aller Mitglieder einer Lerngruppe", die sich als „didaktisch-methodisch geplante, gemeinsame Ausübung mit Gesang, Instrumentalspiel, Bewegung und Szene" artikuliert und „sowohl Anteile von musikalischem Handwerk und von künstlerischer Ausübung als auch von Reflexion der Material- und Bedeutungsdimension von Musik sowie der musikalischen Handlungen" enthalten kann (Bähr, 2005, S. 160). Klassenmusizieren ist mit vielfältigen Ambitionen verknüpft: „Es bietet musikpraktische Zugänge zu musikgeschichtlichen und musiktheoretischen Inhalten, es ist ein wesentlicher Bestandteil musikalisch-ästhetischer Erfahrung und es kann letztlich um des Musizierens selbst willen durchgeführt werden" (Krause-Benz, 2006, S. 86). Insofern spielt das Klassenmusizieren im Rahmen des ‚Aufbauenden Musikunterrichts' eine wichtige Rolle, obwohl auch dort ein schlüssiges Integrationskonzept für die unterschiedlichen didaktischen Momente nicht erkennbar ist.

Bisweilen wird der Bereich des Musizierens allerdings auch abgelöst von anderen Bildungsangeboten und bildet den zentralen, bisweilen sogar einzigen Unterrichtsinhalt. Dies tritt in Form der Einrichtung von Musikklassen in Erscheinung. Dies sind reine Instrumental- (in der Regel Bläser- bzw. Streicher-Klassen) oder Vokalklassen. In ihnen ist im Unterschied zum Klassenmusizieren „der systematische Aufbau musikalischer Fähigkeiten auf einem Instrument (bzw. im Umgang mit der Stimme) Bestandteil des Unterrichts" (Bradler, 2016, S. 100). Dieser Unterricht wird oft in Kooperation zwischen Lehrenden aus dem Schul- und dem Musikschulbereich durchgeführt, um dem instrumentalpädagogisch relevanten Anspruch auf systematischen Aufbau spiel- bzw. singtechnischer Kompetenzen gerecht werden zu können. Solche Instrumentalklassen erhalten nicht selten einen ergänzenden Musikunterricht, in dem andere Bildungsangebote bereitgestellt werden und firmieren dann an manchen Schulen unter der Bezeichnung ‚Musikklassen'. Dies geschieht in dem vollen Bewusstsein, dass durch bloße Musizierpraxis die möglichen, komplexen und interdependenten Zugänge zum Phänomen Musik eingeschränkt werden, sodass reine Musizierpraxis eher „als Ergänzung zum allgemeinen Musikunterricht einsetzbar" sein dürfte (Krause-Benz, 2016, S. 86).

4.14 Musikalisch-ästhetische Bildung, Prozess-Produkt-Didaktik und Musikpraxen erfahren und vergleichen

Unter allen Konzeptionen, deren Anliegen in der Förderung musikalischer Bildung besteht, zeichnen sich die Ausführungen Christan Rolles über *Musikalisch-ästhetische Bildung* (1999) und die *Produktionsdidaktik* Christopher Wallbaums (2000) in Verbindung mit dem daraus entwickelten Konzept *Dritte Räume - Musikpraxen erfahren und vergleichen* (Mev) (2020) dadurch aus, dass das Moment des Ästhetischen in ihnen eine zentrale Position einnimmt.

Beide Konzeptionen sind drei leitenden Gedanken Hermann J. Kaisers verpflichtet:

1. dem Musikbegriff Kaisers, der besagt, dass „Musik(en) [...] nur als Formen [...] gesellschaftlicher Praxen existent" seien (Kaiser, 1998, S. 197);
2. dem Erfahrungsbegriff Kaisers, wobei insbesondere die materiale und situative Lagerung von Erfahrung, ihr reflexiver Charakter, durch den ein Wechselbezug zwischen Wissen und Ichbezogenheit entsteht, ihre Wertbezogenheit und ihre pragmatische, handlungsregulierende Funktion zur Geltung gebracht werden;
3. der Präferenz für das „ästhetische Paradigma" (s. S. 21 dieses Buches) als Fundierung von Musikpädagogik.

Für beide Autoren besteht der Prozess musikalisch-ästhetischer Bildung in der Hervorbringung ästhetischer Erfahrungen in musikalischer Praxis. Um die spezifische Eigenart dieser Erfahrungen herauszustellen, rekurrieren beide auf Martin Seel und die von ihm explizierten drei Modi ästhetischer Einstellung: die kontemplative, die korresponsive und die imaginative (s. S. 98 dieses Buches).

Hervorbringung von Bedeutung - sie wird von beiden Autoren nicht von Bedeutsamkeit unterschieden, weil Letztere für sie im Modus der Korresponsivität im Rahmen einer ästhetischen Einstellung enthalten ist - gilt als Sache des Subjekts. Kommunikation und Interaktion sowohl in der unterrichtlichen als auch in der alltäglichen Situation werden als zentrale Momente der Generierungsprozesse herausgestellt. Insofern besteht insbesondere für Rolle eine wichtige Aufgabe des Unterrichts zum einen in der „Inszenierung ästhetischer Erfahrungsräume" (Rolle, 1999, S. 161-164), zum anderen in der Veranlassung „ästhetischen Streits" (ebd., Kap. 3.2.3 und 3.2.4). Erst dabei könne „sich ein Produkt als ein ästhetisches Produkt [...] erweisen" (ebd., S. 225), indem Geltungsansprüche von Urteilen über Attraktivität, Gelungenheit usw. kommunikativ ausgehandelt werden.

Eine für die Gewinnung musikalisch-ästhetischer Erfahrungen besonders geeignete Situation sieht Wallbaum in der Produktion von Musik. Auf der Basis einer eingehenden Untersuchung früherer Arbeiten zu Gestaltungsversuchen im schulischen Rahmen erkannte er zwei unterschiedliche Tendenzen: einerseits die Ausrichtung auf die Produkte, die am Ende der Arbeit zur Geltung gebracht werden sollen, andererseits die Akzentuierung der Relevanz der Prozesse, die zu diesen Produkten führen sollten. Indem Wallbaum die ästhetische Erfahrung der beteiligten Schüler*innen und die Funktion dieser Erfahrung sowohl für den Prozess als auch für das Ergebnis fokussiert, erkennt er den Wechselbezug zwischen Prozess und Produkt und schlägt eine entsprechende „Prozess-Produkt-Didaktik“ vor (Wallbaum, 2000, S. 199ff.).

Die dort dargestellten Einsichten wurden zur Grundlage des Modells ‚Mev'. ‚Mev‘ steht insofern in einer guten und langen Tradition, als schon Wolfgang Schmidt-Brunner den Vergleich nicht nur als zentrale Methode des Musikunterrichts, sondern als fundamentale Weise des Lernens herausgestellt hatte (Schmidt-Brunner, 1982). Im Rahmen der Auseinandersetzung mit anderen Kulturen wurde er konzeptionell auch in jüngeren Veröffentlichungen für den Musikunterricht in Ansatz gebracht (Sachsse & Schatt, 2016, 2017). Die Besonderheit von ‚Mev‘ indessen besteht darin, dass nicht Kenntnisse und Wissen über Musik verschiedener Kulturen gewonnen bzw. deren Unterschiede und Gemeinsamkeiten kognitiv erfasst, sondern dass diesbezüglich musikalisch-ästhetische Erfahrungen gemacht werden sollen. Ausschlaggebend für diesen Ansatz ist die in der Auseinandersetzung mit Neuer Musik gewonnene Überzeugung Wallbaums, dass „Komponieren nicht notwendig das Gestalten von Werken bedeutet, sondern letztlich nur das Gestalten von Erfahrungssituationen bzw. Praxen“ (Wallbaum, 2018). Diese Auffassung sowie die Meinung, „dass die prozess-produkt-didaktische Methode, nach der Schülerpersonen […] ihre Erfahrungssituationen selbst (mit-) gestalten bzw. komponieren, die Aussichten auf musikalisch-ästhetische Erfahrung begünstigt und daher musikdidaktisch zu empfehlen ist“ (ebd.) führten dazu, dass er empfiehlt, Unterricht *als* Komponieren zu gestalten (ebd.). Dabei greift er seine ältere Vorstellung auf, Musik entstehe durch den Einsatz von musikalischen Produktionstechniken, die er als „schematisierbare […] Handlungsweisen“ auffasst (Wallbaum, 2000, S. 264), und überträgt diese ins Allgemeine. Komponieren bedeutet für Wallbaum „nichts als zusammensetzen/ -stellen/-legen“; dabei könne „alles auf jede erdenkliche Weise zusammengestellt werden“, jeder könne komponieren, und es werde komponiert, „[u]m eine erfüllte Zeit zu haben“ (ebd.). Entsprechend sieht das Modell ‚Mev‘ vor, dass „Schüler*innen – unterstützt von einer Lehrkraft – nacheinander verschiedene Musikpraxen komponieren“ (Wallbaum, 2018). Dabei bedienen sie sich aus verschiedenen „Körben“, die „voll Material und Anregungen für neue Kompositionen“ seien: „Jeder Korb stellt eine Zusammenstellung von Techniken dar, mit denen sich eine Praxis gestalten lässt“ (ebd.). Daraus erwächst „die prozess-produkt-didaktische Aufgabe, aus vorliegendem Material eine erfüllende Musikpraxis oder Situation mit Musik zu gestalten und diese dann so lange probierend zu praktizieren, bis sie als erfüllt erfahren wird“ (Wallbaum, 2020, S. 142). Beabsichtigt ist dabei, „unter Berücksichtigung der Pluralität von sowohl pädagogisch-kulturellen als auch musikkulturellen Normen einen Musikunterricht [zu] modellier[en], der einem praxis- und kulturreflexiven Begriff von Musiken und Musikenlernen gerecht wird, ohne einzelne Musikpraxen einschließlich ihrer Lehr- Lernpraxen als statische Kulturen erscheinen zu lassen" (ebd.).

Übersehen wird bei diesem Ansatz, dass zumindest Komponist*innen nicht nach schematisierbaren Prinzipien irgendetwas zusammensetzen, sondern dass die Prinzipien dem ständigen Anspruch von Originalität und Authentizität ausgesetzt sind, sodass sie sich unausgesetzt wandeln. Ferner werden die Techniken, die solchen Prinzipien erwachsen, zwar auf „Material" angewandt; dieses ist jedoch nicht - zumindest im Bereich künstlerischer Produktion - wie Wallbaums Modell es suggeriert, im materiellen Sinne zuhanden, sondern sinnhaft besetzt und geprägt von historischer und aktueller Relevanz: Wer komponiert, handelt im Horizont von Geschichte, Gesellschaft und Kultur (Schatt, 2021).

Es liegt die Vermutung nahe, dass hier von einer objekthaften Vorstellung von Musik und ihrem Material ausgegangen wird, die vergleichbar ist mit derjenigen, die Sigrid Abel-Struth vertrat, als sie von „Lernbedingungen im musikalischen Material" schrieb (1985, S. 182–184). Wie der Text zeigt, verstand sie unter „musikalischem Material" komponierte Musik, also Stücke, die im Unterricht behandelt werden könnten. Dadurch unterschied sie sich diametral vom Materialbegriff Theodor W. Adornos. Für ihn war ‚Material' dasjenige, was sich Künstlern an „[...] Klängen [...] bis zu je entwickelten Verfahrensweisen" anbietet ([1969]1998, S. 222) und damit zugleich „ein gesellschaftlich, durchs Bewußtsein hindurch Präformiertes" ([1949]1998, S. 39), also eine geschichtsphilosophisch zu betrachtende und sozial verankerte Kategorie (Schatt, 2021).

„Material" ist insofern auch im Bereich Neuer Musik keineswegs „alles Mögliche", sondern vielmehr alles, was die Möglichkeit mit sich bringt, als relevant, originell, authentisch, möglicherweise auch perturbierend zu erscheinen bzw. zu wirken - oder aber in anderen Musikkulturen der Erbauung, der Unterhaltung, der Befriedigung körperlicher Bedürfnisse usw. zu dienen. Inso fern erscheint das Modell ‚Mev' zumindest hinsichtlich dessen, was den „materialen Kern" der Erfahrung ausmacht, die Schüler*innen durch die Kompositionspraktiken machen können, und dem damit untrennbar zusammenhängenden Gehalt musikalisch-ästhetischer Bildung überdenkenswert.

Zwar sind die Grundgedanken der Konzeptionen musikalisch-ästhetischer Bildung durch ästhetische Erfahrungen in musikalischer Praxis in sich schlüssig und weitestgehend plausibel. Gleichwohl gibt es Bedenken und offene Fragen. So sind Zweifel an der Ausschließlichkeit berechtigt, mit der ästhetische Erfahrung als bildungsrelevant akzentuiert wird und mit der andere Formen der Erfahrung, die zu Freude an und Genuss von Musik führen können, ausgeblendet werden. Zu denken wäre an den Gewinn von Einsicht in die Komplexität und geistige Konzentration musikalischer Kunst, die aus einer Analyse bezogen werden kann - eine Analyse, die z. B. deutlich werden lassen kann, wie ein Werk wie Guillaume Dufays *Nuper rosarum flores* trotz kompliziertester mathematisch-planerischer Strukturen und der Konstruktion gematrischer Zusammenhänge[10] eine ungemein sinnliche Ausstrahlungskraft besitzen kann, oder wie Olivier Messiaen in seiner *Turangalîla-Symphonie* die intendierte Sinnlichkeit durch hoch rationale Formung des Materials hervorbrachte. Die Konzentration auf das Ästhetische erscheint als ein Hindernis dafür, die Eigenart von „Erfahrungsräumen" eingehender und umfassender darzustellen. Im Zusammenhang damit wäre deutlich zu machen, dass Erfahrungen nicht durch ein schlichtes ‚Erfahren', sondern durch komplexe Zusammenhänge verschiedenster Praktiken gewonnen werden. Zu ihnen gehört die rationale Auseinandersetzung mit Musik durch Analyse und Information ebenso wie ein verständig geleitetes, schrittweises Musik-Lernen, die reflektierte Transformation von Musik in andere Medien und eine Hörpraxis, die das ästhetische mit dem erkennenden Verstehen verbindet.

Diese Probleme ergeben sich auch aus dem Modell ‚Mev', solange unklar bleibt, worin das ‚Erfahren' von Musikpraxen bestehen soll außer in der Tatsache, dass Schüler*innen Musik produzieren. Es fehlt indessen ein Nachweis dafür, dass im Produzieren von Musik tatsächlich der Königsweg zu musikalisch-ästhetischer Bildung gesehen werden kann. Dies gilt insbesondere, solange zumindest drei Fragen ungeklärt bleiben: 1. Wie sollen Schüler*innen in die Lage versetzt werden, mit einem Material, das in anderen Musikkulturen als der eigenen gebraucht wird und das ihnen bislang fremd war, komponierend – ‚zusammensetzend' – so umzugehen, dass ihnen und anderen das Zusammengesetzte als sinnvoll erscheint? 2. Wer trifft mit welchen Begründungen die Auswahl des ‚Materials', mit dem sie sich komponierend befassen? Fest steht, dass dieses keineswegs einfach von sich aus irgendwie ‚vorliegt', sondern offenbar von jemandem vorgelegt wird. 3. Wie kann gewährleistet werden, dass Schüler*innen die Zeit, die sie mit dieser Tätigkeit verbringen, als eine erfüllte erscheint – ist doch die Wahl der Kultur, mit der sie sich befassen sollen, keineswegs freigestellt? Wenn aber zutrifft, dass bei der Realisierung von ‚Mev' die Schüler*innen „so lange probierend [...] praktizieren, bis [die Situation} als erfüllt erfahren wird" (Wallbaum, s.o.), wäre der alte Begriff des „Klangexperiments" (Meyer-Denkmann, 1970) angemessener insofern, als bei dieser Praxis die Gestaltung und das Gestaltete auf ihre Ästhetisierbarkeit hin experimentell erprobt werden.

Festzuhalten ist, dass ‚Mev' zwar das neueste, aber nur eines von vielen didaktischen Konzepten zum Komponieren mit Schüler*innen im Unterricht ist. Die Vorstellungen reichen von einer reinen Abbilddidaktik, bei der Kompositionen – in der Regel Produktionen Neuer Musik – als Vorbilder für eigene

10 Unter ‚Gematrie' versteht man die Zuordnung von Buchstaben zu Zahlen. Diese können in der Musik strukturbildend verwendet werden.

Produktionen verwendet werden, bis hin zu dem Gedanken, die Schüler*innen zur Entwicklung eigener „Anliegen“ zu bewegen und ihnen dann Möglichkeiten zu zeigen, wie diese musikalisch verwirklicht werden können (Schlothfeldt, 2009, S. 36). Erstere wurden in Vorhaben wie z. B. im Rahmen der ‚Response‘-Projekte verwirklicht, bei der die Einführung in Neue Musik zentrale Aufgabe war. Ihr unterzogen sich primär Musiker*innen, die auf diese Musik spezialisiert, aber didaktische Laien und auch für didaktische Erwägungen nicht immer ohne weiteres zugänglich waren (Schatt, 2009). So gerieten diese Unternehmungen bisweilen zu Maßnahmen zur Einübung von Praktiken Neuer Musik, die wenig Rücksicht auf die vorhandenen Erfahrungen, Interessen und Kompetenzen der Schüler*innen nahmen (Voit, 2019). Im Rahmen der zweitgenannten Kategorie wurden Elemente von Musikhören, Musiklernen, experimentellem Umgang mit Instrumenten und Klangerzeugern sowie anleitender Instruktion didaktisch reflektiert und zu komplexen Lehr-Lern-Zusammenhängen verbunden (z. B. Schlothfeldt, 2009; Handschick, 2015). So zielt z. B. die Kompositionsdidaktik Matthias Schlothfeldts wie viele andere einschlägige Didaktiken darauf, die Schüler*innen zu befähigen, Eigenes und Neues hervorzubringen, rekurriert dabei aber nicht nur auf Neue Musik, sondern auch auf solche, die der Zielgruppe vertraut ist. Immer aber wird hier zum Zwecke einer sachgerechten Verständigung auf die Vermittlung musiktheoretischen Basiswissens in Verbindung mit grundlegenden Termini bei gleichzeitiger Erprobung des tönenden Korrelats Wert gelegt.

In Anbetracht der höchst divergierenden Ansätze bedarf der Bereich der Produktionsdidaktik noch weiterer Reflexion, insbesondere auch hinsichtlich der entsprechenden Ausbildung im Rahmen eines Lehramtstudiums. Wegweisend erscheint hier das Entwicklungs- und Forschungsprojekt ‚ModusM‘, das in Kooperation der Hochschulen Bielefeld, Dortmund, Freiburg und Wuppertal durchgeführt wird. Dabei arbeiten die beteiligten Wissenschafter*-innen „an der forschungsbasierten Entwicklung von Aus- und Fortbildungskonzepten für Musiklehrende, die Musik-Erfinden zu einem zentralen Modus ihrer Lernarrangements machen möchten“ (Kranefeld & Voit, 2020, S. 7). Im Rahmen dieses Projekts sollen zum einen die bestehenden Konzepte und Diskurse aufgearbeitet sowie Aus- und Fortbildungsformate „im Sinne eines Design-Based Research-Ansatzes“ (ebd., S. 9) entwickelt werden; dadurch soll zum anderen ein vertieftes Verständnis der Prozesse gewonnen werden, die alle beim Musik-Erfinden Beteiligten vollziehen. Dabei geraten so unterschiedliche Aspekte wie die Frage nach der Funktion der Materialität, die Eigenart von Interaktionsformen, das Problem der Autonomie der Schüler*innen im Rahmen angeleiteter Prozesse, der Schüler*innen-Perspektive auf ‚Komponieren‘ und das große Thema der Kreativitätsförderung in den Blick.

4.15 Überlegungen zu informellen Bildungs- und Lernprozessen: Community music

Selbstverständlich wird nicht nur in institutionellen Bildungseinrichtungen wie Schule und Musikschule gelernt, sondern auch im Alltag lernen wir und machen bildungsrelevante Erfahrungen. Familienangehörige, Freunde oder Vorbilder können die Menschen sein, von denen wir lernen - man braucht nur an den Spracherwerb oder an die ersten Lieder zu denken -, und aus der Begegnung mit allen möglichen Phänomenen der Welt - sei es ein Opernbesuch, sei es eine mitreißende Darbietung von Musik auf der Straße - können wir unsere bildungsrelevanten Erfahrungen beziehen.

Diese Einsicht in Verbindung mit dem Wunsch, möglichst vielen Menschen einen Zugang zu Musik zu ermöglichen - insbesondere auch solchen, denen dies durch das Elternhaus, die Schule oder besondere Lebensumstände nicht gegeben ist - führte zu der Einrichtung von ‚Community music'. Darunter versteht man organisierte Veranstaltungen, bei denen Menschen zusammenkommen, um sich auf Instrumenten, die ihnen dort zur Verfügung gestellt werden, oder auch vokal zu betätigen. Diese Betätigung wird betreut, allerdings eher in einem beratenden als in einem instruierenden Sinne. Gefördert wird dabei „ein aktives Musizieren in Gruppen, wobei die Musik als Ausdruck dieser Gemeinschaft erarbeitet wird und ihren sozialen Kontext spiegelt" (Banffy-Hall & Hill, 2017). Dadurch soll ein „gleichberechtigter Umgang von Menschen verschiedener Herkunft, Religion und Bildung, unterschiedlichen Geschlechts und Einkommens, ob mit oder ohne Behinderung, ob jung oder alt und von unterschiedlicher musikalischer Bildung [...] ermöglicht werden" (ebd.). ‚Community music' ereignet sich unter dem Primat von Selbstbestimmung, sie beruht auf Freiwilligkeit und folgt keinem Curriculum.

‚Community music' zeichnet sich durch eine „grundsätzliche Skepsis gegenüber musikalischem Lernen" aus, soweit dieses in institutionalisierten und professionalisierten Zusammenhängen ermöglicht werden soll (Kertz-Welzel, 2018, S. 358). Diese Skepsis wird durch Erfahrungen mit autoritärem, hierarschischem, undemokratischem und ausgrenzendem Unterricht genährt. Statt dessen plädiert ‚Community music' „für eine musikalische und musikpädagogische Alternativkultur, die die Beschränkungen und Ausgrenzungen schulischen Lernens, auch den Amtsmissbrauch von Lehrern überwinden möchte" (ebd., S. 369). In diesem Zusammenhang setzt man in hohem Maße auf nonformale Formen der Aneignung musikalischer und musikbezogener sowie sozialer Inhalte.

Sozialpädagogische Intentionen

Unübersehbar ist dabei, dass es konsequenterweise keine bestimmten musikalischen Inhalte gibt. Insofern steht ‚Community music' Ideen kulturpädagogischer Sozialarbeit und der Musiktherapie und -geriatrie näher als den von institutionellen Einrichtungen vertretenen Vorstellungen von musikalischer und musikbezogener Bildung.

Forschungsbedarf

Nicht zu übersehen sind die Inanspruchnahme von Musik für soziale Zwecke wie Gemeinschaftsbildung und kulturelle Integration sowie die starke Berücksichtigung der Interessen der Teilnehmenden. Eine nähere Untersuchung wäre wünschenswert, die herausstellte, in welchem Verhältnis die Vorstellungen von ‚Community music' etwa zu den Ideen Platons oder zum Gedankengut der ‚Musischen Erziehung' stehen bzw. inwieweit Desiderate der ‚Schülerorientierung' hier verwirklicht werden. Ferner bleibt zu untersuchen, ob, in welchem Maße und in welchen Hinsichten bei aller Skepsis gegenüber ‚Musik-Lernen' nicht doch Musik – wie auch z.B. soziales Zusammenleben – gelernt wird: Da nämlich Musik das Medium der Betätigung im Rahmen von ‚Community music' ist, und da diese Betätigung immer gemeinsam mit anderen in der Gruppe erfolgt, kann man davon ausgehen, dass dabei auf informelle Weise musikalische, musikbezogene und soziale Bildungs- und Lernprozesse vollzogen werden.

Informelles Lernen

Informelles Lernen ereignet sich außerhalb von Unterricht und unterscheidet sich von organisiertem bzw. institutionalisiertem Lehren. Es ereignet sich durch „Kontakte mit der Umwelt, die sich im alltäglichen Lebensvollzug ergeben oder dort aufgesucht werden" (Dartsch, 2018, S. 170). Diese Kontakte können sich aus dem Alltagsleben ergeben wie z.B. beim ersten Spracherwerb, sie können aber auch strukturiert sein wie z.B. durch die „Bereitstellung bestimmter klingender Materialien und Instrumente zum freien Spielen und Ausprobieren" (ebd., S. 171) im Kindergarten oder im Rahmen der ‚Community music'. Freilich ist strittig, ob ein institutionell integriertes informelles lernen überhaupt noch eines ist. So spricht Volker Ladenthin von dem „Paradox, dass ein *initiiertes informelles Lernen* keines ist, sondern lediglich eine Methode formalen Lernens und ein *nicht-intendiertes informelles Lernen* keine pädagogische Maßnahme sondern ein Sozialisationsvorgang" (Ladenthin, 2016, S. 202).

Durch informelles Lernen haben nicht wenige Musiker*innen im Bereich der Popularmusik autodidaktisch ihre Expertise gewonnen. Seit einiger Zeit werden derartige Formen der musikalischen Ausbildung durch Anleitungen im Internet gepflegt, wobei dadurch, dass bisweilen auch klar strukturierte Lehrgänge zu finden sind, die Übergänge zu non-formalem Lernen fließend sind.

Durch die Nutzung des Mediums Internet ereignen sich natürlich auch informelle Prozesse musikalisch-ästhetischer und musikbezogener Bildung. Dazu trägt nicht nur die Tatsache bei, dass dort fast alle Musik aller Genres vertreten ist; auch die Angebote, die auf YouTube gemacht werden, wenn man ein bestimmtes Musikvideo genossen hat, sind geeignet, um die einschlägigen Erfahrungen, aber auch ein diesbezügliches Wissen zu erweitern und zu vertiefen. Daneben erscheinen u.a. die Kommentarfunktionen und andere Möglichkeiten der musikbezogenen Kommunikation im Rahmen neuerer Forschungen als durchaus bildungsrelevant (z.B. Sachsse, 2020).

Es wird ein wichtiges Thema künftiger Überlegungen zu institutionell verankerten bzw. anzusiedelnden Bildungsangeboten sein müssen, wie diese auf jene Bestände, insbesondere aber auch auf jene Prozesse von Bildung bezogen werden können, die auf informellem Wege erworben bzw. vollzogen wurden (Sachsse, 2021).

4.16 Kommunikative Musikdidaktik

Wenn hier im Folgenden von ‚Kommunikativer Musikdidaktik' die Rede ist, sprechen wir von der von Stefan Orgass vorgelegten Konzeption und nicht von den gleichnamigen Überlegungen von Günter Olias (vgl. Olias, [1985] 1992).

Als Konzeption kann die *Kommunikative Musikdidaktik* u.a. insofern gelten, als die einschlägige erste Veröffentlichung (1996) in enger inhaltlicher, weil auch personeller Verbindung mit den Richtlinien und dem Lehrplan Musik für die Sekundarstufe II des Landes Nordrhein-Westfalen von 1999 sowie mit mehreren Zeitschriftenaufsätzen steht, in denen die Inhalte theoretisch und schulpraktisch konkretisiert wurden. Sie wurde insbesondere durch die gewichtige Buchveröffentlichung *Musikalische Bildung in europäischer Perspektive* (2007) erweitert und präzisiert und durch zahlreiche weitere Beiträge in anderen Büchern ergänzt.

Anliegen

Die *Kommunikative Musikdidaktik* (Orgass, 1996) lässt sich als Versuch werten, die Probleme sogenannter subjekt- und objektorientierter Musikdidaktiken zu lösen: das Problem ‚Schülerorientierter Musikerziehung', diejenigen Musiken aus dem Blick zu verlieren, die für andere Menschen als die Schüler*innen relevant sind, sowie das Problem der kunstwerkorientierten Didaktiken, die wirklichen Erfahrungen und darauf beruhenden Interessen der Lernenden nicht in der Weise und in dem Maße in den Unterricht einzubeziehen, wie sie es postulieren.

Bedeutungstheoretische Fundierung

Ausgangspunkt für die ‚Kommunikative Musikdidaktik' ist die Frage: ‚Woher kommen die Bedeutungen?' Der Grund für diese Frage ist die Einsicht, dass Musik kein Objekt mit Gegenstands- oder gar Subjektcharakter ist (i.S. von Franz von Schober: „Du holde Kunst …"; Schatt, 2008a, S. 85), sondern ein tönendes Etwas, dem Bedeutungen und Bedeutsamkeiten ‚zugewiesen' bzw. auf dessen Veranlassung diese hervorgebracht werden – Inhalte bzw. Gehalte, über die man sich intersubjektiv verständigen kann und muss (was direkt oder indirekt auch ständig geschieht). Bedeutungen und Bedeutsamkeiten werden demnach im sozialen Kontext konstituiert, verhandelt und abgesichert, sie verdanken ihm - wie auch dem Subjekt, das in diesem Kontext handelt - ihre Entstehung und Geltung.

Dieser Kontext ist durch Interaktion charakterisiert. Zuweisung bzw. Konstituierung von Bedeutung und Bedeutsamkeit ist eine über die Relevanz von etwas entscheidende und auf der Grundlage der Erfahrung von Relevanz vollzogene Handlung. Da diese Erfahrung im sozialen Kontext gemacht wird, wird Interaktion nicht als Spielart des Handelns, sondern als eine Maßgabe, durch die die Art des Handelns konturiert wird, angesehen. Dies hat für Unterricht erhebliche Implikationen, da Unterricht eine Veranstaltung ist, in der besondere Formen von Interaktion realisiert werden.

Kommunikation

Die ‚Kommunikative Musikdidaktik' beruht im Wesentlichen auf der ‚Pädagogik der Kommunikation' von Klaus Schaller. Im Unterschied zu anderen Konzeptionen, die sich auf kommunikative Vorgänge beziehen, bildet Kommunikation hier nicht ein Mittel, mit dessen Hilfe etwas zwischen Menschen ausgetauscht wird, was schon vorhanden ist, sondern das Essentielle des Ausgetauschten wird im Akt des Austauschens konstituiert. Insofern gilt auch Unterricht - eine situative Inszenierung, die im Wesentlichen auf Kommunikation und Interaktion beruht - für Schaller als eine Veranstaltung, bei der gemeinsam von allen Beteiligten Sinn hervorgebracht wird; dieser Sinn wird als inhaltlicher sowie als sozialer Sinn gesehen, und zwar in dialektischer Verschränkung: Das soziale Miteinander ist Voraussetzung für die Hervorbringung von Inhaltlichem, und die Hervorbringung von Inhaltlichem konstituiert das soziale Miteinander, wobei Kommunikation als „nicht nur intendierte und inszenierte ‚Aktion' von selbstbewussten Subjekten, sondern reflexiver und prä-reflexiver Vollzug von Inter-Subjektivität" verstanden wird (Schaller, zit. nach Orgass, 2007, S. 120). „Achtsamkeit auf Andere und Anderes" (Schaller, zit. nach Orgass, ebd., S. 118) wird damit zum Zentrum unterrichtlichen Geschehens und didaktischer Intentionalität.

Musikbegriff

Dies ist aber nur einer der Pfeiler, auf denen die ‚Kommunikative Musikdidaktik' basiert. Sie ist ferner einem Musikbegriff verpflichtet, der konstruktivistisch fundiert ist. Insofern hat sie als handlungsorientiert, schülerorientiert, erfahrungserschließend - und nicht trotzdem, sondern gerade deswegen als musikorientiert zu gelten. Der Musikbegriff ist in der ‚Kommunikativen Musikdidaktik' nämlich konsequent als Handlungsbegriff verfasst. Dies geht aus den vier Bereichen des Lehrplans für die Sekundarstufe II der Gymnasien und Gesamtschulen des Landes Nordrhein-Westfalen von 1999 hervor. Dieser Lehrplan war in großen Teilen und in seiner Struktur eine vorwegnehmende schulpraktische Umsetzung dessen, was Orgass 2007 in seiner Schrift *Musikalische Bildung aus europäischer Sicht* ausführlich theoretisch entfaltete. Aus Gründen der Anschaulichkeit werden die entscheidenden Elemente der ‚Kommunikativen Musikdidaktik' im Folgenden zunächst am Beispiel dieses Lehrplans vorgestellt.

Zur Verdeutlichung des innovativen Charakters des Ansatzes seien zunächst die fünf Bereiche des vorausgegangenen Lehrplans von 1981 genannt:

I. Musik als Regelsystem
II. Musik als ästhetisches Objekt
III. Musik als historisches Dokument
IV. Musik als Funktionsträger
V. Musik als Gegenstand der Rezeption

Lehrplan

Das Fach Musik sollte durch eine derartige Gliederung, die als „sachbezogene" ausgewiesen wurde (Kultusminister NRW, 1981, S. 28), nicht nur eingeteilt werden, sondern das gesamte Lernfeld im Schulfach Musik sollte damit beschrieben werden. An der verwendeten Begrifflichkeit („Objekt, Dokument, Funktionsträger") ist leicht zu erkennen, dass hier ein essenzialistischer Musikbegriff zugrunde gelegt wurde.

Die neuen Bereiche des Lehrplans von 1999 sind zugleich Antworten auf Fragen, die durch die alten auftreten, aber offen bleiben:

5. Was bewirken Regeln und warum sollen Schüler*innen sich mit ihnen auseinandersetzen? Sie bewirken nicht nur etwas für die musikalische Gestalt, sondern haben auch eine Funktion für die Rezeption. Daher hieß es nun:
„I. Musik gewinnt Ausdruck vor dem Hintergrund von Gestaltungsregeln."
6. Was an einem „ästhetischen Objekt" kann für Schüler*innen wichtig sein? Wichtig ist, dass Schüler*innen ästhetische Phänomene nicht aus der Distanz, sondern im Zusammenhang mit Bedeutung wahrnehmen können und dass Musik dadurch für sie bedeutsam wird. Daher hieß es nun:
„II. Musik erhält Bedeutung durch Interpretation."
7. Was dokumentieren historische Dokumente? Die Antwort lautet: Gar nichts, wenn die Dokumente nicht als mit Bedeutungen aufgeladen wahrgenommen werden, die ihnen in der Vergangenheit zuerkannt wurden. Diese Aufladung aber kann sich ändern, weil die Menschen und ihre Weise, Musik mit Bedeutung zu versehen, sich im Laufe der Zeit ändert. Darum hieß es nun:
„III. Musik hat geschichtlich sich verändernden Gehalt."[11]
8. Der Schlusschor aus Beethovens 9. Symphonie, gespielt bei einem Fußballspiel, regt zu anderen Konnotationen an als anlässlich der deutschen

11 Eine Fuge zu komponieren war für Mozart eine andere Aufgabe als für J.S. Bach, und eine Sinfonie war für Komponisten des 20. Jahrhunderts ein anderes Problem – u.a. weil die Tonalität sich aufgelöst hatte – als für Brahms – weil dieser sich am übermächtigen Vorbild Beethoven abzuarbeiten hatte – und für diesen wiederum ein anderes als für Haydn, der u.a. seinen Auftraggebern eine Zeit geistreicher Betätigung im Bereich Musik zu ermöglichen hatte.'

Wiedervereinigung oder in einem Konzert aufgeführt. Erinnert sei auch an Musik in der Werbung. Darum hieß der vierte Bereich:
„IV. Musik wird zur Aussage durch Verwendungszusammenhänge."
(Alle Zitate: Ministerium für Schule und Weiterbildung NRW, 1999, S. 9–10)

Für alle vier Bereiche gilt zusätzlich: „Musik wird durch die fachspezifischen Arbeitsweisen und -formen des kooperativen und selbständigen Arbeitens zum Gegenstand unterrichtlicher Auseinandersetzung" (ebd., S. 11).

Rezeptionsästhetik, gemeinsame Themenfindung

Diese vier Bereiche sind eindeutig einem rezeptionsästhetischen Ansatz verpflichtet. Mit der zusätzlichen Aussage zum Unterricht wird die Interaktionssituation, in der Musik zum Unterrichtsgegenstand wird, angesprochen. Die Tätigkeiten, von denen hier die Rede ist, sind Gestalten, klanglich Realisieren, körperlich Darstellen, Präsentieren, Analysieren, Lesen, Gespräche führen, Texte verfassen. Die Verpflichtung auf einen konstruktivistischen rezeptionsästhetischen Ansatz wäre eine Farce, würde die Verpflichtung auf die konstitutive Funktion der Rezeption durch das Subjekt nicht auch im Unterrichtsgeschehen zum Tragen kommen. Und daher gibt es die Verpflichtung auf die gemeinsame Themenfindung mit Lehrenden und Lernenden. Dies trägt zugleich den zutiefst demokratischen Intentionen Schallers Rechnung. Die Rettung vor Gefälligkeitspädagogik bildet zum einen die Maßgabe, der Vielfalt der Musikkulturen Rechnung tragen zu müssen. Zum anderen haben – im Zusammenhang damit – die Lehrenden die Möglichkeit zur „komplementären Kontextualisierung" (Orgass, 2007, S. 540-548) dessen, was die Lernenden vorschlagen. Dazu werden sie im Rahmen einer „reaktiven Prozessplanung" verpflichtet, bei der die Vorschläge der Schüler*innen nach curricularen und wissenschaftlichen Maßgaben ergänzt bzw. modifiziert sowie zu Unterrichtsreihen ausgearbeitet werden, um der Anforderung einer „vielseitigen und ‚rückhaltlosen Information'" (ebd., S. 543) genügen zu können.

Die Verpflichtung auf die „Partizipation" (Geuen & Orgass, 2007; Orgass, 2007, S. 420–438) der Lernenden an der Unterrichtsplanung in Form „gemeinsamer Themenfindung" (dazu ausführlich Orgass, 2007, S. 533–570) ist bei der Einführung des Lehrplans heftig kritisiert worden. Dabei wurde in der Regel übersehen, dass es nicht – wie z. B. beim ‚Schülerorientierten Musikunterricht' – darum geht, dass einfach seitens der Schüler*innen Musik vorgeschlagen werden soll, die für sie interessant ist. Vielmehr ist von diesen gleichsam im Vorfeld von Vorschlägen in einer ersten Bedeutungszuweisung schon zu ermitteln, worum es bei der jeweiligen Musik geht – unter welchen Aspekten also der Musik Bedeutung und Bedeutsamkeit zugemessen werden kann –, da alle Vorschläge in Themen münden und begründet sein müssen. Diese Gründe werden dann zum Gegenstand einer argumentierenden Diskussion und einer gemeinsamen Konsensfindung. Zugleich sind sie Anlass, über andere Musik mit gleichen, vergleichbaren oder kontrastierenden Gehalten nachzudenken.

Damit ist über die einzelnen Momente der Interaktion und Kommunikation im Unterricht nur soviel gesagt, dass die dem Primat der rationalen Verständigung unterliegen sollen. Auch in einem Unterricht jedoch, der nach den Ideen der ‚Kommunikativen Musikdidaktik' ausgerichtet ist, bleibt Raum für Momente, die auf Überraschung, Konfrontation, Begeisterung durch die Lehrperson ausgerichtet sind.

Ziel dieses Unterrichts ist, „die Fähigkeit zu einer begründeten Auseinandersetzung mit Musik als einem sinnvermittelnden und sinnhervorbringenden Kulturphänomen zu entwickeln" (Lehrplan, 1999, S. 5). Damit unterscheidet sich diese Konzeption von jenen, die auf die Ermöglichung musikalisch-ästhetischer Erfahrung und den „ästhetischen Streit" (Rolle, 1998, S. 168) über deren Inhalte abzielen. Natürlich können und sollen Schüler*innen auch im Rahmen eines Unterrichts, der nach Maßgaben der ‚Kommunikativen Musikdidaktik' ausgerichtet ist, derartige Erfahrungen machen; nicht auf sie aber ist das musikpädagogische Interesse gerichtet, sondern auf dasjenige, was diese Erfahrungen im Zusammenhang mit ihrem „materialen Kern" (s. S. 123) einerseits, der sozialen und kulturellen Situation der Lernenden andererseits fundiert: auf musikalische Bedeutungen und musikbezogene Bedeutsamkeiten (Orgass, 2007). Da diese beiden Faktoren konstitutiv sind für dasjenige, was Musik für das Subjekt ist und damit zugleich für dasjenige, was Musik im kulturellen Kontext ausmacht, wird hier das kulturtheoretische Paradigma in Kraft gesetzt, ohne das ästhetische zu vernachlässigen. In dieser Synthese scheint die zukunftsweisende Kraft dieser Konzeption zu liegen.

5. Zur Orientierung in der postmodernen Pluralität von Konzeptionen

Probleme durch Zivilisation, Vielfalt, postmodernes Denken

Seit 2007, als diese Zeilen zum ersten Mal veröffentlicht wurden, hat sich prinzipiell nicht viel verändert: Die Situation, in der wir uns heute – im Jahre 2021 – befinden, hat zumindest eines mit jenen Situationen gemeinsam, in denen einst Comenius für eine von frommer Haltung getragene umfassende Bildung eintrat, Rousseau die Vision einer durch natürliches Verhalten konstituierten Kultur verkündete, Otto Haase das Prinzip des Musischen beschwor: Was die Zivilisation insbesondere in quantitativer, aber auch in qualitativer Hinsicht hervorgebracht hatte und hat, steht im Spannungsfeld zum Vermögen des Menschen, damit zum Wohle aller umzugehen. Zwar bündelt man gegenwärtig in Europa alle Kräfte, um der Corona-Krise und dem Klimawandel zu begegnen. In anderen Ländern dagegen sieht man den Auswirkungen des Virus bloß beschwichtigend zu und brandrodet zeitgleich weiter die Regenwälder – während auch in Europa das Engagement für eine bessere Umwelt in den Hintergrund getreten ist. Im Unterschied zu den damaligen Situationen jedoch ist die heutige nicht nur durch eine extreme Vielfalt der zivilisatorischen Hervorbringungen, sondern auch durch eine Vielfalt der Konzepte darüber, wie mit ihnen umzugehen sei, gekennzeichnet. Dies gilt auch und insbesondere für den hier in Rede stehenden Bereich, das Nachdenken über musikpädagogische, im engeren Sinne musikdidaktische Fragen. Offenbar bedarf es einer Orientierung metastufigen Charakters, die dogmatische konzeptionelle Geschlossenheit ebenso zu vermeiden hätte wie jenen zur Beliebigkeit tendierenden Eklektizismus, der im Zuge postmodernen Denkens, das die Verbindlichkeit der „große[n] Meta-Erzählungen" (Welsch, 1997, S. 32) als in Frage gestellt bzw. aufgehoben einschätzt, allzu leicht menschliches Denken und Handeln leitet.[12]

Notwendigkeit von Orientierung

Bereits 1978 hat Karl Heinrich Ehrenforth den „gegenwärtige[n] Konzeptpluralismus als Aufgabe" bezeichnet (Ehrenforth, 1978, S. 194), freilich ohne einen Weg zu weisen, wie diese Aufgabe zu lösen sei. 1994 konstatierte Thomas Ott: „In Didaktik und Praxis ist eine Pluralität von Konzepten an die Stelle der relativ einheitlichen und in sich schlüssigen Denk- und Handlungszusammenhänge der Vergangenheit getreten. Diese Situation – falls sie nicht nur auf Defizite verweist – ist bisher theoretisch nicht bewältigt" (Ott, 1994,

12 Als die drei großen Meta-Erzählungen benannte Welsch „die Emanzipation der Menschheit [...], die Teleologie des Geistes [...] und die Hermeneutik des Sinns [...]" (Welsch, 1997, S. 32).

S. 138–139). Eine Lösung der „Aufgabe" bzw. Bewältigung der „Situation" erscheint heute deshalb so schwierig, weil in Frage steht, was Comenius, Rousseau und Haase unbezweifelt zu Gebote stand: eine übergeordnete – und damit zusammenfassende und vereinheitlichende – Denk- und Handlungsleitlinie wie die Religion, der Glaube an die uneingeschränkte Geltung des Natürlichen oder an die Kraft des Musischen. In dem Maße, wie heute nicht nur alle Prinzipien, sondern auch deren Grundlage – die Vernunft – in Frage gestellt werden können, wird man eher nach Möglichkeiten der Orientierung als nach endgültigen oder allseitig verbindlichen ‚Lösungen' oder ‚Bewältigungen' zu suchen haben.

Pluralität – Pluralismus

Dabei ist noch nicht einmal die Beschaffenheit der aktuellen Situation geklärt. Dies zeichnet sich in der Wortwahl der beiden oben zitierten Autoren ab: Schrieb Ott von der ‚Pluralität' der einschlägigen Konzepte und Konzeptionen, so war bei Ehrenforth von ‚Pluralismus' die Rede. Was bei dem Ersteren als Sachverhalt, als Charakterisierung gleichsam äußerer Umstände erscheint, gilt Letzterem als Einstellung oder Haltung: als die Haltung nämlich, die Vielfalt des nebeneinander Existierenden nicht nur zur Kenntnis zu nehmen, sondern zu akzeptieren, zu begrüßen und sich zu Eigen zu machen.

Dies allerdings ist mit Blick auf musikdidaktisches Denken problematisch in dem Maße, wie sich die Konzeptionen als unvereinbar erwiesen haben. So verträgt sich z. B. das zur Zeit allenthalben propagierte instrumentale Klassenmusizieren, bei dem Instrumental- und Musik-Lernen im engeren Sinne Hand in Hand gehen sollen, mit einem konzeptionell auf ästhetische Erziehung gerichteten Unterricht ebenso wenig wie mit einem Unterricht, dessen Anliegen in der Ermöglichung einer möglichst umfassenden musikalischen oder aber besonderen musikalisch-ästhetischen Bildung besteht. Das Dilemma des didaktischen Denkens besteht heute darin, einerseits die Pluralität nicht einfach als Vielfalt akzeptieren zu können, da Unterricht unweigerlich auf Entscheidungen beruht, andererseits nicht ohne Weiteres aus dem Bestehenden etwas Neues basteln zu können, will er nicht in den Eklektizismus bricolageartigen Denkens verfallen. Dieses – ‚nicht Einfache' oder ‚Weitere' – gilt es zunächst in den Blick zu nehmen, wenn es darum geht, die notwendige Orientierung für unterrichtsrelevante Entscheidungen zu finden.

Verzicht auf Dogmatik

Als Gewinn aus der pluralen Situation können wir verbuchen, dass nichts uns zwingt oder auch nur veranlasst, einseitige Entscheidungen zu fällen: Es gibt keinen Grund, *nur* Kunstwerke oder *nur* Pop-Musik zu ‚behandeln', es gibt keinen Grund, *nur* über Musik zu reden oder *nur* zu musizieren, es gibt keinen Grund, *nur* im Lehrervortrag bzw. ‚fragend-ermittelndem Verfahren' oder *nur* in Projektform zu arbeiten. Eine – und *nur* eine! – Antwort auf die Frage, welche Inhalte, Umgangsweisen, Methoden, Medien denn zu wählen seien, kann es nicht geben, da alle Elemente in interdependenten Zusammenhängen stehen. Eine Orientierung bietet jedoch die Maßgabe, von keinem dieser unterrichtlichen Momente allein auszugehen, sondern von einem leitenden Gedanken, der selbst Ergebnis einer Orientierung im Dickicht der Komponenten ist: einem Unterrichtsthema, das diesen Namen verdient, weil es Aspekte benennt und nicht einfach einen Inhalt oder eine Umgangsweise beschreibt.

Vernetzung statt Vereinheitlichung

Christoph Richter hat einen solchen Unterricht sehr anschaulich mit dem Bild der „Inselbildung" umrissen (Richter, 1990, S. 36). Dieses Bild ist als einleuchtende unterrichtliche Umsetzung der Grundgedanken des erkenntnistheoretischen Ansatzes von Gilles Deleuze und Felix Guattari zu verstehen. Diese beiden Autoren entwarfen ein Bild menschlichen Denkens, das dieses nicht als einheitliche Gestalt darstellt, sondern als multiplen Vorgang von Suchen und Finden in einem rhizomartig verwobenen Netz von Kognitionen auffasst (Deleuze & Guattari, 1992).

Vergegenwärtigt man sich die Konsequenzen einer derartigen Vorstellung, so dürften einige der Probleme gegenstandslos werden, die Werner Jank im Zusammenhang mit der Frage nach Möglichkeiten musikdidaktischer Positionierung im postmodernen Kontext umriss (vgl. Jank, 2005, S. 66-68). Diese Probleme entstehen nämlich zum großen Teil aus nicht hinterfragten Vereinheitlichungen. So resultiert die (implizite) Forderung, Unterricht müsse „inhaltliche Kontinuität" aufweisen und ein „innerer Zusammenhang" müsse die Themen miteinander verbinden (ebd., S. 67), aus der Vorstellung einer übergeordneten Einheit der Inhalte und Themen. In dem Maße aber, wie musikalische Inhalte und musikalische oder musikbezogene Themen als Ergebnisse menschlicher Denkvorgänge aufzufassen sind, ist eben nur dieses formale Moment als Zusammenhang stiftend aufzufassen - dessen Ergebnisse können nur Anlässe sein, solche Denkvorgänge zu rekonstruieren bzw. nach- oder mitzuvollziehen. Auszugehen ist vielmehr von einer Fülle von ‚Inseln', die eben nur dadurch - quasi ‚unter Wasser' - zusammenhängen, dass sie sich auf dasjenige beziehen, was wir als ‚Musik' zu bezeichnen uns angewöhnt haben, und dass Menschen sich damit denkend befasst haben. (Nicht einmal hinsichtlich dessen aber, was als ‚Musik' zu bezeichnen ist, bestanden und bestehen, wie oben gezeigt wurde, einheitliche Vorstellungen.)

Notwendigkeit qualitativer Orientierung

Zu Recht sieht Jank das Ziel von Musikunterricht darin, „zur nachhaltigen Entwicklung musikalischer Fähigkeiten und zur Anregung musikalisch ästhetischer Bildungsprozesse" beizutragen. Die Erwartung, „dass allein schon Vielfalt und inhaltliche Spannweite des Musikunterrichts" (ebd.) ausreiche, sei eine Illusion. Dem ist beizupflichten, da - wie oben ausgeführt - die Probleme ja gerade aus quantitativen Vorgaben („Vielfalt" oder „Spannweite" sind auf Quantitäten zielende Begriffe) stammen. Zu fragen ist aber nach Möglichkeiten qualitativer Orientierung.

Perspektiven für Unterrichtskultur

Hilfreich dürfte es sein, sich dazu der Einsichten zu vergewissern, über die heute Konsens besteht. An erster Stelle sei dabei unser Wissen darüber genannt, wie musikalische Fertigkeiten sich entwickeln und Bildungsprozesse sich vollziehen. Dieses Wissen über menschliches Denken, Verstehen und Lernen sowie die besondere Formatierung dieser Vorgänge haben wir eingangs umrissen. Wir wissen,

- dass diese Vorgänge in Interaktions- und Kommunikationszusammenhängen entstehen und sich in eben solchen zu bewähren haben,
- dass Unterricht selbst einer dieser Vorgänge ist, sich aber zugleich auf die Bewährung in außerunterrichtlichen Situationen richtet,
- dass diese Vorgänge sich prinzipiell als Abgleich individuell internalisierter Schemata mit den Reizen der Umwelt vollziehen und
- dass dabei ein zielgerichteter und möglichst selbstbestimmter Umgang mit den Gegenständen und Inhalten für die Initiierung der Vorgänge, ihren Vollzug und ihren vom Subjekt und von Anderen feststellbaren Erfolg konstitutiv ist.

Auch dies sind zwar fundamentale, jedoch zunächst nur formale Einsichten. Die offene Inhaltsfrage hat Wolfgang Klafki mit seinem Vorschlag einer „kategorialen Bildung" längst beantwortet (Klafki, 1991; s. Kap. 2.4). Dieser Ansatz bewährt sich im Kontext unserer Überlegungen dadurch, dass im Moment des „Kategorialen" die skizzierten formalen und die inhaltlichen Momente unter dem spezifisch didaktischen Aspekt dadurch zusammengeführt sind, dass sie sich als für das Subjekt bildungswirksam zu bewähren haben. Der im Klafki'schen Sinne kategorial mit dem Ziel der Themenfindung auf Musik gerichtete Blick braucht vor der Vielfalt der Musikkulturen nicht nur nicht zurückzuschrecken, sondern wird die Inhalte und die Bedingungen für die Möglichkeit der Vielfalt selbst als willkommene Gegebenheiten und Möglichkeiten für multiple Kontextualisierung begrüßen.

Bei aller Offenheit für mögliche Inhalte muss eine Orientierung in der konzeptionellen Vielfalt musikdidaktischen Denkens - wie jede Orientierung - eine Position hinsichtlich der Sinn-Frage musikunterrichtlichen Handelns beziehen. Hier sei an das zutiefst humane Bild des autonom handelnden Menschen Adornos erinnert, das Adornos Zweifel an der Position „Musischer Erziehung" begründete: „dass einer fidelt, soll wichtiger sein als was er geigt" (Adorno, 1956, S. 62). Damals wie heute gebietet es der Respekt vor dem Vermögen des Menschen, auf der Grundlage rationalen Verhaltens Entscheidungen fällen zu können, ihn nicht zum Opfer werden zu lassen: weder zum Opfer einer wie auch immer gearteten „Kulturindustrie" noch von Lehrenden, denen nichts anderes einfällt, als die jungen Menschen nur noch mit musikantischem Tun zu beschäftigen - mit den Argumenten, dadurch zu ihrer ‚Grundmusikalisierung' beizutragen, ‚Gestaltungsarbeit' zu verwirklichen oder ihnen ‚Spaß' zu bereiten. Positiv gewendet heißt dies, dass es wünschenswert ist, eine

Unterrichtskultur anzustreben, die weder einem (postulierten) „Anspruch der ‚Sache'" (Ehrenforth, 1978, S. 196) noch einem nur von momentanen Interessen geleiteten „Anspruch" der Schüler*innen verpflichtet ist. In einer solchen Unterrichtskultur wird es vielmehr darum gehen, den Anspruch der Schüler*innen auf ein auch in ästhetischer Hinsicht menschenwürdiges Leben im Blick zu behalten. Dies gilt auch für alle denkbaren didaktischen Konsequenzen aus der Wahrnehmung von Vielfalt und Diversität hinsichtlich u.a. kultureller Kontexte, sozialer Hintergründe, Fähigkeiten, Kompetenzen und Interessen. Eine mit dieser Wahrnehmung einhergehende, zunehmende Sensibilisierung für differierende Geltungsansprüche und deren Akzeptanz hat zu einem Wunsch nach Einheit in der Vielfalt – im Sinne nicht von Vereinheitlichung, sondern von Gemeinsamkeit aufgrund wechselseitiger Achtsamkeit, Rücksichtnahme und Förderung – geführt, der seit geraumer Zeit unter dem Stichwort ‚Inklusion' auch im musikpädagogischen Diskurs eine wichtige Rolle spielt (Merkt, 2019; Orgass, 2020). Ob, auf welche Weise und in welchem Maße dieser Wunsch durch institutionelle bzw. formale Bildungsgänge realisierbar ist, bleibt abzuwarten und ist Gegenstand musikpädagogischer Forschung. Prinzipiell wird es immer noch und immer wieder darum gehen, die vielfältigen Möglichkeiten musikalisch-ästhetischer Praxis, die differenten Ansprüche auf Geltung der Maßstäbe für musikalisches und musikbezogenes Handeln sowie die Kategorien der auf Musik gerichteten Intentionen transparent und verhandelbar zu halten.

Literaturverzeichnis[13]

Abkürzungen

AfMw: Archiv für Musikwissenschaft

DMP: Diskussion Musikpädagogik

MFL: Musikpädagogik Forschung und Lehre

MGG: Musik in Geschichte und Gegenwart

MpF: Musikpädagogische Forschung

MSch: Musik in der Schule

MuB: Musik und Bildung

ZfKM: Zeitschrift für Kritische Musikpädagogik

ZfMp: Zeitschrift für Musikpädagogik

Abel-Struth, Sigrid (1970): *Materialien zur Entwicklung der Musikpädagogik als Wissenschaft. Zum Stand der deutschen Musikpädagogik und seiner Vorgeschichte* (= MFL, 1, hrsg. v. S. Abel-Struth). Mainz: Schott.

Abel-Struth, Sigrid (1975): Musik-Lernen als Gegenstand von Lehre und Forschung. Zur Diskussion von Musikpädagogik und Musikdidaktik an den Hochschulen der Bundesrepublik Deutschland. In H. Antholz & W. Gundlach, *Musikpädagogik heute* (S. 9–21). Düsseldorf: Schwann.

Abel-Struth, Sigrid (1983): Musikpädagogik als Wissenschaft. In K.H. Ehrenforth (Hrsg.), *Schulische Musikerziehung und Musikkultur* (S. 202–211). Mainz: Schott.

Abel-Struth, Sigrid (1985): *Grundriß der Musikpädagogik.* Mainz: Schott.

Adorno, Theodor W. ([1949]1998): *Philosophie der neuen Musik.* (= Ders., *Gesammelte Schriften,* hrsg. v. R. Tiedemann unter Mitwirkung von G. Adorno, S. Buck-Morss & K. Schultz, 12). Darmstadt: Wissenschaftliche Buchgesellschaft.

Adorno, Theodor W. (1956): Kritik des Musikanten. In ders., *Dissonanzen. Musik in der verwalteten Welt* (S. 62–101). Göttingen: Vandenhoeck & Ruprecht.

Adorno, Theodor W. ([1963]1998): Vorwort zur dritten Ausgabe [*Dissonanzen*]. (= Ders., *Gesammelte Schriften,* hrsg. v. R. Tiedemann unter Mitwirkung von G. Adorno, S. Buck-Morss & K. Schultz, 14, S. 9–13). Darmstadt: Wissenschaftliche Buchgesellschaft.

Adorno, Theodor W. ([1968]1998): *Einleitung in die Musiksoziologie.* (= Ders., *Gesammelte Schriften,* hrsg. v. R. Tiedemann unter Mitwirkung von G. Adorno, S. Buck-Morss & K. Schultz, 14, S. 169–422). Darmstadt: Wissenschaftliche Buchgesellschaft.

Adorno, Theodor W. ([1969]1998): *Ästhetische Theorie.* (= Ders., *Gesammelte Schriften,* hrsg. v. R. Tiedemann unter Mitwirkung von G. Adorno, S. Buck-Morss & K. Schultz, 7). Darmstadt: Wissenschaftliche Buchgesellschaft.

Aebli, Hans (1994, 2. Aufl.): *Denken: Das Ordnen des Tuns.* Stuttgart: Klett-Cotta.

Alt, Michael (1968): *Didaktik der Musik. Orientierung am Kunstwerk.* Düsseldorf: Schwann.

Altenmüller, Eckart (2018): Hirnphysiologie musikalischen Lernens. In W. Gruhn & P. Röbke (Hrsg.), *Musiklernen. Bedingungen – Handlungsfelder – Positionen* (S. 43–69). Innsbruck u.a.: Helbling.

Antholz, Heinz (1970): Unterricht in Musik. Düsseldorf: Schwann.

Antholz, Heinz (1984): „Der Schüler – der findet gar nicht statt". Zum Oldenburger Projekt „Mehr Schülerorientierung". In F. Ritzel & W. Stroh (Hrsg.), *Musikpädagogische Konzeptionen und Schulalltag. Versuch einer kritischen Bilanz der 70er Jahre* (S. 124–133). Wilhelmshaven: Heinrichshofen.

Bähr, Johannes (2005): Klassenmusizieren. In W. Jank (Hrsg.), *Musikdidaktik. Praxishandbuch für die Sekundarstufe I und II* (S. 159–167). Berlin: Cornelsen.

Bähr, Johannes/Gies, Stefan/Jank, Werner & Nimczik, Ortwin (2003): Kompetenz vermitteln – Kultur er-

13 In das Literaturverzeichnis wurden auch Titel aufgenommen, die zwar im Text nicht erwähnt werden, bei dessen Ausarbeitung aber von Bedeutung waren. Möglicherweise sind sie für eigene, weiterführende Studien der Leserschaft hilfreich.

schließen. Musiklernen in der Schule. *DMP* 19, S. 26–39.

Banffy-Hall, Alicia de & Hill, Burkhard (2017): Community Music: Eine Einführung. In *KULTURELLE BILDUNG ONLINE.* https://www.kubi-online.de/artikel/community-music-einfuehrung. Verfügbar unter: https://doi.org/10.25529/92552.79. [01.07.2020]

Barth, Dorothee (2000): Zum Kulturbegriff in der Interkulturellen Musikpädagogik. In N. Knolle (Hrsg.), *Kultureller Wandel und Musikpädagogik* (= MpF 21, S. 27–50). Essen: Die Blaue Eule.

Barth, Dorothee (2008): *Ethnie, Bildung oder Bedeutung? Zum Kulturbegriff in der Interkulturellen Musikpädagogik* (= Forum Musikpädagogik, 78). Augsburg: Wißner.

Bastian, Hans Günther (2000): *Musik(erziehung) und ihre Wirkung. Eine Langzeitstudie an Berliner Grundschulen.* Mainz u.a.: Schott.

Batel, Günter (1989): *Musikerziehung und Musikpflege – Leo Kestenberg. Pianist – Klavierpädagoge – Kulturorganisator – Reformer des Musikerziehungswesens* (= Bedeutende Musikpädagogen, 1), Wolfenbüttel & Zürich: Beck.

Beck, Wolfgang & Fröhlich, Werner D. (1992): *Musik machen – Musik verstehen. Psychologische Aspekte des handlungsorientierten Musikunterrichts im Klassenverband.* Mainz: Schott.

Behne, Klaus Ernst (1993): Die fremden Kinder oder: Wie viele musikalische Lebenswelten verkraftet die Musikpädagogik? *MuB* 6/1993, S. 8–13.

Behne, Klaus Ernst (1994): Konzepte, musikalische. In S. Helms, R. Schneider & R. Weber (Hrsg.), *Neues Lexikon der Musikpädagogik, Sachteil* (S. 136–137). Kassel: Bosse.

Bhabha, Homi K. (2004): *The Location of Culture.* London & New York: Routledge.

Bildungskommission NRW (1995): *Zukunft der Bildung. Schule der Zukunft.* Neuwied: Luchterhand.

Blanchard, Olivier (2019): *Hegemonie im Musikunterricht. Die Befremdung der eigenen Kultur als Bedingung für den verständigen Umgang mit kultureller Diversität.* Münster & New York: Waxmann.

Böhle, Reinhard C. (1996): *(Inter)kulturell orientierte Musikdidaktik.* Berlin: Iko.

Bradler, Katharina (2016): Didaktik des Instrumentalklassenunterrichts. In A. Lehmann-Wermser (Hrsg.), *Musikdidaktische Konzeptionen. Ein Studienbuch* (= musikpädagogik im fokus, 3, S. 97–112). Augsburg: Wißner.

Bradler, Katharina & Michel, Annemarie (Hrsg.). (2020): *Musik und Ethik. Ansätze aus Musikpädagogik, Philosophie und Neurowissenschaft.* Münster & New York: Waxmann.

Bücken, Ernst (Hrsg.). (1931): *Handbuch der Musikerziehung.* Potsdam: Athenaion.

Bugiel, Lukas (2021): *Musikalische Bildung als Transformationsprozess. Zur Grundlegung einer Theorie.* Bielefeld: transcript.

Cassirer, Ernst ([1921/22]1956): Der Begriff der symbolischen Form im Aufbau der Geisteswissenschaften. In ders., *Wesen und Wirkung des Symbolbegriffs* (S. 169–200). Darmstadt: Wissenschaftliche Buchgesellschaft.

Cassirer, Ernst ([1944]1990): *Versuch über den Menschen. Einführung in eine Philosophie der Kultur.* Frankfurt a.M.: S. Fischer.

Clarke, John/Hall, Stuart/Jefferson, Tony & Roberts, Brian (1979): Subkulturen, Kulturen und Klasse. In J. Clarke & A. Honneth (Hrsg.), *Jugendkultur als Widerstand. Milieus, Rituale, Provokationen* (S. 39–131). Frankfurt a.M.: Syndikat.

Dahlhaus, Carl (1967): *Studien zur Trivialmusik des 19. Jahrhunderts.* Regensburg: Bosse.

Dahlhaus, Carl (1973): Autonomie und Bildungsfunktion. In S. Abel-Struth (Hrsg.), *Aktualität und Geschichtsbewusstsein in der Musikpädagogik* (= MFL, 9, S. 20–30). Mainz: Schott.

Dahlhaus, Carl & Eggebrecht, Hans Heinrich (1987): *Was ist Musik?* Wilhelmshaven: Heinrichshofen.

Dartsch, Michael (2018): Lernformen und Lernwege. In M. Dartsch, J. Knigge, A. Niessen, F. Platz & C. Stöger (Hrsg.), *Handbuch der Musikpädagogik. Grundlagen – Forschung – Diskurse* (S. 169–176). Münster & New York: Waxmann.

Dartsch, Michael/Knigge, Jens/Niessen, Anne/Platz, Friedrich & Stöger, Christine (Hrsg.). (2018): *Handbuch der Musikpädagogik. Grundlagen – Forschung – Diskurse.* Münster & New York: Waxmann.

Deleuze, Gilles & Guattari, Félix (1992): *Tausend Plateaus.* Berlin: Merve.

Derbolav, Josef (1974): Stichwort „Handeln, Handlung, Tat, Tätigkeit“. In J. Ritter et al. (Hrsg.), *Historisches Wörterbuch der Philosophie*, (Bd. 3, Sp. 992–994). Darmstadt: Wissenschaftliche Buchgesellschaft.

Eco, Umberto (1995): *Die Grenzen der Interpretation*. München & Wien: Hanser.

Eggebrecht, Hans Heinrich (1995): *Musik verstehen*. München & Zürich: Piper.

Ehrenforth, Karl Heinrich (1971): *Verstehen und Auslegen. Die hermeneutischen Grundlagen einer Lehre von der didaktischen Interpretation der Musik* (= Schriftenreihe zur Musikpädagogik, hrsg. v. R. Jakoby). Frankfurt a.M.: Diesterweg.

Ehrenforth, Karl Heinrich (1977): Didaktik der Musik (allgemein). *MuB* 2/1977, S. 96–100.

Ehrenforth, Karl Heinrich (1978): Musikdidaktik. In W. Gieseler (Hrsg.), *Kritische Stichwörter. Musikunterricht* (S. 192–198). München: Fink.

Ehrenforth, Karl Heinrich (1993): Musik als Leben. Zu einer lebensweltlich orientierten ästhetischen Hermeneutik. *MuB* 6/1993, S. 14–19.

Ehrenforth, Karl Heinrich (2001): Lebenswelt – das wirklich „Erste“. Musikerziehung zwischen ästhetischer Autonomie-Idee und dialogischem Bildungskonzept. In K.H. Ehrenforth (Hrsg.), *Musik – unsere Welt als andere. Phänomenologie und Musikpädagogik im Gespräch* (S. 33–58). Würzburg: Königshausen & Neumann.

Ehrenforth, Karl Heinrich (2005): *Geschichte der musikalischen Bildung. Eine Kultur-, Sozial- und Ideengeschichte in 40 Stationen*. Mainz u.a.: Schott.

Eibach, Benjamin (2019): Begriffsforschung in der Musikpädagogik: Relevanz, Methodologie und Ertrag dargestellt anhand einer Untersuchung des Begriffes Musik-Lernen. In V. Weidner & C. Rolle (Hrsg.), *Praxen und Diskurse aus Sicht musikpädagogischer Forschung* (= MpF, 40, S. 231–244). Münster & New York: Waxmann.

Elliott, David J. (1991): Music as Knowledge. The Journal of Aesthetic Education 25, Vol. 3, Special Issue: *Philosophy of Music and Music Education*, S. 21–40.

Elliott, David J. (1995): *Music Matters. A New Philosophy of Music Education*. New York: Oxford University Press.

Fellsches, Josef (1997): Musik ist einzig im Erleben. *MuB* 3/1997, S. 4–6.

Fischer, Hans (Hrsg.). (1954): *Handbuch der Musikerziehung*. Berlin: Rembrandt.

Flämig, Matthias (1998): *Verstehen – Hören – Handeln. Destruktion und Rekonstruktion der Begriffe* (= musikpädagogik konkret, 3). Augsburg: Wißner.

Frisius, Rudolf/Fuchs, Peter/Günther, Ulrich/Gundlach, Willi& Küntzel, Gottfried (Hrsg.). (1972): *Sequenzen. Musik Sekundarstufe I. Beiträge und Modelle zum Musik-Curriculum. Elemente zur Unterrichtsplanung* (Lehrerband). Stuttgart: Klett.

Gadamer, Hans-Georg ([1960]1990, 6. Aufl.): Wahrheit und Methode. Grundzüge einer philosophischen Hermeneutik. Tübingen: Mohr Siebeck.

Geck, Martin (1994): Kulturerschließende Musikdidaktik. Plädoyer wider eine formalistische Musiklehre. *MuB* 5/1994, S. 4–7.

Geuen, Heinz & Orgass, Stefan (2007): *Partizipation – Relevanz – Kontinuität. Musikalische Bildung und Kompetenzentwicklung in musikdidaktischer Perspektive*. Aachen: Shaker.

Gies, Stefan (1990): *Der Anspruch der Musik als Faktor musikpädagogischer Zielbestimmung* (= Musikwissenschaft/Musikpädagogik in der Blauen Eule, 3). Essen: Die Blaue Eule.

Gies, Stefan/Jank, Werner/Nimczik, Ortwin (2001): Musik lernen. Zur Neukonzeption des Musikunterrichts in den allgemein bildenden Schulen. *DMP*, 9, S. 4–22.

Gipper, Helmut (1971): Bedeutungslehre. In J. Ritter et al. (Hrsg.), *Historisches Wörterbuch der Philosophie*, 1 (Sp. 760–761). Basel: Schwabe.

Gordon, Edwin Elias (1990): *A Music Learning Theory for Newborn and Young Children*. Chicago: GIA Publications.

Götsch, Georg ([1934a]1953): Ganzheit in der Musikerziehung. In ders., *Musische Bildung. Zeugnisse eines Weges. Bd. 1: Besinnung* (S. 109–113). Wolfenbüttel: Möseler.

Götsch, Georg ([1934b]1953): Musische Erziehung, eine deutsche Aufgabe. In ders., *Musische Bildung. Zeugnisse eines Weges. Bd. 1: Besinnung* (S. 102–108). Wolfenbüttel: Möseler.

Gruhn, Wilfried (1989): *Wahrnehmen und Verstehen. Untersuchungen zum Verstehensbegriff in der Musik.* Wilhelmshaven: Heinrichshofen.

Gruhn, Wilfried (1993): *Geschichte der Musikerziehung. Eine Kultur- und Sozialgeschichte vom Gesangunterricht der Aufklärungspädagogik zu ästhetisch kultureller Bildung.* Hofheim: Wolke.

Gruhn, Wilfried (1994): Verstehen von Musik. In S. Helms, R. Schneider & R. Weber (Hrsg.), *Neues Lexikon der Musikpädagogik,* Sachteil (S. 293–296). Kassel.

Gruhn, Wilfried (1995): Hören und Verstehen. In S. Helms, R. Schneider & R. Weber (Hrsg.), *Kompendium der Musikpädagogik* (S. 196–222). Regensburg: Bosse.

Gruhn, Wilfried (2003): *Lernziel Musik.* Hildesheim u. a.: Olms.

Gruhn, Wilfried (2006): Forschung als Gegenstand von Musikpädagogik. Stellung und Aufgabe einer wissenschaftlichen Musikpädagogik. *DMP* 31, S. 33–37.

Gruhn, Wilfried (2008): *Der Musikverstand. Neurobiologische Grundlagen des musikalischen Denkens, Hörens und Lernens.* Hildesheim u. a.: Olms.

Gruhn, Wilfried (2018a): Dimensionen eines musikbezogenen Lernbegriffs. In W. Gruhn & P. Röbke (Hrsg.), *Musiklernen. Bedingungen – Handlungsfelder – Positionen* (S. 16–42). Innsbruck u. a.: Helbling.

Gruhn, Wilfried (2018b): Audiation – Grundlage und Bedingung musikalischen Lernens. In W. Gruhn & P. Röbke (Hrsg.), *Musiklernen. Bedingungen – Handlungsfelder – Positionen* (S. 94–109). Innsbruck u. a.: Helbling.

Günther, Ulrich (1971): Zur Neukonzeption des Musikunterrichts. In *Forschung in der Musikerziehung* 5/6 (S. 12–22). Mainz: Schott.

Günther, Ulrich/Ott, Thomas & Ritzel, Fred (1983): *Musikunterricht 5–11.* Weinheim: Beltz.

Haase, Otto (1960): Musisches Leben und künstlerische Erziehung. In W. Scheibe (Hrsg.), *Die Pädagogik im XX. Jahrhundert. Eine enzyklopädische Darstellung ihrer Grundfragen, geistigen Gehalte und Einrichtungen* (S. 142–149). Stuttgart: Klett.

Halm, August (1913/1947): *Von zwei Kulturen der Musik.* Stuttgart: Klett.

Handschick, Matthias (2015): *Musik als „Medium der sich selbst erfahrenden Wahrnehmung". Möglichkeiten der Vermittlung Neuer Musik unter dem Aspekt der Auflösung und Reflexion von Gestalthaftigkeit* (= Schriften der Hochschule für Musik Freiburg, 3), Hildesheim u. a.: Olms.

Hanslick, Eduard ([1854]1965): *Vom Musikalisch-Schönen. Ein Beitrag zur Revision der Ästhetik der Tonkunst.* Darmstadt: WBG.

Harnischmacher, Christian (2008): *Subjektorientierte Musikerziehung. Eine Theorie des Lernens und Lehrens von Musik* (= Forum Musikpädagogik, 86). Augsburg: Wißner.

Hasselhorn, Johannes & Knigge, Jens (2018): Kompetenz und Expertise. In M. Dartsch, J. Knigge, A. Niessen, F. Platz & C. Stöger (Hrsg.), *Handbuch Musikpädagogik. Grundlagen – Forschung – Diskurse,* (S. 197–207). Münster & New York: Waxmann.

Helmholz, Brigitta (1996): *Musikdidaktische Konzeptionen in Deutschland nach 1945.* Essen: Die Blaue Eule.

Helms, Siegmund (2006): Interkultureller Musikunterricht. In *Europäisches Musik Journal,* www.music-journal.com. Verfügbar unter https://www.music-journal.com/htm/musunt/inkumu/inkumu0.htm [22.08.2020]

Helms, Siegmund/Schneider, Reinhard & Weber, Rudolf (Hrsg.). (1994): *Neues Lexikon der Musikpädagogik,* Sachteil/Personenteil. Kassel: Bosse.

Helms, Siegmund/Schneider, Reinhard & Weber, Rudolf (Hrsg.). (1995): *Kompendium der Musikpädagogik.* Kassel: Bosse.

Hentig, Hartmut von (1969): Das Leben mit der Aisthesis. In *Lernziele der Gesamtschule* (= Gutachten und Studien der Bildungskommission, 12, S. 29–32). Stuttgart: Klett.

Hentig, Hartmut von (1970, 3. Aufl.): *Systemzwang und Selbstbestimmung. Über die Bedingungen der Gesamtschule in der Industriegesellschaft.* Stuttgart: Klett.

Hepp, Rico (2020): Zwischen Situation und pädagogischer Ordnung. Zur Relevanz ästhetischer Erfahrungen für den Musikunterricht. In P.W. Schatt (Hrsg.), *Musik – Raum – Sozialität* (Studien zur Musikkultur, 1, hrsg. v. d. Gisela und Peter W. Schatt Stiftung, S. 31–46). Münster & New York: Waxmann.

Heß, Frauke/Muth, Maria & Inder, Annekatrin (2011): Musikunterricht zwischen Sach- und Fachinteresse. Ergebnisse aus der Pilotstudie ‚Musikunterricht aus Schülersicht'. *Beiträge Empirischer Musikpädagogik, 2*(1). Verfügbarkeit unter: https://www.b-em.info/index.php/ojs/article/view/44 [18.06.2020]

Hohmann, Manfred (1983): Gibt es eine Didaktik für den Unterricht mit ausländischen Kindern? In Verband Bildung und Erziehung (Hrsg.), *Ausländerpädagogik an Universitäten* (S. 52–57). Köln: VBE.

Hörmann, Stefan & Meidel, Eva (2016): Orientierung im Begriffsdschungel – terminologische und fachstrukturelle Perspektiven zur Profilierung der Musikpädagogik und Musikdidaktik. In B. Clausen, A.J. Cvetko, S. Hörmann, M. Krause-Benz & S. Kruse-Weber (Hrsg.), *Grundlagentexte wissenschaftlicher Musikpädagogik. Begriffe, Positionen, Perspektiven im systematischen Fokus* (S. 11–68). Münster & New York: Waxmann.

Hörmann, Stefan & Meidel, Eva (2020): Auf dem Weg zum Bamberger Fachstrukturmodell 2.0. *DMP* 86, S. 20–32.

Husserl, Edmund ([1936]1996): *Die Krisis der europäischen Wissenschaften und die transzendentale Phänomenologie.* Hamburg: Meiner.

Jakoby, Richard (1993): Lebenswelten. *MuB* 6/1993, S. 1.

Jank, Werner ([2005]2013, 5. Aufl.): *Musikdidaktik. Praxishandbuch für die Sekundarstufe I und II.* Berlin: Cornelsen.

Jank, Werner (2018): Unterrichtsgestaltung: schulischer Musikunterricht. In M. Dartsch, J. Knigge, A. Niessen, F. Platz & C. Stöger (Hrsg.), *Handbuch der Musikpädagogik. Grundlagen – Forschung – Diskurse* (S. 355–364). Münster & New York: Waxmann.

Jöde, Fritz (1919): *Musik und Erziehung.* Wolfenbüttel: Julius Zwissler.

Jöde, Fritz (1925): *Unser Musikleben. Absage und Beginn.* Wolfenbüttel: Julius Zwissler.

Jöde, Fritz (1930, Reprint 1978, hrsg. v. D. Kolland): Musik und Gesellschaft. Eine Einleitung. In F. Jöde & H. Boettcher (Hrsg.), *Musik und Gesellschaft* (S. 1–3). Berlin: das europäische buch.

Kaiser, Hermann J. (1976): Musikpädagogik unter wissenschaftstheoretischer Kritik. *ZfMp* 2/1976, S. 113–127.

Kaiser, Hermann J. (1983): Diskussionsbeitrag Musikpädagogik als Wissenschaft. In K.H. Ehrenforth (Hrsg.), *Schulische Musikerziehung und Musikkultur* (S. 216–219). Mainz: Schott.

Kaiser, Hermann J. (1986): Zur politisch-ästhetischen Grundlegung der These von der erzieherischen Funktion der Musik. In E. Nolte (Hrsg.), *Historische Ursprünge der These vom erzieherischen Auftrag des Musikunterrichts* (= MpF, Beiheft 1, S. 54–71). Mainz: Schott.

Kaiser, Hermann J. (1992): Meine Erfahrung – Deine Erfahrung? oder: Die grundlagentheoretische Frage nach der Mitteilbarkeit musikalischer Erfahrung. In ders. (Hrsg.), *Musikalische Erfahrung. Wahrnehmen, Erkennen, Aneignen* (= MpF, 13, S. 100–113). Essen: Die Blaue Eule.

Kaiser, Hermann J. (1995): Musikerziehung/Musikpädagogik. In S. Helms, R. Schneider & R. Weber (Hrsg.), *Kompendium der Musikpädagogik* (S. 9–41). Kassel: Bosse.

Kaiser, Hermann J. (1996): Was tun wir eigentlich, wenn wir uns mit unbekannter Musik auseinandersetzen? oder: Vorbereitende Überlegungen zu einer pädagogischen Theorie „Musikalischen Lernens". In U. Eckart-Bäcker (Hrsg.), *Musik-Lernen – Theorie und Praxis. Studien zur Theorie der Musikpädagogik* (= Sitzungsbericht 1993 der WSMP, MFL Beiheft 7, S. 9–39). Mainz: Schott.

Kaiser, Hermann J. (1998): Zur Bedeutung von Musik und musikalischer Bildung. In ders. (Hrsg.), *Ästhetische Theorie und musikpädagogische Theoriebildung* (Sitzungsbericht der Wissenschaftlichen Sozietät 1994/1995), (= MFL, Beiheft 8, S. 98–114). Mainz: Schott.

Kaiser, Hermann J. (2016): Aufbauender Musikunterricht. In A. Lehmann-Wermser (Hrsg.), *Musikdidaktische Konzeptionen. Ein Studienbuch* (= musikpädagogik im fokus, 3, S. 65–82). Augsburg: Wißner.

Kaiser, Hermann J. (2018): Legitimationen musikpädagogischen Handelns in Deutschland. In M. Dartsch, J. Knigge, A. Niessen, F. Platz & C. Stöger (Hrsg.), *Handbuch Musikpädagogik. Grundlagen – Forschung – Diskurse.* (S. 38–43). Münster & New York: Waxmann.

Kaiser, Hermann J. & Nolte, Eckhard (1989): *Musikdidaktik. Sachverhalte – Argumente – Begründungen. Ein Lese- und Arbeitsbuch.* Mainz: Schott.

Kertz-Welzel, Alexandra (2018): Community music, oder: Die Faszination des Nicht-Lernens. In W. Gruhn & P. Röbke (Hrsg.), *Musiklernen. Bedingungen – Handlungsfelder – Positionen* (S. 358–378). Innsbruck u.a.: Helbling.

Kestenberg, Leo (1927): *Musik in Volk, Schule und Kirche.* Leipzig.

Klafki, Wolfgang (1963): *Studien zur Bildungstheorie und Didaktik.* Weinheim/Bergstr.: Beltz.

Klafki, Wolfgang ([1985] 1991, 2. Aufl.): *Neue Studien zur Bildungstheorie und Didaktik. Zeitgemäße Allgemeinbildung und kritisch-konstruktive Didaktik.* Weinheim & Basel: Beltz.

Kloppenburg, Josef (2002): *Pädagogische Musik als ästhetisches Konzept. Neue Musik und musikalische Praxis in der Schule* (= Forum Musikpädagogik, Bd. 52). Augsburg: Wißner.

Kraemer, Rudolf-Dieter (2004): *Musikpädagogik – eine Einführung in das Studium.* Augsburg: Wißner.

Kranefeld, Ulrike/Mause, Anna-Lisa & Duve, Jan (2019): Zur Materialität von Prozessen des Musik-Erfindens: Interaktionsanalytische Zugänge zur Wandelbarkeit der Dinge. In V. Weidner & C. Rolle (Hrsg.), *Praxen und Diskurse aus Sicht musikpädagogischer Forschung* (= MpF, 40, S. 35–50). Münster & New York: Waxmann.

Kranefeld, Ulrike & Voit, Johannes (2020): Vorwort. In dies. (Hrsg.), *Musikunterricht im Modus des Musik-Erfindens: Fallanalytische Perspektiven.* (S. 7–10). Münster & New York: Waxmann.

Krause, Martina (2008): *Bedeutung und Bedeutsamkeit. Interpretation von Musik in musikpädagogischer Dimensionierung* (= FolkwangStudien, 7). Hildesheim u.a.: Olms.

Krause-Benz, Martina (2016): Handlungsorientierung – zwischen Praktizismus und Performativität. In: A. Lehmann-Wermser (Hrsg.), *Musikdidaktische Konzeptionen. Ein Studienbuch* (= musikpädagogik im fokus, 3, S. 83–95). Augsburg: Wißner.

Kretzschmar, Hermann ([1910]1973): Ein englisches Aktenstück über den deutschen Schulgesang (1881). In W. Heise, H. Hopf & H. Segler (Hrsg.), *Quellentexte zur Musikpädagogik* (S. 123–136). Regensburg: Bosse.

Kretzschmar, Hermann ([1920]2013): *Einführung in die Musikgeschichte.* Leipzig: Breitkopf & Härtel. Nachruck Bremen: dearbooks in Europäischer Literaturverlag.

Krieck, Ernst (1933): *Musische Erziehung.* Leipzig: Armanen.

Kultusminister des Landes Nordrhein-Westfalen (Hrsg.). (1981): *Richtlinien für die gymnasiale Oberstufe in Nordrhein-Westfalen Musik.* Frechen: Ritterbach.

Ladenthin, Volker (2016): Informelles Lernen aus (bildungs)philosophischer Perspektive. In M. Rohs (Hrsg.), *Handbuch informelles Lernen.* (S. 165–206). Wiesbaden: Springer VS. Verfügbar unter https://doi.org/10.1007/978-3-658-06174-6_16-1 [23.08.2020]

Lehmann-Wermser, Andreas (Hrsg.). (2016): *Musikdidaktische Konzeptionen. Ein Studienbuch* (= musikpädagogik im fokus, 3). Augsburg: Wißner.

Mager, Robert F. ([1965]1977): *Lernziele und Unterricht.* Weinheim & Basel: Beltz.

Mann, Thomas ([1947]1967): *Doktor Faustus. Das Leben des deutschen Tonsetzers Adrian Leverkühn erzählt von einem Freunde.* Frankfurt a.M.: S. Fischer.

Martin, Wolfgang (1982): *Studien zur Musikpädagogik der Weimarer Republik. Ansätze einer Theorie des Musiklernens bei W. Kühn, F. Reuter, G. Schünemann und R. Wicke* (= MFL, hrsg. v. S. Abel-Struth). Mainz: Schott.

Maturana, Humberto R. & Varela, Francisco J. (1987): *Der Baum der Erkenntnis. Die biologischen Wurzeln menschlichen Erkennens.* Bern & München: Goldmann.

Merkt, Irmgard (2019): *Musik. Vielfalt. Integration. Inklusion.* Regensburg: ConBrio.

Mertens, Sebastian (2013): *Musik als klingende Didaktik. Pädagogische Intentionalität als kompositorische Idee* (= Forum Musikpädagogik, 120). Augsburg: Wißner.

Meyer-Denkmann, Gertrud (1970): *Klangexperimente und Gestaltungsversuche im Kindesalter. Neue Wege einer musikalischen Grundausbildung.* Wien: Universal Edition.

Meyer-Denkmann, Gertrud (1972): *struktur und praxis neuer musik im unterricht,* (= rote reihe, 43, hg. v. F. Blasl). Wien: Universal Edition.

Ministerium für Schule und Weiterbildung, Wissenschaft und Forschung des Landes Nordrhein-Westfalen (Hrsg.). (1999): Richtlinien und Lehrpläne für die Sekundarstufe II – Gymnasium/Gesamtschule in Nordrhein-Westfalen. Frechen: Ritterbach. Verfügbar unter: https://www.schulentwicklung.nrw.de/lehrplaene/upload/lehrplaene_download/gymnasium_os/4718.pdf [12.06.2020]

Ministerium für Schule und Weiterbildung, Wissenschaft und Forschung des Landes Nordrhein-Westfalen (Hrsg.). (2019): Kernlehrplan für die Sekundarstufe I – Gymnasium – in Nordrhein-Westfalen. Musik. Frechen: Ritterbach. Verfügbar unter: https://www.schulentwicklung.nrw.de/lehrplaene/lehrplan/207/g9_mu_klp_%203406_2019_06_23.pdf [12.06.2020]

Mollenhauer, Klaus (1989): Bildung, ästhetische. In D. Lenzen (Hrsg.), *Pädagogische Grundbegriffe*, 1 (S. 222–229). Reinbek bei Hamburg: Rowohlt.

Nägeli, Hans Georg (1809): *Die Pestalozzische Gesangsbildungslehre, nach Pfeiffers Erfindung kunstwissenschaftlich dargestellt im Namen Pestalozzis, Pfeiffers und ihrer Freunde von H. G. Nägeli.* Zürich: Nägeli.

Niegot, Adrian (2016): *Geltung und Gehalt. Geschichtlicher Gehalt von Musik als didaktische Kategorie, oder: Wie Musikgeschichte durch Unterricht zur Geltung kommen kann* (=Folkwang-Studien, 16). Hildesheim u. a.: Olms.

Niegot, Adrian (2020): Auffällige Gegenwarten: Die Darstellungslogik des Spektakulären und das Virtuose im Kontext einer Musikpädagogik als Kulturreflexion. In P. W. Schatt (Hrsg.), *Musik – Raum –Sozialität* (= Studien zur Musikkultur, 1, hrsg. v. d. Gisela und Peter W. Schatt Stiftung, S. 103–120). Münster & New York: Waxmann.

Nieke, Wolfgang ([1995]2000, 2. Aufl.): *Interkulturelle Erziehung und Bildung. Wertorientierung im Alltag.* Opladen: Leske + Budrich.

Nykrin, Rudolf (1978): *Erfahrungserschließende Musikerziehung. Konzept – Argumente – Bilder.* Regensburg: Bosse.

Oberschmidt, Jürgen (2011): *Mit Metaphern Wissen schaffen. Erkenntnispotentiale metaphorischen Sprachgebrauchs im Umgang mit Musik* (= Forum Musikpädagogik, Bd. 98). Augsburg: Wißner.

Olias, Günter ([1985]1992): Aspekte einer kommunikativen Musikdidaktik. In: R.-D. Kraemer (Hrsg.), *Musikpädagogik/Musikdidaktik in der ehemaligen DDR. Eine Textdokumentation.* Essen: Die blaue Eule.

Orgass, Stefan (1995): Vermittlung kategorialer Bildung durch Formanalyse im Musikunterricht der Sekundarstufe II? Zur musikpädagogischen Relevanz der bildungstheoretischen Konzeption Wolfgang Klafkis. In P. W. Schatt (Hrsg.), *Form und Kultur. Studien zur musikalischen Bildung* (= Folkwang Texte, 11, S. 119–171). Essen: Die Blaue Eule.

Orgass, Stefan (1996): *Kommunikative Musikdidaktik. Ansätze zu ihrer ästhetischen und pädagogischen Begründung sowie zwei praktische Erprobungen* (= Forum Musikpädagogik, 22). Augsburg: Wißner.

Orgass, Stefan (1999): Musikalische Bildung als soziale Kategorie – Musikunterricht als bildungsrelevante Praxis. Überlegungen aus der Sicht Kommunikativer Didaktik. *MuB* 6/1999, S. 10–15.

Orgass, Stefan (2001): Musikunterricht in einer sich verändernden Schulkultur. Notwendigkeit und Probleme der Teilhabe von Lernenden an den didaktischen Entscheidungen. *MSch* 3/2001, S. 4–10.

Orgass, Stefan (2007): *Musikalische Bildung in europäischer Perspektive. Entwurf einer kommunikativen Musikdidaktik* (= FolkwangStudien, 6). Hildesheim u. a.: Olms.

Orgass, Stefan (2011): Hölzernes Eisen oder zu bohrendes Brett? Überlegungen zu einem bildungsrelevanten Kerncurriculum des Fachs Musik – auf der Grundlage von Studien zu einer Historik der Musik. In Schäfer-Lembeck, H.-U. (Hrsg.), *Musikalische Bildung – Ansprüche und Wirklichkeiten. Reflexionen aus Musikwissenschaft und Musikpädagogik. Beiträge der Münchner Tagung 2011.* S. 119–206. München: Allitera.

Orgass, Stefan (2012): Aus Unterschieden Funken schlagen. Ein Vorschlag zur Strukturierung des Gesprächs zwischen Erster und Zweiter Phase der MusiklehrerInnenbildung aus der Perspektive wissenschaftlicher Musikpädagogik. In ders., (Hrsg.), *Phasenverschiebung. Perspektiven der Vernetzung von erster und zweiter Ausbildungsphase. DMP Sonderheft 4*, 2012, S. 113–133.

Orgass, Stefan (2013): Interdisziplinarität aus Sicht wissenschaftlicher Musikpädagogik. In M. Krause-Benz & S. Orgass (Hrsg.), *Interdisziplinarität und Disziplinarität in musikbezogenen Perspektiven, Festschrift für Peter W. Schatt zum 65. Geburtstag* (= FolkwangStudien, 12, S. 79–131). Hildesheim u.a.: Olms.

Orgass, Stefan (2017): Aneignung populärer Musik aus Sicht einer reflexionslogisch konzipierten Handlungstheorie. In D. Elflein & B. Weber (Hrsg.), *Aneignungsformen populärer Musik. Klänge, Netzwerke, Geschichte(n) und wildes Lernen* (= Studien zur Popularmusik, S. 265–304). Bielefeld: transcript.

Orgass, Stefan (2019): ‚Modell' als Grundbegriff einer Methodologie reflexionslogischer Wissenschaftstheorie der Musikpädagogik. *Zeitschrift ästhetische Bildung*, 11 (2), S. 1–38. Verfügbar unter: http://zaeb.net/wordpress/category/archiv/ [06.02.2021]

Orgass, Stefan (2020): Gelingendes Leben und inklusiver Musikunterricht – Zu Klaus Schallers Differenzierung des Leistungsbegriffs und zu einem inklusionssensiblen Begriff kategorialer musikalischer Bildung. In A. Niegot, C. Rora & A. Welte (Hrsg.), *Gelingendes Leben und Musik* (Musik im Diskurs, 4, S. 118–136). Düren: Shaker.

Orgass, Stefan (i.V., 2022): *Reflexionslogische Wissenschaftstheorie der Musikpädagogik.* Hildesheim u.a.: Olms.

Ott, Thomas (1994): Konzeptionen, musikpädagogische. In S. Helms, R. Schneider & R. Weber (Hrsg.), *Neues Lexikon der Musikpädagogik,* Sachteil (S. 137–139). Kassel: Bosse.

Ott, Thomas (1999): Zur Begründung der Frage, ob Nicht-Verstehen lehrbar ist. In F. Niermann (Hrsg.), *Erlebnis und Erfahrung im Prozess des Musiklernens.* (Fest-)Schrift für Christoph Richter (S. 18–21). Augsburg: Wißner.

Otto, Gunter & Otto, Maria (1987): *Auslegen. Ästhetische Erziehung als Praxis des Auslegens in Bildern und des Auslegens von Bildern.* Seelze: Friedrich.

Pabst-Krueger, Michael (2013, 5. Aufl.): Klassenmusizieren. In W. Jank (Hrsg.), *Musik-Didaktik. Praxishandbuch für die Sekundarstufe I und II* (S. 158–168). Berlin: Cornelsen.

Pfeffer, Martin (1992): *Hermann Kretzschmar und die Musikpädagogik zwischen 1890 und 1915* (= MFL, 29). Mainz: Schott.

Pfeffer, Martin (1998): Musikdidaktik und Postmoderne – Pluralität als Paralyse? In H.J. Kaiser (Hrsg.), *Ästhetische Theorie und musikpädagogische Theoriebildung. Sitzungsbericht 1994/1995 der Wissenschaftlichen Sozietät Musikpädagogik* (= MFL Beiheft 8, S. 8–35). Mainz: Schott.

Platon (1988): *Der Staat* (= ders., *Sämtliche Dialoge*, 5, hrsg. v. O. Apelt, K. Hildebrandt, C. Ritter & G. Schmidt). Hamburg: Felix Meiner.

Plessner, Helmuth ([1928]1981): *Die Stufen des Organischen und der Mensch. Einleitung in die philosophische Anthropologie.* In ders., *Gesammelte Schriften* IV, hrsg. von G. Dux, O. Marquard und E. Ströker. Frankfurt a.M.: Suhrkamp.

Rauhe, Hermann (1974): Zur Funktion der Analyse in der Musikpädagogik. Ein methodologischer Beitrag zur ästhetischen und didaktischen Theorie musikalischer Kommunikation. In G. Schuhmacher (Hrsg.), *Zur musikalischen Analyse* (= Wege der Forschung, CCLVII, S. 549–600). Darmstadt: WBG.

Rauhe, Hermann/Reinecke, Hans-Peter & Ribke, Wilfried (1975): *Hören und Verstehen. Theorie und Praxis handlungsorientierten Musikunterrichts.* München: Kösel.

Reckwitz, Andreas (2000): *Die Transformation der Kulturtheorien. Zur Entwicklung eines Theorieprogramms.* Weilerswist: Velbrück.

Reckwitz, Andreas (2005): Kulturelle Differenzen aus praxeologischer Perspektive: Kulturelle Globalisierung jenseits von Modernisierungstheorie und Kulturessentialismus. In I. Srubar, J. Renn & U. Wenzel (Hrsg.), *Kulturen vergleichen. Sozial- und kulturwissenschaftliche Grundlagen und Kontroversen.* (S. 92–111). Wiesbaden: Springer VS.

Richter, Christoph (1976): *Theorie und Praxis der didaktischen Interpretation von Musik.* Frankfurt a.M.: Diesterweg.

Richter, Christoph (1977): Stellungnahmen zur Rahmenstudie „Musik und Sozialstruktur". Zur Beurteilung der musikpädagogischen Situation. *MuB* 7/1977, S. 259–262.

Richter, Christoph (1983): Hermeneutische Grundlagen der didaktischen Interpretation von Musik, dargestellt am Tristan-Vorspiel. *MuB* 11/1983, S. 22–26 und 12/1983, S. 20–27.

Richter, Christoph (1990): Die Problematik musikpädagogischer Konzepte auf dem Hintergrund von Musikkultur und Musikinteresse. In R. Schmitt u. R. Wilke (Hrsg.), *Musikunterricht in der Schule zwischen Anspruch und Wirklichkeit* (= Musik im Diskurs 7, S. 17–39). Regensburg: Bosse.

Richter, Christoph (1993): Lebensweltliche Orientierung des Musikunterrichts. Eine Komposition Mozarts als Verkleidungs- und Rollenspiel. *MuB* 6/ 1993, S. 24.

Richter, Christoph (1999): Vom Nutzen und Benutzen musikpädagogischer Konzeptionen. *DMP* Nr. 2, S. 42–50.

Richter, Christoph (2006): Kulturerschließung als Aufgabe des Musikunterrichts. *DMP* Nr. 31, S. 7–13.

Richter, Christoph (2012): *Musik verstehen. Vom möglichen Nutzen der philosophischen Hermeneutik für den Umgang mit Musik.* Augsburg: Wißner.

Richter, Christoph/Ehrenforth, Karl Heinrich & Mahlert, Ulrich (1997): Musikpädagogik. In L. Finscher (Hrsg.), *MGG* 1997, Sachteil, 6 (Sp. 1440–1473). Kassel & Stuttgart: Metzlersche Verlagsbuchhandlung & Carl Ernst Poeschel.

Rittelmeyer, Christian (2012): *Warum und wozu ästhetische Bildung? Über Transferwirkungen künstlerischer Tätigkeiten. Ein Forschungsüberblick.* Oberhausen: Athena.

Robinsohn, Saul B. (1967): *Bildungsreform als Revision des Curriculum.* Neuwied & Berlin: Luchterhand.

Rolle, Christian (1999): *Musikalisch-ästhetische Bildung. Über die Bedeutung ästhetischer Erfahrung für musikalische Bildungsprozesse.* Kassel: Bosse.

Rolle, Christian (2011): Wann ist Musik bildungsrelevant? In H.-U. Schäfer-Lembeck (Hrsg.), *Musikalische Bildung – Ansprüche und Wirklichkeiten. Reflexionen aus Musikwissenschaft und Musikpädagogik.* Beiträge der Münchner Tagung 2011 (S. 41–55). München: Allitera.

Rosa, Hartmut (2016): *Resonanz. Eine Soziologie der Weltbeziehung.* Berlin: Suhrkamp.

Roscher, Wolfgang (1976): *Polyästhetische Erziehung.* Köln: DuMont.

Roscher, Wolfgang (Hrsg.). (1983): *Integrative Musikpädagogik*, 1. Wilhelmshaven: Heinrichshofen.

Rösing, Helmut (1992): Musik als Lebenshilfe? Funktionen und Alltagskontexte. In W. Lipp (Hrsg.), *Gesellschaft und Musik – Wege zur Musiksoziologie.* Festgabe für Robert H. Reichardt zum 65. Geburtstag. (S. 311–331). Berlin: Duncker & Humblot.

Roth, Heinrich ([1957]1976, 15. Aufl.): *Pädagogische Psychologie des Lehrens und Lernens.* Hannover: Schroedel.

Rüdiger, Wolfgang (o.J.): *Die Bedeutung didaktischen Denkens für alle MusikerInnen – mit einer Skizze zur Konzertpädagogik.* Ms.

Rumpf, Horst (1985): Irritationen – Unvertraut gewordene Welt. In *Zeitschrift für Pädagogik* 31. Jg., S. 747–758.

Rusch, Gebhard (1992): Auffassen, Begreifen und Verstehen. Neue Überlegungen zu einer konstruktivistischen Theorie des Verstehens. In S.J. Schmidt (Hrsg.), *Kognition und Gesellschaft. Der Diskurs des Radikalen Konstruktivismus 2* (S. 214–256). Frankfurt a.M.: Suhrkamp.

Rusch, Gebhard (1999): Konstruktivistische Theorien des Verstehens. In ders. (Hrsg.), *Wissen und Wirklichkeit. Beiträge zum Konstruktivismus* (S. 127–162). Heidelberg: Carl Auer.

Rusch, Gebhard (2000): Verstehen. Zum Verhältnis von Konstruktivismus und Hermeneutik. In H.R. Fischer & S.J. Schmidt (Hrsg.), *Wirklichkeit und Welterzeugung. In memoriam Nelson Goodman* (S. 350–363). Heidelberg: Carl Auer.

Rustemeyer, Dirk (2009): *Diagramme. Dissonante Resonanzen: Kunstsemiotik als Kulturtheorie.* Weilerswist: Velbruck.

Rustemeyer, Dirk (2012): Stichwort „Zeichen". In R. Konersmann (Hrsg.), *Handbuch Kulturphilosophie* (S. 416–421). Stuttgart: Metzlersche Verlagsbuchhandlung & Carl Ernst Poeschel.

Sachsse, Malte (2014): *Menschenbild und Musikbegriff. Zur Konstituierung pädagogischer Positionen im 20. und 21. Jahrhundert.* Hildesheim u.a.: Olms.

Sachsse, Malte (2015): *Heavy Metal. Ein jugendgefährdendes Musikgenre? Drei Metal-Songs zwischen inhaltlicher Konzeption und möglicher Rezeption.* München: Grin Publishing.

Sachsse, Malte (2019): Musik-Erfinden im Unterricht. Eine ästhetische Praxis vor dem Hintergrund von

Standardisierung, Kompetenzorientierung und Assessment. *Zeitschrift für Pädagogik,* 65(6), 864–887.

Sachsse, Malte (2020): Postdigitale Klangästhetiken als kollektive Imaginationen im virtuellen Raum – Zur musikpädagogischen Relevanz von ASMR und elektronischer Pop-Avantgarde. In P.W. Schatt (Hrsg.), *Musik – Raum – Sozialität* (= Studien zur Musikkultur, 1, hrsg. v. d. Gisela und Peter W. Schatt Stiftung, S. 73–102). Münster & New York: Waxmann.

Sachsse, M. (i.V., 2021): Informelles Musiklernen mit digitalen Medien zwischen Gegenbild, Abbild und Utopie. In G. Brunner, S. Schmid, C. Rott-Fournier & J. Treß (Hrsg.), *Mastery und Mystery?! Musikunterricht zwischen offenen Konzepten und Lehrgang.* Esslingen: Helbling.

Sachsse, Malte & Schatt, Peter W. (2016): *Begegnungen mit außereuropäischer Musik Bd. 1: Vorderer Orient, der ferne Osten, Indien* (= Unterrichtsmodell EinFach Musik, hrsg. v. N. Schläbitz). Braunschweig, Paderborn, Darmstadt: Schönigh/Westermann.

Sachsse, Malte & Schatt, Peter W. (2017): *Begegnungen mit außereuropäischer Musik Bd. 2: Afrika, Nordamerika, Südamerika, Weltmusik* (= Unterrichtsmodell EinFach Musik, hrsg. v. N. Schläbitz). Braunschweig, Paderborn, Darmstadt: Schönigh/Westermann.

Schaller, Klaus (1987): *Pädagogik der Kommunikation. Annäherungen – Erprobungen.* St. Augustin: Academia.

Schatt, Peter W. (1988): Jugend – Kult – Kultur. *MuB* 4/1998, S. 2–9.

Schatt, Peter W. (1991): Ein Lernprozess als Kunstwerk: Karlheinz Stockhausens „Spiral". *AfMw* XLVIII, 4/1991, S. 300–311.

Schatt, Peter W. (1995): Treffpunkt Form: Musikalische Lebenswelt in einer Orientierung, fünf Annäherungen und einem Ausblick. In ders. (Hrsg.), *Form und Kultur.* (S. 63–118). Essen: Die Blaue Eule.

Schatt, Peter W. (1997): Musik hören: Erlebendes Verstehen und Verstehen des Erlebens. *MuB* 3/1997, S. 8–12.

Schatt, Peter W. (2000): Musik im Dialog der Kulturen. *MuB* 5/2000, S. 2–7.

Schatt, Peter W. (2004a): Kultur – ein Mythos? In: *welt@musik – Musik interkulturell* (= Veröffentlichungen des Instituts für Neue Musik und Musikerziehung Darmstadt, 44, hrsg. v. Institut für Neue Musik und Musikerziehung Darmstadt, S. 322–327). Mainz u.a.: Schott.

Schatt, Peter W. (2004b): Maske und Identität. Spiel mit dem Fremden als Arbeit am Mythos. In *welt@musik. Musik interkulturell* (= Veröffentlichungen des Instituts für Neue Musik und Musikerziehung Darmstadt, 44, hrsg. v. Institut für Neue Musik und Musikerziehung Darmstadt, S. 40–53). Mainz u.a.: Schott.

Schatt, Peter W. (2008a): *Musikpädagogik und Mythos. Zwischen mythischer Erklärung der musikalischen Welt und pädagogisch geleiteter Arbeit am Mythos.* Mainz u.a.: Schott.

Schatt, Peter W. (2008b): Unterrichtlicher Umgang mit neuer Musik und kultureller Bildung. In E. Liebau & J. Zirfas (Hrsg.), *Die Sinne und die Künste. Perspektiven ästhetischer Bildung* (S. 191–213). Bielefeld: transcript.

Schatt, Peter W. (2014a): *Musikalische Bildung? Gesangs- und Instrumentalunterricht im Studium Lehramt Musik.* München: GRIN.

Schatt, Peter W. (2014b): *Musik und Natur* (= Unterrichtsmodell EinFach Musik, hrsg. v. N. Schläbitz). Braunschweig, Paderborn & Darmstadt: Schöningh/Westermann.

Schatt, Peter W. (2017): „... das Wörtlein: und": Überlegungen zur Erkundung und Gestaltung des Verhältnisses zwischen Musikpädagogik und Kulturwissenschaft. In A. Cvetko und Chr. Rolle (Hrsg.), *Musikpädagogik und Kulturwissenschaft* (= Veröffentlichungen des AMPF, 38, S. 181–196). Münster & New York: Waxmann.

Schatt, Peter W. (2020): Vom Acker bis zur Oper: Orte für Musik und Menschen. Versuch einer Topographie musikbezogenen Handelns. In P.W. Schatt (Hrsg.), *Musik – Raum – Sozialität* (= Studien zur Musikkultur, 1, hrsg. v. d. Gisela und Peter W. Schatt Stiftung, S. 47–72). Münster & New York: Waxmann.

Schatt, Peter W. (2021): „geschichtlich durch und durch"? Überlegungen zur musikpädagogischen Relevanz einer kulturwissenschaftlichen Perspektive auf das „musikalische Material". In J. Hasselhorn, O. Kautny & F. Platz (Hrsg.), *Musikpädago-*

gik im Spannungsfeld von Reflexion und Intervention (= MpF, 41, S. 173–190). Münster & New York: Waxmann.

Schläbitz, Norbert (2009): Obligat: Interdisziplinarität. In N. Schläbitz (Hrsg.), *Interdisziplinarität als Herausforderung musikpädagogischer Forschung* (= MpF, 30, S. 7–12). Essen: Die Blaue Eule.

Schläbitz, Norbert (2016): *Als Musik und Kunst dem Bildungstraum(a) erlagen*. Göttingen: V&R unipress.

Schlothfeldt, Matthias (2009): *Komponieren im Unterricht* (= Folkwang Studien 9, hrsg. v. S. Orgass und H. Weber). Hildesheim u. a.: Olms.

Schmidt, Hans-Christian, Richter, Christoph & Helga de la Motte-Haber (Hrsg.). (1986): *Handbuch der Musikpädagogik*, 1: *Geschichte der Musikpädagogik*; Bd. 2: *Instrumental- und Vokalpädagogik* 1: Grundlagen; Bd. 3: *Instrumental- und Vokalpädagogik* 2: Einzelfächer, beide hrsg. v. Chr. Richter; Bd. 4: *Psychologische Grundlagen des Musiklernens*, hrsg. v. Helga de la Motte-Haber. Kassel u. a.: Bärenreiter.

Schmidt-Brunner, Wolfgang (1982): Der Vergleich als methodisches Grundprinzip im Musikunterricht. In ders. (Hrsg.), *Methoden des Musikunterrichts. Eine Bestandsaufnahme*. (S. 175–184). Mainz u. a.: Schott.

Schneider, Ernst Klaus (1993): Lebensweltbezug. Eine Perspektive für den Musikunterricht? *MuB* 6/1993, S. 5–7.

Schneider, Ernst Klaus (1994): Unterrichtsprinzipien. In S. Helms, R. Schneider & R. Weber (Hrsg.), *Neues Lexikon der Musikpädagogik*, Sachteil. (S. 285–288). Kassel: Bosse.

Schneider, Ernst Klaus (1995): Prinzipien der Erziehung und des Unterrichts. In S. Helms, R. Schneider & R. Weber (Hrsg.), *Kompendium der Musikpädagogik*. (S. 84–94). Kassel: Bosse.

Schünemann, Georg ([1928]1932, 2. Aufl.): *Geschichte der Deutschen Schulmusik*. Leipzig: Kistner & Siegel.

Schumacher, Ralph et al. (Hrsg.). (2006): *Macht Mozart schlau? Die Förderung kognitiver Kompetenzen durch Musik* (= Bildungsforschung, 18, hrsg. v. Bundesministerium für Bildung und Forschung). Bonn & Berlin: o. V.

Schumann, Robert (2006): *Schlage nur eine Weltsaite an. Briefe 1828–1855*. Frankfurt a. M. & Leipzig: Insel.

Schütz, Alfred & Luckmann, Thomas (1979): *Strukturen der Lebenswelt*. Frankfurt a. M.: Suhrkamp.

Schütz, Volker (1997): Interkulturelle Musikerziehung. Vom Umgang mit dem Fremden als Weg zum Eigenen. *MuB* 5/1997, S. 4–7.

Schwarzbauer, Michaela (2002): Mathis der Maler und die sieben Todsünden. Werkinterpretation im Spannungsfeld von Erfahren und Darstellen. *MuB* 1/2002, S. 36–42.

Seel, Martin (1985): *Die Kunst der Entzweiung. Zum Begriff der ästhetischen Rationalität*. Frankfurt a. M.: Suhrkamp.

Seel, Martin (1996): Ästhetik und Aisthetik. Über einige Besonderheiten ästhetischer Wahrnehmung – mit einem Anhang über den Zeitraum der Landschaft. In ders., *Ethisch-ästhetische Studien*. (S. 36–69). Frankfurt a. M.: Suhrkamp.

Sowa, Georg (1973): *Anfänge institutioneller Musikerziehung in Deutschland von 1800 – 1843*. Regensburg: Bosse.

Varkøy, Øivind (2018): Legitimationen musikpädagogischen Handelns aus internationaler Perspektive: Beispiel Skandinavien: Der Eigenwert musikalischer Erfahrung. In M. Dartsch, J. Knigge, A. Niessen, F. Platz & C. Stöger (Hrsg.), *Handbuch Musikpädagogik. Grundlagen – Forschung – Diskurse*. (S. 47–50). Münster & New York: Waxmann.

Venus, Dankmar ([1969]1984, 2. Aufl.): *Unterweisung im Musikhören*. Ratingen & Wilhelmshaven: Noetzel.

Vogt, Jürgen (1997): Der Begriff der Lebenswelt, gegen seine Liebhaber verteidigt. *Musik & Unterricht*, 45, S. 39–42.

Vogt, Jürgen (2001): *Der schwankende Boden der Lebenswelt: Phänomenologische Musikpädagogik zwischen Handlungstheorie und Ästhetik*. Würzburg: Königshausen & Neumann.

Vogt, Jürgen (2006): Musikpädagogik als kritische Kulturwissenschaft – Erste Annäherungen. *ZfKM*, verfügbar unter: http://home.arcor.de/zf/zfkm/06-vogt9.pdf

Vogt, Jürgen (2014): *Musikpädagogik als kritische Kulturwissenschaft – noch einmal*. Art Education Research No. 9 (elektronischer Artikel). Verfügbar unter: https://www.academia.edu/3588266/Musikpädagogik_als_kritische_Kulturwissenschaft_-_noch_einmal_Music_Education_as_Critical_Cultural_Theory_-_Once_More_ [20.03.2021]

Vogt, Jürgen (2016): Didaktische Interpretation. In A. Lehmann-Wermser (Hrsg.), *Musikdidaktische Konzeptionen. Ein Studienbuch* (S. 31–43). Augsburg: Wißner.

Vogt, Jürgen (2018): Musikalische Bildung. In M. Dartsch, J. Knigge, A. Niessen, F. Platz & C. Stöger (Hrsg.), *Handbuch Musikpädagogik. Grundlagen – Forschung – Diskurse* (S. 31–37). Münster & New York: Waxmann.

Vogt, Jürgen (2019): Der musikalische Bildungskanon – ein bürgerliches Trauerspiel? Zum Funktionswandel musikalischer Kanonisierungen in der Schule. *ZfKM*. Verfügbar unter: https://www.zfkm.org/19-vogt.pdf [26.6.2020]

Voit, Johannes (2019): *Komponieren an Schnittstellen: Organisationsstrukturen und Ziele der Akteure in Response-Projekten*. Verfügbar unter: https://www.kubi-online.de/artikel/Komponieren-schnittstellen-organisationsstrukturen-ziele-akteure-response-projekten [23.8.2020]

Wallbaum, Christopher (2000): *Produktionsdidaktik im Musikunterricht. Perspektiven zur Gestaltung ästhetischer Erfahrungssituationen. Kassel: Gustav Bosse.*

Wallbaum, Christopher (2018): Unterrichtsgestaltung als Komponieren. Das musikdidaktische Modell Musikpraxen erfahren und vergleichen und Neue Musik. *In Handreichungen zur Kompositionspädagogik* (www.kompaed.de). Verfügbar unter: https://www.kompaed.de/artikel/grundlagen/christopher-wallbaum-unterrichtsgestaltung-als-komponieren/ [5.7.2020]

Wallbaum, Christopher (2020): Dritte Räume oder Musikpraxen erfahren und vergleichen. Eine glokal kulturreflexive Prozess-Produkt-Didaktik. In T. Buchborn, E.-M. Tralle & J. Völker (2020): *Interkulturalität – Musik – Pädagogik* (= Schriften der Hochschule für Musik Freiburg, 7, S. 133–154). Hildesheim: Olms.

Weber, Bernhard (2017): Aneignung populärer Musik in informellen Bildungskontexten. In D. Elflein & B. Weber (Hrsg.), *Aneignungsformen populärer Musik. Klänge, Netzwerke, Geschichte(n) und wildes Lernen* (= Studien zur Popularmusik, S. 13–35). Bielefeld: transcript.

Welsch, Wolfgang (1994): Transkulturalität. Lebensformen nach der Auflösung der Kulturen. In K. Luger & R. Renger (Hrsg.), *Dialog der Kulturen. Die multikulturelle Gesellschaft und die Medien* (= Neue Aspekte in Kultur- und Kommunikationswissenschaft, Bd. 8, S. 147–169). Wien: Österreichischer Kunst- und Kulturverlag.

Welsch, Wolfgang (1995, 5. Aufl.): *Ästhetisches Denken*. Stuttgart: Reclam.

Welsch, Wolfgang (1997, 5. Aufl.): *Unsere postmoderne Moderne*. Berlin: De Gruyter Akademie Forschung.

Welsch, Wolfgang (2017): *Transkulturalität. Realität – Geschichte – Aufgabe*. Wien: new academic press.

Wirmer, Hannah (2020): Perspektiven der Diskursananlyse für historische musikpädagogische Forschung und der Diskurs des Elementaren. In P.W. Schatt (Hrsg.), *Musik – Raum – Sozialität* (= Studien zur Musikkultur, 1, hrsg. v. d. Gisela und Peter W. Schatt Stiftung, S. 191–199). Münster & New York: Waxmann.

Wulf, Christoph (2014): Transkulturalität. In ders. & J. Zirfas (Hrsg.), *Handbuch Pädagogische Anthropologie*. (S. 77–90). Wiesbaden: Springer VS.

Wulf, Christoph & Zirfas, Jörg (2014): *Handbuch Pädagogische Anthropologie*. Wiesbaden: Springer VS.

Zimmer, Bettina (2002): Das Konzept der Lebenswelt. Fluchtpunkt oder Verheißung für die Musikpädagogik? In R.-D. Kraemer (Hrsg.), *Multimedia als Gegenstand musikpädagogischer Forschung* (= MpF, 23, S. 169–191). Essen: Die Blaue Eule. Verfügbar unter: https://www.pedocs.de/volltexte/2014/9077/pdf/AMPF_2002_Band_23_Zimmer_Das_Konzept_der_Lebenswelt.pdf [19.6.2020]

Register

Papier | Fördert gute Waldnutzung
FSC® C083411

Zeitfracht Medien GmbH
Ferdinand-Jühlke-Straße 7
99095 Erfurt, Deutschland
produktsicherheit@kolibri360.de